作者简介

杜镇远 1936年出生，湖南常德人，山西大学哲学社会学院教授。著有《哲学与科学——现代自然科学唯物主义引论》《哲学科学信仰（探索的轨迹）》等，长期从事马克思主义哲学、西方哲学研究。

当代人文经典书库

他山之石——西方哲学授课笔记

杜镇远◎著

中国书籍出版社
China Book Press

图书在版编目（CIP）数据

他山之石：西方哲学授课笔记/杜镇远著 . —北京：
中国书籍出版社，2018.1
ISBN 978－7－5068－6652－1

Ⅰ.①他… Ⅱ.①杜… Ⅲ.①西方哲学 Ⅳ.①B5

中国版本图书馆 CIP 数据核字（2018）第 016506 号

他山之石：西方哲学授课笔记

杜镇远　著

责任编辑　李　新
责任印制　孙马飞　马　芝
封面设计　中联华文
出版发行　中国书籍出版社
地　　址　北京市丰台区三路居路 97 号（邮编：100073）
电　　话　（010）52257143（总编室）　　（010）52257140（发行部）
电子邮箱　eo@ chinabp. com. cn
经　　销　全国新华书店
印　　刷　三河市华东印刷有限公司
开　　本　710 毫米×1000 毫米　1/16
字　　数　449 千字
印　　张　25
版　　次　2018 年 4 月第 1 版　2018 年 4 月第 1 次印刷
书　　号　ISBN 978－7－5068－6652－1
定　　价　78. 00 元

自　序

　　汇编在这里的是笔者有关西方哲学的几本授课笔记。它包括本科生的专业基础课、选修课和两门硕士生的学位课；主题是探讨可以从西方哲学中吸取些什么有益的养分，以扩展我们的哲学视野，丰富哲学的内涵，满怀信心地走向未来。

　　哲学有故乡，但没有国界。从哲学问题（研究对象）的普适性看，世界和自我的相互关系是古今中外哲学探讨的永恒主题。不论哪种文化，概莫能外。西方哲学的故乡在希腊，中国哲学的故乡在黄河腹地。前者可以称为海洋文明，后者也可以称为大陆文明。两种文明形成的哲学传统有明显差异。然而，它们对世界和自我相互关系的无穷追问，则是共同的。因此，不同的哲学源头和传统，不仅有差异性，更有其同一性。从不同哲学传统中分析和把握它们内在的同一性，丰富、发展和提升哲学的内涵，是研究西方哲学的要旨。也因此，我们不能像日丹诺夫（苏联意识形态的首脑）那样，把欧洲哲学史简单地归结为唯物论、唯心论不可调和的斗争历史。应当看到，哲学是人类智慧从幼稚逐渐成长、成熟的历史过程。就其对世界和自我相互关系的认识而言，从古到今，理性主义和非理性主义、怀疑论和独断论、唯物论和唯心论、无神论和有神论、幸福论和禁欲论、唯理论和经验论、辩证法和形而上学，等等，这些相互对立又相互缠绕、难以机械分割的哲学观点和体系，均有其相对真理的一面，但它们谁都不是不可变易的绝对真理（教条）。

　　从根本上说，哲学没有国界，是因为与自然科学直接相连、密不可分的自然哲学的普适性。西方哲学始于古代自然哲学，迄今为止，它仍然是现代西方哲学的明显优势。《人本主义和科学主义述评》《西方现代自然哲学探讨》意在表明，自然哲学随着近现代自然科学高歌猛进的划时代发展，它始终是现代西方哲学，不论是科学哲学还是人文哲学牢不可破的基础和前沿。探讨它们的现当代发展，吸取其无限丰硕的成果，无疑是哲学研究中最有兴趣的课题。

　　实现中国传统哲学向现代哲学的转型,使传统文化融入现代文明,成为当代普适哲学文化的有机组成部分,一个重要的方面就是吸取西方哲学擅长逻辑思维的优点。《黑格尔〈小逻辑〉十讲》就是为达成这一构想开设的。笔者对《小逻辑》的解读是否准确,尚大可讨论,但借此培育独立思考的逻辑思维能力,则是笔者的一贯追求。

　　应该强调,哲学作为时代精神的精华,是充分开放的,不可能孤立自守。科学上有一条定律指明,任何一个独立自存的系统,如果没有同外部世界的物质、能量和信息交换,必然逐渐趋向衰败,达到熵最大值,即沦为死寂一片。物质系统如此,包括哲学文化在内的精神系统更是如此。当今时代,只有充分开放的文化,才能避免被淘汰的命运。开放是创新的源泉,只有坚持不懈地开放,吸取外来文化的长处,本土的传统文化才能立足于当代世界多样文化之林,为人类文明作出应有的贡献。

　　《诗经·小雅·鹤鸣》:"他山之石,可以攻玉。"这本授课笔记,用意全在于此。是为序。

04/12/2016

目 录
CONTENTS

哲学的信念是民族精神的脊梁

（代绪论）

1997、1998 届在职干部硕士生课程班　29/09/1998

一、我们自己有怎样的形而上学信念？

古人云："形而上者谓之道。"我们拥有什么样的关于"道"的信念？这是一个值得思考的问题。

"一个有文化的民族竟没有形而上学——就像一座庙，其他各方面都装饰得富丽堂皇，却没有至圣的神那样"。①"世界精神太忙碌于现实，太驰骛于外界，而不遑回到内心，转回自身，以徜徉自怡于自己原有的家园中"。②

借用这两段话，反思一下我们精神生活的现状，我以为是颇有教益的。在我们的精神庙堂里，摆放着哪些圣像呢？就广大知识文化界和几千万干部队伍说，影响甚大者，至少有三位：马克思、孔夫子和杜威。如果再加上民间信奉的关帝爷、观音菩萨等等，圣像就更多了。诸圣并在，各显神通。一方面，这是社会文化转型期难以避免的现象，各种社会群体，各有各的圣像；另方面，中华民族作为一个历史悠久的文明民族，在当今世界，究竟需要或者应该有怎样的哲学信念，关系到民族文化的振兴和走向。因而，提倡什么样的哲学信仰，格外引人注目。

不容回避，我们面临着深层次的民族精神支柱的塑造或者信仰转型的问题，围绕这个"信仰转型"的问题，我想谈一下马克思主义哲学和西方哲学的关系，借

---

① 黑格尔：《逻辑学》，杨一之译，商务印书馆，1977 年一版序言，1812 年 3 月 22 日，于纽伦堡。

② 黑格尔：1818 年 10 月 22 日在柏林大学的开讲辞。《小逻辑》贺麟译，商务印书馆，1980 年。

以说明:作为科学的世界观和方法论,马克思主义批判地继承和发展了西方哲学史的优秀成果。马克思的圣像理应在我们的哲学庙堂里占有主导的位置。

二、马克思、恩格斯一向重视从西方哲学史中吸取智慧的成果

哲学这个词,按希腊文是"爱智慧"的意思。《尔雅》谓:"哲,智也。"两者是相通的。我更倾向于用"形而上学谓之道"来解释哲学的含义。哲学就是讲形而上的那些抽象道理,而不是局限于研究某种具体事物。

马克思主义创始人一向重视从西方哲学史中吸取智慧的力量,可以举下面一些例子:

1. 马克思的博士论文《论德谟克利特的自然哲学与伊壁鸠鲁的自然哲学的差别》,这本是一个标准的西方哲学史论题。马克思指出:"德谟克利特注重必然性,伊壁鸠鲁注重偶然性。"[①]伊壁鸠鲁主张原子的自动偏斜运动,而"偏离运动就打破了'命运的束缚'"[②],主张个人自由。由于这种偶然的偏离直线的运动,原子(个人)就"可以对外力作斗争并和它对抗"[③]。就是说,人可以掌握自己的命运,不需要神的庇护。

重视偶然性、反对机械决定论、反对独断论的思想,一直到晚年,对马克思都有重大影响。例如,《人类学笔记》中,他反对俄国学者马·柯瓦列夫斯基把亚、非、拉美洲各古老民族的社会历史演变同西欧社会的历史演变作机械的类比。"科瓦列夫斯基忘记了农奴制,这种制度并不存在于印度",等等。"所谓封建化只发生于某些地区,在其他大多的地区,公社的和私人的财产仍然留在土地占有者手中",等等。[④] 显然,维护各民族发展道路的多样性,与强调发展过程的偶然性、原子的偏离直线的运动是有内在联系的。

2.《神圣家族》《德意志意识形态》,这两本书被公认为奠定了马克思主义哲学的基础,是最早阐明历史唯物主义观点的著作。前一本书,批判了布鲁诺·鲍威尔的英雄史观,概述了西欧近代唯物主义发展的历史;指出共产主义是唯物主

---

① 马克思:《论德谟克利特的自然哲学与伊壁鸠鲁的自然哲学的差别》,人民出版社,1962年,13页。

② 马克思:《论德谟克利特的自然哲学与伊壁鸠鲁的自然哲学的差别》,人民出版社,1962年,20页。

③ 同上。

④ 《马恩全集》,45卷,人民出版社,1985年,284-285页。

义哲学的逻辑结论。后一本书则批判了费尔巴哈的抽象人本主义,阐明了生产方式的概念,奠定了唯物史观的基础。

3.《资本论》二版跋中,对黑格尔的辩证方法作了高度的评价。马克思在不同的地方多次强调,批判吸取德国古典哲学的辩证思维方法,对于他的经济学研究起了极其重要的作用。

1858年1月14日,马克思写信给恩格斯:"我又把黑格尔的《逻辑学》浏览了一遍,这在材料加工的方法上帮了我很大的忙。如果以后再有功夫做这类工作的话,我很愿意用两三个印张把黑格尔所发现,但同时又加以神秘化的方法中所存在的合理的东西阐述一番,使一般人都能够理解。"①由于种种原因,马克思并未实现他的这一愿望。

1873年1月24日,马克思在《资本论》第二版跋中写道:"辩证法在黑格尔手中神秘化了,但这绝不妨碍他第一个全面地有意识地叙述了辩证法的一般运动形式。在他那里,辩证法是倒立着的。必须把它倒过来,以便发现神秘外壳中的合理内核。"在德国的庸人将黑格尔当作一条"死狗"一样对待时,马克思申明:"我要公开承认我是这位大思想家的学生,并且在关于价值理论的一章中,有些地方我甚至卖弄起黑格尔特有的表达方式。"②

《资本论》中,马克思甚至直接引用黑格尔《逻辑学》的一些观点来阐明自己的主张。例如"理性的技巧",说明劳动者利用工具达到自己的目的,③一切腐朽的事物都能找到自己存在的理由,等等。

总之,将辩证法运用于经济学的实证研究,并且取得了极大的成功,这与吸取黑格尔合理的思想是分不开的。

4. 恩格斯在《反杜林论》《自然辩证法》《费尔巴哈论》中,对辩证法的两种历史形态(古希腊哲学和德国古典哲学),对哲学史的出路(未来)作了反复系统的论证。恩格斯强调,旧的哲学终结了,只留下了逻辑和辩证法。马克思主义哲学是德国古典哲学的当然继承人。

5. 在《社会主义从空想到科学的发展》英文版导言(1892/4/20)中,恩格斯为了捍卫历史唯物主义,再次系统地回顾了近代哲学发展的历史,批判了新康德主

---

① 《马恩全集》,29卷,1972年,250页。
② 《马恩全集》,23卷,1972年,24页。
③ 《马恩全集》,23卷,1972年,203页。

义。他指出,不可知论是一种羞答答的唯物主义。它的"自然观,完全是唯物主义的"①。历史唯物主义是不能称为"历史不可知"论的。因为,由于《资本论》的研究,我们已经确知,"一切重要历史事件的终极原因和伟大动力是社会的经济发展、生产方式和交换方式的改变,由此产生的社会划分为不同的阶级,以及这些阶级彼此之间的斗争"②。

在这个长篇导言中,恩格斯用对哲学史的分析作武器和论据,卓越地阐述了马克思主义的科学世界观。

6. 以上例证说明,对西方哲学史的研究,特别是对思维方法的历史研究,是渗透和贯穿在马、恩全部科学研究,包括经济学、自然科学哲学和社会史、人类学研究中的一条鲜明的主线。没有世界观和方法论的历史变革,既没有《资本论》,也没有科学社会主义。

三、马克思主义哲学是西方哲学史发展的必然结果

这可以从本体论、认识论、伦理学等三个方面加以说明。

1. **本体论**,即关于世界的本源问题的探讨

古代,从泰勒士的"水"到德谟克利特的原子说,都属于朴素唯物主义的猜想。亚里士多德的"实体"将这个问题的探讨推进了一步,离开了具体的物质形态,上升到了抽象一般。但实体是什么? 仍争论不休。亚氏将其归结为质料和形式,而形式是占主导地位的。到了中世纪,神学观念占统治地位。最有名的是安瑟尔谟和托马斯·阿奎那的本体论证明:上帝是最完满的观念,不能不有存在的属性,因此,上帝是存在的。这就是存在统一于思维、精神实体第一性、神创造世界的唯心论(世界观)本体论。

近代从斯宾诺莎、霍布斯到 18 世纪狄德罗,实体论的唯物论逐渐占了上风。斯宾诺莎的实体是唯一的,思维只是它的一个属性;霍布斯用广延性否认精神实体的存在。狄德罗更将物质和运动看作是世界的终极原因。"实体"在唯物论哲学家那里与自然科学的物质概念大体一致。物质是第一性的,灵魂是派生的,不是实体。

但这里有一个明显缺陷,就是物质一元论仅限于自然观,不扩及社会历史领

---

① 《马恩全集》,22 卷,1965 年,345 页。
② 《马恩全集》,22 卷,1965 年,346 页。

域,因而是不彻底的。典型的如18世纪的地理环境决定论(孟德斯鸠)、教育决定论(爱尔维修),等等,一旦涉及社会生活领域,究竟物质是本源还是精神是本源,就搞不清楚了。费尔巴哈亦如此,这就是唯心史观。普列汉诺夫的《一元论历史观的发展》对此作了很透彻的分析。

康德对本体论证明作过很有说服力的批判:我有一百元钱的观念并不等于口袋里有一百元钱。然而,黑格尔在批判康德二元论的过程中又建立了一个更加精致的精神本体论体系。可见,逻辑的批判并不能解决所有的问题。需要有一种新的社会力量才能促成新的哲学世界观的产生。这就是工人阶级的科学世界观理论,即马克思主义的唯物主义。

马克思的社会存在决定社会意识的命题,就是彻底唯物主义的本体论。它是古代朴素唯物主义、近代机械唯物主义的发展,是现代形态的唯物主义。

2. 认识论,关于知识来源、认识过程、逻辑和真理标准问题的探讨

近代科学的兴起,促使哲学的兴趣和重点从本体论转向认识论。近代哲学家从培根和笛卡尔开始,分为经验论和唯理论两大派。他们各自都对认识论问题做出了贡献。休谟和康德就是近代两位影响很大的哲学家。休谟是经验怀疑论者,康德是试图将经验和理性结合在一起的二元论者。他们的哲学都带有(指向)批判独断论的特点。就其批判独断论而言,对科学认识的发展是有积极作用的。但他们的不可知论和二元论则不可取,黑格尔正是抓住这一点,建立了他极端唯理论的认识论体系。这种逻辑泛神论的神秘主义,是不利于科学认识发展的。

马克思主义认识论是实践论,即在社会实践基础上,强调经验和理性的辩证统一。经验和理性、归纳和演绎、后天和先天,都不是万能的。它们是相互补充、彼此转化渗透的。理性来自经验,经验渗透理性;昨天是经验的,今天就是理性的;今天是经验的,明天就是理性的,如此等等。本能是从经验变来的。这正是近代经验论和唯理论在更高水平和层次上的新的综合。它批判黑格尔的极端唯理论的先验论,也反对经验论的怀疑论。因而,是一种现代科学的认识论。

3. 伦理学,人是否能掌握自己的命运?

伦理学主要是关于善恶是非的讨论。在这里,很重要的一个内容就是有神论和无神论的争论。

在古代,有神无神的争论远远超出伦理道德的范围,直接涉及对包括社会生活在内的整个世界、自然界起源的看法。有神论者主张超自然的神灵崇拜,无神论者则否认有这种创造世界、操纵人间福祸的人格神存在。例如伊壁鸠鲁认为,

神居住在几个世界之间,并不干预人间事务。在整个中世纪,无神论被认为是异端,受到正统宗教方面残酷的迫害。直到文艺复兴和早期近代,还是如此。最有名的如布鲁诺、伽利略等。

随着人文主义运动的兴起,特别是近代自然科学的发展,上帝的权威受到了越来越深刻的怀疑。许多唯物主义哲学家在批判超自然的神学信仰上起了极大的作用。例如,斯宾诺莎、霍布斯:实体是"物自因";实体具有广延性,精神实体因而是不存在的。18世纪的法国无神论是一个高潮,认为神是无知和欺骗的产物。费尔巴哈恢复了法国无神论的主张,指出:神是人造的,上帝是人的本质的异化。从整个近代哲学看,有神论的地盘越来越小,无神论的影响越来越大。康德就说过:仅在道德领域,他才需要假定神的存在。就是说,超自然的神学概念是站不住的。神既然从广袤无际的天体星云(大自然)中被驱逐出去,那么,唯有人类精神生活领域,还有神的立身之地。神是赏善罚恶的最高裁判。

到了费尔巴哈,无神论思想的发展处在一个关键时刻,将神从道德生活领域驱逐出去,人要自己掌握自己的命运。不仅没有超自然的神灵,也没有超社会的个人崇拜。"没有神仙和皇帝,全靠自己救自己",《国际歌》表达的就是一种彻底无神论的观点。这就是马克思主义的无神论。它主张人民群众自己创造自己的历史,否认任何个人迷信。从这里看,马克思主义不仅继承了西方哲学史上的无神论传统,而且大大发展了它的理论,将无神论推到了一个崭新的历史阶段。

4. 总之,从本体论、认识论、伦理学这几方面看,马克思主义哲学都是对西方哲学史优秀成果的继承和发展,是一种适应现代科学和社会发展需要的彻底的唯物论和无神论。它体现了人类文明发展的主流。

从西方哲学史看,从古到今,哲学的发展是一个多链结构,而不是"两个对子",更不只是唯心唯物一个对子。它是理性主义和非理性主义、唯物主义和唯心主义、辩证法和形而上学、可知论和不可知论、独断论和怀疑论、有神论和无神论等多种相互对立、相互渗透、相互缠绕的派别的综合结果。应该说,在所有这些方面,马克思主义哲学都批判地继承了西方哲学的优秀传统,并为它的发展开辟了新的道路。

四、结论:哲学是一种重要的民族精神素质

哲学是时代精神的精华,是民族精神活的灵魂。这从西方近代哲学中心的转移可以看得出来:17世纪是英国哲学的世纪,18世纪是法国哲学的世纪,19世纪

应该说是德国哲学的世纪,而 20 世纪应该说是美国哲学的世纪? 这是一个值得研究的问题。

掌握一种哲学,发展一种形而上学的信念,关系到一个民族精神素质的提高。哲学应该说是一个民族的精神面貌、精神状态、民族性格以及文化传统的集中体现。英国人的老练同洛克、休谟守住经验不放的哲学传统是分不开的;法国人的机智同笛卡尔哲学、法国唯物论的气派息息相关;德国人的深邃,你只要读读黑格尔的《逻辑学》就会有个大致的了解,如此等等。因此,确立一种哲学信念,是塑造民族精神的大事,是提高全民族文化素质的大事,不是可有可无的装饰品,当然也不只是少数专业工作者的事。

一种正确的哲学信念、科学的思维方式,将极大地改变一个民族的精神面貌,使其处于一种积极向上、奋发有为的精神状态;它能够提高人们的精神境界,从而极大地促进物质文明的发展。反之,如果受到一种坏的哲学的影响,例如,陷入独断论、教条主义甚至个人迷信,或者陷入怀疑论、急功近利的实用主义,等等,将使人们思想僵化、扼杀创造的生机和活力,或者丧失信心、目光短浅、无所作为,这些都只能造成民族灾难。前事不忘后事之师,学习和研究哲学史,就可以提高人们辨别是非、善恶、美丑的能力,一句话,改善人们的精神素质。

自五四运动以来,科学和民主的口号,早已成为人们的共识。科教兴国战略的实施,给人们极大的鼓舞。而只有提倡科学,民主才有稳固的基础,照爱因斯坦的说法,科学是不能没有形而上学的。这就是唯物论的信念、可知论的信念。普及和强化这种哲学信念,必将推动中华文化的全面振兴。

最后,仅就学习马克思主义哲学说,也必须研究点哲学史。学习哲学史,可以帮助我们更好地领会马克思主义哲学的来源、特点和实质,更好地掌握和运用马克思主义的科学理论。

当前,我们正在努力建设小康社会,逐步实现人的自由解放全面发展的远大理想。这种信仰,也就是古人所谓"道法自然""大道之行也,天下为公""世界大同"的形而上学信仰。它属于人类终极追求的普世价值,也是我们民族精神的脊梁。用现代科学精神,重新诠释这种价值信仰,是发扬优秀传统伦理文化的根本。

上 卷 01

| 欧洲哲学史简论 |

（从泰勒士到狄德罗）11/07/1999

导　言

§1. 什么是哲学史?

哲学史是人类智慧的结晶,时代精神的精华,当然也是民族精神的精髓。因此,在一定意义上,哲学史就是人类精神的自我成长、发展成熟和不断完善的历史。简言之,哲学史就是各个文明民族精神生活发展和演变的历史。

与通常讲的"认识发展史、唯物主义和唯心主义矛盾发展史"的简单化看法不同,我这里着重强调的是人类精神自我全面发展的历史。所谓"精神自我"包括理智、情感和意志三方面。它的全面健康的发展,既指上述每一方面的健全成长,也指三方面的协调发展。因此,就哲学史而言,它是一个多链结构,至少包含六对互相矛盾、互相促进、互相缠绕的思想线索,这就是:唯物主义与唯心主义、理性主义与非理性主义、怀疑论和独断论、可知论和不可知论、有神论和无神论、辩证法和形而上学等不同的思想倾向和体系的相互论辩和斗争。只有从多侧面、多维度来看待人类智慧的成长和发展,才有可能准确地把握一定历史时代各个民族精神生活的特点,即它所特有的精神面貌、精神状态、思想定势和思维方式,等等。也只有如此,才可能逐步清除和避免将人类精神生活刻板化、片面化的有害倾向,从而使哲学史的教学和研究有助于促进精神文明的发展。

§2. 为什么必须学习和研究欧洲哲学史?

1. 为了进一步理解和掌握马克思主义哲学

从泰勒士到马克思,是欧洲哲学发展必然的历史过程。不懂得黑格尔和费尔巴哈固然不能理解马克思,不懂得德谟克利特和伊壁鸠鲁等等全部欧洲哲学史的逻辑发展,同样不可能深刻理解马克思新的唯物主义。马克思早年的博士论文就是论述伊壁鸠鲁的自然哲学与德谟克利特的自然哲学之间的差别的。其中所阐述的偶然性和必然性的相互关系、偶然性和人的自由的密切联系思想,直到马克思晚年关于各民族走向共产主义的不同道路的探索("卡夫丁峡谷"问题),都与马克思对欧洲哲学史的宝贵遗产的批判继承直接相关。

2. 为了促进东西方哲学文化的进一步交流和融合,迎接人类文化发展的新的挑战

信息时代为世界各民族哲学的相互交流和融合提供了前所未有的强大的物质技术手段。在未来世界文化的发展中,中华文化如何自立于世界文化之林,是一个重大而严峻的问题,是炎黄子孙面临的新的哲学文化挑战。这种挑战与历史上汉文化和少数民族文化碰撞与融合的情况大不相同。元、清两代入主中原的蒙、满民族,最终被汉文化同化了,清代皇帝祭天尊孔、接受传统的文化统治地位就是明证。一句话,征服者被被征服者的文化同化了或者说被打败了。因为,征服者的文化处在相对落后的发展阶段。然而,自西方文化或基督教文化开始传入中国的几百年以来,我们中华文化面对的是一种以近现代科学文化为基础的异域文化。在中西文化的交流中,从文化本身的发展程度而言,我们的传统文化事实上处于不利地位。有鉴于此,所以我们需要更多地了解和吸收西方文化的优点和长处,以发展我们民族的传统文化。学习和研究西方哲学史,就是吸取和借鉴西方文化优点的一个重要途径和办法。一句话,研究西方哲学史是使我们在未来的文化交流中处在主动和有利地位的必不可少的条件。

3. 为了训练科学的理论思维能力

必须强调,欧洲哲学史是一个比较典型的人类智慧发展史案例。解剖它、学习它,是锻炼和提高理论思维能力的最好方法,是一种不可替代的方法。恩格斯在《反杜林论》旧序里着重讲过这一点。当时,他虽然是针对19世纪的大批西方科学家说的,但今天对我们一般人来说,仍有普遍的意义。

"哲学起于惊异"(亚里士多德),惊异本身意味着好奇、探索和批判、怀疑,这也就是科学精神的起源、源头。没有哲学,特别是自然哲学,也就没有科学。因此,学习欧洲哲学史,就包含训练科学思维能力这一要求。

各种邪教为什么会有这么大的影响? 教训之一是迷信和理智的界线不清。学点欧洲哲学史,有助于提高理性思考能力,清除迷信思想。(授课时补注10/08/1999)

学习西哲史:①研究西方理性主义产生和发展的历史;②反对中世纪神权、经院哲学的斗争经验。这些正是我们的文化史和哲学史所特别薄弱和缺乏的。(授课时补注11/08/1999)

从根本上讲,邪教问题暴露了当前信仰危机的严重性。这应该引起足够的重视。(授课时补注16/08/1999)

§3. 怎样学习欧洲哲学史?

1. 认真学习原著,将文化背景和哲学家的思想论点结合起来,从语境理解语义。例如,古希腊、罗马哲学产生和发展的神话背景;中世纪的基督教文化背景;近代哲学的科学文化背景,等等。

2. 突出哲学家思想的个性特点,掌握各派哲学论争的逻辑论证,探求哲学思想发展的内在规律。例如,古代哲学论争的共同问题是什么?近代哲学讨论的重点有什么改变?如何立足当代去观照、借鉴、解释历史?等等。

3. 讲授、笔记、阅读、提问、讨论相结合。讲授力求少而精,"伤其十指不如断其一指"。大量一般性的叙述靠大家阅读、思考和提问、讨论。

第一编 古希腊罗马哲学

第一章

前苏格拉底自然哲学

§1. 希腊是欧洲哲学即西方哲学的故乡

古希腊哲学是西方哲学的童年。而前苏格拉底哲学的自然哲学则是古希腊哲学的开端。

泰勒士(Thales,鼎盛年约 B.C.585/584)被公认为西方哲学史上第一位哲学家,是古希腊哲学的开山祖师。他的基本命题是:水是万物的本原。"本原"的本义是"太初",包含"基质"和"原则"两层意思,即构成事物的基本要素或事物存在和运动的缘由。万物来自水,又复归于水,这就是泰勒士的根本想法。

水既是万物本原,又是运动变化的力量。

据说他曾预言过 B.C.585 年的日蚀,橄榄的丰收等。还从埃及学习过几何学。

泰勒士为什么得出水本原说?据亚里士多德解释:"他得到这个想法,也许是由于观察到万物都以湿的东西为养料,热本身就是从湿气里产生,靠湿气维持的(万物由此产生的东西即是本原)。这是引起他的想法的一个事实。另一个事实是,万物的种子都有潮湿的本性,而水是潮湿本性的来源。"①亚里士多德接着说,

---

① 亚里士多德:《形而上学》,983b 20。引自《古希腊罗马哲学》,商务印书馆,1982 年。

泰勒士的观念与远古推崇水的神话和习俗有关。

与此相关,泰勒士还认为,万物都有灵魂。例如,磁石能移动铁,因此磁石有灵魂。按当时流行的观念,他把能动的力量就当作(视为)灵魂。水是一种能动的、神圣的力量,因而他又说,万物都充满了神。① 应当指出,当泰勒士把水等同于"神"和"灵魂"的时候,他推崇的物质的能动性,并不是后来的一些哲学家所主张的将能动性归结为精神属性。

应当强调,当泰勒士将自然界的一种特殊物质存在形态水当作万物本原,并赋予水以神奇的创造力量时,它标志着哲学一个新的文明阶段的开始。这个新的文明时代不同于传统的神话传统时代,它是人类理性(智)的觉醒,意味着神话世界观的崩溃。从此,人类面对它赖以生存的大自然和变幻不居的大千世界,苦苦地寻求自己安身立命之本。亚里士多德说:"不论现在还是过去,人们只是由于诧异才开始研究哲学。"②这里讲的诧异,表面看来是对外在世界各种现象的好奇和追问,例如日月星辰的各种现象,冬去春来,寒来暑往是怎么回事,宇宙是怎么产生的,等等。从实质和根本上看,主要是对传统神话观念的怀疑。这一点,应引起人们足够的重视和得到高度的评价。

我们感兴趣的是,最初的本原问题是在什么文化观念背景下提出的? 前苏格拉底的自然哲学家们又是沿着什么方向和道路来回答这个问题的?

对于泰勒士等自然哲学家为什么会把本原问题作为他们探讨的主题有几种流行的解释:

①严群:《早期希腊哲学》,以希腊的海洋地理环境为主因,说明"万物源于水",气、火,等等。

②赵敦华:"外来文化(指'当时处于领先地位的埃及和巴比伦文化'——引注)和自身积累的经验技术相结合,孕育出新思想的萌芽。"③

③泰勒士等是最早的天文学家、自然科学家。

等等。

上述解释都有一定的道理,但都没有抓住自然哲学产生的"语境"这个主要线索。当时占统治地位的神话创世论构成了自然哲学本原问题提出的主要文化观

① 亚里士多德:《论灵魂》,411a 7。引自《古希腊罗马哲学》,商务印书馆,1982 年。
② 《西方哲学原著选读》,上卷,商务印书馆,1981 年,119 页。
③ 赵敦华:《西方哲学通史》,第一卷,北大出版社,1996 年,4 页。

念背景。自然哲学既是神话孕育的产儿，又是神话世界观的对立面。这就是我们把握本原问题为何会提出的要点。

例如，奥尔弗斯(Orpheus)教派的酒神崇拜，突出地体现了希腊神话的黑暗面。按该教派教义，万物起源于黑夜女神，黑暗的混沌产生出代表爱欲、生殖的蛋，从中产生出万物。该教派通过黑夜中酗酒、癫狂的活动，追求脱离肉体、欲死欲仙的神秘体验。据多人研究，奥尔弗斯的教义到公元前4世纪已被运用于所有的宗教仪式。一般而言，希腊神话世界观的突出特征是：A. 超自然的人格神崇拜；B. 神人同形同性的非理性迷狂精神；C. 神的意欲行为和自然的生成变化融为一体。

然而，从整体上讲，本原问题提出的本身就是对超自然神灵崇拜的最大挑战；而早期自然哲学家们对本原问题的回答，更是扭转了传统神话想象的习惯思考方式，试图依靠经验观察和理智的思辨，从自然界本身去寻找问题的答案。从此以后，这种新的思考问题的定势，已经不可逆转。不论后继者与泰勒士的具体回答多么不同，例如，阿那克西曼德(Anaximander,鼎盛年约 B. C. 570)的"无限者"，阿那克西美尼(Anaximenes,鼎盛年约 B. C. 546/545)的"气"，都坚持了同一个方向，即从自然本身去探求万物统一的本原。尽管泰勒士等人对本原问题的回答未能完全超出神话世界观的影响(例如万物有灵)，但它开启的是与传统观念不同的新的方向(道路)。就此而言，泰勒士是当之无愧的第一位希腊哲学家。从此，人们抛弃神秘的体验，而仅仅依靠观察和理性思辨的方法去解释世界。人的自我意识和主体的理性能力，开始得到培育和张扬。二千多年来西方哲学绵延不竭的发展，首先应归功于自然哲学这个充盈的源头。

"米利都学派是重要的，并不是因为它的成就，而是因为它所尝试的东西。……泰勒士、阿那克西曼德、阿那克西美尼的思考可以认为是科学的假设"。[①]

§2. 赫拉克利特(Heraclitus,鼎盛年约 B. C. 504–501)的"活火"和"逻各斯"学说

赫拉克利特原是爱菲斯的王族，据说他把王位让给兄弟，自己隐居山间，颇有点超凡脱俗的风范。著有《论自然》一书，现仅存残篇，约一百多条(共126条?)箴言，基本保留了他的自然观和伦理观。较之泰勒士，他是古希腊第一个系统表述

---

① 罗素：《西方哲学史》，上卷，商务印书馆，1981年，54页。

了朴素唯物主义原则的哲学家。

1. 火本原说。"这个世界,对于一切存在物都是一样的,它不是任何神所创造的,也不是任何人所创造的;它过去、现在、未来永远是一团永恒的活火,在一定的分寸上燃烧,在一定的分寸上熄灭。"① "一切转为火,火又转为一切,犹如黄金换成货物,货物又换成黄金。"② "冷的变热,热的变冷,湿的变干,干的变湿。"③

这里清楚地表明火是万物的本原,火的活动总是遵循一定的规律,即所谓一定的分寸。与泰勒士不同的是,赫氏强调从一和多、永恒和变化中去把握本原,而不是简单地把本原归结为某一种具体的物质存在状态。火作为外在的本原可生可灭,作为内在的本原则是万物变化的规则,即"逻各斯"。

2. 逻各斯学说。赫氏最大的贡献是首次提出和初步阐明了万物变化的规律性思想(概念)。

"道(λόγος)虽然万古长存,可是人们在听到它之前,以及刚刚听到它的时候,却对它理解不了。一切都遵循着这个道……"。④ 道是"片刻不能离的",是"支配一切的主宰"。⑤

道按照音译即"逻各斯",这个词的原义是"话语",赫氏用它专门来表示"说出的道理"。人们通常将"逻各斯"理解为内在的原则、规律、理性或理由、道理、依据,等等。在最一般的意义下,道就是世界秩序、自然规律。赫氏强调,支配事物运动变化的规律是不可感觉到的,逻各斯是看不见的。所以,他说:"自然喜欢隐藏自己。"⑥ 只有靠理智才能把握到它。即:"思想是最大的优点,智慧就在于说出真理,并且按照自然行事,听自然的话。"⑦

然而,逻各斯并不神秘,通俗点说,就是一切皆流,万物常新。他的名言是:"我们不能两次踏进同一条河流。"⑧ 因为"踏进同一条河的人,不断遇到新的水

---

① 《赫拉克利特著作残篇》,D30,引自《古希腊罗马哲学》,商务印书馆,1982 年。
② 同上,D90。
③ 同上,D126。
④ 同上,D1。
⑤ 同上,D72。
⑥ 同上,D123。
⑦ 同上,D112。
⑧ 《赫拉克利特著作残篇》,D91,引自《古希腊罗马哲学》,商务印书馆,1982 年。

流"①。又说:"太阳每天都是新的,不断地更新。"②所以,他说:"我们踏进又踏不进同一条河,我们存在又不存在。"③

可以看出,赫氏是古代辩证法最早的奠基人。他的"逻各斯"概念,对后世哲学影响极为深远。

赫拉克利特的爱菲斯学派和泰勒士的米利都学派历史上并无直接传承关系,因系产生在同一地区小亚细亚,有时人们亦统称为伊奥尼亚学派。

§3. 毕达哥拉斯学派

毕达哥拉斯(Pythagoras,鼎盛年约 B. C. 532/531),生于伊奥尼亚海域的萨摩斯岛,40 岁时移居意大利南部城邦克罗顿,建立了一个兼具宗教、政治和学术特征的秘密团体,其学说在弟子中以秘传方式传播,一直持续到 B. C. 5 世纪中叶。

1. 数本原说。他与伊奥尼亚学派相反,认为数是万物本原,本原不是单一、可变的,而是众多、不变的。

据亚里士多德说:"由于他们在数目中见到了各种各类和谐的特征与比例,而一切其他事物就其整个本性来说都是以数目为范型的,数目本身则先于自然中的一切其他事物,所以他们从这一切进行推论,认为数目的元素就是万物的元素,认为整个的天是一个和谐,一个数目。……例如,因为他们认为十这个数目是完满的,包括了数目的全部本性,所以他们就认为天地的数目也应当是十个,但是只有九个看得见,于是他们就捏造出第十个天体,称之为'对地'。"

"这些哲学家显然把数目看作本原,把它既看作存在物的质料因,又拿来描写存在物的性质和状态。"④

他们的想法是,一切事物的形状都有几何结构,几何结构则与数字相对应:1是点,2 是线,3 是面,4 是体。世界生成过程是由点而线而面而体,从体才产生出可感形体,如水、火、金、土四种元素。亚里士多德批评他们这是混淆了抽象的数字单元和有体积的物理质点。⑤

应当指出,毕达哥拉斯和伊奥尼亚学派分别代表了最早的数学家和物理学家

---

① 《赫拉克利特著作残篇》,D12,引自《古希腊罗马哲学》,商务印书馆,1982 年。
② 同上,D6。
③ 同上,D49a。
④ 亚里士多德:《形而上学》,I. 5,985b - 986b。引自《古希腊罗马哲学》,商务印书馆,1982 年。
⑤ 亚里士多德:《形而上学》,I. 5,1083b 10。引自《古希腊罗马哲学》,商务印书馆,1982 年。

看待世界的不同方式。毕氏的数学思想比米利都学派包含着更明确的秩序观念。

2. 灵魂转世观念。这是从奥尔弗斯教派转承过来的。毕氏将灵魂转世的宗教观念引进哲学。他们主张禁食生灵,只用素食献祭。他们把哲学思辨作为净化灵魂的一种活动。据拉尔修说,毕氏是第一个使用"哲学"即"爱智慧"这个词的人。毕氏认为,"灵魂是一种和谐"。① 这既是指灵魂和肉体间的和谐,又是灵魂内部各种不同因素之间的和谐。所谓净化灵魂也就是使灵魂处于和谐的状态。而实现灵魂净化的手段就是音乐和哲学。音乐是和谐的音调,哲学则是对事物间和谐关系的思索(数学已被包含在哲学之中)。

毕氏首次使用了"宇宙"这个词来表示世界整体。他们把宇宙看成和谐的整体,认为火可能居于宇宙的中心,是"宙斯的祭坛"。这些猜测对古代天文学的发展有积极的影响。

§4. 爱利亚学派

爱利亚学派因意大利南部城市爱利亚而得名。黑格尔将其视为希腊哲学的开端。因其主要代表巴门尼德的论证特别具有抽象思辨的特点,所以为黑格尔所偏爱。其著名哲学家有三:

1. 克塞诺芬尼(Xenophanes,鼎盛年约 B. C. 540)与阿那克西美尼同时期,出生于伊奥尼亚的克罗封城,因被驱逐而在西西里岛流浪,是一个吟唱诗人。另一说他早于泰勒士,鼎盛年约 B. C. 620 - 617 年,因而是希腊最早的哲学家之一。留有几十条(35?)箴言残篇。他对神人同形同性即拟人论宗教观念的批判,动摇了神话世界观的基础,对后世影响深远。因此,有人说他的贡献可与泰勒士相比。

他说:"假如牛、马和狮子有手,并且能够像人一样用手作画和塑像的话,它们就会各自照着自己的模样,马画出、塑出马形的神像,狮子画出、塑出狮形的神像了。"

他还说:"有一个唯一的神,是诸神和人类中最伟大的;他无论在容貌上或思想上都不像凡人。"他的这一思想被巴门尼德继承,他本人也被视为理神论的肇始者,这一观念与人格神是对立的。

注意,理神论(deism,以拉丁文 Deus 为词根,不同于有神论 theism,以希腊文 θεός为词根)崇尚的神没有人格,只有理性特征,并只能被人的理性所把握;神只

---

① 亚里士多德:《论灵魂》,407b 30。引自《古希腊罗马哲学》,商务印书馆,1982 年。

是统摄万物,非人格的原则、原因或实体。因而,理神论属于探索世界本原的自然哲学,而不属于有神论范畴。

2. 巴门尼德(Parmenides,鼎盛年约 B. C. 500)是克塞诺芬尼的学生,同时受毕达哥拉斯派影响,是爱利亚学派的实际创始人和主要代表,其著作残篇是希腊哲学的经典。他的存在论从纯思辨或语言分析的意义上,意味着哲学的开端。就是说,他将自然哲学关于本原问题的探讨,推进到了一个更具普遍性因而也更加抽象思辨的阶段。他用"存在"代替了克塞诺芬尼的"神",并且给予了早期哲学家最缜密的论证。

①"存在"是唯一的,最普遍的,不动的,是本体论的最初表述。这显然是针对早先的自然哲学家关于本原是具体的"一",如水、火;或"多",如数,等等提出来的。"存在"是比水、火、数等更普遍更抽象的东西,它只能用理智来把握,而不可能用感性意见来表述。它的唯一性还表现在,只有存在者存在,不存在者不可能存在。他说:"存在者存在,它不可能不存在。""勉强证明不存在者存在,是根本不可能的。""存在者不是产生出来的,也不能消灭,因为它是完全的(亦译为:完整的、独生的)、不动的、无止境的。它既非过去存在,亦非将来存在,因为它整个在现在,是个连续的一。"可以说,巴门尼德的存在是从关于本原的追问向实体(亚里士多德)过渡的一个环节,是比本原、始基更抽象、更一般的认识范畴,因而也标志着前苏格拉底哲学的一大进步。

②存在论激烈地批判"既存在又不存在的"这一相反相成的观点。这显然是针对赫拉克利特万物皆流皆变的命题的。赫氏则说:"我们踏进又踏不进同一条河,我们存在又不存在。"巴氏则针锋相对地提出:"存在者之外,决没有、也决不会有任何别的东西……凡人们在语言中加以固定的东西,如产生和消灭,是和不是,位置变化和色彩变化,只不过是空洞的名词。"就是说,只有存在者是真实的,不存在、变易是虚幻的,是仅仅属于语言表述的空洞名词。

③"能被思维者和能存在者是同一的。""可以被思想的东西和思想的目标是同一的;因为你找不到一个思想是没有它所表达的存在物的。"这就是一向被称为"思维与存在的同一性"命题。对后世哲学的影响极为深远。以至海德格尔仍在"存在和在者"区分上大做文章。其实,这个最早的形而上学问题并非特别神秘,不过是哲学家们在辞义学上作论证。

"存在"(εóγ)这个概念来自希腊文的"是"(ει ναι)动词。在西文里,"是"既可做系动词,起表述作用,如"A 是 B"的用法;又可单独使用,指示事物的存在,如英文 to be or not to be,即存在或不存在的用法。巴门尼德的创造在于,他用ἐστιν(相当于英文的 it is)表示"存在的东西",用"是"动词的意义揭示了"存在"的普遍性。他揭示出,"是"既有表述思想内容(即"能够被说和被想的东西")的功用,又有指示存在物的功用。从而把两者归结在一起,开启了"思有同一性(论)"的先河。不但黑格尔,而且胡塞尔的"意向性"概念亦难脱其路数,足见其影响之深远。但需指出,在巴门尼德时代,当"是"最初被转变成一个含义广泛的哲学范畴时,思想之中的内容和思想之外的对象,均被表述为"存在",本来是含混不清的,并没有像今人专从认识论角度来探讨存在有主客观之分。因而,总的来说,巴氏用"是"表示"存在",无论从本体论还是词义学说,都是一个历史功绩。

罗素说:"巴门尼德在历史上之所以重要,是因为他创造了一种形而上学的论证形式,这种论证曾经以不同的形式存在于后来大多数的形而上学者的身上……包括黑格尔本人在内。""我们可以把这种论证表达为如下的方式:如果语言并不是毫无意义的,那么字句就必然意味着某种事物……意味着某种存在的事物。""即如果一个字可以有所指地加以应用的话,它就必然意味着某种事物而不是意味着无物,因此这个字所意味的事物便必然在某种意义上是存在着的。"即使像莎士比亚创造的艺术形象,亦应当说,"人们想象'哈姆雷特'是一个真实人物的名字"而不是虚无。①

3. 芝诺(Zenon,鼎盛年约 B. C. 468)是巴门尼德的学生,进一步发展了巴氏反对赫氏本原变化观的思想,否认运动和多的可能性。为了论证"存在"是不动的,他提出了四个悖论,即"飞矢不动""两分法""阿基里斯追不上乌龟""运动场"("一倍时间等于一半时间"的悖论)。他以此揭示了运动的路程和时间无限可分,间断性和连续性、有限和无限是矛盾对立的,亚里士多德推崇他为辩证法的创始者,是有一定道理的。②

关于多的悖论,亚里士多德还记录了一个"谷粒响声"的论证:一斗谷掉在地上有响声,一粒却不发出响声,而一斗谷是众多谷粒组成,若每一粒谷都不响,何以斗谷会响呢?③ 这个论证意在说明,整体的性质不等于它的部分,因而众多事物是不存在的。

_____

① 罗素:《西方哲学史》,上卷,商务印书馆,1981 年,78 – 81 页。
② 亚里士多德:《物理学》,VI. 9,239b – 240a。引自《古希腊罗马哲学》,商务印书馆,1982 年。
③ 亚里士多德:《物理学》,250a 20。引自《古希腊罗马哲学》,商务印书馆,1982 年。

芝诺以他的悖论,实际上表述了"无限性"概念的意义,并且接触到"极限"的概念,因而引起了长久的理论兴趣。即:人们如何在实际上和理智上把握无限?近代数学的微积分概念亦与此有关。

§5. 元素论者

1. 恩培多克勒(Empedocles,约 B. C. 495 – 435),亚里士多德推崇他为"修辞学的创始人",著有《论自然》等,是民主派的活动家,同时是一个医生,著有《医书》,对生命现象有较多论述。

①"四根说"。认为万物都是水、火、气、土"四根"聚集而成,四根本身是不生不灭的。他说:"你首先要听到那化生万物的四个根:照耀的宙斯(火——引注,下同),养育的赫拉(气),爱多纽(土),以及内斯蒂(水),它的泪珠是凡人的生命之源。"(以上是借四个神的名字分别指四根)四根又称四元素,它们的聚合离散就构成了万物永无止境的生灭变化。"这四种元素,它们互相穿插,变成了形形色色的事物;它们的相互混合造成的变化多大啊。"

②"爱和恨"。"'憎'和'爱'这两种力量以前存在,以后也同样存在,我相信,这一对力量是会万古长存的。""这经常的变迁从不停息:在一个时候,一切在'爱'中结合为一体,在另一个时候,每件事物又在冲突着的'憎'中分崩离析"。

"爱"和"恨"的希腊文原意是"友好"和"争吵",是人的一种活动,恩氏引用它们说明万物生灭的两种对立的力量,使其既具有物理的又具有伦理的双重属性。所以,亚里士多德认为,恩培多克勒首次提出以善和恶为本原。①

③同类相知的射流说。他说:"我们以自己的土来看'土',以自己的水来看'水',以自己的气来看神圣的'气',以自己的火来看毁灭性的'火',更以自己的爱来看'爱',以自己的憎恶来看'憎'。"

据德奥弗拉斯托(B. C. 3 世纪逍遥派哲学家)解释:恩培多克勒试图以"同类相知"来解释视觉和一切感觉的本性。"他说眼睛中间是火,周围是土和金,这气很稀薄,所以火能通过。水与火的通道相互交错,通过火的孔道,我们看到明亮;通过水的孔道,我们看到黑暗;每一类对象都存在与它适合的孔道,各种颜色是由

---

① 亚里士多德:《形而上学》,985a 8。商务印书馆,1991 年,11 页。

射流带给视觉的。"①同样,听觉、嗅觉也是如此。这是试图把感觉的性质归结为对象的物理性质和感官的生理结构,因而具有很高的科学价值。

2. 阿那克萨戈拉(Anaxagoras,约 B. C. 500 – 428),民主派首领帕里克利的老师,在雅典教授哲学达 30 年之久。因被指控为"不敬神"而流放,客死在兰萨库斯城。

①种子说。他称构成万物的基本元素为"种子",其数目和种类是无限的,如头发种子、骨头种子,等等。他说:"当初万物是聚在一起的,数目无限多,体积无限小;因为小也就是无限。""我们必须假定:结合物中包含着很多各式各样的东西,即万物的种子(据亚里士多德记载,种子又称为"同类的部分"),带有各种形状、颜色和气味。人就是由这些种子组合而成的,其他具有灵魂的生物也是这样。"

在他那里,"种子"和"部分"是相通的,前者用以表示合成,后者用以表示分离。

②"奴斯"和"心灵"。与恩培多克勒相似,阿那克萨戈拉在元素之外还假定了能动的本原,即"奴斯"或"心灵",作为推动万物运动的最终根源。它已摆脱恩氏"爱"和"憎"的隐喻含义,作为某种独立的、精神的力量。他说:"别的事物都具有每件事物的一部分,而心则是无限的、自主的,不与任何事物混合,是单独的、独立的。……它是万物中最细的,也是最纯的,它洞察每一件事物,具有最大的力量。对于一切具有灵魂的东西,不管大的或小的,它都有支配力。""这永远存在的心,也确实存在于每一个其他事物存在的地方,存在于环绕着的物质中,存在于曾经与那个物质连在一起、又从那里分离出来的东西中。"可见,"奴斯"或"心灵"是比以前哲学家的"灵魂"(包括泰勒士和毕达哥拉)更普遍、更强大的能动的原则。它弥漫于世界万物之中,又支配着、推动着万物的运动。

"心灵"概念最初来自希腊文的"思想"($voει v$),近代将其译为"心灵"(Mind)或"理智"(Intellect)似乎都不太贴切,至今是个有争议的问题。

③异类相知说。与恩培多克勒相反,他认为感觉起源于相反东西的对比和刺激,是谓"异类相知"。据德奥弗拉斯托解释:"感觉由相反者所产生……由热知冷,由咸知淡,由苦知甜。"阿那克萨戈拉宣称:"由于感官的无力,我们才看不到真理。"可见,比起恩培多克勒的同类相知的射流说,他更强调思想的主导和感觉材

---

① 《西方哲学原著选读》,上卷,商务印书馆,1981 年,45 页。北京大学哲学系,外哲史教研室编译。

料之间的一致性,更接近强调思想能动性的现代认识论。

§6. 德谟克利特(Demokritus,鼎盛年约 B. C. 435)的原子论

德氏是留基波(Leukippos,生卒不祥)和阿那克萨戈拉的学生,著有物理学、伦理学、数学、文学和技艺等五类,凡 13 种 60 篇,至今全部失传。他生于阿伯德拉,曾到埃及、波斯和埃塞俄比亚等地旅行,是古代学识渊博的学者,其学说是近现代唯物论和自然科学思想的重要源泉。

1. 关于留基波。他是"爱利亚或米利都人(因为有两种说法),在哲学上与巴门尼德有联系。可是他解释事物的路数与巴门尼德和克塞诺芬尼不一样,而且显然完全相反。……他主张存在者并不比不存在者更实在,认为这两者同样是产生出来的事物的原因;因为……原子……称之为存在者,然而原子是在虚空中运动,他把虚空称为不存在者,都肯定它同存在者同样实在"①。

2. 原子和虚空。"原子"(ἄτομον)的原意是不可分割的最小微粒。"虚空"的意思则与"充实"相反,是与原子相对应的"非存在"。这种非存在与原子一样,作为原子运动的条件,同样是实在的。原子说将原子解释为存在、虚空解释为非存在,是针对爱利亚学派的存在论否认运动、坚持"存在不动"的论点的。亚里士多德指出:"留基波……既不摒弃生灭运动,也不排除事物的众多,……认为没有虚空就没有运动,虚空是不存在。"②充满(实)和虚空"这两者是一切事物的质料因"③。

3. 原子为何构成万物?据亚里士多德解释:"万物的不同仅仅在于形态、相互关系和方向。形态属于形状,相互关系属于次序,方向属于位置。所以说,A 与 N 是形状不同,AN 与 NA 是次序不同,Z 与 N 是位置不同。"④

第欧根尼·拉尔修说:德谟克利特的"学说是这样:一切事物的本原是原子和虚空,……世界有无数个,它们是有生有灭的。没有一样东西是从无中来的,也没有一样东西是在毁灭之后归于无。原子在大小和数量上都是无限的,它们在宇宙之中处于涡旋运动之中,因此形成各种复合物:火、水、气、土。这些东西其实是某

---

① 辛普里丘:《亚里士多德〈物理学〉注》,28,4.《西方哲学原著选读》,上卷,商务印书馆,1981 年,46 – 47 页。
② 亚里士多德:《论生灭》,325a 20,25。引自《古希腊罗马哲学》,商务印书馆,1982 年,97 页。
③ 亚里士多德:《形而上学》,I. 4,985b。引自《古希腊罗马哲学》,商务印书馆,1982 年,98 页。
④ 同上。

些原子集合而成的;原子由于坚固,是既不能毁坏也不能改变的。太阳和月亮同样是由光滑的圆形原子构成的,灵魂也是由这种原子构成;灵魂就是心(阿那克萨戈拉的 νοῦς——引注)"①。

注意:①原来,火、水、气、土是原子构成的复合物,这比早期哲学家的朴素本原论已大进了一步。从可感物的认识提高到了对物质结构的理性认识,对后世科学发生了深远影响。

②再者,将太阳、月亮,特别是灵魂(奴斯)都归结为原子,坚持用物质的原因说明世界万物的统一性,为唯物主义和无神论思想的发展打下了坚实的基础。

③涡旋运动和必然性。"一切都遵循必然性而产生;涡旋运动既然是一切事物形成的原因,也就是他所说的必然性"。②"必然性"在这里是与神的任意性相对立的决定论。亚里士多德也承认,德谟克利特的自然必然性即决定论是与目的因相对立的。他说:"德谟克利特忽略了目的因,把自然界一切作用都归之于必然性。"③

"人们捏造出'碰巧'这个偶像,借以掩盖自己的轻率。碰巧造成的悖理的事情是很少的,一个心智敏锐的人就能把生活中大部分事物安排妥当。"④从这里看,似有贬低偶然性的倾向。就人事而论,至少大部分事物都应归结为必然性。所以,他又多次谈到"命运",又似有宿命论倾向。例如,他说:"大胆是行动的开始,但决定结果的则是命运。"⑤

从自然观上强调必然性到伦理观上主张命运、宿命论,是内在联系在一起的。这种机械论倾向又使其决定论不能贯彻到底。根源是:将必然性=原因;偶然性("碰巧")=无知(未知其原因)。

4.影像说和决定论。

"留基波、德谟克利特和伊壁鸠鲁主张感觉和思想是由钻进我们身体中的影像产生的。因为任何一个人,如果没有影像来接触他,是既没有感觉也没有思想的。"⑥

---

①　拉尔修:《著名哲学家的生平和学说》IX. 7,§44–45。

②　同上。

③　《古希腊罗马哲学》,商务印书馆,1982年,99页。

④　《古希腊罗马哲学》,商务印书馆,1982年,112页。

⑤　同上。

⑥　《古希腊罗马哲学》,商务印书馆,1982年,103页。

"总的来说,……(德谟克利特)认定知识就是感觉,感觉就是身体的改变,所以他们说我们感觉到的现象必然就是真的。"①

"德谟克利特说了'颜色是约定的,甜是约定的,苦是约定的,实际上只有原子和虚空'……"②

德谟克利特说:"有两种认识:真实的认识和暗昧的认识。"前者指对原子和虚空的认识,后者指视、听、嗅、味和触觉。③

5. 伦理学和社会政治思想。

按德氏的自然观,一切都遵照必然性发生,按其伦理观,遵照必然性的生活才是愉快的。"人生的目的在于灵魂的愉快,……在这种愉快中,灵魂平静地、安泰地生活着,不为任何恐惧、迷信或其他情感所苦恼。"④

德氏还说:"在民主国家里受穷,胜于在专制国家里享福,正如自由胜于受奴役一样。"⑤

总之,不论在自然观还是在伦理观上,德谟克利特都是前苏格拉底哲学家的集大成者和最高峰。其伦理思想对伊壁鸠鲁和斯多亚派有很大影响。

§7. 小结

①早期自然哲学的贡献是:从自然本身探讨自然的本原,否定超自然的神话崇拜;注重观察、思辨的朴素理性主义,反对原始的宗教信仰主义等等。理性主义、非理性的神秘主义,唯物论、唯心论、无神论、有神论等等,对立的思想倾向已初见端倪。

②早期自然哲学围绕"本原是什么"问题的探讨,各种学说之间的联系和区别,从泰勒士的"水,万物之源",中经元素论者到德谟克利特的原子论。"本原"从朴素感性的"一"(水)到理性的原子,恰好走过了一个螺旋形的认识阶梯。

本原、灵魂、逻各斯、存在、心灵、梦等这些范畴的最初含义需仔细区别,不要将今人的思想强加于古人。

---

① 亚里士多德:《形而上学》IV. 5,1009b。商务印书馆,1991 年,72 页。
② 《古希腊罗马哲学》,商务印书馆,1982 年,104 页。
③ 塞克斯都:《反数学家》,VII. 139;艾修斯:《学述》,IV. 9,8。《古希腊罗马哲学》,商务印书馆,1982 年,106 页。
④ 拉尔修:《著名哲学家的生平和学说》,IX. 7,§44–45。
⑤ 《残篇》,D251。

③特别要注意的是,"本原""存在"的范畴是指向外物的,这是前苏格拉底自然哲学的鲜明特征,对西方哲学有极深远的影响,且恰与中国古代哲学形成鲜明的对比。即使他们在谈论"灵魂""心灵(奴斯)"时,也主要是探讨世界的能动原则,而不是专注于人的内心精神活动。自然哲学是他们的主题,而伦理学只是附带的,严格说,尚未出现。从神秘主义开始摆脱出来是前苏格拉底哲学的最大成就。这种起步和态势,为西方哲学后来的发展,奠定了健全的、坚实的基础。

第二章

智者派和苏格拉底

§1. 智者派的兴起

B. C. 5 – 4 世纪是奴隶制民主制繁荣时期,也是希腊文化和哲学的繁荣期。以传播各种知识为职业的"智者"的出现,是古代文化兴盛的标志。当时,人们把"智慧"视作"逻各斯"的艺术,而"逻各斯"兼有语言和理性之意;因此,智慧就是用优雅的语言表达思想的艺术,智者就是教授辩论术和修辞学的职业教师。这一社会阶层的出现,实际上是文化世俗化的一种趋向。他们与早期哲学家追求的智慧目标不同,带有明显的实用和功利特征。因此,柏拉图将其称为"批发或零售精神食粮的商人"①。学生要交费,教师则要保证学生获得事业成功的能力。这颇有点像今天转型期教育所追求的目标。

也许是受柏拉图的影响,历史上的哲学家对"智者"都极为鄙视,以致现在"智者"几乎成为"诡辩"(sophistry)的代名词。我认为,在一定程度上,应当为其正名。因为,他们对开启民智是有大贡献的。

1. 普罗泰戈拉(Protagoras,约 B. C. 490 – 421)是德谟克利特的同乡,伯利克里的好友,系边远城邦阿伯德拉人,在雅典当了 40 年教师,因为被指控亵渎神而被逐,是第一个自称智者的人,在希腊享有很高声誉。在埃及出土的托勒密王朝时的塑像,普罗泰戈拉与泰勒士、赫拉克利特、柏拉图等人并列。

他的名言是:"人是万物的尺度。"人们因此指责他是相对主义,我以为,这一命题正标志着古代哲学中对人的关注和觉醒;它的指向显然与以前的自然哲学家是不同的。后者关注世界,而前者则关注人。

---

① 柏拉图:《普罗泰戈拉篇》,313c。引自《古希腊罗马哲学》,商务印书馆,1982 年。

还应指出的是,这一命题是对爱利亚派"存在"概念的挑战。他紧接着说:"(人)是存在者存在的尺度,也是不存在者不存在的尺度。"就是说,他否认"存在"是不依赖于人的绝对本原。苏格拉底把它理解为:"事物就是对我呈现的样子。"①

他说:"关于神,我既不能说他们存在,也不能说他们不存在,因为阻碍我认识这一点的事情很多,例如问题晦涩,人寿短促。"据第欧根尼说,就是由于这段话,"他被雅典驱逐出境,他的著作被放在广场上焚毁了"②。

可见,普罗泰戈拉至少可以说是一个大胆的思想家,因为,他竟敢怀疑神,并为此付出了极大代价!

2. 高尔吉亚(Gorgias,约 B. C. 480 – 370),恩培多克勒的学生,对伯利克里等人有很大影响力。

他针对爱利亚派的存在说,提出三个命题:"第一,无物存在;第二,如果有某物存在,人也无法认识它;第三,即使可以认识它,也无法把它告诉别人。"③

为什么"无物存在"?因"存在物"若是一个东西,它只能是:(1)永恒;(2)生成;(3)是一;(4)是多。而这四种情形都是不可能的。所以,存在不可能是物,而是纯思辨的抽象。

这里,包含了一系列的"是"与"不是"的逻辑论证,以及语言和指称对象的关系问题,对"存在"概念意义的澄清与演化起了推动作用,也对后来亚里士多德的逻辑体系的形成起了促进作用,因而不可将其视为毫无意义的诡辩。

§2. 苏格拉底(Socrates,B. C. 469 – 399)是古代西方哲学史上起转向作用的关键人物

他将哲学从对自然的关注和思考引向对内心精神世界的沉思,使自然哲学转向伦理道德哲学。因此,有人常将他和孔夫子加以类比。这是有道理的。只是要注意,两者的明显区别是,在苏格拉底之前已有自然哲学的健全发展,就像儿童的启蒙随着体力的成长已有协调的发育一样;而在孔夫子之前,中国哲学则缺少自然哲学的长足发展。孔子的伦理说教总是给人一种儿童早熟的感觉,似乎在生理

---

① 柏拉图:《泰阿泰德篇》151d – 152d。
② 第欧根尼,IX,51 – 52。《西方哲学名著选读》,商务印书馆,1981 年,55 页。
③ 塞克斯都:《反数学家》,65 – 66。

和心理的发育尚不够健全和协调。这种情况,一直影响到后来民族精神的发展。但无论如何,苏格拉底和孔夫子都是古代伦理哲学的倡导者,这一点是类似的。

1. 关于他的生平和人格。苏格拉底出生于雅典一个中产阶级家庭,父亲是一个雕塑作坊主,母亲是一个助产士。他本人身材矮小,其貌不扬。在伯罗奔尼撒战争中是一个勇士。他自称是一个"爱智者",而不自诩为"有智者"。他说:"我这个人,打个不恰当的比喻说,是一只牛虻,是神赐给这个国家的;这个国家好比一匹硕大的骏马,可是由于太大,行动迟缓不灵,需要一只牛虻叮叮它,使它的精神焕发起来。"①他处在雅典民主制面临危机的时代。B. C. 406 年,雅典海军大败斯巴达人,政客们却以阵亡将士尸体未及时收回为由,对 10 名海军将领提出公诉,判处其中 9 人死刑。苏格拉底作为这次判决的公民大会主席,认为判决不公,投了反对票,因而得罪了民主派。B. C. 404 年,雅典战败,被迫接受寡头制。苏格拉底的学生克里底亚是三十寡头的核心人物。苏氏对其暴力统治深感不满,拒绝执行命他去逮捕政敌的活动。然而,民主派重新执政后,控告他"亵渎神明"和"腐化青年",被处以死刑。临终前,他发表了义正辞严的申辩,并嘱人不要忘记代他还给邻居一只公鸡。足见他无论于公于私,做人都是很严谨的。

综观苏格拉底一生,不愧为一位伟大的爱国者和青年导师。其人格为后世所敬仰。关于他的死,一直是一个不断引起争论的问题。我以为,简单地指责他反对民主制是有失公允的。他在《申辩》中有一段话令人深思。他说:"一个人如果刚正不阿,力排众议,企图阻止本邦做出很多不公道、不合法的事情,他的生命就不会安全,不管在这里还是在别的地方都是这样的。一个真想为正义而斗争的人如果要活着,哪怕是活一个短暂的时期,那就必须当老百姓,决不能担任公职。"这不能理解为"明哲保身",而宁可理解为:要想拯救别人的灵魂,必须首先拯救自己的灵魂。参看后面"自知其无知"一节。如果说,他反对过民主制,那是反对民主制的腐败,而决不是反对"对一切人公正"(伯利克里语)的民主制原则本身。

2. 从自然转向心灵。相对于希腊童年时期的自然哲学,苏格拉底开创了哲学发展的一个新的时期,这就是从自然转向心灵,由自然哲学推进到伦理哲学。过去,我曾认为,道德哲学的兴起,意味着进取心的消颓。② 近 40 年后,我认为这种看法是片面的。应该说,由关注自然转向思索内心,是文明进展到一定程度才必

---

① 柏拉图:《苏格拉底的申辩》,29D - 32A,商务印书馆,《西方哲学原著选读》上卷,69 页。
② 指 1962 年笔者初次给山西大学政治系 59 级哲学专业讲欧洲哲学史的观点。

然出现的现象,是人们追求生活质量提高的表现。例如,今天西方哲学关注人的问题也一样绝不等于精神堕落。当人们食不果腹时,固然不可能去满足对自然界的好奇心,同样也更不可能去关心自己的灵魂。中国有句古话大意是:仓廪实而知礼节,衣食足而知荣辱。说的是同一个意思。正如德谟克利特所说:"哲学解除灵魂的烦恼。"①就古希腊哲学而言,自然哲学发展到一定程度,必定转向对人类自身精神生活的关注,这是很自然的事情。

苏格拉底声称:"不管老少,都不要只顾个人和财产,首先要关心改善自己的灵魂,这是更重要的事情。我告诉你们,金钱并不能带来美德,美德却可以给人带来金钱,以及个人和国家的其他一切好事。这就是我的教义。"②

他批评以往的自然哲学有以下失误:第一,目标选择的错误。他认为,"争论事物的本性是什么,猜测……世界……是怎样产生的,天上的每一件事物是由什么必然的规律造成的,……那种问题是人根本不能解决的"③。第二,自然哲学家缺乏实用的目的。他认为,"那些研究天上事物的人"不能够"用其所学,为自己服务,或者为自己所愿意的别人服务"。例如,在发现了规律之后,"制造风、雨、季节变化以及诸如此类的事物"等等。④ 第三,自然哲学家的方法不对头。以种子说的阿那克萨戈拉为例,苏格拉底认为,"他可以指出一万种诸如此类的原因(指心灵是个人行动的原因;骨头、肌肉系肉体存在和运动的原因,等等——引注),却忘了那真正的原因,即:雅典人认定惩罚我(指苏格拉底——引注)比较好,因此我认定留在这里服刑比较好,比较正当"。(而不是越狱逃往异邦——引注)"我宁愿遵守国法服刑,不肯开溜跑掉。"⑤就是说,不论自然哲学家提倡的观察方法还是思辨方法,均不能解决人的行为当与不当的问题,判定应如何才是正当的,即"求真"(的方法)不能解决"为善"的问题。

既然,自然哲学家追求的本原无所得,也就是说,"在研究真正的存在方面失败了……,所以我想不如求助于心灵,在那里去寻求存在的真理"⑥。

以上,苏格拉底对前自然哲学的批评无疑有武断和片面之处。例如,人不可

---

① 德谟克利特:《残篇》,D31。引自《古希腊罗马哲学》,商务印书馆,1982 年。
② 柏拉图:《苏格拉底的申辩》,29D–32A,《西方哲学原著选读》,上卷,商务印书馆,69 页。
③ 克塞诺芬尼:《回忆录》,I. 1,10–13 页。
④ 克塞诺芬尼:《回忆录》,I. 1,15–16 页。
⑤ 《西方哲学原著选读》,上卷,商务印书馆,1981 年,63–64 页。
⑥ 《西方哲学原著选读》,上卷,商务印书馆,1981 年,64–65 页。

能解决事物本原问题，"真"不能"为善"，等等。但他明确指出，要转向心灵，通过审视人自身的心灵的途径去关注人事，将思辨和实用两者结合起来，使"为善"和"求知"协调一致，无疑有其合理之处。他的缺陷在于，似乎为善可以代替求真，这种看法显然有失偏颇。事实上，转向内心(灵)并不排斥也不必然摒弃对外在世界的探求。

他批评自然哲学家说："他们想象有一天会找到一个更有力的支撑一切的不朽的撑天神阿特拉斯，他们却没有想到，真正包容和结合一切的是善或道德义务。"①善与真如何相互包容？事实上，苏格拉底提出的这个问题仅仅是个开头，至今远未得到一致同意的看法。他声称年轻时曾热衷于自然哲学，因为最后明白自己无力"做这种研究"，因而才转向心灵的研究。这种看法，未免消极。但不论如何，从自然转向内心，仍是希腊哲学史上的一个重大的进步。

3. "认识你自己"和"德性(美德)就是知识"。"认识你自己"是德尔菲神庙即太阳和智慧神庙上的铭言，苏格拉底用这句铭言扭转了希腊哲学的方向。

第一，苏格拉底主张"通过思想媒介来研究存在"，即探讨自然哲学家的本原问题。在他看来，仅凭感官去直接地观察世界的本原，正如"在日蚀的时候盯着太阳瞧"，必定"弄坏了眼睛"而无所得一样，不如求助于心灵，即以思想为中介，间接地思考太阳"在水面上或其他光滑物体上的影子"，即通过心灵"只从影子看存在，会比从实际作用看存在(直观外物?)的人看得更清楚。"他强调，"如果我用眼睛盯着事物，或者试图用某种感官来把握它们，恐怕我的灵魂就会弄瞎"。很显然，苏格拉底认为，人应用头脑去把握事物，用思想去探知世界。"只从影子看存在"实际上已含有黑格尔称为"反思"的含义。这一点，正是过去的自然哲学家们所不足的。可以看出，他虽不赞成普罗泰戈拉"人是万物的尺度"的相对主义倾向，肯定有普遍道德的存在，但在强调思考事物时人的主体地位(原则)上，与普罗泰戈拉是一脉相承的，比前自然哲学前进了一步。

第二，"认识你自己"就是要"自知其无知"。在苏格拉底看来，真正的智慧或人所能具有的最高智慧，不在于自诩为有知，而恰恰在于自知其无知。这类似于(相当于)中国哲学所讲的"大智若愚"的意思。应当指出，在苏格拉底那里，"自知其无知"是一种真诚的态度，是一种求知的渴望，而不是表面的谦虚，更不是虚伪的装饰(做作)。他指出，比起一些"自以为智慧"的政界人士，"我还是比他好

---

① 柏拉图:《斐多篇》，99c。引自《古希腊罗马哲学》，商务印书馆，1982 年。

一点,因为他一无所知,却自以为知道,而我既不知道,也不自以为知道"。至于那些诗人,他们"写诗并不是凭智慧,而是凭灵感"。最后,他"发现那些能工巧匠也有同诗人一样的毛病,因为自己手艺好,就自以为在别的重大问题上也很智慧。这个缺点淹没了他们的智慧"。所以,他的结论是,"我看来看去,发现那些名气最大的人恰恰是最愚蠢的,而那些不大受重视的人实际上倒比较智慧,比较好些"①。可见,自知其无知才是最大的智慧。因为,知也无垠,不论一个人知道多少,比起我们应该知道的无限大千世界来,总是微不足道的一点点。玻尔:专家就是在自己的专业领域之外一无所知的人。认识到这一点,才是最聪明智慧的。总之,"自知其无知"是相对于破除武断来说的。

第三,德行(即美德)就是知识。苏格拉底认为,德行是心灵活动的内在原则。而所谓"德行"就是指过好生活或做善事的艺术,为善是一切技艺中最高尚的艺术。他是一个重视道德实践的人,认为人的行为不能脱离知,德行本身就是一种知识。德行既不是自发的习惯,更不是盲目的冲动,而是在一定道德理想(知识)指导下的自觉自愿的行为。所谓"见义勇为",不知"义",焉谈"勇"?换句话说,知识是德行的充分而必要的条件。所谓充分条件是指,德行就是知,"如果人们不相信一件事是最好的事,他们就不会去做这件事"②。在此意义上,行即知,德行与知识是不能分开的。所谓知识是德行的必要条件是指,德行的反面是"邪恶即无知",所以,苏格拉底说:"邪恶把人们与智慧分隔开来。"③就是说,无知或没有知识必陷于邪恶。因此,与前自然哲学家不同,他自己总是追求知识的实用价值或实践功能。"愿意不时地讲讲与人类有关的事情,研究什么是虔诚的,什么是不虔诚的;什么是适宜的……公道的……明智的……刚毅的……"④等等。

应该指出,苏格拉底本人的道德实践就是对"德行就是知识"这一命题最好的注释。直至生命的最后一刻,他都坚持了知和行的统一。也可以说,他用生命捍卫了"德行就是知识"这一信条。他被处极刑,多次有生的机会:他可交付一笔赎金换取生命,他的朋友也愿代他付赎金;他还可以把妻子和孩子带上法庭求情,用妇孺之情感化陪审团;临刑前夕,朋友们还为他安排好了出逃的道路。而他认为,这些都是与法律相抵触的不正义的(不善)的行为。他宁可承受不正当的惩罚,也

---

① 柏拉图:《苏格拉底的申辩》,21A – 23C。
② 亚里士多德:《尼各马可伦理学》,1145b 25。引自《古希腊罗马哲学》,商务印书馆,1982 年。
③ 克塞诺芬尼:《回忆录》。
④ 同上。

不愿意做不正义之事。公元前156年学院派的首领卡尔内亚德出使罗马,在一篇演说中对苏格拉底所持的道德原则或为某种道德原则可以献身的做法,表示极为轻蔑。他指出,例如,破船落水时,你可以牺牲别的弱者而拯救自己的生命,否则就是傻瓜。因为,在他看来,人们强加于他的惩罚实出于(对神意的)无知;而他自己若选择生,则有违捍卫正义。既然,他不能说服法庭"让我活着",免除他的死刑,那么,就从容就义吧。历史上,只有视道德理想胜于生命的人才能办到这一点,苏格拉底确为后人留下了人格力量的无尽光辉。可以说,苏格拉底是西方历史上第一个为实践道德理想和捍卫法律尊严而献身的人。

应当说明,我并不完全赞成"德行即知识"的命题,因为,从理论和实际两方面看,两者都不是简单等同的。德取决于利,而知则唯求其真。行和知两者的统一是有条件的,并不是绝对的、无条件的。难道我们仅仅能够将邪恶等同于无知吗?邪教首领的邪恶显然不完全是无知,根本上是利益驱动的。而有知识的人并不一定是有道德的,无知识或缺少知识的人也未必是道德不高尚的人。张思德有多少知识呢?但他的道德是高尚的。所以,尽管我推崇苏格拉底的人格德行,但认为"德行即知"含有道德先验论的缺陷,虽然这是难以苛求古人的。

4. 苏格拉底的"助产术"。怎样才能发现(揭示)人的心灵中固有的德性(善)呢?这要依靠不断揭露矛盾的对话方法。这种通过辩难、诘问发现真理的方法被形容(类比)为"助产术":它帮助人们达到(探寻)真理,而不把真理当作现成的答案。苏格拉底在对话结束时,并不示人以答案而只是引导对话者去领悟真理,这正如助产士是帮产妇生育,她自己并不代替产妇生育。"真理"在希腊文中含有一个否定性的前缀"不"(á)和动词词根"被蒙蔽"(λαθ)。据考证,巴门尼德在首次使用"真理"一词时,已表达出"除去蒙蔽"之意。"助产术"的方法主要是用提问、反诘的谈话,以达到揭示一般(下定义),用以解蔽、显真。他或从对方提出的答案中推出荒谬的结论,或论证与之相反的意见亦可成立,或用事实反驳对方的理由。这种生动的谈话充满怀疑和批判精神,而无相对主义之弊。这就是"助产术"与智者派的区别。

例如,克塞诺芬尼回忆说:"如果有人反对他的意见,却说不出什么确定的道理来,例如毫无证据地肯定某人更聪明,或者办理政务更熟练,或者有更大的勇气,或者在某方面更好,他就会以下面这种方式把整个议论引回到根本命题上来":即,什么是"一个更好的公民"?"我们为什么不首先考虑一下一个好公民的义务是什么呢"?诸如:"是不是善于理财而能裕国?""是不是效命疆场而能克敌制胜?""是不是奉命出使而能化敌为友?""是不是向人民演说而能排除异议、使人民齐心协力?"等等。① 如何给一般的命题例如这里讨论的"好公民"下定义呢?就是通过不断地提问揭示"好公民"多方面的内涵,如善理财、勇敢、机智、雄辩,等等。这种谈话,实际上就是以某种假设的定义为出发点,通过反复诘问,从特殊中逐步"诱导论证"(επακτικοι λογοι)(而不是"归纳推理")出普遍真理来。南开大学《欧洲哲学通史》,上卷,P.103:"苏格拉底的方法……成为后来的形式逻辑的归纳逻辑的先声。"此论不妥。这是一个从不确定到确定的不断否证的过程。否证是谈话的技巧和助产方法的核心,就此而论,我们可以说波普尔的"四段式"或猜想与反驳的方法,正是继承和发挥了苏格拉底的助产术的智慧。例如,问:"诚实即不说谎是不是美德?"答:"是"。再问:"亲属向病人隐瞒病情,将军为鼓舞士气而称援军将至,等等,是否不道德?"答:"否。"等等。

前已指出,亚里士多德曾推崇巴门尼德的学生芝诺为辩证法的创始者,然而,真正说来,只有苏格拉底和他倡导的"助产术"才是概念辩证法的始祖。

§3. 小苏格拉底派

1. 欧布里德(Eubulides,生卒不详,生于米利都)系苏格拉底的好友欧克里德(Euclides,约卒于 B. C. 369)的继承者。他提出的"说谎者"悖论曾激起后人很大的兴趣。B. C. 6 世纪中叶,克里特岛的福撒里德(Phocylides)曾说"克里特岛人都是说谎者",试问:他的话是真还是假? 若真,他这个说这话的人就在说谎;若假,他说的就是真话。因而,后来欧布里德便提出"一个人说他在说谎的人是不是说谎"的悖论。

2. 第欧根尼(Diogenes,约 B. C. 444 – 323)是犬儒派的真正创始人,主张效法狗的生活方式并身体力行。主张:"不动心",即对自己遭受的苦难处之泰然;"自立",即不承担任何社会责任;"漫谈",即不受约束地发表大胆言论;"无耻",即不受任何现存道德观念的约束,毫无顾忌地行动。他出身富裕家庭却过着乞丐般的流浪生活,睡在一个废弃的破木桶里,颇像济公和尚的生活方式。他说,宙斯惩罚普罗米修斯的原因是,火的发现和传播是舒适奢侈生活最重要的原因。所以,普罗米修斯是这个堕落文明的开创者,因而被拴在岩石上受惩罚。罗素就此写道:

---

① 克塞诺芬尼:《回忆录》。

"在这一点上他有似于道家、卢梭与托尔斯泰,但是要比他们更加彻底。"①据说,他白天打着灯笼到处寻找"真正的人"。最后自杀身亡,一说死于吃章鱼肉。总之,他把文明的进步看作人性的堕落。因而,柏拉图曾说第欧根尼是变疯了的苏格拉底。

　　上述这些人对伊壁鸠鲁和斯多亚派的伦理思想有很大影响。

---

　　①　罗素:《西方哲学史》,上卷,商务印书馆,1981 年,295 页。

第三章

柏拉图哲学

§1. 生平、著作、思想来源和特点

柏拉图(Platon, B. C. 427 - 347)生于雅典贵族家庭,早年丧父,母亲改嫁,继父是民主派首领伯利克里的朋友。他受过良好教育,20 岁时成为苏格拉底弟子。他热衷于政治,曾于 B. C. 388、367、361 年三次去西西里岛企图实现其政治抱负屡遭失败。B. C. 387 年在雅典创立学园,位于以希腊英雄阿卡德穆命名的运动场附近。这是西方最早的高等学府,后世的高等学术机构(Academy)因此得名。他除了讲授哲学外,还讲授数学、天文学和声学、植物学等自然科学知识,注重对学生思辨的理论智慧的培养。

现存的柏拉图对话有 40 余篇,其中 28 篇被考证为真品或可信度很高的作品;现存的 13 封信中,有 4 封为真品。其中,《会饮篇》(论美与爱情)、《斐多篇》(论理念与灵魂的轮回)、《理想国》(论两个领域的区分、什么是正义和最好的政体等)、《斐德罗篇》(论爱的本性和哲学修辞学的可能性)等被认为是成熟时期的代表作。

据亚里士多德说,"他在很多方面继承了那些古代哲学家的看法,但又有他自己的特点,与意大利学派不一样。他在青年时期就认识克拉底洛(Kratylos, B. C. 5 世纪的智者,将赫拉克利特的学说改变为'人连一次也不能踏进同一条河流'。——引注),熟悉赫拉克利特的学说,即一切感性事物都在永恒的流变中,是不可能认识的。这些看法他一直坚持到晚年"①。当然,对柏拉图影响最大的还是他的老师苏格拉底。他在"伦理问题中寻求普遍的东西,……但他主张定义的

---

① 亚里士多德:《形而上学》,I. 6,987a - b。商务印书馆,1991 年,16 页。

对象不是感性事物,而是另外一类东西,任何感官对象都不能有一个普遍的定义,因为它们都是变化无常的。他把这另外一类的东西称为理念"①。

柏拉图将以前希腊哲学,包括早期自然哲学、智者的思想和方法,特别是苏格拉底的原则和方法进行了系统的综合,将早期哲学家的自然本原论,改造为伦理本原论,建立了西方哲学史上第一个形而上学的体系。这个以伦理学为本原的体系对后世发生了前所未有深刻影响,以致怀特海(A. Whitehead)说,全部西方哲学史都是柏拉图思想的注脚。海德格尔(M. Heidegger)也讲,形而上学就是柏拉图主义。柏拉图体系的特点和核心就是将应然世界和实然世界,或理想和现实分裂为二的理念论。从根本上说,这个理念论在强调灵魂(精神)能动性的同时,从根本上颠倒了思维和存在的关系。

§2. 理念论:理想和现实的割裂和颠倒

"理念"英译为 Idea 或 Form,表示它是理智所认识的存在,是普遍的真相、型式。理念论作为系统的伦理本体论或者道德形而上学,核心概念是关于善的理念。什么是"善"呢? 它不是指可感的具体的德行,例如,中国人所讲的恻隐之心、羞耻之心、同情弱者、不畏强者,等等。而是追问"善本身""美本身"等等这类"善作为善"是什么的抽象观念问题。它是不能感知而只可理喻的存在,属于与可见世界相独立的"理想世界"。(或现今所谓"意义世界""价值世界"?)

他说:"我可以告诉你,这个给予认识的对象以真理并给予认识的主体以认识能力的东西,就是善的理念。它乃是知识和真理的原因。……把它看成某种超乎真理与知识的东西才是恰当的。正如……比喻把光和视觉看成好像太阳而不是太阳一样,在这里我们也可以把真理和知识看成好像'善',但是却不能把它们看成就是'善'。'善'是具有更高的价值和荣誉的。""'善'是知识和真理的源泉。""知识的对象不仅从'善'得到它们的可知性,并且从'善'得到它们自己的存在和实在性,但是'善'自己却不是存在,而是超乎存在之上,比存在更尊严更有威力的东西。"②

在柏拉图看来,"善"就是理智世界、价值世界、意义世界或理想世界、应然世界中创造万有的太阳或"神"。与太阳不同的是,善纯粹是精神性的东西,与自然

---

① 亚里士多德:《形而上学》,I. 6,87a – b。商务印书馆,1991 年,16 页。
② 柏拉图:《国家篇》,507A – 509B;《古希腊罗马哲学》,181 – 182 页。

哲学家讲的水、火、气、土等等是相反的、对立的。正是这个作为最高伦理（道德）目标的善，是创造和统摄了万物的终极原因和解释原则。所谓创造万物就是指它赋予知识对象以"存在和实在性"。

这里要注意两点：

第一，柏拉图怎样得出这个与可见世界或可感事物相分裂的理念世界呢？他的论证是：有两个不同的认识领域，即理性和意见。"意见所处理的是生成变化，而理性所处理的是真实存在。"人的认识按其清晰和模糊的程度，可以细分为四种（类），即：①幻想或想象，这是因人而异的主观印象，诗歌和艺术作品都属于这一类。②信念，这是关于可感事物的共同知觉，例如物理学或自然哲学。信念是对日常生活有用的经验，但缺乏知识必备的确定性。③数学，这是属于"意见和理智之间"的低级知识。数学虽有一定的普遍性，但尚未完全超脱对可感图形和事物的依赖，且其前提具有假设的性质。④理智即哲学是纯粹的知识。哲学属于纯理智的思辨，完全摆脱了数学尚保留的感性色彩。以上四类认识，前两部分合起来称为意见，后两部分合称为理性。图示如下：

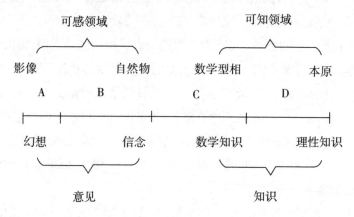

其中 $\dfrac{AB}{CD} : \dfrac{A}{B} : \dfrac{C}{D} = \dfrac{1}{2}$

与可知领域和可感领域两种不同的认识领域相对应，世界被划分为：理念世界和可见世界。

第二，理念世界和可见世界或可感世界的关系是怎样的呢？理念世界是原型，可见世界是摹本。《国家篇》第七章讲的洞穴囚徒的比喻，很形象地解释了柏拉图将理想和现实的关系颠倒过来了。

他说，有一群人世代居住在洞穴内，他们被铁链锁在固定地点，头也不能动，只能面壁直视洞壁的场景,犹如囚徒。在他们身后有一堆火,在火与囚徒之间有一堵矮墙,墙后有人举着各种雕像走过,火光将这些雕像投影在洞壁上,形成变动不居的影像。囚徒们把这些影像当成了真实的事物而不知其真相。有一个囚徒偶然被释放后回过身来才看到了火光,最后爬出洞外才见到了太阳。这时,他才看到了真实的理念世界,从而知道他原先看到的只不过是真实的理念世界的影子。洞外事物之于洞里阴影的关系就是理念之于感性事物一样,是更真实的东西。柏拉图认为:"当一个人根据辩证法企图只用推理而不要任何感觉以求达到每个事物的本身(即理念——引注),并且这样坚持下去,一直到他通过纯粹的思想而认识到善本身的时候,他就达到了可知世界的极限,正像(那个被释的囚徒)最后达到了可见世界的极限一样。"①

§3. 灵魂说、回忆说

柏拉图用"世界灵魂"的概念表示弥漫于世间的能动力量,而在多数情况下,他用"灵魂"一词专指人的精神活动,强调知识就是回忆,灵魂不朽。

1. 灵魂是一切事物运动变化的源泉,是先于万物存在的东西。

柏拉图在反对前自然哲学家的物质本原论和无神论的论点中,提出和论证了他的灵魂学说。他指责"把火、水、气、土看成一切事物的根源"的自然哲学家是"不正确的意见的源泉",是"把别人的心灵引导到错误的路上去"。他说:"他们把这些(物质性——引注)东西叫做自然,认为灵魂是由这些东西来形成的,""所有他们这些人,对于灵魂的性质和力量,特别是对于灵魂的起源,差不多都表现得是无知的。他们不知道灵魂是最初的东西,是先于一切形体的,是形体的变化和移动的主要发动者。"②

对比一下,德谟克利特认为:"灵魂是火构成的,因为火是一切元素中最精细、最无形体的;是火最初具有自己运动并使其他东西运动的性质。""灵魂是由最根本的、不可分的物体形成的,它由于它的精致和它的形状,是能动的;因为,他说,球形的形状是最易动的,而理性及火的形状就正是这样。"③

柏拉图强调,作为世界灵魂,灵魂最主要的性质和特点就是能动性,即能够自

---

① 《古希腊罗马哲学》,商务印书馆,1982 年,203 页。
② 《法律篇》,第十卷;《古希腊罗马哲学》,211 – 212 页。
③ 亚里士多德:《论灵魂》,第一卷,2 章,404a – 405a;见《古希腊罗马哲学》,103 页。

己运动。他说:"我们定义为自己运动的东西的本质,就是我们称之为灵魂的那个东西的本质。"又说:"自己运动的东西乃是一切运动的源泉。""因此,这个太阳的灵魂乃是比太阳更好的东西,不管它究竟是坐在车上带着太阳转动而使太阳给人发光,还是从外面作用于太阳,或者是用的什么别的办法,它都应被每一个人看成是一个神。"①因此,作为世界灵魂,也就是创造万有的神。它"是一切事物运动变化的源泉","是在一切事物中最先存在的东西"。②

2. 知识就是回忆或学习就是回忆。

他说:"灵魂是在取得人的形式之前,就早已离开人的身体而存在了,并且还是具有知识的。"③事实上,这种将人的灵魂和肉体分开的论点,不过是可见世界与可知世界二分法的一个推论。人的灵魂是不可见的、专门具有理智的存在,而肉体则是可见的火、水、土、气等构成的形体。④

知识或学习就是回忆。"在用视觉或者听觉或者其他的感官感觉到一个东西的时候,这个感觉就可以在人的心中唤起另一个已经忘记了的、但和这个感觉到的东西联系在一起的东西,不管它们彼此相似不相似:因此,……在生下来之后,那些所谓学习的人只不过是在回想,而学习不过是回忆罢了。""通过我们的感觉又重新获得了我们以前所有的知识,那么,这样一个我们叫做学习的过程,实际上不就是恢复我们自己所已经有的知识吗?"⑤例如,当你看到你的朋友常用的六弦琴或常穿的衣服或其他常用的东西的时候,往往你会触景生情,脑子里浮现出友人的意象,这就是回忆。⑥

《理想国》首次将灵魂区分为理性、激情和欲望三部分,《蒂迈欧篇》又说理性存在于头部,激情存在于胸中,欲望存在于腹部。对先天知识的回忆过程,一定意义上就是净化灵魂的过程;回忆就是灵魂对自身的关注,也就是对既有知识的再认识。只有排除肉体(感性)对灵魂的污染,才能得到真知。只有肉体死亡了,灵魂才能彻底净化,重新回到理念世界。因此,柏拉图说,回忆也就是"死亡练习"。只有哲学家才是不畏惧死亡的人。

①　《古希腊罗马哲学》,213 – 214 页。
②　同上。
③　《斐多篇》,72e – 77a;《古希腊罗马哲学》,169 页。
④　《蒂迈欧篇》,46d。
⑤　《斐多篇》,72E – 77A;《古希腊罗马哲学》,188 页。
⑥　《古希腊罗马哲学》,183 – 184 页。

3. 灵魂不朽说。

柏拉图把人的本性归结为灵魂。在他看来,人之为人,不在于肉体,而在于灵魂。肉体只不过是灵魂用以达到人格和道德不朽的载体。

他说:"我们必然是在以前某个时候已经学到了我们现在所回忆起来的东西,但是如果我们的灵魂不是在接生为人以前就已活在某个地方,这就是不可能的。因此根据这个论证,也可以看出来灵魂是不死的。"①就是说,回忆说是灵魂不朽的一个重要佐证。

他认为,灵魂不朽与理念世界的独立存在是一致的、相通的、相互印证的。他说:"如果有美本身、善本身以及一切类似的实体存在,……则我们的灵魂也存在于我们出生之前,而如果这些实体不存在,则我们的论证也就失掉了力量。"②

应指出,在希腊文中,"是"与"存在"系同一动名词。柏拉图常讲的"美本身,善本身,公正本身,神圣本身",总而言之,"我们称之为'本身'或'绝对本质'的一切东西",也就是"是"即"存在",即作为"是"的"是"或"作为存在的存在"。这就是后来亚里士多德"第一哲学"的概念的雏形或出发点。柏拉图一再强调的理念就是"美本身""善本身"等等,无疑推进了对巴门尼德"存在"概念的理解。从本体论的思辨论证来说,这无疑是一个进步。

柏拉图把灵魂分为九等,最高级的属于哲学家、爱美者和音乐家,最低级的两种属于智者和暴君。哲学家如在三个时期(每期一千年)都过着洁白的生活,其灵魂就可重返理念世界;暴君如继续作恶,其灵魂将沦为动物灵魂。因此,灵魂不朽含有惩恶扬善之意,这是西方伦理学特别是后来基督教伦理学的一个传统和前提,柏拉图的灵魂不朽或轮回说实为这一传统之源头。

§4. 社会伦理观

与智者普罗泰戈拉相反,柏拉图主张"神是万物的尺度"。

在《理想国》中,他主张统治者(包括武士)"不许有私人财产",应像"士兵一样住在一起,一起吃饭"。"不许接触和管理金银",甚至"不许用金银的器皿喝水饮酒",只有"这种生活方式可以挽救他们,也可以挽救他们的国家"。③

---

① 《斐多篇》,72E;《古希腊罗马哲学》,182 页。
② 《古希腊罗马哲学》,189 页。
③ 《国家篇》,416D－417B;《古希腊罗马哲学》,231－232 页。

他还说,统治者是神用金子创造的,武士是神用银子做成的,农夫和手艺人是铜和铁做成的。"一旦铜铁作成的人掌握了政权,国家便要倾覆"①。智慧和勇敢是统治者和武士的德性,但也可被生产者所具有。节制和正义则是每一个人都应有的德性。因为,从每个人的理性、激情和欲望当中,均可产生智慧、勇敢、节制和正义四大德性。它们只不过是不同程度地体现在不同的社会阶层之中罢了。

值得注意的是,柏拉图要求用严厉的法律手段对付无神论者。他主张"制定有关不敬神的法律如下:如果一个人在语言上或行动上犯了不敬神的罪,任何人见到了就应当起来维护法律向地方官报告",或送普通监狱,或送感化所,或监禁在国土中心的某个荒野地区。"如其不改,再度被定罪,就应当把他处死"。还有,对于"自谓能够驱使死人"的巫师,除依法监禁外,"死了之后,应当把他的尸体投到国境之外,不予掩埋"。②

柏拉图这种法办无神论和巫师的主张,不禁令人联想,无神论者统治的国家,为何不能用法律禁止邪教和巫师?要知道,即使主张专制主义的柏拉图,除了法办无神论外,对巫师一类的邪教,也是不宽容的。因而,主张信仰自由的现代社会,更不应容许邪教、巫师之类扰乱社会秩序。

§5. 小结

1. 柏拉图以其理念论,强调了理智世界的存在。它不仅是人与动物的根本区别,也是文明人类和智人、蒙昧人的根本区别。理念论突出强调了精神王国、灵魂世界在人类生活中的主导作用,这是柏拉图的一大贡献,将此前的哲学推进了一大步。人之所以为人,在于他生活在理智、精神世界之中,可以超拔于物欲的束缚。用现今的话说,人之为人,或人的本性,在于他有一定的道德理想。这正是文明人比原始人,比受原始宗教神秘主义束缚的人高出一筹的标志。哲学思辨不同于神话传说,它是人类智力开启的一个新的发展阶段。柏拉图使人类第一次有了完整意义上的形而上学思辨。

2. 理念论,包括它的知识论和伦理道德观有明显的神学倾向。其知识论是典型的先验论,其道德实践具有鲜明的神秘主义倾向。理念论的这种神学倾向,正是后来西方宗教世界观、宗教哲学的重要来源。理念世界和现实世界、可感事物

---

① 《国家篇》,416D−417B;《古希腊罗马哲学》,233页。
② 同上,219−220页。

的关系如何？这是柏拉图始终解释不清的问题。他用"分有"或"模仿"来说明可见世界与理念的关系，陷入了不可解脱的混乱。正如亚里士多德所说："至于这个'分有'或'模仿'到底是什么意思，他们（指柏拉图和毕达哥拉斯——引注）都没说清楚。"①在知识论上，将理性与感性、真理与意见完全割裂和对立起来，陷入灵魂不死；在道德论上，倾向禁欲主义，等等，这些都是直接与宗教神秘主义相通的。

至于他在政治上，鼓吹等级制的君主专制，即使在当时，也是与奴隶制的民主制相悖的。在对后世的影响上，更是负面为主，不合潮流。

从上述意义看，理念论毋宁又是一种从自然哲学本原论的倒退。或者说，它在哲学史上推动的进步是付出了沉重代价的。

对世界多重性（化）的区分，是哲学进步的重大标志。应该说，柏拉图之后，直到20世纪中叶，人类才从两个世界的认识前进到了"三个世界"（波普尔）的认识。我们现在知道，除了现实世界、灵魂世界，还有符号世界即语言和数学符号的信息世界，波普尔称之为"人工产物的世界"。不要忘记，从理念世界到符号世界（信息世界）经历了两千多年的探索！

3. 真正的问题是如何将探索自然和关注灵魂结合起来，从当代全球问题看，应将尊重自然、保护环境视为道德行为的内在要求。而将关注自然和净化灵魂结合在一起，正是亚里士多德所试图解决的问题。

---

① 亚里士多德：《形而上学》，I. 6,897a‑b。引自《古希腊罗马哲学》，商务印书馆，1982 年。

第四章

亚里士多德哲学

§1. 生平和著作

亚里士多德(Aristotle,B. C. 384/3 – 322)是古希腊的一位百科全书式的学者。他出生于色雷斯地区的斯塔吉拉城,父亲是马其顿王国的宫廷医生。17 岁去雅典,师从柏拉图凡 20 年,直至柏拉图逝世。他推崇柏拉图的为人,说:"正是他,第一次用语言和行动证明,有德性的人就是幸福的人,我们之中无人能与他媲美。"但他并不盲从其学说。相反,他信守的原则是:"吾爱吾师,吾更爱真理。"B. C. 343 年,马其顿王菲利普邀请他任王子亚历山大的教师。七年后,亚历山大继位,在东征途中,仍不忘为其师搜集植物标本,并差遣上千奴隶为亚氏的经验研究服务。B. C. 335 年,亚里士多德回到雅典,创办了自己的学园。他习惯于在散步时与弟子们讨论哲学问题,因此后人把他的学派称为逍遥学派。B. C. 323 年亚历山大死后,雅典人反马其顿情绪激烈,他被迫移居爱琴海的一个岛屿上,次年病逝。时年 61/2 岁。

亚里士多德生前公开发表的作品只留下残篇。他的大量讲稿直到 B. C. 1 世纪才由安德罗尼科(Andronicus)编辑成书,这是现代亚氏全集的主体。据 1049 年版《牛津古典辞典》称,《范畴篇》《大伦理学》及《气象学》等的真实性尚有争议;也有人将《范畴篇》视为伪作(H. Schmitz,1985),按其本人的思想分类,他的著作可分为以下五类:

(1)逻辑学:《工具篇》,包括《前、后分析篇》《解释篇》《范畴篇》等六篇论文。

(2)形而上学:由不同时期的讲稿合成,因被编在物理学著作之后而得名。中译名系据《周易·系辞》中"形而上者谓之道"意译而来。

(3)自然哲学:包括《物理学》《论灵魂》《论天》《论生灭》《动物史》等著作。

（4）伦理学：《尼各马可伦理学》《政治学》和1891年才被发现的《城邦政制总汇》《大伦理学》等。

（5）美学：《修辞学》和《诗学》。

亚里士多德是古希腊哲学集大成者。以前哲学可视为它的准备，其后的哲学不过是其余续，唯有它才是一座崇山峻岭之中的高峰。他将科学分为理论科学（指第一哲学即形而上学、数学和物理学以及逻辑学）、实践科学（伦理学和政治学）和艺术（制造工艺和文艺）三类；上述五类著作论及除数学外的所有学科，是古希腊科学最全面的体系。他不像柏拉图那样热衷于政治，但却是一个崇尚现实主义的哲学家和思想家。

§2. 逻辑学

亚里士多德就其对科学哲学思想史的贡献和对后世的影响而言，对西方人思维方式的规范更甚于他对哲学和其他专门学科的成就。因此，我们从他的逻辑学讲起。他系统、仔细地研究了概念、判断、推理的一般规则和形式，是形式逻辑的创始人。他的逻辑思想是对西方古代科学和几何学方法的总结，既是西方科学思想的重要源泉，也是全人类的共同财富。从一定意义说，没有亚里士多德奠定的逻辑学基础，就既没有古代科学，也不可能有近代科学。思想离开一定的形式和规范，就不可能有任何科学的发现。相形之下，中国古代缺乏思维形式的逻辑规范，正是近代科学思想难以在中国产生的重要原因。墨学包含有较丰富的逻辑和科学思想，但后来失传了，成为绝学。这是一个有待研究的问题。我的一位同学、著名的中国哲学史专家认为，吉凶祸福的预测就是中国的古代逻辑。对这种论点，我是不敢苟同的。因为，逻辑就是逻辑，它是规范思维的运行，达到发现真理的手段和工具。也就是说，逻辑是为求真服务的。这一点，全人类都是一样的，没有东西方地域、民族之分。而吉凶祸福属于伦理道德，与真假是非不容混同。缺乏严密的逻辑思维，正是中国古今传统思维的一个特点，国人应引为弱点而自省，不应回避躲闪而自误。爱因斯坦说，近代科学的兴起，得益于古代欧几里得的严密推理，这是有道理的。所以，我们不能不对亚里士多德的逻辑学给予高度的评价和重视。

1. 概念的定义和范畴的区分。

明确概念的含义是进行正确的思维和彼此交流思想的必要前提和出发点。苏格拉底和柏拉图虽在如何下定义（美、善、公正等等）问题上下了很大功夫，但从一般意义上研究概念的定义或揭示概念的含义,亚里士多德当属第一人。

他首次根据词义将词分为名词和动词两大类。他说:"所谓名词,我们指一个因约定而有意义的声音,它与时间无关,它的一个部分离开其他部分都无意义。"他强调说:名词的意义因"约定"而来,因为作为符号,"本无天然的名称或名词,只是通过约定才有了符号";例如,"不连贯的声音,比如野兽发出的声音,是有意义的,但却不构成名词"。① 动词和名词的区别是:①动词带有时间的观念;②动词是表述名词的。

一般来说,名词和动词的区分,在一个判断中也就是主词和谓词的区分。进而,谓词依其表述的内容可分为四类,即:种属、本质、特性和偶性。例如,对主词"人"可有四种谓词表述:"动物"是种;"有理性"是属差;"有理性的动物"是本质(定义);"能学习语法"是特性;"站着"是偶性。这样,所谓下定义就是通过谓词表述(揭露)主词的一般即种属关系和本质。例如,"苏格拉底是人(＝有理性的动物)",等等。下定义,也就是做判断。

范畴是表述内容最概括的(动)谓词。"范畴"的希腊文原意即"表述内容"(κατή γορια)。亚里士多德说:"在已被发现的四类谓词之中,我们必须做出进一步区分,它们共有十种:实体(或实质)、数量、性质、关系、位置、时间、姿势、所有、主动、受动。因此任何事物的偶性、种属、特性和定义总是这些范畴之一。"②

应指出,"四类谓词"之分侧重于表述的内容与对象的关系;而"十范畴"则是侧重于表述内容与动词"是"的关系所作的区分。若表述内容与"是"的意义相等同,就是"实体"之意;若表述内容被"是"归属于对象,则为"实体"之外的其余九范畴。例如,苏格拉底是人(＝有理性的动物)。这里,人与苏格拉底意义相同,苏即为实体;若"苏格拉底是站着的","站着的"表述苏格拉底的某种状态,此谓语即为实体之外的范畴。"是"作为表述主词的系词,其确切含义应为"属于",如"S是P"的意思应为"P属于S"。"是"所表述的这种直称判断是判断的基本形式。在一切判断中,任何动词都服从于"S是P"的形式。如,"人行走"等于"人是行走的","人不行走"等于"人是不行走的",等等。一句话,按主词"是"什么或"是"怎样来划分,就是区分十范畴的依据。

---

① 亚里士多德:《解释篇》,16a 20 － 29。
② 亚里士多德:《正位篇》,103b 20 － 25。

2. 关于三段论的证明。

亚里士多德指出："在所有情况之下，我们因证明而知。所谓证明，我指产生科学知识的三段式。"①这里的"知识"，专指演绎的知识。应注意的是，他所说的"证明"，既包含对已知事实的解释，也包含对未知事实的发现，尤其是对本质的揭示。所以，证明分为两类，即：关于发现(本质)的证明和解释事实的证明。

①发现本质的证明：如"雷声是什么""为什么会有雷声"的问题。

大前提：熄灭火焰必然产生出声音。

小前提：火焰在云中被熄灭。

结论：云中必然会发出声音。

亚氏认为，这一证明过程揭示了雷声的本质是熄灭云中火焰(闪电)而产生出的声音。

②解释事实的证明：如，"月蚀"这个事实的问题。

大前提：任何接受太阳光的物体若被地球遮掩，将失去光。

小前提：月球是接受太阳光的物体，并被地球遮掩。

结论：月球因此而失去光。

这个三段论，只解释了月蚀是"被地球遮掩"了阳光这一事实，而未说明(揭示)月蚀的本质。

前一类证明的典范是数学，后一类证明属于经验科学。在亚氏看来，证明科学应以数学为典范。当他把经验科学局限于对事实的解释时，这种观念曾束缚了经验科学的发展。

柏拉图认为：数学属(理性的)低级知识，其前提是假设的(即不确定的)。现代科学(非线性科学，如控制论、系统论、混沌学，等等)发现，经验科学与数学的确定性之间并无截然分明的界线。因而，柏拉图特别是亚里士多德关于数学和经验科学的划分显然不正确。但在当时，这种区分仍是一大进步。即：经验科学应以数学为准。

3. 两类推理。

亚里士多德区分了证明和辩证两类推理："证明的前提不同于辩证的前提，因为证明的前提是在两个矛盾的命题之中肯定一个(因为进行证明的人不探究前提，只以此为基础)，而辩证的前提却取决于对手在两个矛盾命题之中的选择。这

---

① 亚里士多德：《后分析篇》，71b 17－19。

并不妨碍在每一种情况下都使用三段论,证明者和辩证者都使用三段式论证,以某一东西是否属于另一东西为出发点。"①

证明推理并不证明前提的真实性,只证明在前提为真的情况下结论必真;而辩证推理的目的则是要确定两个矛盾的前提何者为真,若从一个前提推出的前提更确定、可信,则达到了为这个前提的真实性进行论辩的目的。亚里士多德更重视证明的推理,而仅把辩证推理视为论辩的艺术,即通常所谓的辩证法。

4. 亚里士多德逻辑学的特点是倡导生动的探索,反对僵死的独断。

这一点十分重要。因为,亚氏的三段论后来曾长期被经院哲学用来进行空洞的论辩。其实,亚里士多德本人非常重视,思维形式即形式逻辑和辩证推理与其内容是密不可分的。他很强调,三段论并不是空洞的形式。他既重视经验事实的观察和搜集,又很擅长仔细的逻辑分析。他对动植物的详尽观察使达尔文都不能不折服。达尔文说:"林奈和丘维埃在我面前是神,但他们在老亚里士多德面前只是学童。"②他对所探讨的问题的缜密的逻辑分析,同样给人以深刻的印象。例如,在讨论形而上学对象之前,将其分析为 15 个问题,一一进行探讨。其中,包括:哲学能否知道一切事物的原因?是否存在与可感对象相分离的东西?关于个体的知识如何可能?等等。

总的说,亚里士多德的逻辑方法是反对独断论的。他说:"那些在自然现象上花费了更多时间的人能够更好地设立概括广泛领域的原则,而那些沉溺于抽象讨论的人失去对事实的认识,很容易在少数观察的基础上做出独断。"他指出,一些哲学家陷入独断论的"原因在于他们对最初的原则缺乏健全的理解,只想把一切东西都归属于预先规定的理论,他们以前提是真理为由反对事实,没有认识到有些前提需要依据其结论来判断"③。可见,他十分重视推理前提的真假和事实的确认,而不是仅仅关心推理的形式。我认为,这正是他的逻辑学影响久远的重要原因。

5. 经验论的认识论。亚里士多德对认识的客观性没有怀疑,对理性的力量有质朴的信念。在认识论上,他的总的特征是倾向经验论的。他把灵魂比作蜡块,

---

①　亚里士多德:《前分析篇》,24a 22 - 27。

②　转引自赵敦华:《西方哲学通史》,第一卷,181 页

③　亚里士多德:《论生灭》,316a 6 - 10;《论天体》,306a 6 - 15。

认为感觉是外物印在蜡块上的痕迹。他说:"感觉从一般和全部意义上来说,应被理解为一种撇开质料而接受了可感形式的能力。这正像一块蜡接纳图章的印记而撇开它的铁或金子。"①

他还说:"理智是形式的形式,感觉是可感事物的形式。只有可感的、有形的物体才能独立地存在,可知形式包含在可感形式之中,两者都是从可感事物中抽象出来的不同状态和性质。因此,没有感觉的印象,人们不可能知道或理解任何东西。在科学认识中,思想想把握想象的印象。……思想虽然不是印象,但没有印象,思想也不会发生。"②这一段话清楚地表明,认识源于感觉经验,理性认识是以感觉经验为基础的。这种经验论的认识论,同柏拉图的先验论的回忆说,形成了鲜明的对比。后来的哲学家把亚里士多德视为古代经验论的代表,他是当之无愧的。他的蜡块说在近代始终是经验论的旗帜。

§3. 形而上学即"第一哲学"

形而上学即本来意义上的本体论研究,是亚里士多德对哲学史的最大贡献,其影响仅次于逻辑学对后世科学和哲学思想发展的规范和启迪。形而上学确定了哲学研究的对象,因而使哲学成为与科学、数学等其他知识相区别的特殊的知识部门。在这个意义上,可以说从亚里士多德的形而上学开始,哲学才成为一门真正的理论学科。

1. 形而上学的含义。

"形而上学"在希腊文中原意为"物理学之后"。这仅仅是表示亚里士多德著作被编辑时的文献顺序,而无其他含义。然而,当人们考虑到物理学即自然哲学和形而上学的内在联系和逻辑顺序时,"形而上学"一词在多数研究者心中,意味着"超越物理学"的意思,即"后物理学"或"超物理学";也有人称为"元物理学"。这是不妥的。中文按《易经》系辞"形而上者谓之道",将"物理学之后"意译为"形而上学",表明哲学研究是超越于特殊事物的"道",正合于"超物理学"的含义。

应指出的是,在亚里士多德那里,"超越物理学"的"超越"一词,仅指认识上的超出、提高、进展,而绝不是指在物理世界之外,还另外存在一个独立的世界。相反,亚里士多德一方面强调形而上学与物理学、数学等不同,存在着哲学的专属

---

① 亚里士多德:《论灵魂》,II. 12,4242;《西方哲学原著选读》,上卷,商务印书馆,1981 年,149 页。
② 亚里士多德:《论灵魂》432a 2 – 8;着重号系引者加。

研究领域。另一方面,他又着重指出,形而上学的对象是隐含、潜藏于具体事物之中的,并没有一个与事物相分离的理念世界。这正是他与柏拉图的形而上学的根本区别。对形而上学的这两种对立的解释,即柏拉图主义与亚里士多德主义的本体论,成为中世纪哲学乃至近现代哲学中,唯名论与唯实论、唯物论与唯心论争论的历史根源。

2. 哲学研究的特点和对象。

先说特点。亚氏认为,研究哲学是为了求知,而不是为了实用。《形而上学》开篇第一句话就是:"每一个人都天生求知。"又说:"人们是由于诧异才开始研究哲学;……哲学……是唯一的一门自由的学问,因为它只是为了它自己而存在。"①还说:"其他的科学虽然比哲学更必需,却没有一门比哲学更优越。"②

这里所说的"诧异","为了它自己而存在",哲学比其他科学"更优越"等等,表明哲学研究一般是指对原因的探究,即所谓"打破砂锅问到底",只是为了求知,而不计其他。而真正的哲学研究并不停留在对一般原因的追问,而是对最高原则或终极原因的思考。这种思考,正是哲学家所特有的。亚里士多德的这种哲学观代表了古希腊哲学的思辨传统,它与早期自然哲学家一脉相承,而与苏格拉底和智者派重实用的倾向判然有别。这种思辨传统作为希腊哲学的主流,其特征是只求有知,不问功利。照亚里士多德的论述,即:因闲暇而沉思,因沉思而生诧异,由诧异以求知,因知识而幸福满足。这种推崇求知的精神追求,固然有助于提高精神生活的质量,有助于哲学研究的专门化,但也导致了哲学成为贵族的精神奢侈品的偏向,阻碍了哲学的健全发展。求知和实用是不能截然分开的。

再说形而上学的对象。亚里士多德本人称呼"形而上学"的名词是"第一哲学"。其所以叫做"第一哲学",从学科或知识分类来说,是因为它处在知识等级的最高地位,是优越于其他知识部门的一门学问。他说:"对作为'有'而存在的东西进行研究,乃是一门专门科学的任务。"③"有一门学问,专门研究'有'(即"存在"——引注)本身,以及'有'凭本性具有的各种属性。这门学问与所谓特殊科学不同,因为那些科学没有一个是一般地讨论'有'本身的。它们各自割取'有'的一部分,研究这个部分的属性;例如数理科学就是这样做的。"④首先,亚里士多

---

① 《西方哲学原著选读》,上卷,商务印书馆,1981 年,119 页。
② 同上,120 页。
③ 《古希腊罗马哲学》,商务印书馆,1982 年,236 页。
④ 《西方哲学原著选读》,上卷,商务印书馆,1981 年,122 页。

德反复强调,应该承认专门以"有"本身(存在、是)为对象的学问,是高于并涵盖其他任何特殊科学的。哲学与其他知识部门或学科的关系是普遍与特殊的关系。因为,任何特殊科学事实上都不能不涉及"有",而又不专门研究"有";它们只研究了"有"的一部分,而不一般地讨论"有"本身。其次,从知识分类来看,技艺高于经验,理论科学高于技艺;而哲学因其研究最初的原因和最高的原则,从而高于物理、数学和其他理论科学。也就是说,哲学知识是最高的知识部门。

如果说,逻辑学关注的主要是"是",即作为系词的"to be",而本体论关注的则主要是"其所是",即存在的本质,或"Being as Being"的学问。所谓逻辑学和本体论的统一,在亚里士多德那里,即是"to be"与"Beings"("是"与"所是者")的统一。

"Beings"与"to be"的双重含义,是"是"与"存在"的区分与联系,仍是当代哲学家讨论的热点之一。这次济南会议(2001.9)一个重要内容就是讨论陈康、汪子嵩、王太庆先生提出的 ontology 的翻译问题。他们主张只能译为"是",许多学者对此有保留意见。罗素认为,哲学以含混的 Beings 为对象是一个耻辱;而海德格尔则强调,哲学家们只谈"在(是)者"而遗忘了"存在本身"等等。

应该指出,将"有"作为"有"或"有本身"当作专门的研究对象同其他知识部门区别开来;把"存在"当作专门的研究领域从各个特殊的学问中划分出来,这是亚里士多德对哲学本体论的一大突破和贡献。他用"有"(即"存在")或"所是的东西"将以前的哲学家探讨的本原问题大大推进了一步;"有本身"既概括了自然哲学家讨论的"本原""存在""本质""一与多""变与不变"等问题,也概括了苏格拉底和柏拉图所讲的"善"和"真理"等问题。事实上,"有本身"使自然和人事,实在的东西和思想(观念)的东西囊括在一起,得到了初步的统一。从而使形而上学的研究,围绕着"有"或"存在"这个统一的对象,从不同的层次和侧面得以展开。这是真正意义上本体论(即存在论)的开端。可以说,没有亚里士多德的"形而上学"即"第一哲学",就没有延续至今的哲学学科。一些后现代学者声称,要"取消"大写的"哲学"(如罗蒂),不知他们如何反驳亚里士多德对"有本身"存在的论证?

3. 对理念论的批判是形而上学根本原则确立的背景和前提。

亚里士多德对理念论的批判,是他唯求真理绝不盲从的独立人格的体现。《形而上学》卷 A 和最后两卷 M、N,集中表达了他对柏拉图理念论的不同意见。他的主要论点,是反对将理念和可感事物分离,坚持本质在可感事物之内。他说:

"说形式是模型,其他的东西分有形式,那只不过是说空话、打诗意的比方而已。"他又说:"我们幻想自己在说出感性事物的实体时,却是断言了另一种实体的存在。我们说那种实体如何如何是感性事物的实体,说的其实都是些废话。因为所谓'分有',如前面所指出的,是毫无意义的说法。"他还说:"为了把握我们周围事物的原因,引进了另外一些东西,其数目与事物相等。这样做,就好像一个人要想清点东西,却认为东西少了数不清,企图把东西的数目扩大了再来数一样。""总之,那些为形式作论证的说法破坏了事物,而我们是关怀事物的存在甚于关怀理念的存在的。"①很清楚,在可感事物之外,设想有一个理念王国独立存在作为现实世界的原型或形式,不过是自找麻烦、说空话、说废话而已。可感世界是唯一真实的存在,它的原因只能从事物之内去寻找。亚里士多德的批判正是坚持了早期自然哲学家的基本立场,即从自然本身去探究说明自然事物的原因。

4. 实体论是形而上学的主题。

"'有'是什么"这个问题,也正是'实体是什么'这个问题。"②所谓"实体"也就是通常指的那个是"什么"或"存在"是什么、"有"是什么,即某物。例如,每一种健康的东西都与作为实体的人有关。健康者、健身操、健康的面色、康复中的健康,等等。他说:"那根本的、非其他意义的、纯粹的'有',必定是实体。""实体(无论——引加)在哪个意义上都在先:在定义上、在认识程序上、在时间上全居第一位。因为,其他的范畴没有一个能够独立存在,唯有实体能如此。同时,在定义上实体也占第一位,因为每样东西的定义中都必须出现它的实体的定义。而且,我们认为自己对一件东西认识得最充分,是在知道它是什么——如人是什么,火是什么——的时候,而不是在知道它的性质、它的数量、它的位置的时候。"③首先是实体,其次才是依赖于实体的种种属性。在"十范畴"表中,实体处在最优先的地位。从逻辑上说,"S 是自身"这一命题所表示的意义就是"S 存在"。因此,"S 是自身"的意义比"S 是 P"更基本,更重要。最根本的"有"即存在,就是"万物的实体"④。而实体也就是支撑着某物的东西(substance)。有时,他也把实体看作是构成事物的质料,宣称"实体即质料"。

自然哲学家的错误恰恰"在于忘记了实体乃是先于(数、火等等)这些其他东

①《西方哲学原著选读》,上卷,商务印书馆,1981 年,128、131、125、126 页。
②《古希腊罗马哲学》,商务印书馆,1982 年,263 页。
③《西方哲学原著选读》,上卷,商务印书馆,1981 年,125 页。
④《西方哲学名著选读》,上卷,124 页。

西的"。也就是说,"他们对实体并没有正确的理解",不知先有实体,才有依附于实体的种种属性。① 应看到,实体这一概念比"本原"前进了一大步,既超越了本原的感性直观的局限,又比本原更丰富、更具体,且与理念相对立。

应该指出,循着"实体即质料"这一思路,亚里士多德在多数场合都强调个体是第一实体。他指出:①个体自身作为实体不再是谓词的主词("S 是自身");②它是不依附于任何其他东西,而为其他东西所依附的基体;③个别存在("这一个");④独立存在。② 在范畴篇里,他明确讲道,只有个别事物才是第一实体,例如,个别的人或马。他认为,任何东西的实体都是独特的,因而,他把种属称为"第二实体",主张"普遍属性不是实体"③。

实体的含义:①作为纯粹的"有",即质料,并非是黑格尔的"纯有";②作为"是什么","这一个",即个体,形式与质料的统一,"第一实体";③作为事物的本质即形式,它在事物之中,是"第二实体";④作为纯粹的形式,即最高的思维实体,"神"。就其总体而言,亚里士多德的"实体",作为具体事物存在的依托或基质,其基本倾向是唯物论的。实体论把纯粹的"有"或"有本身"归结为实体;又将个体存在视为高于和先于普遍形式(型相)的第一实体,与柏拉图的理念论形成了鲜明的对照。这正是形而上学最有价值的方面。

问题是:究竟何为"第一实体"? 他自己是互相矛盾的。他在《范畴篇》指出第一实体是个体,并在其他著作中重复了这一论点,而在《形而上学》卷 Z 中却指出了第一实体是本质。究竟第一实体是可感的个体还是不可感的本质(形式)? 历来存在不同的解释。这又说明,亚里士多德的实体论是摇摆不定的、本身就存在着混乱的。有时,他把"第一哲学"也称之为"神学","神"作为纯粹的思想实体,成了他的形而上学的最高原则和首要原因的代名词,虽不具有人格,却是纯思辨活动和智慧的顶点。神属于超自然的领域,这就为他的形而上学与后来的各种宗教神学的同盟开辟了道路。

§4. 物理学

物理学即自然哲学。亚里士多德给物理学下的定义是:"自然是自身具有运

---

① 《形而上学》,第四卷,第一章,1003a;《古希腊罗马哲学》,商务印书馆,1982 年,239 页。
② 《形而上学》,1017b 25。
③ 《形而上学》,1038b 35。

动来源的事物的形状或形式,这些形状或形式只有在思想中才能与事物相分离。"①对运动原因的研究,特别是对潜能和现实的讨论,是物理学的重要内容。通过这些探讨,他勾画了一个完整的世界图景。

1. 四因论。

任何事物的形成和变化都有四种原因,即:

①质料因是"构成了一个物件而本身继续存在着的东西","例如雕像的铜,银碗的银,以及那些包括铜、银等'属'的'种'(即:金属)"。

②形式因是"陈述本质的定义",即表述事物为什么会以某一特定的方式运动的原因。例如,雕像的模型,等等。

③动力因是事物运动的推动者或作用者。"例如出谋划策的人就是一个原因,父亲是儿女的原因,或者一般地说,制造者是制造品的原因,引起变化者是改变了的东西的原因。"

④目的因是"做一件事的'缘故'。例如健康就是散步的原因"②。

"质料、形式、推动者,'所追求的东西'(即目的——引注)。""自然哲学家的任务就在于认识这四种原因。"③

应当说明:第一,亚里士多德这里所讲的"原因"不同于近代的"因果性"观念,它并不总是与"结果"相对应,而仅仅是当作解释"为什么"的理由。就是说,"原因"仅是与"为什么"相对应。他说:"把握事物的'为什么'就是把握它的基本原因。"④

第二,"四因"并不是并列的。亚里士多德强调,形式因、动力因和目的因"通常是一致的",它们可归属于"形式"这一概念。因此,四因最终可归结为质料与形式的区分。他认为,只有形式是能动的,而质料则是被动的。

第三,亚里士多德认为,四因论是对以往哲学的总结,唯有目的因是他的创造和发现。他所谓的目的,不过是事物实现自己本性的自然倾向。他一方面把"目的性"和"自发性"当作两个矛盾的概念使用,另一方面又把"目的性"与"必然性"当作两个相近的概念使用。他强调的是事物的内在目的。他在《形而上学》中指出,泰勒士的水、阿那克西美尼的气、赫拉克利特的火、恩培多克勒的"四根"和阿

---

① 《物理学》,193b 4-5。

② 《西方哲学名著选读》,上卷,商务印书馆,1981 年,133 页。

③ 《物理学》,II. 7,198a。

④ 《物理学》,II. 7,194b 19-20。

那克萨戈拉的种子都是对质料因的不同说明;恩培多克勒的爱憎和阿那克萨戈拉的心灵是对动力因的暗示;而柏拉图在毕达哥拉斯之后,主张用形式因统摄质料因(指把数学型相作为形式因)。但所有这些都忽视了目的因。①

实际上,目的因是将人的有意识的目的性活动混同于自然的运动。当他论证目的因时,一再把人的工艺活动与自然的产物混为一谈。他说:"智力活动是为了一个目的的;因此事物的本性也是如此。……如果人工技艺产品是为了一个目的,显然自然的产物也是如此。""如果在技艺中有目的的存在,那么在自然中也有目的的存在。"②应该说,他的这一论证,不但不是什么独创,(因为苏格拉底和柏拉图就已经提出目的性观念了)反而是从前自然哲学本原论的一种倒退,并且对后世产生了很大的消极影响。近现代的自然科学就是在不断破除自然目的论中产生和前进的。至今,在分子生物学的研究中还能感受到目的论的阻碍作用。

2. 潜能和现实。

潜能和现实是亚里士多德用以解释运动本质的一对重要范畴,至今仍引起哲学界和理论自然科学家的关注和兴趣。例如,量子物理学家海森堡就曾用它来解释量子运动的特征。③

亚里士多德指出:"定义:潜在地存在的东西,就它潜在地存在而言,它的完成就是运动——即是,能改变的东西就其为能改变而言,它的完成就是改变;能增大的东西以及与它相对的能缩小的东西的完成就是增大和缩小;能产生出来和能消灭的东西的完成,就是产生和消灭;能推移的东西的完成,就是位移。"他又说:"潜在的东西当它已经完全是实在的,并且不是作为它自己而是作为能动的东西而活动的时候,它的完成便是运动。"他还说:"作为潜在的东西的潜在的东西的实现才是运动。"④

很显然,运动的本质就是潜能的实现,不论它表现为改变、增大和缩小、产生和消灭,还是位移,都是如此。他还进一步解释道:"现实之于潜能,犹如正在进行建筑的东西之于能够建筑的东西,醒之于睡,正在观看的东西之于闭住眼睛但有视觉能力的东西,已由质料形成的东西之于质料,已经制成的东西之于尚未制成

---

① 《形而上学》,993a. 12 – 24。
② 《物理学》,II. 8,198b – 199b。
③ 参看[德] W. 海森堡:《物理学与哲学》,范岱年译,科学出版社,1974 年,11 页。
④ 《物理学》,III. 1,200b – 201b。

的东西。我们可以用这些对立中的一方来给现实下定义,用另一方给潜能下定义。"①

在这里,运动被定义为对立双方的转化,强调了运动就是一个过程,无论从睡到醒、观看过程、建筑过程、制造过程,等等,都是如此。

应该说,亚里士多德将运动视为从潜能到现实的转化,是闪耀着辩证思维的光芒的。这种论点不但前无古人,是个创造,而且对今人仍有极大启迪。

3. 第一推动者。

根据他的只有形式是能动的思想,必然得出有一个不动的推动者,即纯粹形式的实体存在,这个纯粹的形式就是第一推动者。他说:"必然有一个永恒不动的实体。"它是"一种能引起变化的根源","它的本质就是现实性",而且,它"必须是没有质料的;因为它必须是永恒的,如果有什么东西是永恒的话"。他进一步解释说,这个作为不动的推动者的永恒实体,就是类似阿那克萨戈拉的"心灵"或恩培多克勒的"爱憎",它本身是永恒运动的源泉。②

问题是:第一推动者本身不动,它又如何能成为运动的最初推动者呢? 这个问题一直流传至今,引起无休止的争论。照我看,"第一推动者"作为一个形而上学的概念,正是《物理学》的败笔。

§5. 伦理学和美学(从略)

亚里士多德说:"道德上的德性是出自习惯的结果,因而它的名称ἠθικὴ(伦理)由ηθος(习惯)这一词变形而来。"③

§6. 小结

亚里士多德用实体代替柏拉图的理念论,试图将自然本原和道德理念(想)合为一体,是前苏格拉底自然哲学和苏格拉底、柏拉图道德哲学的综合。他试图将自然和心灵、物理和人事、理智与经验、理想世界和现实世界结合在一起,这种尝试和探索本身,即使今天看来,仍具有较高的理论和实践价值。他的功绩主要是为后人提出任务,并指明了解决问题的方向。形而上学作为"第一哲学",作为一

---

① 《形而上学》,IX. 6,1048a – b。
② 《形而上学》,XII. 6,1071b – 1072a。
③ 《尼各马可伦理学》,1103a 15 – 16。

切科学知识(包括自然科学和社会科学)的根本,不能只关注自然,或者只关注自我(或人事),而是要寻找两者共同的根基。在这一点上,亚里士多德的眼界要比他的前人都要开阔,立足点也高出一层。

毋庸讳言,亚里士多德的实体论,虽其主导方面是立足现实、追求真理的可贵探索,但他并没有也不可能解决理想和现实、理性和经验的真正统一问题。他的"四因论"带有明显的折衷特征,"第一实体"和"第一推动",天上运动和地上运动的分割,地球中心论等等,后来长期成为神学的论据,阻碍了科学的发展。这些,都与他的理论的折衷性质是分不开的。他的哲学是希腊古代哲学的最高成就,但同时也不可避免受到其历史时代的限制。

第五章

晚期希腊哲学

从 B.C.322 年亚里士多德逝世到 A.C.529 年东罗马帝国皇帝查士丁尼下令关闭雅典所有学园,前后共 800 余年,构成西方哲学史上一个相对独立的发展阶段,即:希腊化时期(B.C.338 年马其顿统一希腊并向东方远征,建立亚历山大帝国;直到 B.C.146 年罗马征服马其顿,希腊成为罗马的一部分,前后近200 年是希腊文化外部繁荣的时代)和罗马时期。从内容看,这两个时期的哲学都是希腊哲学的延续,流行着同样的学派,似无必要单独区分出所谓的罗马哲学。

这个时期的新学派区别于柏拉图的学园派和亚里士多德的逍遥派,其主要特征是伦理化倾向。哲学的目标不再是追求智慧而是追求幸福,伦理学成为哲学的核心和归宿。这种伦理化倾向与希腊城邦制的瓦解、社会动荡以及罗马人、东方人的宗教信仰和文化侵入希腊哲学内部分不开。渴望安宁和谐的生活是社会各阶层的普遍心理。对传统生活方式的怀疑和批判成为各学派的共同倾向。哲学从其思想内容的深度看,远不如前两个世纪的成就;但就其影响范围看,无论在空间范围上还是对社会各阶层生活的影响,都大大扩展了。这是希腊哲学的影响大大扩张和由盛到衰的双重历程。

罗素认为,希腊城邦制时期的特点是"自由与混乱";马其顿统治包括亚历山大帝国时期是"屈服与混乱";直到罗马帝国时期,社会生活的特点才是"屈服与秩序"。①

---

① 罗素:《西方哲学史》,上卷,商务印书馆,1981 年,279 页。

§1. 犬儒派和怀疑主义

希腊晚期哲学以伦理学为主题,贯穿着怀疑论和独断论两种对立的倾向。怀疑论的观点不只是像恩披里可说的涉及真理论,而且涉及事物本身、人和事物的关系、人和人的关系,等等,在本体论(或本质论)、知识论和伦理学等各领域,都有他们特殊的看法。

应该说,犬儒派和怀疑主义一开始就是苏格拉底道德哲学的反题。皮罗认为,"最高的善就是不作任何判断,随着这种态度而来的便是灵魂的安宁,就像影子随着形体一样。"①

皮罗(Pyrrhon,约 B. C. 365 - 270),出生于希腊城邦爱利斯,早年做过画匠,后来师从德谟克利特的学生阿那克萨库(Anaxarchus)多年。他先于伊壁鸠鲁和斯多亚派提出,生活的目标是灵魂的安宁,这正是其学说的魅力所在。他本人虽未创立独立学派,但其思想的影响却极为深远。有人甚至把他在哲学史上的地位与苏格拉底相提并论。直到公元一世纪才出现了以皮罗主义为指导的"怀疑论者"。怀疑论者一词的原意为"探究者"或"悬搁判断者"。他们的特征是不承认任何判别真理的确定标准,常被人指责为相对主义。

就其思想渊源来说,皮罗的怀疑论可以追溯至苏格拉底的智者运动,例如普罗泰戈拉的"人是万物的尺度"的命题。其批判的锋芒是指向独断论的。皮罗本人最崇敬德谟克利特。因为,在德氏的思想中,包含着否定感觉真实性的约定论。例如,德氏说过:"颜色是约定的,甜是约定的,苦是约定的"②,等等。这种约定论被皮罗的老师阿那克萨库发展为怀疑论。

其实,按照罗素的看法,即使以独断论著称的柏拉图,"在某些方面也可以把他看作是在宣扬怀疑主义。……有许多篇对话并没有达到任何正面的结论,目的就在要使读者处于一种怀疑状态。有些篇对话——例如《巴门尼德篇》的后半部分——则似乎是除了指明任何问题的正反两方都可以提出同等可信的理由而外,并没有什么别的目的。柏拉图式的辩证法可以认为……它本身就成为对于怀疑主义的一种最可赞美的辩护"③。

---

① 《古希腊罗马哲学》,342 页。
② 《西方哲学名著选读》,上卷,51 页。
③ 《西方哲学史》,上卷,商务印书馆,1981 年,299 页。

怀疑论作为一种独立的哲学派别,关于它的实质和主要特征,塞克斯都·恩披里可(A. C. 2 世纪)的解释比较全面。他说:"怀疑学派,由于它的追求和研究的活动,也被称为'研究派',由于研究者探究之后所产生的心理状态,也被称为'存疑派',由于他们的怀疑和探索的习惯,以及他们对肯定和否定不作决定的态度,也被称为'犹疑派',更由于我们觉得皮罗委身于怀疑主义,要比他的前辈更彻底,更显著,所以也被称为'皮罗派'。"①"研究派"指目标,"存疑派"指心态,"犹疑派"指行为。

问题的实质是:怀疑论在当时以及在哲学史后来的发展中,是否仅仅是或主要是一个消极因素,抑或主要是促进人类智慧发展的积极因素? 在这一点上,人们似乎受黑格尔的影响太深,囿于他的极端理性主义和思辨辩证法的教条而怀有偏见。黑格尔说:"怀疑论是(希腊哲学——引者注)最后的一个顶峰。"②黑格尔对古代怀疑论评价极高,只是对近代的"经验怀疑论"极为贬斥。因此,对怀疑论的意旨、内容和特征,似有重新研讨的必要。

应该强调,这不仅是为了尊重历史,更是为了把握现实。因为,怀疑论对现代科学和哲学发展的影响是不能低估的。爱因斯坦一再宣称:让我们不自以为占有了真理,而沿着探索真理的道路继续前进吧! 他强调,探索真理比占有真理要艰难得多。而究竟是自以为占有了真理还是坚持不懈地探索真理,正是怀疑论和独断论的根本分歧。玻恩就曾说:自以为占有了绝对真理正是现代世界一切纷争的根源。另一方面,从哲学上看,后现代主义哲学的一个特征正是抓住怀疑论不放,或以怀疑论开路的。这种演变趋势和特征,很值得认真研究。例如,罗蒂的哲学终结观。有学者指出:"在罗蒂看来,……柏拉图以来的传统哲学正在终结之中。……分析表明,哲学……永远也达不到确定的真理或关于实在的知识,而只能处于无'知'状态,假如这个'知'指的是再现实在或其某个方面的真相的话。在后哲学文化中,哲学的主要目的是教化,其功能是维持谈话继续下去,希望通过交流能达成一致,而不是希望找到在先存在的共同基础,或者说服对方接受自己的'真理'。"③

下面,让我们回到主题上来:①关于"悬搁判断"的本体论和认识论分析。人

---

① 塞克斯都·恩披里可:《皮罗学说概略》,I. 3,§7;转引自《西方哲学原著选读》,上卷,商务印书馆,1981 年,176 页。

② 黑格尔:《哲学史讲演录》,卷 3,贺麟、王太庆译,商务印书馆,1981 年,106 页。

③ 《新华文摘》,1999 年 8 期,199 页。

们为什么应作"研究者"而不作"独断论者"？②关于"不动心"的伦理学分析。人们何以(怎样)能达到心灵的安宁？

1. 悬搁判断。皮罗说："应当毫不动摇地坚持不发表任何意见,不作任何判断,对任何一件事物都说,它既不不存在,也不存在,或者说,它既不存在而也存在,或者说,它既不存在,也不不存在。"又说："最高的善就是不作任何判断。"①这种"不作任何判断"的态度,颇类似于中国古代的"齐是非"的主张(《庄子·齐物论》),说的是一种不同于独断论的认识境界。也是表明一种对事物或对外在世界采取尊崇(敬)而不占有的态度。这种崇敬态度就是把外在世界仅仅当作追求和研究的对象,而不含实用和功利的目的。不作判断只涉及主体自身,而不表明对外在对象的客观实在性的任何否定。这种"超然物外"的认识境界和态度,认真说来,比起独断论态度,有更多的客观性或对事物客观性的尊重。因为独断论往往是把主观的意识强加于世界(或自然)。

塞克斯都·恩披里可对这种悬而不决、不作判断的态度有一个解释。他说："一般地说,可以说这是置事物于对立之中的结果。……例如,我们说:'同一座塔,从远处看起来是圆的,从近处看起来是方的',这就是把现象与现象对立起来;有人根据天体的秩序论证有天意存在,而我们回答道,顺境常常是坏的,逆境常常是好的,从而推论出天意不存在,这就是把思想和思想对立起来。像阿那克萨戈拉那样,反对雪是白的,提出论证说:'雪是冻结的水,而水是黑的;所以雪也是黑的',就是把思想和现象对立起来。"按皮罗本人的说法就是："我们对任何一个命题都可以说出相反的命题来。"②

"不作判断"的前提是承认或者肯定事物总是处于对立之中的。这一点与辩证法并不冲突。分歧只在于辩证推理要求肯定一方而怀疑论拒绝这样做。"不作判断"就是坚持不偏向对立的任何一方,从而保持某种平衡,使主体处在主动地位。

这说明,无论就现象(如塔的形状)、事实本身(如有无天意)还是人们对某物的认识(如雪的颜色)来说,均无绝对的确定性。因而,我们对客体的追求不在于形式逻辑的是或否,也不在于辩证推理所要求的必须在两个矛盾命题中做出选择,而在于探寻和研究的态度。就人类知识而言,我们往往只能达到一种或然性

---

① 《西方哲学原著选读》,上卷,商务印书馆,1981 年,177 页。
② 《西方哲学原著选读》,上卷,商务印书馆,1981 年,176－177 页。

的认识,即"好像"如此,并非"断然"如此。例如,"我们说蜜是甜的;我只是承认,蜜看起来好像是甜的"①。"好像是"表现出一种较为客观的研究态度。

应当指出,皮罗这种搁置判断的态度恰好是柏拉图和亚里士多德主张的反题。后两者用"是"(存在)的确定、断然意义取代"好像"所表达的存疑态度,而前者则坚持"好像"而排除"是"。比较而言,皮罗的态度是更为谨慎、谦虚,因而充满无穷探究精神的。就是说,理论上坚持这种悬搁判断的态度,有利于知识的增长和智力的推进。

后期的怀疑论者如卡尔内亚德(B.C.180-110)和克来多马柯反对占卜、巫术和星相学的信仰。他们发展了一种或然性的理论。他们认为,"或然性应该是我们实践的指导,因为根据各种可能的假设中之或然性最大的一种而行事,乃是合理的。"②

问题是,这种不作判断的态度,虽在理论上可以讲得通,在实践上、实际生活中岂不是让人无所适从、无所作为吗? 这正是下面我们要讨论的问题。

2. 心灵的安宁。"最高的善就是不作任何判断,随着这种态度而来的就是灵魂的安宁,就像影子随着形体一样。"③皮罗认为,最高的道德追求,在于获得灵魂的安宁。从伦理学的角度讲,"不作判断"是为了达到"不动心"的境界,探究者的认识态度服从于、服务于一种随遇而安的生活方式。恩披里可解释说:"怀疑论的起因,我们说是希望获得安宁。"④人们可能要问:既然不作任何判断,又如何能获得心灵的安宁呢? 皮罗的回答是:"人们按照风俗习惯来进行一切活动。"⑤所谓灵魂的安宁是一种精神的超脱,用现代话说,就是善于在任何情况下保持心理平衡。

黑格尔转述了一个典型的皮罗主义故事:"有一次皮罗坐在船上,一阵风浪使同船的人惊慌失措,而一只猪却漠然不动,安安稳稳地依旧在那里吃东西,于是他便指着猪说,哲人也应当像这样不动心。"⑥这样看来,所谓"不动心",无非是指:哲人应处变不惊而已。

---

① 《古希腊罗马哲学》,342 页。
② 罗素:《西方哲学史》,上卷,商务印书馆,1981 年,303 页。
③ 《西方哲学原著选读》,上卷,商务印书馆,1981 年,177 页。
④ 《古希腊罗马哲学》,399 页。
⑤ 同上,342 页。
⑥ 黑格尔:《哲学史讲演录》,第三卷,119 页。

作为一种生活方式的皮罗主义,第欧根尼·拉尔修有一则记载,指出:"他的生活方式与他的学说是一致的。他不避免任何事物,也不注意任何事物,面对着一切危险,不管是撞车、摔倒、被狗咬……他的朋友总是跟着他,把他救出危险。……只是他的哲学建立在不作任何判断上,在日常生活中他仍然是谨慎行动的。这样一直活到近九十岁"。①

或许可以这样解释,为什么皮罗出门不在意撞车、摔倒、被狗咬等等一切危险呢?这正是一种高度的心灵放松状态。试想,一个人出门若总是想着怕撞车、被狗咬、摔倒等等危险,这样处于高度的精神紧张状态,哪里还能心灵平静呢?只有那种随时处在心理放松的"不动心"状态,对任何可能发生的危险才能处之泰然。这并非迂腐,而是一种只有经过有意识的修养和锻炼才能达到的精神境。表面上对生活的冷漠和超然,有助于达到心灵的平静和安宁。皮罗主义所要求的,不过是一种照习惯过常人生活的道德涵养,一种随遇而安却不刻意追求的态度,一种自我放松而不人为紧张的心理状态。一句话,按照习惯平静地生活就可以摆脱烦恼和困扰。所谓"不动心"也就是现在人们所说的平常人的平常心,并非不可捉摸的高深境界。

可见,那种认为追求心灵的平静,主张"不动心"是纯粹消极的无所事事,无所作为的看法,对皮罗主义是有欠公允的。

独断论鼓励盲从和迷信,怀疑论则主张遵从或然性,要求人们谨慎行事,同时留给创造性想象力以广阔活动的空间。

总之,"不作判断""不动心"是一种精神上的超拔,是很难做到的。所以,皮罗说:"使人们完全解脱是很难的。"②

应注意的是,作为独断论的一个破坏因素,怀疑论对柏拉图极端理性主义的冲击,长久以来没有得到应有的研究和评价。马克思就说过希腊哲学有一个不光彩的收场,一些人因此判定怀疑论只有破坏作用,这种看法应予澄清。从皮罗的理论和实践来看,毋宁说怀疑论是哲学史上起推动作用的不可缺少的精神力量。

然而,古代怀疑论的真正弱点在于,它在破坏独断论的同时,提不出建设性的东西。罗素就是这样看的。他说:"怀疑主义者有足够的力量能使有教养的人们对国家宗教不满,但是它却提供不出任何积极的东西(哪怕是在纯知识的领域内)

---

① 《古希腊罗马哲学》,341 页。
② 《西方哲学原著选读》,上卷,商务印书馆,1981 年,177 页。

来代替它。"①

二世纪的塞克斯都·恩披里可是唯一有著作流传下来的古代哲学家。主要著作有:《皮罗学说概略》《反数学家》。他还写过一篇《反对信仰神的论证》短文。其中,在谈到罪恶这一问题时,他指出:"那些积极肯定神存在的人,就不能避免陷于一种不虔敬。因为如果他们说神统御着万物,那么他们就把他当成是罪恶事物的创作者了。"②若神不统御万物,那么他就不是万能的了。这是一个影响深远的无神论论证。从某种程度上应该说,神学的怀疑论是为科学的怀疑开辟道路的。

怀疑论和独断论只是一种思维方式的对立,并不直接是、更不等同于本体论,不是对实在本质的断言。

"怀疑论……将认识中的存在都普遍地用显现这个名词来代替了。怀疑论最后的一个顶峰……在怀疑论的面前,人们是怀着很大的敬意的。"③

"思维的怀疑论"是"积极的哲学""自身的一个环节"。

"事实上,如果一个人真正愿意做一个怀疑论者,那他就是无法说服的,……——正如一个四肢麻木不仁的人是无法使他站起来的一样。"④

"必须把古代的怀疑论和近代的怀疑论分开,……因为古代的怀疑论具有真实的、深刻的性质。近代的怀疑可以说和伊壁鸠鲁主义相近","近代的怀疑论乃是主观性",是以感性经验为真的经验怀疑论。⑤

近代的怀疑论,"承认了凡是在我们直接意识中的东西,凡是感性的东西,都是真的。古代怀疑论者承认我们必须遵照这种东西行动,但是把一件东西当作真的提出,在他们看来却是办不到的"⑥。

"怀疑论的发生是很早的,(可以追溯到)感性事物的不确定性这种古老的信念。"⑦"但作为一种哲学认识的怀疑论,却是比较晚出的。""它十分确定地证明一切非真。换句话说,怀疑对于它乃是正确的,……这个决定乃是精神自身的安宁和稳定,不带一点伤愁。"⑧

————————

① 参看罗素:《西方哲学史》,上卷,商务印书馆,1981 年,304 页。
② 转引自罗素:《西方哲学史》,上卷,商务印书馆,1981 年,304 页。
③ 黑格尔:《哲学史讲演录》,第三卷,贺麟、王太庆译,商务印书馆,1981 年版,106 页。
④ 同上,107 页。
⑤ 同上,109 页。
⑥ 同上,123 页。
⑦ 黑格尔:《哲学史讲演录》,第三卷,贺麟、王太庆译,商务印书馆,1981 年版,109 页。
⑧ 黑格尔:《哲学史讲演录》,第三卷,贺麟、王太庆译,商务印书馆,1981 年,110 - 111 页。

"本来意义的怀疑论历史,通常认为从皮罗开始。""怀疑论者宣称'荷马已经是一个怀疑论者,因为他曾经从对立的方面讲同一的事物。'……塞诺芬尼和巴门尼德的哲学的否定方面也是如此;赫拉克利特的一切皆流;柏拉图和学园派(也是怀疑的),不过在他们那里还没有把怀疑论很明确地表达出来。(因而)他们并不属于怀疑论。"①

"皮罗的怀疑论既反对感性事物的真理性,也反对伦理生活的真理性","皮罗生活在亚里士多德的时代,他的老师阿那克萨尔科是德谟克利特的一个学生",据说皮罗"曾经跟随亚历山大大帝到亚洲作过旅行;……人们说亚历山大把他处死了,因为据说他想谋杀一个波斯州牧;时年九十岁"。恩披里可说:"怀疑论并不是对于教条的选择,而只是一种引导;它是指点人正确地生活、正确地思维的引导。""怀疑论者们当然是承认感性存在的,不过他们是把感性存在当作现象来作为生活中的行动依据,而不是把它当作真理。"

"在以后的年代中,学园派消失而归入怀疑派,学园派本来就是与怀疑派只隔一层薄薄的墙的。"②

塞克斯都·恩披里可"对我们极其重要"。"Empiricus 一字的意思是'经验者',他的名字告诉我们:他是一个经验派的医生,不根据理论行事,而根据现象行事。"他生活和讲学的时间,大约在 A. C. 2 世纪中叶。

"学园派和怀疑派之间的区别"是:后者"在一句话中,总是用'显得'来代替'是'"。"怀疑派与学园派是很接近的。纯粹的怀疑论对学园派只有这样的指摘:学园派还不纯粹——因为他们说'这是',而不说'这显得';因此它们没有突出地显示出怀疑的纯粹性来。"③

"怀疑论的目的"是通过普遍的怀疑达到"不动心"。"怀疑派的自我意识正是一种解脱,它摆脱了这种存在的全部真理,摆脱了把自己的本质放在这一类东西里的做法;怀疑的目的,就在于不把一切确定的东西和有限的东西认作真理。"④

"自我意识漠然不动,有了自由,便不会失去它的平衡了;因为执着在某物之上便使它陷于不安。"这种"不动心"是"通过理性而获得的,也只有通过理性才能

①　黑格尔:《哲学史讲演录》,第三卷,贺麟、王太庆译,商务印书馆,1981 年,110 – 111 页。
②　同上,112 – 114 页。
③　同上,116 页。
④　同上,117 – 118 页。

获得"。"不动心""这种状态是随着一切有限事物的动摇而来的,有如影之随形。""恩披里可对这种'不动心'作了这样的比喻:正像阿培里(希腊画家——引注)一样,他画一匹马,可是无论如何画也画不出马吐的泡沫来,最后恼怒了,把他擦画笔的那块混合着各种颜色的海绵往画上一丢,这样竟造成了一个酷肖泡沫的形象。怀疑论者也是在各种存在物和各种思想的混合物里面找到自我意识的自我同一、安宁、真实、不动心的。"——"这种漠然不动的状态,在禽兽是生而具有的,在人是通过理性而获得的,这便把人和禽兽区别开来了。"接着,黑格尔引述了皮罗那个要像猪一样处变不惊、漠然不动的典故,说:"但是哲人都不应该像猪一样,而应当出于理性。"①

所谓"不动心"就是不为外物所激动,更不为外物所役使,这是一种心灵的解放,因此当然可保持灵魂的安宁。

应该说,恩披里可这个画家画泡沫的比喻是很深刻而生动的。它告诉人们做什么事情都应听其自然。正所谓"有心栽花花不发,无心插柳柳成荫",这就是所谓"不动心",即听其自然而不刻意追求。心灵如能保持这种状态,自然也就宁静了。所以,黑格尔接着指出:"所谓构成怀疑论本性的,就是这种由存在和思想中返璞归真的自我意识。……他们用来指导行为的,确乎是他们所见所闻的东西,是正义和通行的法律,是深谋远虑所要求的东西。""但是这对于他们并没有一种真理的意义,而只有一种确认,一种主观信念的意义,主观信念是没有一种自在自为的存在价值的。"

"怀疑是安宁的反面,安宁则是怀疑论的结果。"②

怀疑派的论证方式"不是命题,而是一些比方、借喻,借以达到保留意见的态度"③。要知道,隐喻往往比证明更深刻、更丰实。

恩披里可把这些比方分成老的和新的,老的有十个,新的有五(或六)个。黑格尔对老的比方不感兴趣,说它"属于一种没有什么教养的思维———种首先看感性存在的意识"④。他认为晚期的五个比方"比较属于思维的反思,包含着确定概念本身的辩证法"⑤。

———————

①　黑格尔:《哲学史讲演录》,第三卷,贺麟、王太庆译,商务印书馆,1981 年,118 – 119 页。
②　同上,119 页。
③　同上,122 页。
④　同上,123 页。
⑤　黑格尔:《哲学史讲演录》,第三卷,贺麟、王太庆译,商务印书馆,1981 年,133 页。

对十个早期的比方,黑格尔仍给了较高的评价。他说:"这些比方看起来是很琐屑、平板的,……但是事实上它们反对普通常识的独断主义却完全中肯。独断论者正是说:这个是这样的,因为它是从经验中采取的一个方面。怀疑论向他指出,他所采取的东西本身就带有各种偶然性和差异性,……他自己或者别人也同样可以说,这不是这样,而倒是与此相反。……因此存在便被贬抑而为现象,每一个肯定都可以有一个相反的肯定与它同样有效。"

应该承认,当老怀疑派提出这十个比方时,他们仍说出了一些深刻的道理。例如,感性经验认识的局限与认识主体的性质、认识对象的特点及主客体的特定关系是分不开的。也许因为恩披里可本人是一个医生,他对主体感官的局限性有比较深入的观察和描述。他指出:"感官中的感性的东西正是提炼过的。""白的东西,黄疸病人看成黄的。""对于运动有许多不同的见解。最著名的对立是太阳绕地球还是地球绕太阳的对立(应当是地球绕太阳,看起来却好像太阳绕地球)。"同一事物在同一个人看来可以不同,依情况而定,例如在静止中或运动中,以及在梦或醒时,"在心情安宁或激动时,在有烦恼时",恨或爱时,清醒或者酒醉时,年青或年老时,等等。在这些不同的情况下,常常会对同一对象做出很不相同的判断;因此只有把事物当作现象来表达。"所以我们必须对那种(显得)是独立的、本来(实体——黑格尔注)的东西保留判断,不加同意。"注意,对实体保留判断,这就是为什么怀疑派把亚里士多德当作独断论的缘由。

至于涉及伦理、风俗、习惯和法律(第九、十两个比方),就更必须承认事物的相对性和差异性。恩披里可指出:"罕见的东西比常见的东西受到更大的珍视;习惯使这个人对一件事做这样的判断,使那个人对此做那样的判断。因此,习惯是一种状况,它也容许我们说,事物在我们看来是这样,并不是普遍地、一般地说,事物是这样的。""公认的法律的反面也被人所公认。"例如,"儿子承担父亲的债务,"这是一条公认的法律。然而,"在罗马,儿子如果完全放弃了父亲的财产,就不承担父亲的债务",如此等等。

黑格尔赞赏较晚的另外五个比方是:1. 哲学家们意见的差异性;2. 根据的"无穷递进";3. 关系的相对性即各个规定的相对性;4. 假设;5. 循环论证。黑格尔指出,正是在这里,表现出怀疑论"乃是对于各种范畴(灵活性——引注)的意识——高级的意识"。它(怀疑论)揭示出"理智形而上学的缺点是:(1)一方面证明陷于无限;(2)另一方面(必须——引注)假定直接的认识"①。因此,怀疑论的全部考察可以说是对为何运用范畴的一种研究和探求。

关于意见的差异性,黑格尔指出:"真正的差异并不是实质的,而是不同发展阶段中的差异。差异性也可以包含片面性,如斯多亚派、伊壁鸠鲁和怀疑论;全体才是真理。"

关于根据。应承认,根据的根据是无穷的,因而证明的前提是无根据的东西。"人们有着无根据的东西或前提。"因此,"一切定义都是假设。"至于循环论证,"以某物为根据",就是"应当以此物自身为根据",这就是"每一个都以对方为根据"②。

黑格尔指出,怀疑派见到了根据的无穷递进"应当予以截断,所以便出现了下列的事情:'为了给思想找根据,就必须把感性事物或感觉到的东西拿出来'"。这也就是所谓必须假定直接的认识。

究竟什么是独断论? 罗素说:"应该指出,怀疑主义作为一种哲学来说,并不仅仅是怀疑而已,并且还可以称之为是武断的怀疑。科学家说:'我以为它是如此如此,但是我不能确定'。具有知识好奇心的人说:'我不知道它是怎样的,但是我希望能弄明白'。哲学的怀疑主义则说:'没有人知道,也永远不可能有人知道'。"③"照怀疑派所说的,断言某物的独断论事实上只是这样一种学说,它把一个确定物,例如我或存在,思想或感性事物,断言为真实的东西。"黑格尔认为,这是指:"断言某种确定物为绝对而言。"他极力回避唯心论也是一种独断论。他辩解说,若将唯心论视为独断论,那就是"一种误解或形式的了解"④。

黑格尔指出,怀疑论的"这些比方证明了怀疑派在论证进展中的高级意识的出现,——这是一种高于通常逻辑,高于斯多亚派的逻辑和伊壁鸠鲁的准则的意识。这些比方乃是理智所陷入的必然对立。(类似康德的"二律背反"? ——引注)在这些比方中囊括了一切理智形而上学的缺陷"⑤。怀疑论者在此"表现出了一种具有极高修养的辩证意识"。"它并不辩驳事物是这样或不是这样,而是掌握所说出的东西的本质","并不提出事物是这样或不是这样,而提出事物本身是不

①　黑格尔:《哲学史讲演录》,第三卷,贺麟、王太庆译,商务印书馆,1981 年,135 页。
②　同上,134 页。
③　罗素:《西方哲学史》,上卷,商务印书馆,1981 年,298 页。
④　黑格尔:《哲学史讲演录》,第三卷,贺麟、王太庆译,商务印书馆,1981 年,139 页。
⑤　同上,140 页。

是某物"。① 因为,照黑格尔的解释:"真实的东西并不是这个枯燥的'是'字,主要的却是过程。"②

黑格尔认为,摆脱这种恶性循环的办法就是:1. 回到辩证法,每一个都以自身的对方为根据;2. 截断无穷进展,以直接的东西为思想的根据。

罗素指出,演绎逻辑"必须从公认为自明的普遍原则出发。但蒂孟否认有任何找得出这种原则来的可能性"。一切都得靠另外某种东西来证明,于是一切论证要么是循环的,要么是一条无穷无尽的链锁。蒂孟的"这种论证,砍中了统治着整个中世纪的亚里士多德哲学的根本"③。

应该说,蒂孟认为不可能找到一个公认自明的原则作为演绎推理的出发点,这个论点是正确的。洛巴切夫斯基的非欧几何就是最好的例证。按欧几里得的观点,过直线外一点只能有一条平行线;按非欧几何,则并非如此,而是可作多条平行线,如此等等。可见,几何学公理也不是绝对的。

然而,黑格尔并不给怀疑论以更高的地位,而仅仅将其视为"消极辩证法"④,将其视为辩证法的一个环节,即否定的原则。并且说:"怀疑论是为了挑理性的东西的刺,就先给它撒上一把刺。在这一点上,近代的怀疑论特别值得注意,在理解的粗率和凭空捏造这一点上,古代的怀疑论还比不上近代的怀疑论。"⑤

总的说,黑格尔虽然赞赏怀疑和否定,但并不承认怀疑论是辩证法和形而上学(非此即彼)两种思维方式之外的另一种思维方式,更不承认怀疑论是针对唯心主义的第三者。例如,柏拉图的理念论也是一种独断论。他特别说,"对于柏拉图,他(恩披里可——引注)不知道如何着手"。他一方面说,"不动心"表述的是"我保持在我自身内"这种威力;另一方面,"不动心"乃是"纯粹的混乱",只是"精神在自身中找安慰",等等。

关键是,必须确认怀疑论作为一种哲学世界观的独立地位。应该承认,不作(悬搁)判断,随遇而安是多数人的一种思维和生活方式。任何时代、任何社会可以说都是如此。这也就是随大流或中庸之道的人生态度。

---

① 黑格尔:《哲学史讲演录》,第三卷,贺麟、王太庆译,商务印书馆,1981年,141页。
② 同上,127页。
③ 罗素:《西方哲学史》,上卷,商务印书馆,1981年,298页。
④ 黑格尔:《哲学史讲演录》,第三卷,贺麟、王太庆译,商务印书馆,1981年,142页。
⑤ 同上,143页。

§2. 伊壁鸠鲁派

1. 伊壁鸠鲁(Epicurus, B. C. 342 – 270)早年学习柏拉图和德谟克利特学说, 18 岁到雅典服兵役, B. C. 306 年再次到雅典在自己住宅的花园里开办学校。他的学校因而被称为"花园"。他的著作据说有 300 余卷, 但只留下了三封信和一些残篇。伊壁鸠鲁主义在历史上曾是快乐主义和无神论的代名词。

①伊壁鸠鲁继承和发展了德谟克利特的原子论。

第一, 原子有重量的特性。重量是原子下降运动的内在原因, 重量使原子在无限的虚空中垂直下落。重量是原子在形状、次序和位置之外固有的性质。

第二, 原子在运动中可以自动偏斜。在下降的直线运动中, 由于原子自动偏斜而产生相互碰撞, 使其可沿任何方向运动。重量是有序运动(垂直下落)的原因, 而偏斜则是无序运动(碰撞)的原因。这样, 就克服了德谟克利特将必然性等同于"原因"的缺陷, 说明了偶然运动的原因, 从而给偶然性以应有的地位。

②快乐论和无神论。

伊壁鸠鲁认为, 幸福就是快乐。他既不同意把快乐归结为自然欲望的满足的享乐主义, 也不同意柏拉图和亚里士多德否认快乐与德性有内在联系的主张, 更不同意否认个人道德选择的命定论。他说:"若不谨慎、光荣和公正地生活, 便不能快乐地生活;若不快乐地生活, 便不能谨慎、光荣和公正地生活, 因为德性与快乐生活自然相联, 快乐生活与德性不可分离。"①伊壁鸠鲁思想中招致攻击的是他的唯欲主义, 虽然这并不符合他的快乐论本意, 但他的快乐论中确实包含某些易被曲解的因素。例如, 他说:"胃的快乐是一切善的起始和根源, 智慧和文雅也与之相关。"

他坚持"快乐是善", 而快乐就是消除痛苦。他认为, 身体健康和心灵宁静就是快乐的特征。他更强调, 宁静的心态才是快乐的主要特征;而心灵的快乐和谨慎的生活相联系就是最高的善。他本人一生过着宁静生活, 赢得了追随者的尊重和信任。

根据他的原子论, 根本不存在什么命定论, 因而, 道德行为是可以自主选择的。例如, 并非一切快乐都是善行。人应对自己的行为负责,"原子不对行为承担

---

① 伊壁鸠鲁:《致曼诺克斯的信》,132 节。引自《古希腊罗马哲学》。

责任"。①

值得注意的是,他不但用原子论而且用快乐论来论证了他的无神论。他认为,神不过是为精细的原子构成的东西,它居住在各个世界之间而不管世事。因为,神的本性只是无忧无虑地、快乐地生活;而如果干预人间事务,必引起烦恼,这就违背了神过幸福生活的至福本性。② 应该说,伊壁鸠鲁的无神论虽远不是现代意义上的无神论,但已经可以称得上当时历史条件下最彻底的无神论。因为,柏拉图在《法律篇》中,早就把虽然承认神的存在但却否认它有干预世事的能力的人指责为无神论者。

③社会观。

伊壁鸠鲁有社会契约论的思想萌芽,在近代启蒙运动中产生过良好的影响。他说:"正义不是绝对的,而是在这一个或那一个地方的人们相互交往中产生的常规协议,规定一个人不伤害别人,也不被别人所伤害。"③他还认为,语言也是人们共同协定的产物。原始人像野兽一样用各种声音表达各自的感觉和感情。由于每个部落有大致相同的本性,他们同意用共同的标志来指示他们的感觉和感情,这就产生了最初的语言,如"人""房屋""冷""走""看",等等。关于法律制度和道德规范,因系人们相互的约定,因而是因时因地变化的,而不可能是永恒的。

后来的伊壁鸠鲁主义者将他的伦理学主旨概括为:"神不足惧,死不足忧;乐于行善,安于忍恶。"④

2. 卢克莱修的《物性论》。

卢克莱修(Lucretius, B. C. 95 - 44)是罗马时期伊壁鸠鲁主义的著名代表。《物性论》亦可译为《论事物的本性》,是他用拉丁文写的哲学诗。他对伊壁鸠鲁极为赞美,认为只有伊壁鸠鲁的自然哲学才能使人们摆脱对神和死亡的恐惧。

他写道:"能驱逐恐惧、把心灵照亮的,不是那初升的炫目朝阳,不是那清晨的闪烁光芒,却是那井井有条的自然本相。……恐惧的心情支配着生灵,只因为人们看到天地之间有多少事不知是什么名堂,就以为是神灵在摆布多方。一知道无中不能生有,我们就心里恍然大悟,原来造成万物的只是那些元素,宇宙间无一事

---

① 《论本性》,34 章,21 - 22 节。
② 伊壁鸠鲁:《致曼诺克斯的信》,123 - 124 节。引自《古希腊罗马哲学》。
③ 《学说要点》,31 - 36 条。
④ 菲洛丹:《反智者》,4 章 9 节。

出于神灵摆布。"①

他对死的理解,更显得机智。他写道:"死对于我们不算什么,同我们并无半点关系,因为心灵的本性是不免于死。正如对过去的那些年代,我们并未感觉其痛苦,……同样当我们不再存在时,当那使我们成为一个人的身体和灵魂的结合,已经到了分离时,说实话,那时候对于已不存在的我们,就没有什么事能挑动我们的感觉。"②他的逻辑论证是这样:生时我们并未经历死,因而不知道死是什么,当然无所谓害怕和恐惧;而当我们已经死了时,我们已无知觉,同样不知死的恐惧。所以,无论活着还是死去,都不值得对死有什么恐惧!

§3. 斯多亚派

斯多亚派是希腊哲学中流行最广泛、延续时间最长的一个派别。从早期 B.C.4-2 世纪左右的希腊化时期,经过中期罗马共和国时期,到了晚期几乎成为罗马帝国的"官方哲学"。从其创始人芝诺到最后一个著名代表罗马皇帝马可·奥勒留,前后延续了近 500 年。

1. 芝诺(Zenon,B. C. 336-264)是斯多亚派的创始人。B. C. 300 年左右在雅典开办了自己的学校,因他在一个画廊讲学,其学派被称为斯多亚,希腊文中"斯多亚"即画廊之意。经过 30 年努力,他使画廊成为与柏拉图、亚里士多德的学园、伊壁鸠鲁的花园齐名的雅典著名学校。死后,雅典人给他立墓碑,碑文赞扬他"在这个城市从事哲学多年,在各方面都是一个善人,鼓励年轻人恢复德性和节制,走上正道。他本人的生活是所有人的榜样,与他倡导的学说完全吻合。"为此,雅典人按法律给他戴上金冠。③

斯多亚派的学说历经数代人努力才成为完整的体系。他们"把哲学比作一个动物,把逻辑学比作骨骼与腱,自然哲学比作有肉的部分,伦理哲学比作灵魂。他们还把哲学比作鸡蛋,称逻辑学为蛋壳,伦理学为蛋白,自然哲学为蛋黄。也拿肥沃的田地作比,逻辑学是围绕田地的篱笆,伦理学是果实,自然哲学则是土壤或果树"④。

不论他们把伦理学比作灵魂、蛋白还是果实,都足见其对伦理学的重视。

---

① 《西方哲学名著选读》,上卷,195-196 页。
② 同上,209-210 页。
③ 拉尔修:《著名哲学家生平和学说》,7 卷 36 章。
④ 《西方哲学名著选读》,上卷,178-179 页。

①按照自然生活。斯多亚派理解的"自然"不同于犬儒派，后者认为"自然"为人的自然本能，前者则强调自然的本性是支配世界的"逻各斯"。因而，主张按照自然律生活就是按照理性生活。A. C. 2 世纪基督教哲学家希波利特（Hippolytus）曾形容芝诺和他的学派的学说："好比一条狗被拴在一架车上，当它情愿遵从时，它拉车；当它不情愿遵从时，它被车拉。"①这生动地表明，斯多亚派的自然本性是一种驱动力，只有顺应这种驱动力的生活才是理性生活。而所谓驱动力就是动物自我保存的能力，人所特有的驱动力就是理性。这种理性并不一般地排斥情感，它只排斥非理性的激情，即：忧伤、恐惧、欲求和快乐。理性驱动力的情感则包括与此相对立的愉悦（快乐的对立面）、谨慎（恐惧的对立面）和希望（欲求的对立面）。

斯多亚派反对伊壁鸠鲁的快乐主义。其实，两者都主张过有情感的理性生活，主张"宁静"的身心状态，主张幸福与德性一致，其伦理观并无分歧。

②命题逻辑。与亚里士多德的主谓逻辑不同，斯多亚派侧重于命题逻辑。他们认为，"逻各斯"既是内在的，又是外在的。"内在逻各斯"为无形的思想，"外在逻各斯"为思想的表述，即语言。他们主张逻辑主要应研究语句的意义，即他们称为"可说的东西"。可说的东西就是句子，一般译为"命题"。

克吕西甫（Chrisppus, B. C. 280 – 206）是芝诺学说的系统化者，被称为斯多亚派的第二创始人。他说："任何一个命题非真即假。"②波亨斯基评价说，只是在斯多亚派那里，意义才成为逻辑的主要对象，而且实际上成为形式逻辑的唯一对象。

③与柏拉图相反的《理想国》。芝诺的《理想国》主张，"世界城邦"没有阶级、种族和任何等级差别，一切人都是平等的公民，是互爱互助的兄弟。男女也是平等的。他的"世界城邦"预示了后来兴起的大一统的罗马人统治的国家，客观上有助于希腊哲学和文化的传播。

早期斯多亚派与学园派曾进行了长期激烈的争论。B. C. 155 年学园派、逍遥派和斯多亚派的主要代表人物在罗马进行公开辩论，斯多亚派略占上风，但未取得压倒性优势。此后，各派加速交流和融合，斯多亚派更多地吸取了柏拉图和亚里士多德的思辨因素，使之更能为知识阶层接受，它本身也从某些类似犬儒派的粗俗生活方式，逐渐变成贵族化的生活方式。B. C. 2 世纪中叶，斯多

① 《驳一切异端》，1 卷 21 章。
② 西塞罗：《论命运》，38 章。

亚派得到罗马执政者西庇阿的支持,上流社会出现了斯多亚派的团体。第一任罗马皇帝奥古斯都的两位教师都是斯多亚派的哲学家。从此,斯多亚派不再重视逻辑学和自然哲学,其伦理学则与神学结合在一起,成为统治阶级的精神支柱。

2. 西塞罗(Cicero,B. C. 106 - 43)是罗马元老院的贵族、雄辩家。他的风格和方法带有当时学园派的怀疑论倾向,但其思想特别是伦理思想,一定程度上属于斯多亚派的立场。他以同情和理解的态度记载和传播了斯多亚派的观点。他是第一个把大量希腊哲学概念译成拉丁文的学者,对哲学语言的拉丁化,有极大的影响。作为雄辩家,西塞罗充分肯定修辞学(或雄辩术)的认识论价值和伦理学价值。他开创的罗马雄辩之风,不但直接影响了当时的社会和政治生活,而且对文艺复兴时期的思想家也有深远影响。

斯多亚派重视个人的社会责任,西塞罗也认为哲学家应把国家公众事业置于个人思辨之上,而雄辩正是影响公众履行社会职责的必要工具。他反对伊壁鸠鲁的原子论和快乐主义,继承了早期斯多亚派的禁欲主义和宿命论思想。

他说:"我同意神灵存在,……假定我们承认神灵是原子造成的,神灵就不是永恒的了。"①

他认为道德和物质享受是不相容的,道德只讲灵魂的、高尚的和德性的完善。他宣称:"灵魂脱离肉体之后,便更纯粹光明,这才能说是有智慧。"还说:"灵魂离开了躯壳便可以归到天府,如果灵魂是有美德而公正的,便可一直顺利地升天。"②

作为罗马的执政官(B. C. 63),他关心的是社会的稳定,害怕和反对一切社会革命。他说:"革命之事,其起其渐,一朝激发,必至一发不可收拾。""人民要鼓动革命甚易,欲制止革命就较难了。"③可见,他的伦理观与政治态度是一致的。

3. 塞内卡(Seneca,B. C. 4 - A. C. 65)是暴君尼禄的老师和大臣,后被赐死。他发挥了斯多亚派鄙弃物欲、追求心灵安宁的道德说教。

他说:"我们斯多亚派寻求的是首要的、普遍的原因,这样的原因必然是单一的,(而不是亚里士多德的"四因"——引注)……这就是创造理性、神。"④既然世

---

① 《西方哲学原著选读》,上卷,商务印书馆,1981 年,185 - 186 页。
② 同上,188 页。
③ 同上,189 页。
④ 《信件集》,65 件,12 节。

界只受神的支配,人也只能顺从神的天命。他强调:"服从神即自由。"①他把天命解释为不可改变的因果联系,把宿命论改变成主动适应因果关系的自由观,这就是用神学的语言表达了后人称为道德自律的思想。

他把理性和情感对立起来,提倡用理性消除情感,达到不动心状态。他说:"幸福的生活,就是符合自己的本性的生活!""这样就会得到一种持久的心灵安宁,一种自由。不为任何刺激和恐惧所动。"因此,他宣称:"肉体上的快乐是不足道的、短暂的,而且是非常有害的。"②

实际上,他主张的这种不动心状态,"一种持久的心灵安宁",与其说是幸福状态,不如说是一种修身养性的方法。例如,他要求完全摒弃愤怒,而不是在愤怒升腾时制止它。他还提倡每晚睡觉前反省一天作为,然后才能进入平静的梦境。这种心灵安宁的梦境,就是灵魂摆脱了身体的负担,上升到纯净的天域,令人心旷神怡。

4. 爱比克泰德(Epictetus,A. C. 55－135),生为奴隶,被主人送至斯多亚派哲学家缪森(Musonius)门下学习,A. C. 68 年后被释成为自由人。A. C. 89 年被逐到希腊西北山区,在那里从事讲学至死。

他认为,按照自然生活就是服从神的天命。他说:"'自然'是什么意思呢? 就是神的愿望。""神的本质是什么? ……智慧? 知识? 健全的理性? 当然是的。""你是神灵的本质的一个特殊部分,并且在你自己身上包含着神的某一部分。"③他把犬儒派的实践变成了斯多亚派的道德理想。他说有这样一个人:他虽病而幸福,危险而幸福,被放逐而幸福,蒙受羞耻而幸福。把他指出来吧! 神给我希望,能看到这样一个斯多亚人。

他还认为,死亡并不可怕。因为,"你将来获得的存在不是你的选择,而是世界对你的需要"。因为死亡只是意味着个人灵魂与世界灵魂的融合。这种对待死亡的冷漠态度,颇能表明一个曾有奴隶经历的人的态度。

5. 马可·奥勒留(Marcus Aurelius,A. C. 121－180)是罗马皇帝(161－180 在位),被称为"御座上的哲学家"。他的《沉思录》可视为末代斯多亚派对世界和生活的感受,充满了悲怆、消极和无奈的情调。

---

① 《信件集》,65 件,12 节。
② 《西方哲学原著选读》,上卷,商务印书馆,1981 年,190 页。
③ 同上,192－193 页。

在伦理学上,马可·奥勒留是爱比克泰德的追随者,要求自我磨炼德性。所不同的是,爱比克泰德因其奴隶生活的经历而保持道德追求上的纯粹性,感到是精神上的国王;他身为皇帝却因内心矛盾而感到是精神上的奴隶。他认为,灵魂所持的信念是"承受和忍耐",而坚忍则是他推崇的德性。

他说:"像岬角那样屹立,任凭脚下波浪滚滚,直至咆哮的冲击被制服平息。不要说'我遇到这样的事多么不幸',而要说'即使遇到这样的事,我却没有创伤,不被现在所压倒,不对未来抱有恐惧,这是多么的幸运!'任何事都可能碰到折磨,但并不是任何人都可忍受折磨而不受创伤。"①

值得注意的是,作为"御座上的哲学家",奥勒留毫不掩饰地将统治者的意志说成是自然的本性。他说:"人呀,你是这个大国家(世界)里的一个公民……与规律相合的事情对一切都是公正的。……把你打发走的只是送你进来的自然,这正像一个司法官曾雇用一名演员,现在把他辞退让他离开舞台一样。"②就是说,"满足于国家指派给公民"的一切,也就是服从命运,即服从自然的规律。换言之,服从统治者的意志也就是按自然的本性行事。

从这里可以看出,将个人意志说成自然规律,东西方皆然,是古已有之的。中国的皇帝自称天子,就是替天行道的。统治者总是将自己打扮成神或天意的代言人,以确立个人的权威。斯多亚派从早期带有唯物论倾向的自然哲学向晚期神学自然观的演变,伦理学从合理的理性主义向后期的禁欲主义转变,这是从一个普通的哲学派别变成统治阶级意识形态过程中带有规律性的现象。中国的儒教、西方的基督教,都有类似的情况,很值得人们从理论上加以深入探讨和总结。

§4. 新柏拉图主义

新柏拉图主义流行于 A. C. 3 – 5 世纪,它的特点是:建构了一个超自然的世界图式,把人神关系置于道德修养的核心,具有浓厚的神秘主义色彩。它是从柏拉图主义过渡到中世纪宗教信仰主义的重要环节。

柏罗丁(Plotinus, A. C. 204 – 270),亦译为普罗提诺,是新柏拉图主义的主要代表。生于埃及,24 岁定居罗马。著有《九章集》,其中 6 集的主题是:(1)论人,主要内容为伦理学;(2)论可感世界;(3)论可感世界的本原和原因;(4)论灵魂;

① 《沉思录》。
② 同上。

(5)论三大本体及其秩序;(6)论本体的存在。

三大本体:"太一"、心(理)智、灵魂。从宇宙的产生来说,是从"太一"→心智(Nous)→灵魂,是一个逐步下降的过程。从对它的认识来说,则是从肉体→灵魂→心智→"太一"的相反的过程。柏罗丁所谓的本体是指最高的能动的原因,与前人的"存在""实体"均不相同。"太一"是产生一切、又超越一切的存在,是至高无上、不可言说的"神"。人对它的认识只能靠"出神"或直觉,达到灵魂和神的合一。

神人合一的思想是柏罗丁给柏拉图主义注入的新内容。因为,古希腊哲学家大都强调人神之间有一条不可逾越的界限。唯有柏罗丁提出,人的灵魂靠"出神"(直觉?)是可以与神合而为一的。这种思想颇似中国古代的"天人感应"一类说法。更像印度教吠檀多派关于人内部的神灵与外在绝对的神相同一的理论。柏罗丁本人曾参加过罗马人的东征,可以想象通过波斯人的中介他接受了东方神秘主义的影响。

南开大学出版的西方哲学史教材上说:"'出神'排斥了任何感性因素和理性判断成分,在'出神'中达到同神合一。柏罗丁所说的这种'出神'状态是不存在的。但他却胡说自己曾亲临过几次。"①

从现代心理学看,所谓"出神"可能是指某种心理变态,如幻视、幻听。它可以通过别人暗示产生出来,也可以从本人的心理妄想中产生。例如,基督徒说他(她)"看到了"天主;某些神秘信仰者所谓的"开天目",等等。总之,"出神"状态在信徒的宗教经验中是确实存在的,问题是怎样给予科学的解释,从而揭开其神秘的面纱。

古希腊罗马哲学小结

古希腊罗马哲学是西方哲学的童年,它表现了西方古代人类精神面貌的方方面面。就其作为古代文明人类的智慧结晶而言,既有其天才的猜想和直觉方面,又有其不成熟的幻想和稚气方面。我们对它的不断研究和重新解释,总可以获得

---

① 《欧洲哲学通史》,上卷,南开大学出版社,198 页。

许多启迪。我觉得，从世界文化(包括哲学)的多元性讲，古希腊罗马哲学是一个完整的哲学童年的典型，如同发育良好的儿童一样，它的心理素质是比较健全的。这正是它引起人们持久兴趣的根源。具体说，它有三个特点，即：全面性、多样(元)性和朴素性。

1. 全面性：自然哲学、逻辑学、伦理学等等，哲学的主要知识部门齐全，其主要特点或中心课题是本体论即形而上学问题。

2. 多样性：思维发展呈多链结构：理性主义和信仰主义、唯物主义与唯心主义、无神论与有神论、独断论和怀疑论、快乐主义与禁欲主义、经验论和先验论等等不同的倾向和体系均已萌芽，显示出西方古人精神生活的丰富多彩。

3. 朴素性：理论思维不够成熟，亚里士多德哲学的稚气和混乱就是一个典型。提出的问题远比解决的问题为多。不论是逻辑学、形而上学，还是自然哲学等等，均是如此。

"观今宜鉴古"，我们看待今天世界哲学的发展，无论东方和西方，各种哲学思潮之间的碰撞、交流和争论，都不能不溯源到古代；然而，古代哲学并未提供出我们面对当今问题的现存的答案，而毋宁只是继续探讨的起点。借鉴古人只是为了立足现实、面向未来。研究哲学的历史，有助于我们预测未来。特别是总结各种对立思想倾向的争论和经验，有利于提高理论思维和分辨能力，帮助我们在现实生活中做出明智的选择。

例如，主体性问题与当代环境、生态等全球问题如何协调？回归自然与弘扬主体是否不可调和？等等。这些在古代哲学中都能找到某些启发。

1. 面向自然是希腊哲学的开端和优势，重视精神生活、思辨理性也是希腊哲学的传统，苏格拉底、柏拉图、亚里士多德功不可没。后续的发展是如何将两者(面向自然和关注自我)结合起来，而避免两相分裂。

2. 除德谟克利特和柏拉图的对立外，有神论和无神论是贯穿始终的斗争，一直从克塞诺芬尼、阿那克萨戈拉、德谟克利特到伊壁鸠鲁、卢克莱修。此外，从赫拉克利特、智者派到皮罗的独断论和怀疑论的对立，有助于不断地打破思想僵化。就伦理学而言，现实论和先验论、快乐论与禁欲论的斗争，从一个侧面一定程度上也是唯物、唯心论的斗争。

3. 关于希腊哲学的衰落：由转向伦理而趋向神学恰好是对自然哲学朴素唯物论的否定。但这并不是简单重复，退回到开端，而是包含新的内容。例如，人在自然中地位的确立，神人两分，人从自然中分离出来，人作为主体的存在，(独立)主体意识的萌芽和发展。泰勒士以前,人还没有把自己从自然中区分开来。伦理学化,特别是快乐论,一定程度上还有斯多亚派的理性自然论是主体意识成长的一个重要方面。人要作为人而存在,而不只是神的附属物。

因此,无论伦理化倾向还是怀疑论都不只是消极破坏力量,而是促进了主体意识的觉醒。从柏拉图到柏罗丁,说明极端理性主义与神秘主义两极相通。神秘主义不仅是非理性而且是反理性的。希腊哲学的终结使理性主义与非理性、反理性主义的对立变得突出起来了。

4. 哲学史的逻辑看来是:自然哲学通过伦理哲学的中介,由朴素唯物唯心、有神无神、怀疑独断的斗争,而过渡到理性与信仰主义的斗争。中世纪哲学主要是关于神和人关系的伦理哲学问题。哲学与阶级兴衰、与政治是相关的,但不是平行对立的,更不是直接等同的。

第二编　中世纪基督教哲学

A. C. 476 年西罗马帝国灭亡至 15 世纪文艺复兴前夕约 1000 年史称中世纪。从文化史角度看，"中世纪哲学"是以基督教文化为背景的哲学，从教父哲学（A. C. 2 – 6 世纪）、经院哲学（A. C. 11 – 14 世纪）至中世纪晚期即文艺复兴时期（A. C. 15 – 16 世纪），经历了 1500 余年。

希腊哲学与希腊神话是同一文化传统的两种不同文化形态，而希腊哲学与基督教则是分属两种不同文化传统的两种不同文化形态。后两者的冲突和融合形成了一种新的文化形态即基督教哲学。

基督教哲学的核心是灵魂的拯救。

菲洛（Philo Judaeus, B. C. 25 – A. C. 40）是把《圣经》和希腊哲学结合起来的第一个哲学家，他是和耶稣同时代的人，哲学上是一个柏拉图主义者。他用斯多亚的"逻各斯"和柏拉图的"理念型相"解释"上帝"的意义。内在逻各斯即上帝的思想，即理念的理智世界；外在逻各斯是表达上帝思想的言辞，即按照理念创造可感世界的现实力量。道德实践以上帝的至善为目标，通过灵魂的净化以实现"逻各斯"，达到人神相通的神秘境界。因此，有人把菲洛视为新柏拉图主义柏罗丁的先驱。他的哲学可以说是基督教哲学的开端。

第一章

教父哲学

教父是基督教实现大一统过程中教义的传播者和解释者,教规的制定者和公教会的组织者。人们把教父著作中包含的哲学思想,如他们提出的哲学问题、使用的哲学概念和思辨特征,称之为教父哲学。

§1. 德尔都良(Tertullian,约 A. C. 160–230)是第一个拉丁教父

他的思想是极端信仰主义的典型,具有强烈的反理智、反哲学、反理性主义的倾向。他认为,应当用迫害基督教徒的方法去对待哲学家:"这些人没有被送去喂野兽,其实完全应该这样做,因为他们是哲学家而不是基督徒。"①

在《反异教的信条》一书中,德尔都良评述了反哲学的理由:①哲学是"人和魔鬼的学说","哲学……是对自然和上帝旨意的草率解释"。②"异端是哲学教唆出来的。"③哲学的理性推理方法是错误的途径。他说,亚里士多德的辩证法"真命题含糊其辞,猜测远不可及,论证太苛刻,……它包含一切,但事实上什么也没有解决"。他宣称:"让斯多亚、柏拉图、辩证法和基督教相混合的杂种滚开吧!我们在有了耶稣基督之后不再需要奇谈怪论,在欣赏了福音书之后不再需要探究。"

"不再需要探究",这就是禁绝思维,是一种极端信仰主义的立场。他说:"上帝之子死了,这是完全可信的,因为这是荒谬。他被埋葬又复活了,这一事实是确定的,因为它是不可能的。"②这些话后来被概括为"正因为荒谬,我才信仰"或"惟其不可能,我才相信"的口号,用以表达其反理性主义的态度。

---

① 德尔都良:《申辩篇》,46 章。转引自全增嘏主编《西方哲学史》上册,上海人民出版社,1983 年,277 页。
② 德尔都良:《申辩篇》,46 章。

应当指出,在基督教哲学形成过程中,对信仰主义的辩护有三种不同的立场。一是异端派(如诺斯替派)"因理解而信仰"的主张,他们把希腊哲学和宗教内容揉合在一起。二是德尔都良代表的极端信仰派,要求按《圣经》完全摒弃理智。三是介乎二者之间的调和立场,主张理性辩护主义。后来的发展是,教会最终采取了理性辩护主义的中间立场,即吸取和改造希腊哲学使之与信仰相调和,使哲学为基督教信仰服务。

§2. 奥里留·奥古斯丁(Aurelius Augustinus, A. C. 354–430)是教父思想的集大成者

他出生于北非,幼年随母入基督教,19岁成为摩尼教追随者。后曾一度醉心于新柏拉图主义和怀疑派著作。最后仍皈依基督教。A. C. 395年任北非省城希波教区主教。他的著作堪称神学百科全书,《忏悔录》《论三位一体》《上帝之城》为其代表作。他的著作成为公教会和16世纪后的新教的精神财富。

1. 关于信仰高于理性。奥古斯丁与德尔都良的极端信仰主义有所不同,主张一种可以说是温和的信仰主义,即信仰高于理性但并不完全排斥理性。他强调信仰的先决作用和优先地位,坚持"相信,然后理解"的基本立场,试图将信仰和理性加以调和。

首先,信仰需要理性。他认为从信仰与理性的先后关系说,有四种可能:先理解后相信;相信的同时理解;先相信后理解;先相信,不能或不需理解。第一种情况适用于理性推理;第二种情况适用于对数学公理和逻辑规则的思考;第三种情况是信仰;第四种情况是对既成事实的接受。奥古斯丁极力维护信仰,并且主张让理性为信仰服务。他的口号是:"信仰寻求理解。"他说:"让我们把信仰看作迎接和追寻理性的序曲,因为我们若无理性的灵魂,甚至不能信仰。"[1]就是说,理性是达到对神的信仰所必需的条件。当然,从根本上说,对神的信仰要靠顿悟才能达到,而不是从推理中获得的。

《忏悔录》中,他讲了自己最后皈依基督教的"奇迹"的经历,类似于柏罗丁的"出神"状态。据说,某日正当他在住所花园里为信仰而彷徨之际,耳边响起清脆的童声:"拿起,读吧!拿起,读吧!"他急忙翻开手中的《圣经》,恰是圣保罗的一

---

① 奥古斯丁:《信件集》,120封3节。

段教诲:"不可荒宴醉酒;不可好色邪荡,……不要为肉体安排,去放纵私欲。"①奥古斯丁年轻时生活放荡,他感到,这段话恰中要害,使他"顿觉有一道恬静的光射到心中,驱散了阴霾笼罩的疑云。"②

其次,为了维护信仰主义,必须反驳怀疑论。他指出,自称不信赖任何东西的怀疑论也有其确信的真理。例如,怀疑论者不能怀疑矛盾律,否则便不能表达自己的怀疑。在《论自由意志》一书中,奥古斯丁针对皮罗主义观点提出一个反驳:"我问你:'你存在吗?'你是否害怕被这一问题所欺骗呢?但如果你不存在,你也就不可能被欺骗了。"他说,只有相信自己存在的人才会害怕被欺骗,才会进行怀疑。换言之,"我怀疑,故我存在",这是怀疑论者不能怀疑的真理。因此,怀疑论者主张的"一切都可怀疑"的原则与他们的怀疑是相悖的。

应当说,奥古斯丁反对怀疑论的这个论证,可以看作是笛卡尔"我思故我在"的先声。所不同的是,笛卡尔是为了反对信仰主义,而奥古斯丁则是为了维护信仰主义。这种区别是时代背景和他们各自的基本哲学倾向造成的。

2. 自由意志和恶。奥古斯丁将自由意志和恶的关系问题视为伦理学的首要问题。他认为,罪恶是"人的意志的反面,无视责任,沉湎于有害的东西"③。他说:"当意志背离了不变的共同的善,追求个人的好处,即外在于自身、低于自身的好处,它就是在犯罪。"④就是说,恶起源于人类意志的不完善性,任何情况下都不能归咎于上帝;上帝赋予人类自由意志是为了让他们自己承担选择善恶的责任。

首先,恶并非源于上帝。这是针对摩尼教的善恶二元论而提出的为基督教的辩护。奥古斯丁本人曾一度追随摩尼教。摩尼教的教义是,以代表善的光明之神和代表恶的黑暗之神的永恒斗争说明恶的普遍性。在他最后皈依基督教之后就面对着如何为一神论的上帝的全知全能辩护的问题。上帝造出的人为什么会犯罪?世间的恶来自何方?若出自上帝创造,岂不与上帝的全能相矛盾?若不是出自上帝创造,上帝为何不阻止恶?等等,等等。

奥古斯丁的辩护是,恶可以分为三类:"物理的恶",如自然灾害、人的生老病死造成的痛苦,等等;"认识的恶",如真理与谬误的混淆和颠倒,等等;"伦理的恶",这是源于意志内部的缺陷。认真说来,前两类恶(物理的、认识的)都可作为

---

① 《新约·罗马书》,13 章 13－14 节。
② 奥古斯丁:《忏悔录》,8 卷 7 章 19 节。
③ 奥古斯丁:《教义手册》,24 章。
④ 奥古斯丁:《论自由意志》,2 卷 19 章 53 节。

上帝完满性的衬托,无损于上帝全知全能的光辉,因为自然的缺陷、认识的缺陷恰好是上帝完善的对照,唯有第三类恶即伦理的恶才是真正的罪恶。它使上帝碰到了某种麻烦,这就是自由意志和伦理道德罪恶的关系问题。

其次,恶的真正原因在于人类意志的内在缺陷。问题在于,上帝为什么要赋予人以有缺陷的意志,以致产生出罪恶呢? 上帝为什么不赋予人们只会行善、不能作恶的意志呢? 奥古斯丁的回答是:"不是有意做的事既不是恶,也不是善,因此如果人没有自由意志,则将不会有公正的惩罚和奖赏。但是,赏罚的公正来自上帝的善,它必然存在。因此,上帝必然赋予人以自由的意志。"①这段话的中心点是,上帝赋予人们以自由意志,即人可以在为善为恶之间进行选择,有自由决定自己行为的选择能力,是为了显示上帝赏善罚恶的公正,即为了显示上帝作为人类道德目标至高无上的完善性。人类意志的选择自由是惩恶扬善的先决条件。如果上帝不赐予人类意志的自由,他将丧失其公正性,这是与上帝的完满性不相符合的。换句话说,上帝之所以赋予人以有缺陷的意志(与上帝的完善性相对比的无限意志自由),给人以选择的自由,是为了考验人的意志,引导人们向善。借用宗教典故说,即:先给你自由,看你是否偷吃禁果? 就是说,人的意志有选择行善或作恶的自由,上帝并不干预人的选择,但却对自由选择的后果进行奖惩,借以引导人择善弃恶。

应该说,这种神学的意志自由观较之先天决定的宿命论是一个理论上的进步,因为,它毕竟给人以某种选择的自由,而不是一切行为听命于天。

值得讨论的是:我们是否需要宗教来提升道德品质? 唯物论的道德选择自由观与宗教先验论道德观的区别在哪里?

---

① 奥古斯丁:《论自由意志》,2卷1章3节。

第二章

经院哲学

"经院哲学"（Scholasticism 或 Scholastic philosophy）一语来自拉丁文 Scholasticus，原意为"学院中的思想"，又译为"士林哲学"。特指在教会学校里传授的、以神学为背景、为神学服务的哲学。达米安（Petrus Damiani，A. C. 1007 – 1072）有一句名言："哲学应当像婢女服侍主人那样为神圣的经典服务。"这就是"哲学是神学的婢女"口号的来源。他要人们相信，逻辑的不可能正是神学的可能，这与德尔都良的信仰主义一脉相承。论证信仰主义的合理性就是经院哲学的主题。

§1. 安瑟尔谟（St. Anselmus，A. C. 1033 – 1109）的"本体论证明"

安瑟尔谟于 1093 年被任命为坎伯雷大主教，1094 年被教皇追认为圣徒。曾在修道院讲学 30 余年，被称为"经院哲学之父"。他以上帝存在的"本体论证明"而著称于世。"本体论证明"是康德后来的称呼，其含义是仅仅依靠概念的分析而不依赖于经验事实的证明。

《宣讲》中表述了下列推理：

因为：上帝是一个被设想为无与伦比的东西；

又因为：被设想为无与伦比的东西不仅存在于思想之中，而且也在实际上存在；

所以：上帝实际上存在。

安瑟尔谟解释说："被设想为无与伦比的东西不能仅仅在心中存在，因为假设它仅仅在心中存在，那么被设想为在实际上也存在的东西就更加伟大了。……因此，某一个被设想为无与伦比的东西毫无疑问既存在于心中，又存在于现实中。"

哲学史上围绕上帝存在的"本体论证明"的争论绵延不绝。笛卡尔、莱布尼茨和黑格尔赞同并修改了这一证明；托马斯、洛克和康德则否定他这一证明。

此外,安瑟尔谟还是一个极端的唯实论者。他倾向于把共相等同于柏拉图的理念。

§2. 托马斯·阿奎那(Thomas Aguinas,1224/1225 – 1274)关于上帝存在的"宇宙论证明"和"目的论证明"

托马斯·阿奎那出生于意大利,1239 年进入那不勒斯大学学习,1245 – 1248 年进巴黎圣雅克修道院学习,1252 年进入巴黎大学神学院学习,1256 年获得学位,从此开始教学生涯。主要神学哲学著作有:《神学大全》《反异教大全》等。他对亚里士多德的主要哲学著作如《形而上学》《物理学》《后分析篇》《解释篇》等均作过评注。他创建了自己全面、系统的神学哲学体系,在西方哲学史上的地位,似可与朱熹(1130 – 1200)在中国哲学史上的地位相类比。1322 年罗马教皇册封他为圣徒,并授予"共有博士""天使博士"称号,他的学说被教徒肯定为正统的思想权威。

1. 关于上帝存在的五个证明。与安瑟尔谟的柏拉图主义倾向不同,他倾向于亚里士多德主义。他认为,安的"本体论证明"是一种先天验证。他着重指出,观念不是存在的原因。这种先天论证方式,即由因推果的演绎,从作为最高存在者的上帝出发,恰恰是把需要证明的结论当作了证明的前提,因而这种证明是无效的。他主张,有效的证明只能由果溯因,即从我们熟知的事实出发,追溯它们的原因,推导出必有一终极原因存在。只有这种后天证明的方式,才是可靠的论证方式。

他的论证是:

①依据万物从潜能到现实的运动,推论出必然有一个第一推动者存在,这就是上帝。"每个人都知道这个第一推动者就是上帝。"①

②依据动力因的秩序,推论出必有一个最初的动因,这就是上帝。"这个最初动力因,大家都称为上帝。"②

③依据偶然或可能性与必然性的关系,推论出有一个由于自身而必然的存在,它使其他一切可能的事物成为必然的存在,即上帝。

④依据事物完满性的等级,推论出必有一个处于最高等级的上帝。"必定有

---

① 《西方哲学原著选读》,上,商务印书馆,1981 年,262 页。

② 同上,262 页。

一个最完善的事物作为所有事物的存在、善以及其他完善性的原因,我们称之为上帝。"①

⑤从目的因来论证上帝的存在。从人到某些生物的目的性活动看,"必定有一个有智慧的存在者,一切自然的事物都靠它指向他们的目的。这个存在者,我们称为上帝"②。

上述论证,第①②⑤来自亚里士多德;第④包含在柏拉图的思想之中,由奥古斯丁和安瑟尔谟正式提出;第③首先由伊朗的哲学家阿维森纳(Avicena,980 - 1037,阿拉伯文名为:伊本·西纳,波斯人)首先提出。阿维森纳论证,自身必然存在的事物是唯一的,这就是真主,其他所有必然存在物都以真主为终极原因。显然,这五个证明是一个大杂烩。

康德后来将①-③论证称为"宇宙论的证明",即将宇宙分析为几组有限的因果链,证明上帝是这些因果链的开端,也就是从相对的东西推论出一个脱离了相对的东西的绝对存在;④-⑤被称为"目的论证明",又称为"物理学-神学证明",是用人的目的性活动去比附物理世界。应该说,康德的批判是击中要害的。

2. 温和实在论。托马斯的调和倾向还表现在他的温和实在论立场上面。他认为,"一般"即共相有三种存在方式:①"一般"作为上帝创造万物的理念,存在于被创造物之前;②"一般"作为个别事物的本质、形式,存在于个别事物之中;③"一般"作为人对事物的认识而形成的概念或思想即"共相",还可以存在于事物之后,即存在于人的理智中。显然,这比安瑟尔谟的极端实在论,也就是只承认"一般"即共相的实在论,要温和多了。因为,他毕竟还在一定程度上也承认"个别"即殊相的实在性。但是,作为神学家,他始终强调,共相无论是作为理念、形式(本质)或概念都是最根本的实在,"个别"即殊相不过是"一般"即共相的创造物。从而维护了上帝作为最高实体的神圣存在。

3. 神学需要哲学。托马斯是中世纪第一位肯定哲学独立于神学的哲学家和神学家,他承认哲学家可以按照自然赋予的理性来探索真理,他试图把神学中的哲学问题从神学中分离出来,这在客观上为哲学走向独立开辟了道路。他一方面明确区分了哲学与神学,指出它们是两门不同的学科,另一方面又坚持神学高于哲学的传统立场,不允许用哲学去批判神学。

---

① 《西方哲学原著选读》,上,商务印书馆,1981年,263页。
② 同上,264页。

他的名言是："恩典并不摧毁自然，它只是成全自然。"①这里所谓自然是指人的理性。人总是首先通过自然理性去实现自己的目标，但若无上帝恩典的启示，人很难仅靠理性而获得拯救。自然与恩典相辅相成的关系是人同时需要哲学和神学的根本原因。

具体说，神学需要哲学是因为："第一，我们可以用哲学证明信仰的前兆。……如上帝存在、上帝是一等关于上帝和被造物的命题。……第二，我们使用哲学来类比信仰，比如奥古斯丁在《论三位一体》中从哲学家的学说中找出相似观点解释三位一体。（新柏拉图主义'太一'的'流溢'说？——引注）第三，我们可以使用哲学批驳违反信仰的言论，显示其错误或不必要。"②

显然，哲学仍被限制在为神学服务的范围之内。然而，托马斯毕竟肯定了哲学的某种独立作用，这比奥古斯丁混淆神学与哲学的做法不能不说是一个进步，也可以说是一种创新吧。事实上，他关于哲学地位的论点与"二重真理"（罗吉尔·培根等——引注）说是相呼应的。

总之，托马斯体系的特点是调和哲学与神学，实体论与理念论，唯名论与唯实论，理性主义与信仰主义。与前人相比，他创造的是一种用亚里士多德主义改良了的信仰主义。

---

① 托马斯·阿奎那：《神学大全》，1 集 1 题 8 条。
② 托马斯·阿奎那：《波埃修论三位一体注》，11 题 1 分题 3 条。

第三章

唯名论的兴盛

唯名论和唯实论是经院哲学内部代表正统和异端的两种类似于唯物论和唯心论的哲学观点和倾向。"唯名论"一词来自"名称"（nomina），意思是，一切词都是个别事物的名称，共相不表示个别事物之外的实在。唯实论则相反，认为不同的词与不同的实在相对应，共相即普遍概念表示个别事物之外的普遍实在。两者的争论，最初与"三位一体"的不同解释有关。按唯名论的观点，例如，与安瑟尔谟同时的罗瑟琳（Roscelinus，约 1050 – 1125）主张普遍概念即一般的词不过是声音而已。若是如此，"圣父""圣子""圣灵"就是三位神的名称，这是与正统教义相悖的，因而被安瑟尔谟指责为"异端"。

前面已经介绍了极端唯实论安瑟尔谟和温和实在论托马斯的观点，本章只介绍唯名论的几个代表人物。

§1. 罗吉尔·培根（Roger Bacon，1214 – 1292），英国僧侣，被称为实验科学的先驱

因主张全面改革经院学术状况于 1261 年、1277 年两次被教会监禁。他对正统经院哲学的批判，犹如空谷足音，是对传统信仰主义的严重挑战和打击。他的唯名论倾向，从经院哲学内部动摇了它的权威。著有：《大著作》《小著作》等。

1. 四障碍说。针对正统经院哲学崇拜权威的盲目信仰主义，他提出要清楚导致错误认识的四大障碍。他写道："在掌握真理方面，现在有四种主要的障碍，"即："总是屈从于谬误甚多、毫无价值的权威；习惯的影响；流行的偏见；以及由于我们的骄妄虚夸而来的我们自己的潜在的无知。""从这些致命的流毒造成了人类的一切罪恶；……更坏的是，人们受蔽于这四种错误的迷雾而不感觉到自己的无知，……却宣扬那虚假的东西，赞美那最坏的东西，颂扬那最卑鄙的东西。"因此，

他大声疾呼："首先必须认清这四个原因的暴行和毒害的一切罪恶,谴责它们,并将它们远远地排斥在科学的观察之外。"①这种对正统经院学术的尖锐批判,是对基督教神学黑暗的思想统治的揭露,具有极大的启蒙意义。

2. 倡导实验科学。罗吉尔·培根是倡导实验科学的先驱。他从实验科学的实证性、工具性和实用性等三方面,论证了实验科学的优越性。

他指出:"没有经验,任何东西都不可能被充分认识。因为获得认识有两种方法,即通过推理和通过经验。"他分析道:仅凭推理得出的结论,若无经验的验证,既不能"确实可靠","也没有消除怀疑"。一个人若仅知道推理的结论而缺乏经验,就"既不知道避害也不知道就利"。"因为一个从来没有看见过火的人,也可用适当的推理来证明火能烧坏、损毁诸物,并毁灭它们。但……除非他将手或某些可燃的东西放在火中,使他能由经验证明那推理所教导的东西。只有当他有了关于燃烧的现实经验之后,他的心灵才会踏实,才会安于真理的光辉之中。所以只有推理是不够的,还要有经验才充分。"②

他认为:"凡是希望对于在现象背后的真理得到毫无怀疑的欢乐的人,就必须知道如何使自己献身于实验。"③他曾设想用晶体做试验来了解彩虹现象是水汽反射太阳光而形成的自然现象。他还设想过潜水艇、飞机、望远镜一类的技术发明,这些设想都给后人留下了很有科学价值的启迪。

最后,应该指出的是,作为实验科学的倡导者,罗吉尔·培根在哲学上是倾向唯名论的。他认为,科学的对象绝非抽象的"实体""本质",而是个别的具体事物。只有个别事物才是真正的存在,而"共相只不过是几个殊相的相似之点"。所谓相似点,是指一类事物于另一类事物相区别的东西,如所有的人都有某种相似,而与驴子相区别。共相虽然作为相似性而存在于事物之中,但并不比个别事物更真实。宇宙总是由个别事物组成的,因此,个别的存在是绝对的、无条件的。这种并不一般地否认共相存在的观点,可以说是一种温和的唯名论。

罗吉尔·培根与弗兰西斯·培根的思想极其相似,《新工具》一书和《大著作》的一些观点相似到几乎难分彼此的程度。以致有人提醒说:"当我们谈到科学中的培根改革时,我们应该提到那个被遗忘的13世纪的僧侣,而不是那个赫赫有

① 《大著作》,第一部分;《西方哲学原著选读》,上,商务印书馆,1981年,285-286页。
② 《大著作》,第六部分;《西方哲学原著选读》,上,商务印书馆,1981年,287页。
③ 《大著作》,第六部分;《西方哲学原著选读》,上,商务印书馆,1981年,288页。

名的 17 世纪的大法官,这样可能更公正。"确实,罗吉尔·培根是不应当被遗忘的,无论他的学术观点,还是他的为人。直到 14 世纪末,他才获得应有的声誉,后来,他的名字成为牛津大学的骄傲,人们称他为"悲惨博士",以表示对他超前于同时代的人的思想的称颂和生前受到的不公正待遇的不满。历史上往往有这样的人,他的远见卓识是在其身后才为人们所理解。罗吉尔·培根就是这样的一位哲学家。

§2. 邓·司各脱(John Duns Scotus,1265 – 1308)是弗兰西斯派的神学家,曾在牛津大学和巴黎大学任神学教授,被称为经院哲学家中的"精敏博士",著有《牛津评著》等

他的思想与托马斯往往是对立的。首先,正当托马斯以亚里士多德主义为基础,雄心勃勃地为神学辩护时,司各脱却认为,形而上学并不能为上帝的存在和万能提供出理性的辩护。因为上帝属于信仰的对象,只能靠天启,不能用理智来把握(认识、达到)。

他声称:"上帝不是形而上学的主题,……我们在今生不可能利用理智直接把握上帝的真正理念。"这是因为,"在创造物概念里面,找不到表现某种真正属于上帝的东西的思想或影像,……上帝同任何属于一个创造物的东西在性质上都是完全不同的。所以,用这种探索(指托马斯由果溯因的后天方法——引注)永远也发现不了上帝的理念"①。这样,司各脱不仅否定了托马斯的思路(神学可以使用哲学为自己辩护——引注),而且否定了他的方法。

当然,作为神学家,司各脱并不否认神学的权威,也不怀疑信仰高于理性。他坚持的是将哲学和神学、理性和信仰分开。这显然不同于托马斯关于哲学是神学奴婢的传统观点,而是在肯定神学的前提下为哲学的独立争取地盘。

其次,在共相和个性问题上,司各脱推进了唯名论,批判了托马斯贬低质料和个体性的温和实在论观点。他肯定质料有不依赖于形式的现实性,也就是说,质料本身具有能动性,并不完全是消极的和惰性的东西。存在和本质没有区别。他强调:"个性是质料、形式或它们复合物的终极实在。"就是说,只有个别事物才是独立于理智之外的最真实的现实;而一般或共相在理智之外并不存在。根据质料

---

① 司各脱:《牛津评著》,1 篇;《西方哲学原著选读》,上卷,商务印书馆,1981 年,280 – 282 页。

具有能动性的论点,他甚至作出了这样的猜测:"也许可以说,在灵魂中有物质。"①马克思和恩格斯指出,这一猜测实际上是追问:"物质是否不能思维?"而在当时,这一追问本身,无异于"迫使神学来宣扬唯物主义"②。

§3. 威廉·奥康(Guillelmus de Ockham,约 1285 – 1349)是新唯名论的创始人,他以"奥康剃刀"而著称于世

他曾在牛津大学神学院学习和从事教学。1323 年牛津大学校长从其讲稿中抽出 6 个被认为是异端的命题送交教廷审查,面对即将发生的迫害,奥康逃至意大利的比萨,受到德意志皇帝路德维希的庇护,后者是教皇的政敌。据说,奥康曾对路德维希说:"你用剑保护我,我将用笔保护你。"可见,在王权与教权斗争中,他是站在王权一边的。罗素称他是"圣托马斯之后最重要的经院哲学家",阿奎那主要是一个神学家,而奥康"主要是一个世俗的哲学家"③。

首先,奥康比司各脱更坚决明确地主张哲学与神学分离,并且否认教皇的绝对权威。司各脱虽然反驳了托马斯关于上帝存在的后天证明,但他本人仍然主张"上帝存在"的命题是可以用哲学来证明的。而对奥康来说,无论托马斯还是司各脱的证明,都是不可接受的,因为,"上帝存在"这一命题,既无经验证据,又不是根据逻辑自明性推演出来的结论。例如,"苏格拉底是人"属于自明知识,因为从主客词项关系即可得知真假;"苏格拉底在跑"属于经验证据知识,主谓词表示的是词项与事物(而不是如前例中词项与词项)的关系。事实上,前一个命题包含有一个三段论,如:凡人均为理性动物;苏格拉底是理性动物;∴苏格拉底是人。而后一个命题则只取决于经验证据。"上帝存在"不属于知识的范围,而只是信仰的对象。也就是说,哲学不能证明上帝的各种属性,如全能、至善、永恒、创造、无限等等。他强调,哲学命题和神学命题不可混淆,神学命题不要求证明和证据,而哲学也不以权威意见为根据和准则。这样一来,无疑是贬低了神学的权威。

从实践上看,坚持哲学与神学的分离,也就是否认教皇和教会的绝对权力。他认为教皇也可能犯错误,因而并不是基督的全权代表。教权与王权应当分离,两者相互平行、各自独立。他在论述"教皇权力的八项问题"的一篇长文中指出:王权的

---

① 司各脱:《论灵魂》,15 题 3 条。

② 恩格斯:《社会主义从空想到科学的发展·英文版导言》;《马克思恩格斯选集》,第三卷,1972 年,382 页。

③ 罗素:《西方哲学史》,上卷,商务印书馆,1981 年,569、577 页。

世俗权力虽然源于上帝,但却是由共同契约决定和选择的。因此,国王还应对人民负责,而不能仅听命于教皇。例如,他在另一篇文章中,还讨论过国王同他的堂姐妹的婚姻是否正当的问题。① 很明显,国王不能仅仅听命于教皇和教会。

其次,奥康的新唯名论认为,在自然界和社会中真实存在的只有个体,共相只不过是许多事物的一个符号。例如,我们从远处看见某物,心中依次出现的是以下概念:*存在→动物→人→苏格拉底*。实际上,我们真实认识的对象即心灵之外的个别事物是苏格拉底这个人,此外无物存在。人、动物等等不过是某类事物的名称而已,这就是共相,它并非苏格拉底之外的独立存在(形式、本质、实体,等等)②在个别事物之外,没有什么作为概念、普遍本质之类的独立存在的精神实体。这种唯名论的一个推论认为,在上帝以下的一切事物都是平等的个体,这些个体可以直接与上帝发生关系而无需教会作中介。这一图式完全改变了传统的经院哲学的世界图式。按传统的图式,各类事物按其内在本质的完满性构成一个等级系统,上帝处在这个等级的顶端。而按奥康的图式,个人的道德活动直接取决于上帝的偶然决定,个人是道德的主体,个人的良知(包含理智、意志和欲望三部分的活动)才是道德行为的标准。他以上帝意志的偶然性为理由取消普遍道德律的极端论点,在当时旨在反对清规戒律对个人行为的束缚,这正是他的新唯名论的一个直接推论,标志着中世纪后期个人道德意识的觉醒。

应特别指出的是,根据他的唯名论思想,他坚决否认唯实论立场的种种所谓"隐蔽的质""形式""本质"等等抽象的虚构,主张将这些赘物一律剔除掉。这即是后人所称的"奥康的剃刀"。他提出了"经济原则",认为一切既无逻辑自明性又缺乏经验证据的命题和概念都必须从知识中剔出去。可用经验证据直接证明的东西无需用非经验的原因去解释,可用自明的命题证明的东西无需用意义含混的辩论。他说:"切勿浪费较多的东西去做用较少的东西可以同样做好的事情。"后人把这转述为:"没有必要就不应增加本质(实体)。"③这也就是说,在某一门科学里,如能不以这种或那种假设的实体或本质来解释某一事物,那么我们就没有理由去假设它。罗素就此评论说:"我自己觉得这在逻辑分析中是一项最有成效的原则。"④事实上,"奥康的剃刀"对正统经院哲学的大无畏批判,为经验科学的

---

① 罗素:《西方哲学史》,上卷,商务印书馆,1981 年,572 页。
② 《西方哲学原著选读》,上卷,商务印书馆,1981 年,294 页。
③ 罗素:《西方哲学史》,上卷,商务印书馆,1981 年,573 页。
④ 同上。

发展开辟了道路。它从经院哲学内部，破坏了经院哲学存在的基础。正如马克思和恩格斯所说："唯名论是英国唯物主义理论的主要成分之一，而且一般说来它是唯物主义的最初表现。"①

上帝存在的证明，从德尔都良经安瑟尔谟、奥古斯丁、托马斯、司各脱到奥康，又回到了出发的原点德尔都良：上帝不可理喻，只能信仰。照康德看，宇宙论和目的论证明均可归结为本体论证明，因为它们三者都是从观念论证存在。这是有道理的。事实上，对上帝存在的"证据"无非两类：一类是"我心中有上帝"；另一类是被创造出来的"奇迹"。前者是纯主观的心理现象（信仰）；后者等于将暂时尚不知原因的事物归之于上帝的创造，即：上帝＝不知，这当然不是有说服力的证明。奥康对经院哲学的破坏正在于他明确否定了对上帝存在的形而上学证明的可能性，使其回到了德尔都良极端信仰主义的原点。这说明，数百年间，基督教哲学对上帝存在的证明不过是浪费理智的时间，毫无进展！

§4. 约翰·布里丹（Joannes Buridanus，1300－1358）是自然科学精神的主要倡导者，曾在巴黎大学任教 30 年之久，并一度任巴黎大学校长

他的著作有《论推理》《论诡辩》《物理学》《伦理学》等等，这些著作在 15－18世纪曾多次出版。

布里丹把唯名论的原则用于经验科学领域。他提出，科学的对象是心灵之外的个别事物，因为只有这些个别事物才能提供科学所需要的经验证据。他强调，科学不可能离开个别事物存在而专门研究其本质，因为即使在思想上也不能把事物本质与存在分开。科研的对象包括事物存在和本质两方面，只有这两方面才构成经验证据的内容。

值得一提的是，布里丹作为一个哲学家，他以"布里丹的驴子"的典故名留于世。这个典故的大意是：一头驴子面对两堆等距离的干草，若它没有自由意志，将如何选择？

"布里丹是一个唯名论者，他倾向于决定论者一边，认为意志是环境决定的。有人曾经提出驴子作例证去反对他，说假设有一头驴子站在两堆同样大、同样远的干草之间，（如果它没有自由选择的意志）将会饿死。"②

① 《马克思恩格斯全集》，第二卷，1957 年，163 页。
② 参看黑格尔《哲学史讲演录》，3 卷，313 页。

第四章

文艺复兴时期的哲学思潮

15-16 世纪是中世纪向近代过渡的时期。从哲学上看,它既是一种新哲学的开端,又是中世纪哲学的终结。这一时期,人文科学和神学、经验科学和自然哲学、理性和信仰、怀疑论和独断论等等,相互交错与撞击,形成一种独特的文化景观。其中最重要的哲学思潮是人文主义的兴起和近代实验科学脱离古代自然哲学逐步独立门户。这两股思潮相互激励,彼此促进,为近代哲学的诞生,扫除了思想上的障碍,进行了理论上的准备。

§1. 列奥纳多·达·芬奇(Leonardo da Vinci,1452-1519)是文艺复兴运动中的巨人

他是画家、雕塑家、建筑家和工程师,在他的文学著作中,包含着丰富的哲学思想。它集中体现了崇尚自然、模仿自然的意向,恢复了前苏格拉底面向自然、探索自然的古代自然哲学传统,为近代科学的产生提示了方向。

他说,人的作品之于自然的作品等于人之于上帝。人的创造力可与造物主相类比。艺术集中表现了人的创造力。因此,人应当有所发明,而不能人云亦云。他指出:"有所发明的人,沟通自然和人类的人,好像镜子前面的实物;一味背诵、吹嘘别人著作的人,则好像镜子里面的物影。前者有自己的分量;后者什么都没有,他们对不起自然,看来只不过偶然披上了人形,因而也可以列入万物之长罢了。"①艺术的价值,不只是简单的模仿自然,而是通过艺术创造,再现自然的永恒。例如绘画这门"绝妙的科学,它保留了可朽物流逝的美丽,使之比自然作品更加长久"。应该说,达·芬奇对艺术和科学所需要的创造力和创新精神的论述,今

---

① 《西方哲学原著选读》,上卷,商务印书馆,1981 年,307 页。

天对我们仍是一个鼓舞。

达·芬奇对科学方法亦多有论述。他既强调经验是知识的唯一来源,又强调理性对于驾驭经验的"舵手"(主导)作用。他通过类比的方法猜测到了后来关于空气运动和血液循环的重要科学发现。他把水与空气波动相类比。他观察到投入水中的石子造成的涟漪从投入点散开,石子在水波中保持不动;一个可类比的现象是鸟在滑翔时羽翼在空中保持不动,他于是断定空气也有类似于水的圆轮式的、但却观察不到的波动,推动着鸟的运动。正是根据空气动力学的原理,他提出了制造飞机的设想。另一个例子是,通过血液循环和树的结构之间的类比,他否定了盖伦认为静脉源于肝脏的论点。达·芬奇指出:"心脏是生长出静脉之树的根。"正如树根为树体提供水分,心脏为人体提供血液;血液在心脏和血管之间的循环,与树液在根和茎之间的循环运动是类似的。这种猜测,已为后来的实验科学所证实。这两个成功类比的事例说明,达·芬奇在科学方法上,是有很高的天赋和造诣的。他不但是伟大的画家、艺术家,而且也不愧是科学的巨人,近代实验科学的先驱。

§2. 米歇尔·蒙台涅(Michel de Montaigne,1533－1592)是文艺复兴时期怀疑主义的思想代表

他出生于法国蒙田市,在波尔多大学学习法律,历任波尔多市议员、议长和市长。著有《随笔》三卷,开创了"随笔"这一文学形式。他深受苏格拉底、希腊后期皮罗怀疑论的影响。他以"认识自己"和"我知道什么"作为认识论的主题,批判武断、盲从和迷信,提倡无止境地去探求新的知识。正如波普所说:求知如登山,永远有高峰在前。

蒙台涅指出:"世界上大多数弊端来自我们内心对承认自己无知的害怕。"但是,承认自己无知又有何妨呢? 苏格拉底不是声称他只知道自己无知吗? 事实上,"疑惑是一切哲学的开始,研究是中间,无知是终结……这种无知需要和知识本身同样多的知识才能达到,谴责自己的无知并不是完全不知道"。这里的无知是指哲学的怀疑、批判精神,它是医治专横、武断造成的弊端的良方,是矫正一切骄横心理的苦药。

他说,真正有学问的人就像麦穗一样,只要它们是空的,它们就苗长挺立,昂首睨视;但当它们臻于成熟,饱含鼓胀的麦粒时,它们便谦逊地低垂着头不露锋芒。同样,人类经过了一切的尝试和探索,在这纷纭复杂的知识和各种各类的事

物之中,除了空虚之外,找不到任何坚实可靠的东西,因此就抛弃了自命不凡的心理,承认了自己本来的地位。

这里所谓承认了人类自己本来的地位,就是否认早期人文主义者主张的人在自然中的优越性。他尖锐批评人类中心论的创世观,指出:"谁能相信天穹的运动在人类头顶上高傲地移动着的发光体的永恒的光芒,无涯大海令人生畏的潮涌都是为了他的方便和用途才存在和延续了千万年呢?"他反对按神学原则决定人的生活,指出:"神学博士大谈人性比人文主义者很少谈神性更加有害。"

应当指出,蒙台涅的怀疑主义并非否定一切。他声称自己的"生活哲学"是一种健全的常识。他说:"惟其生活得自然,所以生活得幸福,""我们不能不跟随自然。""德性来自自然种植在每个人之中的普遍理性的种子。"既然每个人内心都有这种"理性的种子",那么生活的哲学就是一种自我内省的哲学,即运用理性来过一种简单的常规生活。因此,他认为,"最简单地跟随自然就是以最大的智慧追求自然。"从这里可以看出,作为人文主义者,他的追求自然与达·芬奇崇尚自然的理想是相互呼应、完全吻合一致的。

还应该指出,通过蒙台涅的怀疑主义,认识论逐渐成为近代思想的焦点。他的怀疑主义即自然主义不只在当时发挥了抵制教条主义、宗教狂热和迫害的社会影响,而且对弗朗西斯·培根、笛卡尔和帕斯卡都产生过深远的影响。他提出的问题是:我们如何能知道一切? 我们能知道什么? 我们为何能确信? 等等,这些正是近代认识论所关注的问题。

§3. 齐尔丹诺·布鲁诺(Giordano Bruno,1548－1600)是文艺复兴时期以身殉道的伟大思想家,最著名的自然哲学家

生于意大利南部的诺拉,18 岁入修道院(多米尼克会),因怀疑天主教义而被指为异端,1576 年(28 岁时)流亡国外,先后在日内瓦、巴黎、伦敦、法兰克福等地讲学、写作。1591 年(43 岁时)回到意大利,次年被捕,拒绝放弃自己的哲学观点,于 1600 年被烧死在罗马鲜花广场。主要著作有《论原因、本原和太一》《论无限、宇宙和众多世界》《论英雄气概》等等。他的哲学被称为泛神论的自然主义,是近代唯物主义的直接先驱。

1. 上帝即自然。布鲁诺运用经院哲学的术语,将上帝说成"能生的自然",自然界则是"被生的自然"。这两种提法指的是同一个东西,或从不同观点(侧面)来看的同一个存在。自然界是上帝的显现,上帝并不是自然界之外的存在。他

说:"要知道,那自然界不是别的,就是事物中的神。"他强调,自然界作为上帝的显现,它本身就是神,换言之,没有脱离自然、独立于自然之外、超自然之神。作为"能生的自然"与"被生的自然"是不能分开的。因此,他改造了新柏拉图主义柏罗丁的"太一"概念,宣称:"宇宙就是太一。"①"能生的自然"即"太一"并不是宇宙万物之外的东西。他明确地说:"除了通过柏拉图主义者所说的'痕迹'和逍遥派所说的'结果'之外,不能获得任何关于神圣实体的知识。"②这里所说的"痕迹"和"结果",都是属于"被生自然"的。就是说,我们不能在"被生自然"之外去获得任何关于神的知识。能生的自然即神,又称"普遍理智","它之产生自然万物,犹如我们的理智相应地产生各种观念事物那样。……柏罗丁称它为父亲和始祖,……我们称它为内在的艺术家(着重号为引者注),因为它从种子或根的内部生出和形成干,从干的内部长出主枝……长出各式各样的细枝……嫩芽……叶、花和果;并且在一定的时间,又以内在的方式将汁液从叶与果重新引回细枝,……主枝……干,从干引回根"③。总之,"能生自然"即"太一","它是不是形式的形式;它是不是物质的物质;它是不是灵魂的灵魂;因为它是没有差异的一切,所以它是统一的"。显然,"能生"与"被生"是合而为一的。

2. 本原和原因。自然物质和技艺物质。布鲁诺按"四因说"来分析上帝这一神圣实体。他把形式因和质料因当作在自然内部起作用的内因,动力因和目的因则是作用于具体事物的外因。内因被称作本原,外因才是严格意义上的原因。本原和原因是同一与唯一实体的不同方面。普遍理智或世界灵魂既是本原又是原因,既是内因又是外因。

布鲁诺与前人不同的是,他认为质料因并不是完全消极被动的本原,自然的物质具有能动性。就具体事物而言,形式是内在于质料的。他试图用"自然物质"和"技艺物质"的类比来说明:①自然物质是万物统一性的基础;②自然物质本身能够借助于自然本原的活动取得任何多样性。

他说:"我们所说的物质,就其本身和就其本性来说,也是没有任何天然的形式的,但是能够借助于自然的积极本原的活动而取得任何一种形式。"这种"自然物质"虽不能像"技艺物质"那样被感知,但却是借助理智能够弄明白的。④

---

① 布鲁诺:《论原因、本原和太一》,对话2。参见《西方哲学原著选读》,上卷,332页。
② 《西方哲学原著选读》,上卷,332页。
③ 同上。
④ 参看《西方哲学原著选读》,上卷,商务印书馆,1981年,328－331页。

他强调:"在自然能够塑造的一切形式下只有一种物质。"①"如果就技艺而言,尽管形式可作无穷的变化,但在这些形式之下总是保持着同一种物质,——譬如,木头的形式,先是树干的形式,而后是圆木的形式,而后是木板的形式,于是桌子,于是凳子,于是框子,于是梳子,等等,等等,但木头仍然是木头。就自然而论,情形也是这样。尽管各种形式变化无穷,更迭不已,但物质仍然是那个物质。"②这里所说的"只有一种物质""保持着同一种物质""物质仍然是那个物质",并不只是一种抽象的理智产物,不只是一种理智假设,而是实有所指的物质(理)实在,是"被生自然"的统一的材料和基质,是一切事物运动变化的载体。照布鲁诺的看法,作为物质(理)实在,或就"被生自然"而言,自然物质是凌驾于亚里士多德的质料和形式这种对立之上的。

他说:"必须承认在自然界中有两种实体:一种是形式,一种是物质……在前者中有'创造'的可能性,在后者中有'被创造'的可能性。"③显然,自然物质是既包含质料也包含形式的,它不仅是"被创造"的可能性,而且包含着"创造"的可能性。这样,布鲁诺不仅超越了德谟克利特和伊壁鸠鲁学派"仅仅物质是事物的实体"的原子论,而且,超越了亚里士多德将质料和形式完全对立起来的形而上学观念。"自然物质"既然具有"技艺物质"的创造作用或功能,那么,事实上它就应将形式实体的能动性、创造作用包含于其自身之内。换言之,"自然物质"是超越质料和形式的对立,本身具有能动性的唯一实体。在这个意义上,自然即物质亦即神即太一。简言之,自然即上帝。这样一来,就大大抬高了现实世界的地位,使柏拉图的理念世界与自然界复归于一。

注意:本原和原因、自然物质和技艺物质的统一,已经是斯宾诺莎"物自因"概念的前奏了。

3. 对立面两极相吻。布鲁诺的哲学具有鲜明而丰富的辩证思维的内容。他强调,任何事物都是对立面的统一,对立面两极相吻既是万物统一性的根源,也是事物运动变化的本原。因此,人们必须据此指导自己的行为。

他说:"一个对立面是另一个对立面的本原,变化之带有循环性质,只是因为存在着一个基质、一个本原……和一个两极吻合。""谁看不见产生与消灭的本原

---

① 布鲁诺:《论原因、本原和太一》,对话3。
② 引自《西方哲学原著选读》,上卷,329 页。
③ 引自《西方哲学原著选读》,上,商务印书馆,1981 年,326 页。

是统一的呢？难道消灭的最后界限不就是产生的本原么？难道我们不是同时说：此去、彼立,过去是彼,现在是此么？当然,如果我们仔细思索一番,那就会看出,消灭无非是产生,产生无非是消灭;爱就是恨;恨就是爱;归根到底,对反面的恨也就是对正面的爱;对前者的爱也就是对后者的恨。因此,就实体(即存在——引注)、就根源而论,爱和恨、友谊和敌对是同一个东西。"①

他认为,根据两极相吻的道理,人们在实际生活中,就应充分重视对立面互补和相互转化的可能性和作用。他说"相对立的两个……在一定场合汇合为一……所以,医生在最好的情况下正担心有坏的结局,有远见的人在最幸福的时刻感到特别畏缩,这并不是没有原因的。""对于医生来说,有什么东西比毒药更适于攻毒呢？……难道说一个可能性不是包含在两个相反的对立面中么？"②他指出："谁要认识自然的最大秘密,那就请他去研究和观察矛盾和对立面的最大和最小吧。深奥的魔法就在于:能够先找出结合点,再引出对立。"③

据此,他批评了亚里士多德的贫乏和迷惘。他说："贫乏的亚里士多德在思想上曾力图达到这一点……但他没能达到这一点。……所以没有达到,也没有看到目的,而在离开目的各个方向中徘徊于迷途了,却断言什么对立面实际上不能契合于同一个对象中。"④亚里士多德在《形而上学》第九卷第九章中举了对立面有可能结合的例子,如能够患病者也能够健康,但这种对立面结合在一起的能力只为可能性所具有,在现实中对立面是不能并存的。现实中一个人不能同时既是健康的又是患病的。而按布鲁诺的看法,对立面的结合和并存,不只是一种可能性,而是现实的存在。所以,他批评亚里士多德的半途而废。应该说,布鲁诺对亚里士多德的这一批评是切中要害的。因为,对立面的结合与矛盾对立是事物存在和变化的根据,亚氏在这一点上是不彻底的。应注意的是,布鲁诺强调的是对立面的统一性,即"就实体(即存在——引注),就根源而论,爱和恨、友谊和敌对是同一个东西。"

4. 宇宙没有中心和单子说。布鲁诺发挥了哥白尼学说的哲学意蕴,强调宇宙的无限性,因而没有中心;同时提出了有限和无限、神和自然统一的单子说。

他说："我们可以十分有把握地断言:整个宇宙完全是中心,或者,宇宙的中心

---

① 引自《西方哲学原著选读》,上卷,商务印书馆,1981 年,334－335 页。
② 同上。
③ 引自《西方哲学原著选读》,上卷,商务印书馆,1981 年,334－335 页。
④ 同上,355 页。

处处在。"①"我称宇宙为唯一的无限，因为它没有边缘、界限和外围。"②他认为，宇宙包含着无数个类似太阳系的世界，在无限宇宙中没有中心和边缘区分。每个有限世界有一个中心，太阳系的中心是太阳，地球围绕太阳转。宇宙间充满着世界灵魂，因此，其他世界和星球上也有理性动物，他们灵魂中的单子从宇宙的不同位置反映宇宙。地球不在宇宙中心位置，人的理性灵魂也不是万物中心，可以说，宇宙中处处都有人一样的"小宇宙"。

他在《论无限、宇宙和众多世界》中，论述了他的单子说。他指出，原子是物理学的单位，点是数学的单位，而单子则是哲学上的单位。一个单子反映着整个宇宙的内在性质和能力。正如所谓一滴水可以见太阳一样。因此，所谓单子也可以说是一种精神上的原子，它是最小和最大、个别和整体、有限和无限、神和自然的统一。单子具有内在的能动性，是世界灵魂的最小单元，也是万物构成的最普遍、最基本的因素、基原或实体。用黑格尔的话来说，单子是"灌注在一切里面的精神，是最完全的本质、纯粹的形式"③。布鲁诺特别强调，不能用物理学家或机械师或医生的观点去看待单子的性质，只能从宇宙整体，"按照自然原因存在的整个范围"去理解单子。

他说："哲学家的任务并不在于：仅仅对本原作这样的区分：即借助于火的力量以物理学上的分离法进行；而且还应该对本原作这样的区分：这种区分是靠任何物质的作用所从来不能达到的。因为，跟硫磺、水银和盐不可分离的灵魂，是形式性的本原，它不是具有物质性的客体，而完全是物质的主宰。"④可以看出，布鲁诺的单子虽吸取了德谟克利特原子"不可分"的特点，但并不是构成事物的物质性的单元，而是指构成事物本质的东西，它包含了物质内在能动性的原则。

应该指出，布鲁诺关于宇宙无限性、没有中心的论点，深刻揭示了神学的人类中心主义信条和地心说的联系，因此，他对地心说的批判激起了教会方面比对哥白尼学说更强烈得多的反应。正是这一点，戳到了神学教条的痛处，给他自己带来了最悲壮的命运和结局。

黑格尔指出："他的哲学证明了他具有一个奇特的、优异的和极不平凡的心

---

① 引自《西方哲学原著选读》，上卷，商务印书馆，1981 年，332 页。
② 《论原因、本原和太一》，对话 1。
③ 《论原因、本原和太一》，对话 5；参看黑格尔：《哲学史讲演录》，第三卷，357 页。
④ 着重号为引者加，引自《西方哲学原著选读》，上卷，商务印书馆，1981 年，327 页。

灵。""他不能容忍有限的、坏的、庸俗的东西;——这就是他不安静的原因"。①

据说,他在临刑前高喊,火并不能把我征服,未来的世界会了解我,知道我的价值的。

布鲁诺不论就其思想还是人格,都是文明史上永垂不朽的伟大人物之一。他为坚持自己的宇宙观,为真理而英勇献身的大无畏气概为后来的科学家树立了榜样,他的泛神论、单子说和辩证法思想为斯宾诺莎、莱布尼茨等近代哲学家所继承和发展。他的光辉业绩,照亮了后人前进的道路。

前些年曾有报道说,罗马教廷准备为他平反。果真如此,这诚然是值得欢迎的事。但教皇和教廷有关人士声称:教廷的平反仅指对他的处罚形式不当,并不是针对他所坚持的思想。可见,就世界观而言,无神论和有神论的斗争绝不会因科学的迅猛发展和胜利而宣告结束,科学世界观和宗教世界观终究是不可调和的。对此,人们应有清醒的准备。

应该强调,泛神论是从有神论过渡到近代无神论的中间形态。它实质上是无神论、唯物论的。但这不等于说,上帝只是一个空名词,而应该说神性是泛神论理论的不可分的一部分;当然,泛神论更不是有神论,因为,它根本不承认超自然的神的独立存在。总之,布鲁诺的泛神论,既是中世纪宗教有神论的终结,又是近代无神论和唯物论的先导。它的这种历史地位是不容置疑的。

18/09/1999　11:00

---

① 黑格尔:《哲学史讲演录》,第三卷,349、350 页。

第一章

17－18 世纪的经验论和唯理论

引　言

　　17 世纪的西欧,无论是社会发展还是哲学思想,都开始了一个新的时代。继古代哲学以本体论为中心之后,这一时期认识论成为哲学家们关注的首要课题,形成了经验论和唯理论两大派别。欧洲哲学呈现出一种新的繁荣局面。

　　15 世纪以后,西欧资本主义经济得到了迅速发展。随之而来的是资产阶级要求夺取政权的斗争。17 世纪初,尼德兰首先推翻了西班牙的外来统治,建立了资产阶级的共和国。接着在 17 世纪 40 年代,英国开始了革命。1649 年,经过两次内战,国王查理一世被处死,建立了共和国体制(此时距离我们中华人民共和国的建立,恰好是三百周年)。经过近半个世纪的反复辟斗争,1688 年英国实现了所谓"光荣革命",建立了资产阶级与新贵族联合执政的君主立宪政体。

　　与此相应,欧洲的科学中心发生了第一次转移。文艺复兴的发祥地意大利被新起的英国代替了。无论从政治上,还是从科学文化上说,17 世纪可以说都是英国人的世纪。英国经验论正是近代唯物主义的开端。

　　新的时代要求新的哲学。在中世纪的漫漫长夜之后,哲学家们首先注意到的是必须有一种新的思维方式。这一时期的哲学家,无论经验论者,还是唯理论者,都把思维方法的研究提到首位。几乎没有一个人不谈改进理智的方法论问题。培根有《新工具》,笛卡尔有《方法谈》,斯宾诺莎有《知性改进论》,洛克有《人类理解论》,贝克莱有《视觉新论》,休谟有《人类理解研究》,等等。所有这些著作都围绕一个问题:如何涤除旧的思维方式,涤除经院哲学的影响。用今天的话说就是:如何解放思想的问题。在新的时代,当然也有为旧的思维方式辩护的声音,但毕竟占主导地位的是关于新的思维方式的呼唤和论证。以下,我们将分别介绍他们各自的观点和论证。有人说,古代哲学是从客体入手来谈哲学,近代哲学则是从主体入手谈哲学,这有一定道理。依我看,经验论和唯理论都是从认识论入手来回答本体论问题。关于实体的争论、关于灵魂的争论,仍然在继续;但争论的双方,都是以新的科学发现为依据,就是说,是在新的认识基础上进行的争论。这是我们首先必须注意到的。即使神学教条,也不能不顾及科学发现的事实,修改自己的形式,采取某种改变了的说法。这是近代科学的胜利,也是唯物论的胜利。

17 世纪英国经验论

§1. 弗兰西斯·培根(Francis Bacon,1561 – 1626)

1. 生平和著作

培根是近代经验论的始祖,他生活在英国革命的准备时期,他的哲学的主旨是批判经院哲学家的教条主义,关注科学和生产的发展。他出生于官宦之家,父亲曾担任过掌玺大臣。他 12 岁进入剑桥大学学习,23 岁当选为议员,晚年官居掌玺大臣和大法官(1618),被封为男爵和子爵。1623 年被控受贿,免除一切职位。1626 年 3 月因做冷冻防腐实验,受寒患感冒而逝世。

在他的生平中,有一件引起争议的事情。他年轻时曾当上艾塞克斯爵士的顾问。然而等到艾塞克斯一失宠,他就帮助对艾塞克斯进行起诉。为这件事他一向受人严厉非难。有人因此把"培根描绘成一个忘恩负义的大恶怪"。黑格尔写道:"由于这种忘恩负义,培根玷辱了自己的名誉。"①罗素却认为,"这十分不公正。

---

① 黑格尔:《哲学史讲演录》,第四卷,1978 年版,17 页。

他在艾塞克斯忠君期间与他共事,但是在继续对他忠诚就会构成叛逆的时候抛弃了他;在这点上,并没有丝毫甚至让当时最严峻的道德家可以指责的地方"①。

他的主要著作有:《新工具》(1620)、《学术的进步》(1605)、《新大西岛》(1624),等。

2."知识就是力量"

这个口号可以说是一种时代的呼唤。当新时代的曙光出现在地平线的时候,人们最迫切需要的是摆脱对经院哲学教条的迷信,依靠科学知识的力量,引导自己前进。

这个口号的原文是:"人的知识和人的力量合而为一","要命令自然就必须服从自然"。② 人要表现自己的力量,必须首先摆正人和自然的关系;人的行动,必须遵循自然法则,决不能任意妄为。这是一条鲜明的唯物主义原则。《新工具》开头指出:"人是自然的奴役和解释者,因此他所能做的和所能了解的,就是他在事实上或思想上对于自然过程所见到的那么多,也就只是那么多。过此,他既不知道什么,也不能做什么。"

面向自然,服从自然,这一主张正是在新的历史条件下,继承、恢复和实现了古代前苏格拉底自然哲学家的路线。它和经院哲学脱离实际的空谈是针锋相对的。培根指出,经院哲学就像是不生育的修女;当务之急是改进人的理智。

24/10/1999 现代生态学的兴起,是否意味着认识的天平向有神论倾斜而不利于无神论? 这一问题很值得探讨。

有人认为,知识即力量的口号表现了一种征服自然的态度,因而是今天环境问题的思想根源。反之,唯理论者所推崇的上帝,似乎包含有更多生态学观点。是否如此? 这是一个可以讨论的问题。(参看:《参考消息》23/10/1999,7 版,英国《新政治家》周刊,杰里米·里夫金:《生物世纪的危险》一文。)

他说:"我们学术界的现状就好像古老的斯居拉寓言里描写的那样,长着处女的头和脸,子宫上却挂满狂吠的妖怪,无法摆脱。……虽有一些冠冕堂皇的、讨人喜欢的一般论点,可是一碰到特殊事物,即生育的部分,需要结出果实、产生成果时,就引起争执,吵吵闹闹,辩论不休了。这就是事情的结局,就是它们所能产生

---

① 罗素:《西方哲学史》,下卷,商务印书馆,1981 年,61 页。
② 《新工具》;转引自《西方哲学原著选读》,上卷,商务印书馆,1981 年,345 页。

的全部结果。"①对经院哲学的这种描述是多么形象和深刻！因此,他大声疾呼:"我们必须首先给人类的心灵和理智介绍一种更完善的用法,然后才能达到自然界那些更遥远、更隐蔽的部分。"②就是说,为了实现科学的伟大复兴,"必须给人类的理智开辟一条与以往完全不同的道路,提供一些别的帮助,使心灵在认识事物的本性方面可以发挥它本来具有的权威作用"③。为此,他对妨碍科学、蒙蔽理智的种种假相,进行了系统的揭露和批判。他指出,扰乱人心的假相有四种:

①"种族假相"。它的基础"就在于人的天性之中,就在于人类的种族之中"。因为,"人的理智就好像一面不平的镜子,由于不规则地接受光线,因而把事物的性质和自己的性质搅混在一起,使事物的性质受到了歪曲,改变了颜色"④。例如,"目的因,除掉涉及人的行动的那些之外,并不能推进科学,而只足以破坏科学"⑤。

②"洞穴假相"。"每一个人(在一般人性所共有的错误之外)都有他自己的洞穴,使自然之光发生曲折和改变"。"人的精神(按其分配于不同的个人而定)事实上是一种变化和富于动乱的东西,并且好像受机会支配着的。因此赫拉克利特说得好,人在自己的小世界里,而不在更大的或公共的世界中去寻求科学。"⑥

③"市场假相"。这"是由于人们彼此交往而形成的"。"人们是通过言谈而结合的;而语词的意义是根据俗人的了解来确定的。因此如果语词择得不好和不恰当,就会大大阻碍人们的理解。……使一切陷于混乱,并且使人陷入无数空洞的争辩和无聊的幻想。"⑦

④"最后,还有从各种哲学教条、以及从错误的证明法则移植到人心中的假相。这些假相我叫做'剧场假相'。……一切流行的体系都不过是许多舞台上的戏剧,根据一种不真实的布景方式来表现它们自己所创造的世界罢了。"⑧

以上四种假相,侧重从认识主体的局限性和相互交往方面揭示错误认识的根源。这些分析不仅对揭露经院哲学的谬误,而且对揭示任何一种主观认识的错

---

① 转引自《西方哲学原著选读》,上卷,商务印书馆,1981年,340页。
② 转引自《西方哲学原著选读》,上卷,商务印书馆,1981年,345页。
③ 转引自《西方哲学原著选读》,上卷,商务印书馆,1981年,339页。
④ 转引自《西方哲学原著选读》,上卷,商务印书馆,1981年,350页。
⑤ 转引自《西方哲学原著选读》,上卷,商务印书馆,1981年,346页。
⑥ 转引自《西方哲学原著选读》,上卷,商务印书馆,1981年,350页。
⑦ 转引自《西方哲学原著选读》,上卷,商务印书馆,1981年,350－351页。
⑧ 转引自《西方哲学原著选读》,上卷,商务印书馆,1981年,351页。

误,都有很高的认识论价值。它表达了新时代的迫切要求是:改进主体。在一定意义上,这是"认识你自己"在新的历史条件下的再现。

应该指出,"知识就是力量"的命题正是"权威就是力量"的经院哲学的反题,它特别揭示和抨击了盲从和迷信是科学的敌人,张扬了独立思考的科学精神。他指出:"人们一旦依从别人,自己不做判断(像那些号称'行走'的参议员一样),同意支持某个人的意见,从那时起,就不是发扬光大科学本身,而是低三下四,为个别的名家涂脂抹粉、扩大跟班队伍了。"①他强调,科学鄙弃"外表堂皇、内容空洞"、"挑逗逢迎"、屈从流俗的说教。他深信,"时间像一条大河,把轻飘的、吹涨的东西顺流浮送到我们手里,沉重的、结实的东西都沉下去了"②。就是说,时间将过滤出一切经得起检验的知识,而泡沫却只能浮在表面。"科学在人们心目中的价值也必须由它的实践来决定。"③

3. 近代经验归纳法的奠基人

如果说"四假相说"对经院哲学教条的批判只是为经验论的阐明扫清了道路,排除了阻碍。那么,真正归纳法的创立则是对近代方法的概括和总结。批判和创建,破和立这两方面是相辅相成的。应该注意的是,培根所谓"真正的归纳"与简单枚举法是不同的。它是与亚里士多德《工具篇》论证的演绎逻辑不同的另一种逻辑。因而,他把阐述归纳逻辑的著作称为《新工具》,以示与亚里士多德逻辑的区别和对立。

首先,培根肯定一切知识源于经验,经验是归纳法的基础。他指出:"一切自然的知识都应当求之于感官。""感觉的表象愈丰富、愈精确,那么一切事情进行起来就愈容易、愈顺利。"④他强调,经验材料作为归纳的基础,愈广泛愈丰富愈好,切忌从"特殊的事例一下跳到和飞到遥远的公理和几乎是最高的普遍原则上去"。"因此,决不能给理智加上翅膀,而毋宁给它挂上重的东西,使它不会跳跃和飞翔。……当这一点做了之后,我们就可以对于科学抱着更好的希望。"⑤这也就是说,归纳法的第一步是广泛搜集经验材料。

其次,用适当的方法,来整理和消化经验材料,既要反对狭隘的经验主义,也

---

① 转引自《西方哲学原著选读》,上卷,商务印书馆,1981 年,341 页。
② 转引自《西方哲学原著选读》,上卷,商务印书馆,1981 年,341 – 342 页。
③ 转引自《西方哲学原著选读》,上卷,商务印书馆,1981 年,334 页。
④ 《新工具》,商务印书馆,1984 年,216 – 217 页。
⑤ 转引自《西方哲学原著选读》,上卷,商务印书馆,1981 年,360 页。

要反对独断的唯理主义。他说:"历来研究科学的人要么是经验主义者,要么是独断主义者。经验主义者好像蚂蚁,他们只是收集起来使用。理性主义者好像蜘蛛,他们从他们自己把网子造出来。但是蜜蜂则采取一种中间的道路。他从花园和田野里面的花采集材料,但是用他自己的一种力量来改变和消化这种材料。真正的哲学工作也是这样。"①

为此,他制定了"三表法",即:存在表、差异表和比较表。

①存在表又名"同一表"或"本质和具有表"。这就是把具有某一性质的各种正面例证收集起来,摆到理智的面前。例如,能够发热的各种现象,如火焰、摩擦等等。

②差异表又称"接近中的缺乏表",即给理智提供有关某一性质的反面例证。例如,当我们研究"摩擦生热"时,还要搜集不摩擦就不能生热的各种不同例证。

③比较表又称"程度表",就是"我们必须给理智提供这样一些例证,在这些例证中,我们所探究的性质以多少不同的程度出现"。仍以"摩擦生热"为例,各种不同程度的摩擦,产生不同大小的热量,等等。

应该说,"三表法"是整理和消化经验材料的一种具体方法和步骤,也可以说是培根归纳法的核心。19世纪穆勒把"三表法"推广为契合法、差异法和共变法,并增加了一条剩余法,进一步解决了归纳推理的一些逻辑问题。

第三,归纳法的基本原则不是简单的例证,而是采取"适当的拒绝和排斥的方法来分析自然"。在培根看来,归纳逻辑本质上是"用来帮助探求真理""把握事物(的本质——引注)"的方法,因而不同于"只能强人同意命题"的三段论。

他说:"对于科学与技术的发现和证明有用的归纳法,则必须要用适当的拒绝和排斥的办法来分析自然,然后,在得到足够数目的消极例证之后,再根据积极例证来作出结论。""这种归纳法不只是用来发现公理,并且还要用来形成概念"。他还指出,这种"用适当的拒绝和排斥"来进行归纳的方法,"除掉柏拉图之外,至今还没有人用过,甚至还没有人试图用过"②。

可以看出,培根在方法论上是倾向柏拉图的辩证逻辑而不同意亚里士多德的主谓逻辑的。

他指出:"我们只有根据一种正当的上升阶梯和连续不断的步骤,从特殊的事

---

① 转引自《西方哲学原著选读》,上卷,商务印书馆,1981年,358页。
② 转引自《西方哲学原著选读》,上卷,商务印书馆,1981年,360-361页。

例上升到较低的公理,然后上升到一个比一个高的中间公理,最后上升到最普遍的公理,我们才可能对科学抱着好的希望。"①

4. 培根的局限性

第一,神学不彻底性,承认神学和哲学"二重真理"。"人的知识就如同水一样,有的是从上边降落的,有的是从下面涌起的。一种是由自然的光亮所陈示的,一种是由神圣的启示所鼓舞的。"②

第二,忽视演绎法,甚至把演绎法和经院哲学方法混为一谈。他认为"最高和最普遍的公理则是概念性的,抽象而不坚固的"。

恩格斯指出:培根的极端经验论与神秘主义"两极相通",他追求呼风唤雨、长生不老的奇迹。

§2. 托马斯·霍布斯(Thomas Hobbes,1588－1679)

1. 生平和著作

霍布斯生活在英国革命年代,他的哲学是为资产阶级专政做论证的典型的机械唯物主义体系。关于他的生平,有两点值得提及:①他曾担任培根的秘书,同时还与伽利略、笛卡尔等人有交往,这使他的哲学能够表达当时自然科学的成果和社会生活的需要。哲学家与科学家的密切交往是近代哲学特别是唯物主义的显著特点。斯宾诺莎和惠更斯、洛克和牛顿等等都是如此。此外,有些哲学家本人就是著名的科学家,如笛卡尔、莱布尼茨、康德(天体通论)就是如此。②更主要的是,他的哲学著述处在英国革命高潮时期,其理论是直接为克伦威尔的军事独裁作辩护的。然而,从个人私交说,他又同王党保持联系,曾经任过未来英王查理二世的数学教师。这种私人生活与其政治哲学理论相互矛盾的情况几乎贯穿了他的一生。主观上惧怕革命,客观上又为革命做论证,这种奇特的现象正说明,他的时代,革命是大势所趋、不可避免的,个人的好恶改变不了客观的历史进程。

他的主要著作《利维坦》发表于1651年,正值克伦威尔专政时期。1652年他回国后受到革命政权的保护,先后又发表了《论物体》(1655)、《论人》(1658)两部重要著作。

以下,我们按政治哲学家的特征来介绍他的机械论哲学体系。

---

① 转引自《西方哲学原著选读》,上卷,商务印书馆,1981年,360－361页。
② 《新工具》,商务印书馆,1984年,15页。

2. 社会契约与君主专制

早期的资产阶级革命主张公开的君主专制,这是英国革命不同于后来的法国革命和美国革命的显著特征。霍布斯的《利维坦》为这种源于社会契约的专制制度,提供了系统的论证。

"在霍布斯的学说里,至少存在着这样一个特点,即在人性、人的欲求、嗜好等等的基础上设定了国家的本性和机体。"①

第一,国家的公共权力起源于社会契约。

霍布斯指出,所谓"自然状态"就是"一种每一个人对每一个人战争的状况;在这种状况下,每一个人都是为他自己的理性所统治"。"只要每个人都保有凭自己喜好做任何事情的权利,人们就永远在战争状态之中"。② 就是说,在自然状态中,人对人是狼。这种状态,不仅是对远古人类生活状态的一种设想,而且是一切不存在国家权力地方的社会现实状态。为了改变这种无政府的"自然状态",人们必须自愿转让和放弃自己的权利。"权利的相互转让就是人们所谓'契约'"。③"建立这种公共权力的唯一方法,就是把他们所有的权力(生命权除外)与力量交付给一个人或者由一些人组成的会议,根据多数赞成把他们大家的意志变成一个意志"。"如此联合在一个人格里的人群就叫做'国家',拉丁文叫做 civitas。这就是那个'利维坦'(圣经中提到的巨大海兽)的产生"。④ 显然,国家起源于社会契约的观点与封建专制主义的君权神授观念是根本对立的。在霍布斯看来,国家不是神造的,相反,它不过是一部人造机器。

第二,君主的权力不受契约的限制。霍布斯论证说,由社会契约产生的国家权力是绝对的权力,因为,承担国家这个人格的"元首",并非订约的一方,所以他不受契约的限制,他的权力一旦被认可,就是不可转让的。"'元首'"拥有主权,另外的一切人都是他的'臣民'"。⑤

他说:"这个人就是国家的本质,他(下一个定义)是一个人格,一大群人通过相互约定使他们自己每一个都成为这个人格的一切行动的主人,为的是当他认为

① 黑格尔:《哲学史讲演录》,第四卷,1978 年版,160 页。
② 《利维坦》;转引自《西方哲学原著选读》,上卷,商务印书馆,1981 年,397－398 页。
③ 《利维坦》;转引自《西方哲学原著选读》,上卷,商务印书馆,1981 年,399 页。
④ 《利维坦》;转引自《西方哲学原著选读》,上卷,商务印书馆,1981 年,400－401 页。
⑤ 《利维坦》;转引自《西方哲学原著选读》,上卷,商务印书馆,1981 年,401 页。

适当的时候,可以用他们大家的力量和工具来谋求他们的和平和公共的防御。"①

很清楚,这个"元首"或君主并不是封建君主,因为他的专制权力要受到公共意志的限制,他的一切行动要体现人们谋求和平和公共防御的目的。

值得一提的是,17 世纪中叶,英国和尼德兰为争夺海外殖民地贸易的利益,曾发生过几次战争;而英国国内,持续内战所引起的社会动荡和混乱,正是《利维坦》主张某种专制统治的社会原因。应该说,公开专政的需要既是针对封建专制和广大人民"这个强壮而心怀恶意的小伙子"的,更是资产阶级本身尚属软弱和不成熟的标志。法国人和美国人后来的革命就不再有公开实行专政的主张出现了。

有趣的是,霍布斯社会政治哲学的阴影,至今在发展中国家仍不时浮现。就此而言,《利维坦》恰好代表了一个特定的历史时代。可以说,任何社会,任何阶级,主张用极端手段来对付反对派,都是统治者缺乏自信心的一种表现。

3. 论物体和"贵族秘传的无神论"

马克思曾称赞说,霍布斯消除了培根的有神论的不彻底性并把唯物主义系统化了。霍布斯是怎样做到这一点的呢? 分析一下他的论证和特点,是富有教益的。

第一,物体即实体的唯一属性就是广延性,即占有空间。所以,经院哲学和神学家所谓"无形体的实体"之类如同"圆的方形"一样是荒谬的、自相矛盾的概念。既然神学讲的"灵魂""上帝""天使"等等是无形体的,它们就是非存在,因而也不是实体,或不配称为实体。这里,关键是,"无形体的实体也像无形体的物体一样,是一个矛盾。物体、存在、实体是同一种实在的观念"②。

物体是哲学家研究的唯一对象。"而物体的定义可以这样下:物体是不依赖于我们思想的东西,与空间的某个部分相合或具有同样的广延"。③ 因此,"哲学排除神学","排除一切凭神的灵感或启示得来的知识",排除"占星术",以及一切这一类的占卜,"最后,敬神的学说也排除在哲学之外……因为这种学说是信仰的对象,而不是知识的对象"。④

第二,唯物论和无神论是贵族的秘传,而不是资产阶级革命的旗帜。英国资产阶级是以清教为自己的思想旗帜进行反封建、反国教的斗争的。资产阶级在

---

① 《利维坦》;转引自《西方哲学原著选读》,上卷,商务印书馆,1981 年,401 页。
② 马克思、恩格斯:《神圣家族》,人民出版社,1962 年,164 页。
③ 《论物体》;转引自《西方哲学原著选读》,上卷,商务印书馆,1981 年,392 页。
④ 《论物体》;转引自《西方哲学原著选读》,上卷,商务印书馆,1981 年,386 页。

"加尔文教中给自己找到了现成的理论","加尔文的信条适合当时资产阶级中最勇敢的人的要求"。① 英国资产阶级是笃信宗教的。因而,唯物主义和无神论只是在有教养的阶级即贵族中秘传的思潮。这种看起来颇为奇特的现象同样只能用资产阶级本身处在较初级的发展阶段来解释。因为它自己的力量还没有强大到与宗教神权公开决裂的程度,而唯物主义和无神论仅仅是一种学术,还不是直接的意识形态斗争的旗帜。到了 18 世纪的法国,情况就很不相同了。为法国革命做理论准备的一批思想家是公开的唯物论和无神论者,当时的法国资产阶级再也不需要用宗教的旗帜来掩饰自己的政治意图了。可见,意识形态的特定形态是与其阶级基础本身的发展状态和程度密切相关的。

作为资产阶级革命的理论家,霍布斯主张王权高于教权,反对罗马天主教会对世俗政权的干涉,高度评价伊丽莎白女王摆脱罗马教会统治的举动。他认为,神并不是一个超自然的实体,而只是一种道德精神。神的观念也非天赋,只是起源于人的好奇心。他说:"好奇心和对认识原因的爱好,使人从考察结果到寻求它的原因;又使他寻求那个原因的原因,一直到最后必然达到这种思想,认为有某种原因没有在先的原因,是永恒的,人们称之为上帝。"②这种关于宗教起源的分析,无疑是对封建神学神秘主义的有力揭露和批判。

4. "不好归类的哲学家"③

罗素认为,若以经验论和唯理论划界,霍布斯是一个不好分类的哲学家。因为,他一方面继承了唯名论的经验主义传统,另一方面,他又很重视演绎方法,他本人对欧几里得《几何学原理》深为赏识,并且还当过查理二世的数学教师。

首先,作为经验论者,霍布斯明确反对笛卡尔的天赋观念,主张知识起源于感觉经验。他说:"如果现象是我们借以认识一切别的事物的原则,我们就必须承认感觉是我们借以认识这些原则的原则,承认我们所有一切知识都是从感觉获得的。"④他所说的现象,是指由自然对象向我们显现的东西。而感觉就是我们获得现象的原因。他说:"'感觉'是一种影像,由感觉器官向外的反应及努力所造成,为继续存在或多或少一段时间的对象的一种向内的努力所引起。"⑤

---

①　《反杜林论》,《马恩选集》,3 卷,人民出版社,1972 年,391、393 页。

②　《利维坦》,《十六—十八世纪西欧各国哲学》,93 页。

③　罗素:《西方哲学史》,下卷,商务印书馆,1981 年,66 页。

④　《论物体》;转引自《西方哲学原著选读》,上卷,商务印书馆,1981 年,395 页。

⑤　《论物体》;转引自《西方哲学原著选读》,上卷,商务印书馆,1981 年,396 页。

他反驳笛卡尔说:"笛卡尔先生说关于上帝的观念和关于灵魂的观念是我们的天赋观念,可是我们都想知道:正在熟睡而且没有做梦的人们心灵是否在思想,如果不是,那么他们在这时候是没有观念的。因为天赋的东西是经常呈现的,所以没有观念是天赋的。"①

其次,霍布斯把哲学的推理方法归结为计算,突出地表明他在认识论上的机械论特征。他说:"哲学是关于结果或现象的知识,我们获得这种知识,是根据……真实的推理。"而"我所谓'推理'是指计算。……推理是与加和减相同的。""一切推理都是包含在心灵的这两种活动——加与减里面。"②例如,人的概念就是:"物体"+"活的"+"理性的东西"。"同样地,从四边、等边与直角等概念,便组合成了正方形的概念。"他认为,思考这个词指的就是计算、推理或计数。"因为量、物体、运动、时间、性质的程度、作用、观念、比例、语言与名称(所有的各种哲学都寄托在这上面)都能加和减。"③思考被等同于计算和加减,这就取消了思维的抽象能力、思辨想象力。他以为共相只不过是一个名称,只有个体是真实存在的。在这一点上,他举的例子甚至都是与奥康雷同的(人是理性动物),可见其受唯名论影响之深。

另一方面,他又十分强调几何学方法,因而使他具有唯理论的特征。他说:"研究自然哲学的人如果不从几何学开始,是白费气力的。自然哲学的写作者或讨论者如果不懂得几何学,那就只能让读者和听众白费时间。"④此外,霍布斯哲学的机械论特征还表现在他的本体论上。他认为,人不过是和自然物一样的活的物体。举凡人的感情和欲望,善和恶均可用机械的原因加以说明。例如,当外物作用于人,有助于人的生命运动时,就会引起喜悦和快乐的感情,这就是善;而当外物作用有碍于人的生命运动时,就产生厌恶和痛苦的感情,这就是恶;如此等等。

根据这种机械论,他宣称:"哲学的主要部分有两个。因为主要有两类物体,……其中一类是自然的作品,称为自然的物体,另一类则称为国家,是由人们的意志与契约造成的。因此便产生出哲学的两个部分,称为自然哲学与公民哲

---

① 转引自《笛卡尔哲学著作选集》第三卷,英文版,72－73 页。
② 《论物体》;转引自《西方哲学原著选读》,上卷,商务印书馆,1981 年,382－383 页。
③ 《论物体》;转引自《西方哲学原著选读》,上卷,商务印书馆,1981 年,383－384 页。
④ 《论物体》;《十六—十八世纪西欧各国哲学》,71 页。

学。……通常又把公民哲学分为伦理学和政治学。"①

以上,就是他的机械唯物论体系。这个体系是他那个时代唯物论所能达到的最高限度和水平。简直可以说,恰与伽利略的力学持平。

16/10/1999 17:00

§3. 约翰·洛克(John Locke,1632 – 1704)

1. 生平和著作及其哲学的特点

洛克是英国"光荣革命"的理论家,近代经验论哲学的主要代表。王朝复辟时期,他同辉格党领袖沙夫茨伯里关系密切,1684 年追随后者逃亡荷兰。1688 年"光荣革命"后不久返回英国,曾任上诉法院院长、贸易大臣等职位。

他的主要哲学论著《人类理解论》1687 年完稿,1690 年出版。他的《论宽容的第一书简》1689 年在荷兰用拉丁文发表,《论宽容》的后续二书简,发表在 1690 年和 1692 年。而他的两篇《政治论》和《论教育》,亦分别刊行于 1690 年和 1693 年。可见,他的大部分著作都是在革命后几年内问世的。

在他的生平中值得注意的是,还在上牛津大学期间,他就"既憎恶经院哲学(当时牛津大学在哲学方面仍为经院派所主导——引注),又憎恶独立教会派的狂热"②。他与牛顿和波义耳等著名科学家交往密切,并深受他们的影响。正如他的政治哲学表达了英国君主立宪体制的理想一样,他的认识论则忠实地表达了牛顿等近代经验科学家的理念。罗素这样评价道:"他的政治学说,……深深地留在美国宪法中,每逢总统和国会之间发生争论,就看得见这学说在起作用。英国宪法直到大约 50 年前(1895 年——引注)为止,拿他的学说作基础;1871 年(第一共和国)法国人所采订的那部宪法也如此。"③而"洛克哲学在英国和法国的胜利大部分要归于牛顿的威望"④。

这里,顺便要对英国的所谓"光荣革命"说几句。英国革命在经历了 40 年代的内战和 50 年代的克伦威尔军事独裁之后,又迎来了 1660 年王权的复辟。复辟时期,国王的政策被迫对资产阶级作了某些让步和调整,例如查理二世(霍布斯曾

---

① 《论物体》;转引自《西方哲学原著选读》,上卷,商务印书馆,1981 年,386 – 387 页。
② 罗素:《西方哲学史》,下卷,商务印书馆,1981 年,133 页。
③ 罗素:《西方哲学史》,下卷,商务印书馆,1981 年,134 页。
④ 罗素:《西方哲学史》,下卷,商务印书馆,1981 年,175 页。

经担任过他的数学教师)同意征税要经国会认可;在宗教信仰上给予非国教会派以宽容,允许一定程度的信仰自由,等等。但他的弟弟詹姆士二世继位后,由于国王的顽迷的旧教信仰以及和法国国王路易十四结盟的媚外政策,重又激化了国内的宗教矛盾和其他社会矛盾。这样,一方面"在英国几乎人人想除掉詹姆士",另一方面,"几乎人人也同样决心避免再回到内战和克伦威尔专政的年月"。既要废除现有的君主,又要保存依赖国会的君主政体。结果,"由于贵族阶级和大企业联合一致,所有这些瞬息间都做到了,没有必要发一枪一炮",从荷兰迎来了威廉三世(詹姆士的女婿)为新的英国国王。这就是罗素津津乐道的所谓"一切革命当中最温和又最成功的 1688 年英国革命"①。用恩格斯的话说,就是资产阶级和新贵族达成了妥协,前者争得了经济利益,后者分得了爵位。从此,在经历了半个世纪(1640－1688)革命、内战、复辟和反复辟的斗争之后,资产阶级终于稳定了自己的政治统治地位。洛克正是这样一次温和的政治革命的哲学家。他的哲学,不论在政治方面还是在纯哲学理论方面,都带有逻辑上并非一贯的妥协、调和的特点。罗素指出:"内战时期国王与国会的争斗,使英国人从此永远爱好折衷和稳健,害怕把任何理论推到它的逻辑结论,这种根性支配英国人一直到现代。"②

应该说,他的哲学的这种折衷的特点,为后来对立各派哲学(从贝克莱到法国唯物论)的解释留下了很大的活动余地。当然,从主导的方面看,他为近代经验自然科学做了认识论论证,批判历史久远、根深蒂固的先验论、天赋观念论的巨大历史贡献,是值得人们永久崇敬的。而他对宽容原则的首创和论证,更应引起处在现代化发展过程中的人们的特殊研究和重视。

2."光荣革命"的理论家

这里主要介绍他关于政治制衡的理论和宽容原则的论述。这两方面的内容,不仅是他的首创,而且影响深远,具有重大的现实意义。

①为君主立宪作论证的社会契约论。

与霍布斯的《利维坦》不同,洛克的社会政治理想是君主立宪而不是君主专制。为此他修正了霍布斯的社会契约论。主要论点是两个:

其一,自然状态是一种和平、自由、平等的美好状态。"人人平等独立,任何人不该损害他人的生命、健康、自由或财物"。"于此就看到一种明白的区别,'自然

---

① 罗素:《西方哲学史》,下卷,商务印书馆,1981 年,133 页。
② 罗素:《西方哲学史》,下卷,商务印书馆,1981 年,130 页。

状态与战争状态的区别',这两个状态尽管有些人把它们混为一谈(显然是指霍布斯——引注),但是相去之远犹如一个和平、亲善、相互扶助和保护的状态,与一个敌对、仇恶、暴力和相互破坏的状态彼此相去之远一样"。①

其二,政府和君主是社会契约的一方,其行为必须受到契约的限制,有服从契约的义务。他说:"所谓政治权力,我以为即制定法律的权利,为了规定与保护财产而制定法律,附带着死刑、下而至于一切轻缓罚刑,以及为执行这种法律和为防御国家不受外侮而运用社会力量的权利,而这一切无非为了公益。"②

这里,关键是,政府一切行为"无非为了公益"。当然,要点是保护私有财产,而没有财产的人不应当算是公民。

②立法权和行政权分离的政治制约和均衡理论。

这是洛克对 17 世纪英国革命经验的一个总结,就是为了制止君主专制,立法部门必须与行政部门分离,以防止权力滥用。洛克指出:"立法权不仅是国家的最高权力,而且……是神圣的和不可变更的;如果没有经公众所选举和委派的立法机关的批准,任何人的任何命令,无论采取什么形式或任何权力作后盾,都不能具有法律效力和强制性。"③从 1628 年至 1640 年,查理一世竭力排除国会,独自专权,洛克认为,要制止这类事情,必要时可诉之于内战。所以,他说:"暴力只可用来反对不公不法的暴力。"④

显然,权力均衡和制约的理论是近代英国资产阶级的一个创造。它对于防止权力滥用和个人专制起了极其重大的作用,直到今天,也没有失去其历史进步价值。可以说,分权有利于社会制约和稳定,相反,则必然导致专政和腐败。这是有目共睹的一条成功的政治原则。

今天,在扩大了的世界范围内,为什么我们主张多极世界而反对霸权主义的单极世界?从根本上讲,还是一个权力制约和均衡问题。从世界范围说,也只有实行权力制约和均衡,才能保持和平与稳定。

③宽容原则是洛克的一个重大创造。

为了解决教派纷争问题,洛克发表了《宽容书简》。他主张新教各派,无论长老会派还是独立教会派都有存在的权利,主张实行信仰自由、宗教宽容的政策。

---

① 罗素:《西方哲学史》,下卷,商务印书馆,1981 年,158 - 159 页。
② 转引自罗素:《西方哲学史》,下卷,商务印书馆,1981 年,163 页。
③ 《政府论》,下篇,81 页。
④ 转引自罗素:《西方哲学史》,下卷,商务印书馆,1981 年,171 页。

"他主张凡信仰神的人,决不该因为他的宗教见解的缘故而被治罪。"①

这表明,洛克认识到,信仰问题属于精神世界,不是靠法律和行政强制手段能够解决的,更不是像中世纪神权专制主义对待异端那样能够压服的。因此,在精神生活领域,应该允许信仰自由和不同意见的存在。

应该说,宽容原则的提出,是英国资产阶级反对神权专制主义斗争经验的总结,也是它稳定自己思想政治统治的一个法宝。在某种程度上,它是近代思想家对支配精神生活内在规律的一种发现。这一原则由洛克首创,经休谟详细的哲学论证,二百多年来成为西方发达国家处理思想文化问题一项不可动摇的原则,在实践上可以说取得了极大的成功。今天,仍值得建设现代化社会主义法制国家的人们认真研究和借鉴。

洛克的历史贡献是,不仅首倡了宽容原则,而且揭示了在思想文化领域必须实行这一原则的认识论基础。在《人类理解论》的《论热忱》一章里,他说,爱真理的一个确实的标志是"抱任何主张时不怀有超出这主张依据的证明所能保证的自信"。在《论同意的程度》一章中,他又说,对任何主张,我们给予它的同意程度应当取决于支持它的盖然性的根据。而这一点的正当应用就是"相互间的宽厚和容忍。……依愚见一切人似乎咸宜在意见纷纭当中维持平和,守人情与友爱的共同义务……我们正应该悲悯我们相互间的无知,在一切温和而正派的说服中除去这种无知,不可因为旁人不肯放弃自己的意见,接受我们的意见(或至少说我们强要他接受的意见),就立刻以为旁人顽固不化而恶待旁人。……我们有理由认为,人假使自己多知道一些事理,对他人就少显一份神气"。②

罗素评价道"少独断精神为洛克的特质。……他的学说与前辈的学说只要有所不同,旨趣总是在于说:真理难明,一个明白道理的人是抱着几分怀疑主张己见的。"③

所以,从认识论说,宽容原则即容许和尊重不同意见的存在是一种"自知其无知"的存疑态度和重理智的精神气质。它与武断和迷信是不相容的。只有这种精神气质,才能使精神生活丰富多彩,促进思想文化的繁荣。洛克在近三百年前阐明的这些道理,今天我们仍应引以为训。

---

① 罗素:《西方哲学史》,下卷,商务印书馆,1981 年,166 页。
② 《人类理解论》,第四卷,XVI;转引自罗素:《西方哲学史》,下卷,商务印书馆,1981 年,137-139 页。
③ 转引自罗素:《西方哲学史》,下卷,商务印书馆,1981 年,136 页。

3. 对知识源于经验的详细论证

知识起源问题,自柏拉图提出"回忆说"以来,一直是引起哲学家关注和争论的问题。但从历史上看,占主导地位的是先验论。在17世纪,经过笛卡尔和莱布尼茨等人的提倡,天赋观念论影响颇盛。正是在此情况下,洛克花了近20年的功夫,认真研究了知识起源问题,给了先验论以系统、有力的驳斥。他的这一论证,不仅在近代,而且在整个二千多年的西方哲学史上,都占有重要的地位。

(1)知识起源于经验:对天赋观念的驳斥

《人类理解论》第一卷,就着重反驳了天赋观念论。他说:"在有些人中间流行着这么一种根深蒂固的看法,认为在理智里面存在着某些天赋原则……灵魂在最初存在时就获得了它们,并且把它们一同带到这个世界上来。为了使没有偏见的读者相信这个假定的错误,我只要指出……这一点就够了:人们单凭运用他们的自然能力,不必借助于任何天赋的印象,就能够获得他们所拥有的全部知识;他们不必有任何这样一种原始的概念或原则,就可以得到可靠的知识。"①

在否定了天赋观念论后,他在第二卷提出了经验论的"白板说"。他说:"那么我们就假定心灵像我们所说的那样,是一张白纸,上面没有任何记号,没有任何观念。"接着他指出:"心灵是怎样得到那些观念的呢? ……它是从哪里得到理性和知识的全部材料的呢? 我用一句话来答复这个问题:是从经验得来。我们的全部知识是建立在经验上面的:知识归根到底都是导源于经验的。"②

洛克认为,经验可分为外部感觉和内部反省两类。前者指:黄、白、热、冷、软、硬、苦、甜以及一切可感性质的感觉经验;后者指:知觉、思维、怀疑、信仰、推理、认识、意愿以及我们自己的心灵的各种活动。他明确指出:"我们所具有的大部分观念的这个巨大的源泉,是完完全全依靠我们的感官。"就是说,大部分观念来自外部经验。他指出:"作为感觉对象的外界的、物质的东西,和作为反省对象的我们自己的心灵的内部活动,在我看来乃是产生我们全部观念的仅有的来源。"③

能否把外部感觉和内省称为"二重经验论",这是一个值得讨论的问题。但我

---

① 《人类理解论》,第一卷,II;转引自《西方哲学原著选读》,上卷,商务印书馆,1981年,447-448页。

② 《人类理解论》,第二卷,I;转引自《西方哲学原著选读》,上卷,商务印书馆,1981年,450页。

③ 《人类理解论》,第一卷,II;转引自《西方哲学原著选读》,上卷,商务印书馆,1981年,450-451页。

个人倾向于认为,"他倡导的认识完全依赖知觉作用,还是一个革命性的新说"①。因为,从柏拉图到笛卡尔、莱布尼茨:"几乎所有的哲学家"都坚持许多最可贵的知识有许多都不是从经验来的。而在一定意义上,没有内省的经验,也不可能有知识。

(2)关于物体的性质和主体的能力

洛克关于物体的性质的划分和主体能力的论述是引起争论最多的问题。关于将物体区分为几种性质首先是当时机械力学、物理学的认识水平问题;只有关于主体认识能力的看法才是专属认识论的问题。兹分述于下:

首先,关于物体的性质,洛克基本上是照搬当时的伽利略、牛顿的物理力学观点。他说:"物体中的性质,……共有三种:第一种是物体的各个占体积的部分的大小、形状、数目、位置、运动和静止。这些性质,不论我们知觉到它们与否,都在物体里面;……这些性质我们称为第一性的质。"

"第二种是一个物体里面那种……以某种特殊的方式作用于我们的感官,从而在我们心中产生一些颜色、声音、气味、滋味的不同的观念的能力。这些性质通常称为可感觉的性质"。

"第三种是一个物体里面那种……改变另一物体的大小、形状、组织和运动,使它们以不同于以前的方式作用于我们感官的能力。例如,太阳有使蜡变白的能力,火有使铅熔化的能力。这些性质通常称为能力"。②

第一性的质或"实在的、原初的"性质是客体固有的,这点没有争议,第二、三性质究竟指什么?洛克解释说:"另外两种性质只不过是一些以不同的方式作用于别的东西的能力,这些能力乃是第一性的质的不同变形的结果。"③

显然,后两种性质仍然是物体的某种能力。用今天的术语说,就是客体的某种功能。只不过在洛克时代,无论物理学还是哲学,都没有"功能"这个概念,因而,他只能描述二、三性质与原初性质的区别,而不能确切指明这种依赖于第一性质的能力究竟是什么。

其次,第二、三性质是否仅仅是主观的感觉性质?或它与主体的感觉是什么关系?诚然,洛克认为,二、三性质有其主观性的一面,或者说,与主体的状况、结

---

① 罗素:《西方哲学史》,下卷,商务印书馆,1981年,140页。
② 《人类理解论》,第二卷,VIII;转引自《西方哲学原著选读》,上卷,商务印书馆,1981年,457页。
③ 《人类理解论》,第二卷,VIII;转引自《西方哲学原著选读》,上卷,商务印书馆,1981年,458页。

构和能力有关。他说:"光和热的性质乃是我为太阳所温暖或照射的知觉,是不可能在太阳里面的。正如蜡块熔化或变白时所发生的变化不在太阳里面一样。"①但是,洛克从未因此否定二、三性质仍是物体的某种能力。因此,像罗素那样断言:颜色、声音、气味等等"次性质仅只在知觉者中"。就是说,是纯主观的。这种看法并非洛克的本意。

应该指出,就认识论看,洛克揭示物体二、三性质的主观性一面,正是突出了认识过程中的不能忽视的主体能力,从而表明了机械反映论或"肖像论"的缺陷。这一点恰恰证明了他发展了唯物论的认识论。他指出:"由于我们的感官不能发现我们心中所产生的观念和产生它的物体的性质之间的有任何不相似之处,所以我们就惯于以为我们的观念是物体里面某种东西的肖像,而不是某种存在于物体的第一性的质的变形中的能力的效果,我们心中所产生的观念与这些第一性的质并没有相似之处。"②这里所说人们习惯于把观念看作外物的肖像,正是对德谟克利特以来朴素反映论即"影像说"的一种批评。这个批评,与洛克关于物体多重性质的区分,特别是关于次性质(二、三性质)的主观性的揭示是分不开的。简言之,物体次性质的划分,揭示了认识主体的能动性。这正是洛克经验论的一个功绩。

(3)人类知识的范围是极其有限的

洛克认为:"知识就在于对我们任何两个观念是否符合的知觉。"而这种知觉可以分为三类:(甲)直觉;(乙)理性或推理;(丙)凭感觉的知觉。他断言:"我们的知识的范围不仅谈不上像事物的实在范围那样广阔,而且连我们自己的观念的范围也比不上。"③

可见,人类经验知识的范围是极其有限的。在这里,他特别举出物质和思维这两个观念加以讨论,用以说明,在这个涉及物质实体的性质和有没有精神实体问题上,他只能采取模棱两可的存疑态度,而不能得到肯定的判断。这种在形而上学的根本问题上采取折衷调和的立场,正是他的经验论的必然结局和鲜明的特点。一方面,他倾向于霍布斯只有物质实体存在的论点,另一方面,他又不愿明确

---

① 《人类理解论》,第二卷,VIII;转引自《西方哲学原著选读》,上卷,商务印书馆,1981 年,458 页。

② 《人类理解论》,第二卷,VIII;转引自《西方哲学原著选读》,上卷,商务印书馆,1981 年,459 页。

③ 《人类理解论》,第四卷,III;转引自《西方哲学原著选读》,上卷,商务印书馆,1981 年,463 – 464 页。

否定笛卡尔精神实体的观点。而是试图将两种对立的立场说成仅仅是观念假设上的矛盾,推脱说是它超出我们知识的范围。

他说:"我们有物质和思维这两个观念,但是很可能永远不知道一个仅仅是物质的东西是否能思维。""我们既可以设想,上帝如果高兴的话,就能够把一种思维能力加到物质上,也同样可以设想,上帝能够把另一种能思维的实体加到物质上。""谁要是考虑一下,在我们的思想中,感觉是如何难于和有广延的物质协调,或者存在是如何难于和根本没有广延的东西协调,谁就会承认离开确知自己的灵魂是什么还远得很。这一点在我看来是超出我们认识的界限以外的……理性很难替他决定坚持赞同或反对灵魂的物质性。"①说我们不能"确知自己的灵魂是什么"这是有道理的,因为至今这仍然是一个哲学和科学均在继续探讨的问题。但是,断言它根本超出我们认识的界限,显然是向神学的让步,是他的经验论不彻底的一种表现。

然而,我们不能据此怀疑,他对人类理性能力的信心。他虽然比不上霍布斯用理性代替信仰的无神论,但仍然坚持理性高于信仰,主张信仰不能违背理性。他在《人类理解论》的第四卷明确指出:"在任何事情方面,我们都必须以理性为最后判官和指导。"②要求信仰服从理性,反对宗教狂热,正是洛克时代精神的特征。

总之,洛克对认识源于经验的论证,既是对牛顿为代表的近代自然科学方法的经验总结,又是对唯物主义认识论的重大贡献。他提出的认识主体能力和客体性质的关系问题等等,至今仍是值得进一步探讨的问题。

17 世纪大陆唯理论

§1. 笛卡尔(René Descartes,1596－1650)

1. 生平和著作

笛卡尔是近代著名的二元论者,大陆唯理论的奠基人。同时他又是著名的数

---

① 《人类理解论》,第四卷,III;转引自《西方哲学原著选读》,上卷,商务印书馆,1981 年,464－465 页。
② 《人类理解论》,商务印书馆,1959 年,705 页。

学家,解析几何的发明人,对力学、物理学、动物学、心理学等广泛的自然科学部门均有浓厚的兴趣和建树。他的哲学思想同科学成就是分不开的。罗素称赞他是"近代哲学的始祖",并且认为,"笛卡尔以后的哲学家大多都是注重认识论,其所以如此,主要由于笛卡尔(的'我思故我在'——引注)"。这种评价,我认为是恰当的。

关于他的生平和为人,有两点值得注意:

第一,除了天资聪颖,他有广泛的生活阅历。他主张哲学家应跳出书斋,"去读世界这本大书"。在取得博士学位后,他曾游历欧洲各国,先后在荷兰(1617)、巴伐利亚(1619)、巴黎(1628)三次入伍,并访问过意大利,为的是了解科学的发展和社会生活的实际。据说,一次在巴伐利亚的军营里,他竟躲在一边动手解剖一具动物的尸体,令人不胜惊奇。热爱生活,热衷科学,可以说是他的秉性。他不以教师的身份写哲学,而是以发现者和探究者的姿态执笔,这使他能够一反柏拉图以来哲学家们的教师职业传统,给哲学著作带来一种清新和亲切的气息。读他的哲学著作,就像彼此交谈一样平易近人,没有迂腐和说教的感觉。

第二,他的思想大胆解放,为人处事却十分谨慎。他给自己定下的一条行为守则是:"始终只求克服自己,不求克服命运,只求改变自己的欲望,不求改变世界的秩序,一般地说,就是养成一种习惯,相信除了我们的思想之外,没有一件东西完全在我的能力范围之内。"①他的这种为人处世的态度,反映了 17 世纪上半叶法国市民阶级的稚弱和很不壮大的心理状态,他们当时只能寄希望于君主专制制度的庇护以求得自己的发展。天主教在意识形态领域仍居于绝对的统治地位,一切进步思想均受到压制和迫害。笛卡尔尽管行为谨慎,但由于他的科学思想,例如在他的《宇宙论》中包含有:地球自转和宇宙无限的论点,难免被斥为异端,终于不得不于 1629 年移居荷兰,以避迫害。在这个唯一有思想自由、曾接纳过霍布斯和洛克的国度里,笛卡尔度过了他后半生的绝大部分时间,直到 1649 年。在此期间,他完成了自己大部分著作。其中主要的哲学著作有:《方法谈》(1637)、《形而上学的沉思》(1641)和《哲学原理》(1644)等。此外,他还有《论胚胎的形成》《宇宙论》(此书只在死后刊印过若干片段)等科学著作。

2. 方法论的怀疑或笛卡尔式的怀疑方法

笛卡尔和培根属于不同的哲学文化传统,但面对新的哲学时代,他们都十分

---

① 《方法谈》,Ⅲ;转引自《西方哲学原著选读》,上卷,商务印书馆,1981 年,365 页。

重视方法论的研究。在这一点上,他们的主张是相同的。因为,他们的哲学研究面对的是同一个批判对象,即令人窒息的经院哲学。区别只在于,他们的切入点有所不同,培根是立足于经验归纳,笛卡尔则强调数学演绎。

在《方法谈》的开头,笛卡尔指出:"良知是世界上分配得最均匀的东西",然而,"单有良好的心智是不够的,主要在于正确地应用它。"就是说,我们必须寻找正确应用良知的方法。是德行还是罪恶,全系于方法;"那些只是极慢地前进的人,如果总是遵循着正确的道路,可以比那些奔跑着然而离开正确道路的人走在前面很多"①。这段论述,令我们想起培根《新工具》第一部分几乎是同样的一段话:"正如俗语所说的,一个能保持正确道路的瘸子总会把走错了路的善跑的人赶过去。不但如此,很显然,如果一个人跑错了路的话,那么愈是活动,愈是跑得快,就会愈加迷失得厉害。"②可见,不论国度和文化传统如何不同,笛卡尔和培根面对的是同一个时代的课题。这使他们不约而同地将方法论问题提到首位。而他们的结论,针对被经验哲学滥用了的三段论,都主张要对理智运用逻辑推理的能力,加以某种限制。笛卡尔主张:"按照次序引导我的思路,以便从最简单、最容易认识的对象开始,一点一点上升到对复杂的对象的认识。"③而培根也同样类似地认为:"不能够允许理智从特殊的事例一下子跳到和飞到遥远的公理和几乎是最高的普遍原则上去","只有根据一种……连续不断的步骤,从特殊的事例上升到……一个比一个高的中间公理……我们才可能对科学抱着好的希望"④。他们的共同目标,都是要给理智的应用找到一种可靠的规范和方法。

与培根不同的是,笛卡尔把普遍的怀疑当作他建立新哲学体系的出发点和根本方法。他说:"要想在科学上建立一些牢固的、经久的东西,就必须在我的一生中有一次严肃地把我从前接受到心中的一切意见一齐去掉,重新开始从根本做起。""我不得不承认,凡是我从前信以为真的东西,没有一件我不能加几分怀疑;……应当小心翼翼地避免相信那些东西,同避免相信显然虚妄的东西一样小心。"⑤

应该指出,怀疑不是目的,而仅仅是找到一个可靠出发点的手段。他的整个

① 《方法谈》,I;转引自《西方哲学原著选读》,上卷,商务印书馆,1981年,361-362页。
② 转引自《西方哲学原著选读》,上卷,商务印书馆,1981年,353页。
③ 转引自《西方哲学原著选读》,上卷,商务印书馆,1981年,364页。
④ 转引自《西方哲学原著选读》,上卷,商务印书馆,1981年,360页。
⑤ 转引自《西方哲学原著选读》,上卷,商务印书馆,1981年,365-366页、368页。

计划"只是要为自己寻求确信的理由,把浮土和沙子排除,以便找出岩石和黏土来"①。怀疑的目的,是为了排除先入为主的成见,主要是由感官经验得来的一切知识,即使是像我的身体是否真实存在这一类的事物。因为,"惯常在梦中见到一些东西,和那些疯子醒的时候见到的一模一样,有时候还要更加匪夷所思"②。就是说,感官是会骗人的,它并不是区别梦和醒的可靠标准。可以说,就其普遍的怀疑是破除成见和思想障碍而言,它与培根的"假相说"一样,是针对经院哲学和常识见解的。正因为笛卡尔的怀疑只是达到真理认识的手段,我们可以称之为方法论的怀疑,以示与怀疑主义的区别。笛卡尔式的怀疑不是不作任何判断,而只是为了"把那些十分清楚明白的……使我根本无法怀疑的东西放进我的判断之中"③。这就是他的方法论的第一条原则。这条原则,显然是从几何学演绎推理的公理方法中借用来的。

3."我思故我在"及其形而上学

根据普遍的怀疑方法,既然我把稍有疑惑的意见都一律认为虚假,那么是否还剩下一点什么是完全无可怀疑的呢?笛卡尔的答复是肯定的。这就是:"我思想,所以我存在。"

他说:"我决定把一切曾经进入我的心智的事物都认为并不比我梦中的幻觉更为真实。可是等我一旦注意到,当我愿意像这样想着一切都是假的时候,这个在想这件事的'我'必然应当是某种东西,并且觉察到'我思想,所以我存在'这条真理是这样确实,这样可靠,连怀疑派的任何一种最狂妄的假定都不能使它发生动摇,于是我就立刻断定,我可以毫无疑虑地接受这条真理,把它当作我所研求的哲学的第一条原理。"

"由此我就认识到,我是一个实体,这个实体的全部本质或本性只是思想,它并不需要任何地点以便存在,也不依赖任何物质性的东西;因此这个'我',亦即我赖以成为我的那个心灵,是与身体完全不同的,甚至比身体更容易认识,纵然身体并不存在,心灵也仍然不失其为心灵"④。

"我究竟是什么东西呢?一个在思想的东西。什么是在思想的东西呢?就是

① 笛卡尔:《方法谈》,《十六—十八世纪西欧各国哲学》,146 页。
② 《形而上学的沉思》,I;参看《西方哲学原著选读》,上卷,商务印书馆,1981 年,366 页。
③ 转引自《西方哲学原著选读》,上卷,商务印书馆,1981 年,364 页。
④ 《方法谈》,I;转引自《西方哲学原著选读》,上卷,商务印书馆,1981 年,368 – 369 页。

在怀疑、理解、理会、肯定、否定、愿意、不愿意、想像和感觉的东西"。①

"我思故我在"作为笛卡尔形而上学的基石和第一原理,明确断言,"我思"是他的哲学的出发点,"纵然身体并不存在,心灵也仍然不失其为心灵"。这就是说,作为精神实体的"我"是原初的东西,第一性的东西;思想的存在,不依赖身体,也不依赖于任何物质。毋庸置疑,笛卡尔的这个哲学原理,是不折不扣的唯心论。由此出发,把"我思"当作哲学的出发点,不论莱布尼茨的"单子"、贝克莱的"感知"、费希特的"自我"、黑格尔的"绝对精神",还是尼采的"意志"、海德格尔的"亲在",等等,都不过是"我思"的翻版,就它们将"思"当作第一性的基石而言,是没有区别的。罗素就此评价说:"'我思故我在'说的精神比物质确实,而(对我来讲)我的精神又比旁人的精神确实。因此,出自笛卡尔的一切哲学全有主观主义倾向,并且偏向把物质看成是唯有从我们对于精神的所知、通过推理才可以认识(倘若可认识)的东西。欧洲大陆的唯心论与英国经验论双方都存在这两种倾向;前者以此自鸣得意,后者为这感到遗憾。"②

然而,不可忽视的是,正因为笛卡尔将"我思"强调到如此突出的地步,所以,不仅使得后来的哲学家都注重认识论的研究,而且特别注重认识论中主体能动性的研究,这个不能不说是笛卡尔的一大功绩。

24/10/1999 对主体能动性的研究,不仅要解释正确认识的来源,而且要揭示错误认识的根源。笛卡尔在论及人为什么犯错误时,说出了一个很深刻的见解。他指出:"我的错误是从哪里产生的呢? 这只是由于意志比理智广阔得多,我没有把意志纳入同样的限度之内,而把它扩张到我所不了解的东西上去了。"③将主观意志扩张到理智所了解的东西之外,这就是导致犯错误的最深刻的认识论根源。"大跃进"等等难道不是这样吗? 唯意志论就是唯心论。

由"我思故我在"这个第一原理出发,他进一步推论出"上帝存在"和"物质世界存在"两条原理,从而完成了他的二元论的形而上学体系。所谓"上帝存在"是由上帝观念的完满性来保证的;这一论证,基本上是重复安瑟尔谟本体论的证明。而所谓"物质世界必定存在"则是由上帝的伟大、不会骗人来保证的。这可以说是强迫上帝来保证物质世界的真实性。他断言,上帝是绝对实体,物质和精神是相

---

① 《方法谈》,I;转引自《西方哲学原著选读》,上卷,商务印书馆,1981年,369-370页。
② 罗素:《西方哲学史》,下卷,商务印书馆,1981年,87页。
③ 《形而上学的沉思》,IV;转引自《西方哲学原著选读》,上卷,商务印书馆,1981年,379页。

对实体。物质的本性是广延,精神的本性是思想,二者彼此独立,互不决定。他设想,人的头脑中有一个松果腺是灵魂的寄住地。通过松果腺,人的精神和肉体结合起来;究竟如何结合,笛卡尔没有也不可能讲得清楚。

4."物理学"

笛卡尔把形而上学视为大树的树根,物理学是树干,其他各门具体的科学则是树上的枝叶等。他说过,给我以物质和运动,我就能造出整个宇宙来。他把他的物理学与形而上学完全分开,在物理学领域,不再允许上帝插手。正因此,他的物理学成为18世纪法国唯物论的直接思想来源。其中有两点特别值得注意的是:第一,宇宙间物质运动的总量不变,揭示了动量守恒的定律;第二,"动物是机器"的论点,影响了拉美特利"人是机器"的思想。

应该说,作为数学家和科学家,他的诸多成就与其哲学创造一样,都是马克思所说的"真正的自然科学的财产"。

23/10/1999　17:00

§2. 斯宾诺莎(Baruch/Benedictus de Spinoza,1632－1677)

1. 生平、著作及其哲学的主题

斯宾诺莎是17世纪最伟大的一个哲学家,不仅因为他的思想严谨,而且更因为他的哲学牢牢地把握住了时代精神的主题。他的主要著作《伦理学》与亚里士多德的《形而上学》、康德的《纯粹理性批判》和黑格尔的《逻辑学》是哲学专业学生的必读书,在整个西方哲学史上占有重要地位,堪称不朽之作。

斯宾诺莎的祖国荷兰是西欧资本主义经济发展最早的一个国家,也是资产阶级革命最早的国家。17世纪初,即在斯宾诺莎出生前20多年,尼德兰摆脱西班牙的外来统治,建立独立的民族国家即意味着资本主义制度的确立。在斯宾诺莎生活的年代,资本主义经济和政治制度已开始得到巩固。所以,马克思把荷兰称为"17世纪标准的资本主义国家"。它拥有比较开明和宽松的思想政治环境,是进步思想家们向往的地方。霍布斯、笛卡尔都曾在这里居住,从事学术研究和著述。它本身也造就了一批杰出的科学家和艺术家。如与牛顿齐名的惠更斯(1629－1695)、发现滴形虫的微生物学家列文·虎克(1632－1723)、近代国际法的奠基人胡果·格劳修斯(1583－1645)、现代主义古典画派的代表伦勃朗(1606－1669),等等。

第一，作为伟大的哲学家，斯宾诺莎是 17 世纪西欧自由思想家的卓越代表。由于他坚持自由思想，主张无神论，1656 年也就是他 24 岁时，被革除犹太教籍，并被逐出城市，只能住在乡下靠磨光学镜片为生，长期过着清贫的生活。后来由于他的学识，41 岁时曾有机会去当海德堡大学的教授，但因为他不愿使自己独立思想的自由受到限制，终于谢绝了普鲁士选帝侯的盛情邀请。可见其不为五斗米折腰的独立人格。

第二，伦理学是他的哲学的主题。这反映了他那个时代资本主义发展的现实的精神需要。他一生的经历，塑造了一种新的道德理想的典型。他出生犹太商人家庭，而自己却淡泊名利、节制物欲。据说，他曾把一笔相当可观的遗产赠给了他的姐姐，宁愿自己过着清贫的生活。读他的书，似乎给人一种略带忧伤的孤独感觉，足见其阳春白雪和者寡。他可以说是生于忧患，死于贫困，年仅 45 岁就因肺结核而去世。这个年岁正是一个人奋发有为的时候，他却因为贫困而未能活到应有的寿命。至于他的忧患，从《伦理学》可以看出，这就是今天人们所说的精神文明建设问题。当资本主义发展到一定程度，必然要求相应的道德规范。斯宾诺莎关注的正是这一点。这在当时来说，可以说是一种超前意识。

我年青时，很赞赏他的理性主义、理想主义，但不大懂为什么他特别关注伦理问题。经过 20 多年的改革开放，我才明白，道德规范对于市场经济和社会发展的至关重要；也才更理解，他确实站在了自己时代的高峰。对于培根、笛卡尔乃至霍布斯，新的道德建设问题似乎还没有提上日程。只有处在先进历史地位的荷兰，才能提出这样的任务和课题。

他的主要著作有：《伦理学》(1677)、《知性改进论》(1677)、《笛卡尔哲学原理》(1663)、《神学政治论》(1670，匿名出版)，此外，还有一篇《论虹》的科学论文。

斯宾诺莎表明，他的哲学的目标是"从事新生活指针的探求"，而这就是追求"常住不变的善"。这种至善，他常称之为"对神的理智的爱"。简言之，就是"认识人的心灵与整个自然相一致"。他指出："如果只把对于资财荣誉及快乐的追求看成手段而不看成目的，并且加以适当的节制，这不但没有什么妨害，而且对于促进目的的(即：至善、'爱好永恒无限的东西'——引注)的实现，也不无小补。"①他的这种道德目标，有两个鲜明的特点。即：①主张对外物的追求，例如资财荣誉、感官快乐等等，"加以适当的节制"。这种"节制说"或适宜(当)论，既同封建神学的

① 《知性改进论》；转引自《西方哲学原著选读》，上卷，商务印书馆，1981 年，405 页。

禁欲主义划清了界限,又与极端功利主义不同,是一种进步的理性(想)主义道德观。就是说,道德理想并不能否认物质追求,只是把它限制在适当(宜)的范围之内。②作为一种新生活的指针,人不但应着重精神上的追求,即心灵的"连续无上的快乐",而且应当强调面向自然,使"心灵与整个自然相一致"。这一点与培根面向自然、服从自然的主张相近。他指出:"心灵对于自然的了解愈多,则它对它自身的认识也必然愈加完善。"从而,"便更容易抑制它自身,使它不要驰骛于无用的事物"①。这就是说,提高道德与学习掌握科学知识是完全一致的,不能脱离科学文化孤立地谈道德修养。把道德理想建立在自然科学基础之上,这正是近代新道德与古代封建道德、颂扬愚昧的根本区别。

下面讲三点:实体即自因的泛神论、无神论学说;唯理论的真理标准说;自由和必然观。

2. 实体自因论

斯宾诺莎继承和发展了布鲁诺"神即自然"的泛神论(本原和原因、能动自然和被动自然的统一),在批评笛卡尔实体二元论的过程中,创立了他的实体自因论,把近代泛神论和无神论推向了新的高峰。

《伦理学》第一部分讨论实体问题,题为"论神"。

他给实体的定义是:"我把实体理解为在自身之内并通过自身而被认识的东西。换言之,形成实体的概念可以无需借助于别的事物的概念。"

在这一部分开头,他就指出:"我把自身的原因理解为这样的东西,它的本质就包含着存在,或者它的本性只能被设想为存在着。"

在命题 VII 的证明中,他说:"实体不能为任何别的东西所产生,所以它必定是自因。"

很清楚,斯宾诺莎把实体理解为物(存在)"自因"。也就是说,它是存在自身的原因,是唯一的、无限的、包容一切的存在,不需别的事物来说明;是永恒、自足的东西。在它之外,别无存在。这似乎有点回到了巴门尼德的存在概念。但有一个关键的区别,就是:实体是其自身存在的原因。在这里,本原和原因,能动的自然和被创造的自然是一回事。

应当说,"自因"这个概念是斯宾诺莎的一个创造,是对任何超自然概念、传统神的观念的根本否定。虽然,他仍把实体称作神,但神即自然;神不过是一个名词

---

① 《知性改进论》;转引自《西方哲学原著选读》,上卷,商务印书馆,1981 年,412 页。

称谓而已,不再有神秘的含义。"自因"也就是"终极原因",因而打破了亚里士多德以来"第一推动者"的形而上学因果观,也消除了笛卡尔的"神＝创造者"的片面观点和实体二元论局限。广延和思维并非两个互不决定的实体,而仅仅是唯一实体(＝自然)的两个属性。虽然,斯宾诺莎仍停留在心物平行论的水平,毕竟,精神仅仅只是自然的一重属性,不再是独立的实体。最后,样态不过是实体的特殊表现,是依存于实体的个别事物。由此可见,实体即物自因的概念本质上是世界物质统一性的本体论,是唯物主义的一元论。这种"神即自然"的泛神论,具有比以往更鲜明的无神论特点。

总之,物自因的概念是近代早期唯物主义和无神论所能达到的最高水平。比霍布斯的实体即物体论有着合理的辩证因素和更强的逻辑论证力量。因为,实体等于广延的概念无法说明思维和心灵的位置。

在实体自因论思想中,有三点应特别指出:

第一,根据他的"自因"论,深刻揭露和批判了目的论的虚妄。

他说:"人们一般地认定一切自然物都和他们自己一样,为了达到目的而行动,并且认定神自身把万物都引向一定的目的。"其实"自然并没有预定的目的,一切目的因都只不过是人心的虚构。"他指出,形成目的因的原因有三:其一是,人们虽"意识到自己有意志和欲望",但"对于那些引起他的意志和欲望的原因却一无所知"。其二是,"人们的行动总是为了达到目的",但却不进一步探究目的背后的原因是什么。其三是,将对自己有利的东西视为工具,从而推想出有主宰自然的目的。"例如,眼睛可以看,牙齿可以嚼,植物和动物可以拿来吃,太阳可以照明,海可以养鱼等等,因此便把一切自然物都看成用来取得对自己有用的工具。"由此推想,必定"有一个或多数自然的主宰""造出一切来给他们用"。他进一步提出,目的因是倒因为果,"关于目的的说法把自然整个颠倒过来了。因为这种说法把原因看成结果,把结果看成原因"。"比方如果有一块石头从屋顶上掉到一个人的头上把他打死了",他们便说"这块石头掉下来就是为了打死这个人"。从而阻止你去追问产生这类偶然事件的真正原因。斯宾诺莎的结论是:"这样不断地追问原因的原因,一直把你逼到托庇神的意旨——这是无知的避难所。"①

应该说,斯宾诺莎对产生目的论原因的分析是深刻的。而神意(＝目的)是

---

① 以上见《伦理学》,第一部分,附录;参看《西方哲学原著选读》,上卷,商务印书馆,1981年,423－427页。

"无知的避难所"更是一语破的。这种揭露和批判为自然科学的发展开辟了道路,扫除了障碍。

第二,从泛神论的无神论出发,第一次对《圣经》进行了历史的批判性分析和研究。

在生前匿名出版的《神学政治论》一书中,斯宾诺莎对《圣经》的历史进行了考察和分析。他表明,《圣经》是在不同时期由许多不同作者所写的作品组成的。要把握《圣经》的本意,必须对它进行文献学的研究,将它的希伯来原文和现代语言加以比较;还要研究《圣经》各篇产生的时代背景及作者的生平和写作意图;也要了解《圣经》各篇是怎样合而为一的,等等。运用这种历史分析方法,斯宾诺莎对《圣经》进行了详细考证,指出其中许多年代不准确,事实不可靠,语句有矛盾,这就有力地揭露了教会的许多解释是歪曲和捏造,动摇了神学的权威。这种对《圣经》的历史学研究,为后来无神论的发展开辟了道路,在当时,对破除迷信、解放思想起了极大的震撼作用。而对《圣经》的这种无神论研究,其理论依据正是他的实体自因学说。

第三,在讨论"样态"范畴时,斯宾诺莎提出了一个著名的命题:规定(或限制)即是否定。

《伦理学》第一部分命题 XXVIII 写道:"除了实体与样式以外,并没有别的东西;而样式不外是神的属性的特殊状态。""一件特殊的东西,或者一件有限的、具有一定的存在的东西,除非有另一个也是有限的、具有一定的存在的原因决定它存在和动作,便不能存在,也不能受到决定作出动作;……这样一直到无穷。"①这就是说,一个有限的具体的事物,总是受到某种限制的。换言之,说某物是什么,也就是说某物不是什么;特殊的、有限的东西,总是为另一个特殊的、有限的原因所决定。例如,他说:"形状不是别的,而是规定,而规定即是否定,那么形状不能是另外的东西,而只能是否定。"②有限物之为有限,正在于它的限制即否定。

正如恩格斯所指出:"斯宾诺莎早已说过:即任何的限制或规定同时就是否定。"③应该看到,"规定即否定"是从特殊事物与特殊事物的关系来讲的,而不是指实体即自因本身。因为,实体作为"自因"是无限的,不为任何其他东西决定的,

---

① 转引自《西方哲学原著选读》,上卷,商务印书馆,1981 年,422 页。
② 《斯宾诺莎著作选》,俄文版第二卷,568 页。
③ 《反杜林论》,《马恩选集》,第三卷,1972 年,181 – 182 页。

也就是说,实体是没有限制的。从这个角度说,限制即否定又是相对于无限实体来说的或以实体无限为前提和基础。没有实体自因的无限,也就没有样态它因的有限。样态作为有限事物仅仅是无限事物的特殊状态。

3. 唯理论的真理观

斯宾诺莎在认识论上是一个典型的唯理论者。他不仅在思想内容上,而且在表达形式上,都刻意推崇几何学演绎方法。《伦理学》就是按几何学的形式写作的,每一部分都是从定义、定理到命题、证明、附绎等等这种推理形式组成的,这在迄今为止,所有哲学经典著作中,绝无仅有。惟其如此,才能把他的唯理论特色和风格,极其鲜明、突出地表现出来。

《伦理学》分为五部分:一,论神;二,论心灵的性质和起源;三,论情感的起源和性质;四,论人的奴役或情感的力量;五,论理智的力量或人的自由。

第一,他把知识分为四或三类:

一类,(1)传闻的知识。例如我的家世、生日等等。(2)泛泛经验的知识。包括实际生活的大部分知识,如人皆要死,人是有理性的动物,等等。

二类,(3)推理的知识。如,同一物体远看小近看大,由此推论出:太阳比眼见的为大;由感觉到自己身体存在的感觉这一事实推知"身体与心灵必定是联合的",等等。

三类,(4)本质直观的知识。例如,"当我知道一件事物时,我便知道我知道这件事物;当我知道心灵的本性时,我便知道身体与心灵是合一的。"或"3 + 2 = 5",或"两条直线各与第三条直线平行则这两条直线必定平行"等等。

在斯宾诺莎看来,第一 – 三类知识都不能达到对事物本质、确定性、必然性和完满性的认识,"只有第四种知识才可以直接认识一件事物的正确本质而不致陷于错误"。[①] 显然,这个本质直观的知识就是如同几何学定义或公理作为推理前提那样的可靠知识。如何才能得到这种知识或用什么方法来得到这类知识呢?他说:"正确的方法在于真观念的确认,将真观念与其余的表象区别开来。"而"方法不是别的,只是反思的知识或观念的观念"。"如果心灵能达到或反思到最圆满的存在的知识,则方法也就最为完善。"[②]

---

① 《知性改进论》,19 – 29;转引自《西方哲学原著选读》,上卷,商务印书馆,1981 年,406 – 409 页。

② 《知性改进论》,19 – 29;转引自《西方哲学原著选读》,上卷,商务印书馆,1981 年,411 – 412 页。

反思作为达到真观念的唯一方法,只能求助于反省理智自身,而不求助于外物。"例如,彼得这个人是真实的;彼得的真观念……本身就(必然——引注)是真实的",以此为依据,由反思得到的关于彼得观念的观念,直到无穷,都是真实可靠的。"这件事每一个人都可以自己试验,当他回想他知道彼得是谁时,他又知道他知道;他更知道他知道他知道之类"。反思的观念之所以可靠正在于此。① 这与经验的方法是不一样的:只求诸己,无求于外(除了最初确认"彼得这人是真实的"这个起点之外)。在他看来,实体即自因这样的观念,就是这种由反思得到的本质直观的知识。人们一旦得到这样的真观念,就可以把它当作真理认识的起点,由此推得其余的一切正确观念。就此而言,他的反思方法与笛卡尔的怀疑方法是相类似的。

他说:"心灵的一切观念都必须从那个能够表示自然全体的本原和源泉的观念中推演出来。这样,这个观念本身也就可以作为其他观念的源泉。"②显然这个所谓"表示自然全体的本原和源泉的观念"也就是实体即物自因观念。因而,实体即自因这个观念,正如笛卡尔的"我思故我在"一样,是斯宾诺莎整个形而上学的基石和出发点。

第二,关于真理的标准。

斯宾诺莎有句名言:"正如光明之显示其自身并显示黑暗,所以真理即是真理自身的标准,又是错误的标准。"③这句话,常引起许多争论,有人甚至认为,这是一个纯思辨的主观标准,指责他在真理标准问题上陷入了"自以为是"的主观主义和唯心主义。④ 这种批评是不能成立的,理由如次:

①斯宾诺莎明确指出:"观念的次序和联系与事物的次序和联系是相同的。"⑤他解释说:"譬如,存在于自然中的圆形,与在神之内存在着的圆形的观念,也是同一件东西以不同的属性来说明的。所以,无论我们借广延属性,或者借思想属性,或者借任何别的属性来认识自然,我们总是会发现同一的秩序或同一的因果联系。"⑥这就是说,观念与事物有同一性。这是他的客观真理论的出发点。

---

① 《知性改进论》,19 - 29;转引自《西方哲学原著选读》,上卷,商务印书馆,1981 年,410 - 411 页。
② 《知性改进论》,19 - 29;转引自《西方哲学原著选读》,上卷,商务印书馆,1981 年,413 页。
③ 转引自《西方哲学原著选读》,上卷,商务印书馆,1981 年,438 页。
④ 参看南开大学《欧洲哲学通史》,上卷,1985 年,428 页。
⑤ 《伦理学》,第二部分,命题 VII.
⑥ 《伦理学》,第二部分,命题 VII.

②真理即是真理自身的标准,指的是真观念的内在标志。在他看来,真观念或恰当的观念,"单就它本身而不涉及对象来说,它就具有真观念的一切特性和内在标志"。而真观念的"外在的标志,即观念与它的对象的符合"。应该说,将真观念的标志区别为内在和外在这两重,是合理的。他特别指出,这两重标志是同一的,不矛盾的,更不是相互排斥的。"我把实在性(外在标志——引注)和圆满性(内在标志——引注)理解为同一的东西"。①

用今天的话讲,所谓内在标志就是指理论的逻辑自洽性。爱因斯坦将真理标志亦分为内在和外在两重;他特别指出,当理论离开经验越来越远的时候,强调逻辑自洽,即引用理论的内在判别标准就占有越来越重要的地位。爱因斯坦的这一分析,是对斯宾诺莎真理观的很好的注解。

应该说,强调理论自身的逻辑自洽,正是斯宾诺莎唯理论的一大贡献。逻辑自洽并不违背认识的客观性原则。当然逻辑自洽的理论并不一定是真理;但是,凡真理则必须是逻辑自洽的。这也就是"真理是真理自身标准"的本来含义。

③根据他的真理观,揭露了怀疑主义的认识根源正在于它的主观主义,即,怀疑主义把认识仅仅局限于主体的状态,限制在主观的范围。

他说:"每一个人都是凭自己的头脑结构来判断事物,也可以说都是把想象力的感受当作事物。由此可见(附带指出),在人们中间,像我们见到的那样,有那么多的意见分歧,因而最后产生出怀疑主义,是毫不足怪的。"②在他看来,怀疑主义的认识根源,正在于把主观感受当作事物,是一种主观经验论。

4. 自由和必然观

在反驳笛卡尔的自由意志论过程中,斯宾诺莎阐明了自己的自由观和必然观。

首先,他强调要以科学的态度考察人的情感和意志。他申明:"我将要考察人类的行为和欲望,如同我考察线、面和体一样。"③他指出,人的感情和欲望是一种"自然事物",它"遵守自然界的共同规律",并不是"超出自然以外的事物"。因为,人并不是世界的中心,而只是自然界中的自然物,人的世界并不是自然界中的"王国中之王国"。这样,斯宾诺莎就把自己关于人在自然界中的地位的观点同神

---

① 转引自《西方哲学原著选读》,上卷,商务印书馆,1981 年,430 – 431 页。
② 《伦理学》第一部分,附录;转引自《西方哲学原著选读》,上卷,商务印书馆,1981 年,429 页。
③ 《伦理学》,第三部分,序;转引自《西方哲学原著选读》,上卷,商务印书馆,1981 年,440 页。

学的人类中心论对立起来。

其次,他指出,不能控制情感就是不自由。"因为一个人为情感所支配,行为便没有自主之权,而受命运的宰割"。① 所以,达到自由的途径,就在于用理智来"克制感情"。在这里,他表达了不同意笛卡尔和斯多葛派的自由意志论。特别是笛卡尔的意志决定论,来自他的心身二元论。"他把心灵与形体看得如此不同,弄到不论对于心灵与形体的结合,还是对于心灵自身,都……不得不追溯到全宇宙的原因,亦即追溯到神"。②

在斯宾诺莎看来,心灵的力量只为理智所决定,意志只有服从理智,才能控制情感,从而获得行动的自由。在这里,他提出一个很重要的观点,即:认知自然的必然性才是自由。他说:"意志不能说是自由原因,只能说是必然的或受制的原因。"因此,"自由人,亦即纯粹依理性的指导而生活的人"。③

第三,应指出的是,他的这种自由必然观,带有静观的、消极的局限。"只要心灵理解一切事物都是必然的,那么它控制感情的力量便愈大,而感受情感的痛苦便愈少"。例如,"一个人对于所失掉的有价值的东西的痛苦一定可以减轻,如果失者认识到他所失掉的东西,在任何方式上都是无法保存的"。④ 特别是,他没有、也不可能区别社会的必然性和自然的必然性,两者是不同的。前者是人为的,后者则是自发的。自由的含义,不只是克制感情地顺从,更在于改变环境。死是自然的必然性,不值得忧虑,人只该如此;而生则是可选择的,所以人有不可剥夺的自由。所谓生的沉思,当然不只是要适当地节制自然的欲望和感情(这是人和动物本能的分界),以顺应环境;更在于在认识自然必然性的基础上,改变不利于人生存和发展的环境。

最后,应该强调,斯宾诺莎清醒的道德理想主义与斯多葛派的禁欲主义是有原则区别的。斯宾诺莎认为,正常的喜、怒、哀、乐情感,是自然事物;只有过分的激情,才应克制。而斯多葛派的禁欲主义则是把理智和情感完全对立起来,否认感情的任何自然合理性。

斯宾诺莎的一生是道德理性主义的典型。从年青时面对开除犹太教籍的迫害到临死前的一刻,他都能如此冷静地对待,表现了一种崇高的道德境界和人格

---

①　《伦理学》,第四部分,序;转引自《西方哲学原著选读》,上卷,商务印书馆,1981 年,440 页。

②　《伦理学》,第五部分,序;转引自《西方哲学原著选读》,上卷,商务印书馆,1981 年,446 页。

③　《十六—十八世纪西欧各国哲学》,265 页。

④　《伦理学》,第五部分,命题Ⅵ.

力量。罗素评论到："斯宾诺莎的世界观意在把人从恐惧的压制下解放出来。'自由人最少想到死;所以他的智慧不是关于死的默念而是关于生的沉思。'斯宾诺莎的为人极彻底实践这句箴言。他在生活的最末一天,完全保持镇静,不像《斐多篇》里写的苏格拉底那样情绪激亢,却如同在任何旁的日子,照常叙谈他的对谈者感兴趣的问题。斯宾诺莎和其他一些哲学家不同,他不仅相信自己的学说,也实践他的学说;我没听说他有哪一次,尽管遇上非常惹人生气的事,曾陷入自己的伦理观所谴责的那种激愤和恼怒里。在与人争论当中,他谦和明理,绝不进行非难,但是竭尽全力来说服对方。"①总之,斯宾诺莎作为十七世纪最伟大的哲学家,无论他的泛神论世界观、理性主义真理观还是道德理想主义,对后代哲学都有很大影响。特别是,他对20世纪唯理论的现代科学家,例如爱因斯坦、薛定谔等等,影响更为深刻。一个哲学家的思想,在几个世纪之后,对科学发展有如此重大的影响,是很少见的。

05/12/1999

§3. 莱布尼茨(Gottfried Wilhelm Leibniz,1646 – 1716)

1. 生平和著作

莱布尼茨是近代唯理论的著名哲学家,又是杰出的数学家,是微积分的发明者,数理逻辑的先驱。他在数学和逻辑学上的贡献,远比他作为形而上学的哲学家还要著名。现代科学家对他的了解,受罗素《莱布尼茨哲学述评》(1900)一书影响甚大。控制论的创始人维纳就是一个例子。在维纳《人有人的用途》一书中,对莱布尼茨的数理逻辑思想的巨大影响,给予了很高的评价。莱布尼茨曾毕生追求和希望,发现一种万能算学(Characteristica Universalis)用来以计算代替思考。他说:"有了这种东西,我们对形而上学和道德问题就能够几乎像在几何学和数学分析中一样进行推论。""万一发生争执,正好像两个会计员之间无需有辩论,两个哲学家也不需要辩论。因为他们只要拿起石笔,在石板前坐下来,彼此说一声:我们来算算,也就行了。"②在我们这个电脑进入家庭日常生活的时代,提及他的这种猜想和希望,自然倍感亲切。计算能否代替思考,电脑能否代替人脑,数理逻辑

---

① 罗素:《西方哲学史》,下卷,商务印书馆,1981年,98 – 99页。
② 转引自罗素:《西方哲学史》,下卷,商务印书馆,1981年,119页.

推论能否代替哲学争论,是现当代哲学家和数学家、计算机专家以及其他科学家共同关心的问题;二百多年前,莱布尼茨似乎已有此预感。仅这一点,足以看出他是一个智慧超群的哲学家和科学家。

作为唯理论的哲学家,他的生平和学说与斯宾诺莎形成强烈的对比。就其推崇数学方法,特别是几何学方法而言,他们主张是一致的。莱布尼茨的《单子论》在体例上,与斯宾诺莎《伦理学》有类似之处,一层一层论证,条理清晰。除此之外,两人的哲学主张就分道扬镳了。一个是多元实体论,一个是实体一元论;一个是先验唯心论,一个是唯物的唯理论,一个是有神论,一个是泛神论的无神论。

从个人经历讲,莱布尼茨一生可谓飞黄腾达,做过外交官、王室图书馆长、第一任柏林科学院长,帝国宫廷参议,等等。斯宾诺莎则一生屡遭迫害,敢于坚持自己的独立思想。1676 年,莱布尼茨就任图书馆长前曾专访过斯宾诺莎,两人相处了一个月。但他晚年却"附和对斯宾诺莎的攻讦",尽量回避他与斯宾诺莎接触的这段经历。他"完全欠缺在斯宾诺莎身上表现得很显著的那些崇高的哲学品德"。①

有一点值得提及的是,他是近代西方热心关注中国文化的著名学者,据说曾建议康熙在北京成立科学院,还说他曾是康熙的科学顾问。

主要哲学著作有:《人类理智新论》(1704)、《单子论》(1714)、《形而上学谈话》(1686)、《神正论》(1710)等等。

22/12/1999 莱布尼茨在《中国近事》一书(1697 年版)中写道:"我们从前谁也不相信在这世界上还有比我们的伦理更完善、立身处世之道更进步的民族存在,现在从东方的中国,竟使我们觉醒了。""欧洲文化的特长在于数学的、思辨的科学,就是在军事方面,中国也不如欧洲;但在实践哲学方面,欧洲人就大不如中国人了。"1681 年,比利时柏应理著《中国之哲学家孔子》,介绍了儒家经典。之后,比利时卫方济著《中国哲学》,并将《四书》《孝经》《幼学》等翻译出版,使欧洲了解中国哲学。(以上转引自《书摘》,1999 年 12 期 54 页;原著为《九九归一》,中央文献出版社,1999 年 9 月出版。)

2. 单子论

如果说莱布尼茨作为科学家离我们很近,那么他的形而上学体系离我们却甚为遥远。因为,当时的德国实际上只是个地理名词,分属于 300 多个公国,近 1000

---

① 参看罗素:《西方哲学史》,下卷,商务印书馆,1981 年,108 页。

个领主,是一个封建割据的农奴制国家。其经济文化发展,不仅后落后于资本主义的荷兰、英国,也落后于路易十四封建专制的法国。他的"单子",可以说就是各自独立的诸侯国的理论形象。按照单子论的结论,现实世界是神创造出的可能世界中最好的一个世界。"这个宇宙秩序就是不可能比现在更好的了。"①这种粉饰太平的理论,正中"普鲁士王后的心意,她的农奴继续忍着恶,而她继续享受善,有一个伟大的哲学家保证这件事公道合理,真令人快慰。"②

为什么莱布尼茨的单子论会得出这样的结论,要从它的理论的内在结构和外在原因两方面进行讨论。

(1)单子是有内在欲求和知觉的精神实体。

斯宾诺莎的实体是"自因",笛卡尔的灵魂实体是思维,霍布斯的唯一实体是广延;莱布尼茨的单子与斯宾诺莎和笛卡尔均不相同,且与霍布斯的广延实体正相反,它的唯一属性就是没有广延、形状和不可分的精神欲求和知觉。霍布斯断定,没有广延的物体即实体是个自相矛盾的概念,莱布尼茨则相反地断定,具有广延性的物质原子才是自相矛盾的概念,因为,物质的每一部分都是"无限可分的"。所以,实体必然是非物质的,不可再分的单纯的精神实体。

他认为,"这些单子就是自然的真正原子,总之,就是事物的原素"(§3)。单子"无非就是知觉"(§14),而"使一个知觉变化或过渡到另一个知觉的那个内在本原,可以称为欲求"(§15)。"我们可以把一切单纯实体或创造出来的单子命名为'隐德莱希',因为它们自身之内具有……内在活动的源泉",也可以说,它们是一种"无形体的自动机"(§18)。只有"那些具有比较清晰的知觉而有记忆伴随着的"单子才能"称为灵魂"(§19)。

以上,莱布尼茨用了知觉、欲求、隐德莱希、灵魂等等一系列的特性和名称来解释单子,无非是说,作为"真正的原子""事物的原素"是一种单纯的、不可分割的精神实体。任何形体都是"附属于(某)一个单子"的(§63),即使"在物质的最小的部分中,也有一个创造物、生物、动物、'隐德莱希'、灵魂的世界"。按照他的单子论,宇宙内从无生命的东西到生物到人,直到上帝,都是按知觉的清晰程度不同而连续不断排列起来的单子系列。最高级最完满的单子就是上帝,它的知觉最清晰,是全知全能的单子;而即使无生命的事物,也是有"微知觉"的东西,只不过

---

① 《单子论》,90;转引自《西方哲学原著选读》,上卷,商务印书馆,1981 年,493 页。
② 罗素:《西方哲学史》,下卷,商务印书馆,1981 年,108 页。

它们属于最低级的单子。

值得注意的是,作为有内在欲求和知觉的单子还有两个非常重要的特点:

第一,单子是彼此孤立的、自我封闭的、各不相同的实体。他说:"单子并没有可供某物出入的窗户。"(§7)又说:"每一个单子必须与任何一个别的单子不同。因为自然界绝没有两个东西完全一样。"(§9)

第二,单子是普遍联系的。他说:"这种一切事物对每一事物的联系或适应,以及每一事物对一切事物的联系或适应,使每一单纯实体具有表现其他一切事物的关系,并且使它因而成为宇宙的一面永恒的活的镜子。"(§56)

这里,显然存在一个逻辑上或者理论上的矛盾,即:彼此孤立的单子又如何能普遍联系在一起呢? 莱布尼茨毫不犹豫地求助于上帝的万能。

(2)"先定和谐"。

首先,莱布尼茨认为,"单子是只能突然产生、突然消失的,这就是说,它们只能通过创造而产生,通过毁灭而消失。"(§6)"因此只有上帝是原始的统一或最初的单纯实体,一切创造出来的或派生的单子都是它的产物,可以说是凭借神性的一刹那的连续闪耀而产生的。"(§47)

看起来,上帝的这种创造行为,很有点像新柏拉图主义者柏罗丁的"太一""流溢说"。① 简单地说,单子是由上帝突然创造出来的,而不是"用什么方式自然地产生"的。(§5)

其次,单子之间存在着"普遍的和谐"。(§59)特殊地说,"灵魂遵守它自身的规律,形体也遵守它自身的规律,它们的会合一致,是由于一切实体之间的预定的和谐,因为一切实体都是同一宇宙的表象"。(§78)

所谓先定和谐,按照莱布尼茨的解释,就是"这种和谐是由神的一种预先谋划制定的,神一起头就以十分完善、十分规整的方式,以十足的精确性,造成了这些实体中的每一个,因此它只遵守自己固有的那些……规律,却又与别的实体相一致,就好像有一种相互的影响,或者神除了一般的维持以外,还时时插手于其间似的"②。

简单地说,上帝是一个十分高明的钟表匠,它造出的两个钟摆可以摆得十分

---

① 参看柏罗丁:《九章集》,V.1,4;转引自《西方哲学原著选读》,上卷,商务印书馆,1981年,216页。

② 《新系统的解释之三》;转引自《西方哲学原著选读》,上卷,商务印书馆,1981年,501页。

精确一致。上帝预先就把它们设计和制造得非常精巧,并不需随时干预它们的摆动。这样看来,莱布尼茨的上帝是相当开明的,它并不干预世间万物的具体运行过程。

第三,由此而来的推论是,在灵魂和形体之间,即"动力因的界域和目的因的界域,是互相协调的"。(§79)在"自然的物理界与神鬼的道德界之间,亦即……建造宇宙机器的上帝与君临精神的神圣城邦的上帝之间",也存一种"完满的和谐"。(§87)

特别是,就社会生活而言,"作为建筑师的上帝,在一切方面都是满足作为立法者的上帝的"。(§89)"上帝对于精神的关系,不仅是一个发明家对于他的机器的关系,而且是一位君主对他的臣民的关系,甚至是一个父亲对他的子女的关系。"(§84)

所谓建筑师的上帝满足立法者的上帝,就是说上帝在设计建造这个世界时,已经为它确立了一套运行的法则,上帝并不需要在每个场合实行赏善罚恶的法官职责;只要世俗的君主实行上帝的立法就行了。这里,莱布尼茨并未否定世俗君主的专制权威,但却要求他依法行事,同作为世界创造者的上帝一样,表现得尽量开明一点。

(3)单子说以曲折的方式表达了极其软弱的市民阶层的愿望和当时自然科学发展的需要。

例如,他强调单子作为孤立实体的内在欲求。当时分散在各独立诸侯国的工商业者,只能寄希望于开明的君主专制,以求发展形成统一的资本主义市场。这一点在专制统一的法国已经开始实现,而在德国境内,由于"卅年战争"的结果,还只能是一种主观的欲求和希望。而没有形成统一的民族国家,就不可能有统一的资本市场。后来发现的史料表明,莱布尼茨1672年出使巴黎的一项重要计划就是:游说路易十四"进军埃及,不攻德意志",而结果是碰了一鼻子灰。法王提醒他:自十字军东征(13世纪,路易九世时代,A. C. 1226 – 1270)以后,对异教徒的圣战已经过时。这份计划直到1803年拿破仑占领汉诺威时才发现。这一计划说明,当时的德意志各郡主,包括莱布尼茨供职的美因茨选帝侯邦主,对法国是多么的恐惧。[1] 17世纪极其软弱的德国工商业者的理想不是英国,更不是荷兰,而仅仅是有统一国内市场的法国。

---

[1]　参看罗素:《西方哲学史》,下卷,商务印书馆,1981年,107页。

"依我个人说,他的单子论里面我认为最精彩的地方是他讲的两类空间:一类是各个单子的知觉中的主观空间,另一类是由种种单子的立足点集合而成的客观空间。我相信这一点在确定知觉与物理学的关系方面还是有用的"。① 这是什么意思?据我看,所谓两类空间就是:主观知觉的多相空间和客观现实的多维空间。因为,单子与物理学的质点相当,在理智的精神世界里,单子的知觉是多相的,是反映宇宙的一面活的镜子,这就是说,思维是多向度的。而物理学的质点,仍可处在现实的多维空间之中。质点也是有内在结构的,正如,夸克仍可想象为是多维空间的客体一样。

莱布尼茨体系比起斯宾诺莎体系的某种宿命论来,容许自由意志的存在。他提出了一条"充足理由律",就是:任何事情没有理由决不会发生;人的所作所为总有动机,这就是他强调的单子总有欲求。但这种欲求或动机只是行为的充足理由,而并不总是有必然性。只有上帝的意志才是必然真理。但不管怎么说,莱布尼茨总算是给人的自由意志以一定的地位,不像斯宾诺莎那样,把人的自由归结为服从自然的必然性,似乎善恶都是命定的。应该说,这种关于单子有内在欲求、人有一定的自由选择的观点,在理论上比机械决定论即宿命论是一个进步。它反映了市民阶层的进步愿望。

又如,单子的变化序列是连续的。从"物体的自然惰性"(§42)到"完全没有形体"(§72)的具有最大能动性的精神实体上帝,从"微知觉"到具有最清晰直觉、最高智慧的神,"自然从来不飞跃"。② 可以说,强调事物变化的连续性一面,在一定意义上正是他所发明的无穷小算法(微积分)在哲学上的反映和概括。至于单子普遍联系的观点,也正是当时自然科学已发现的物质和运动不可分割的一种曲折的表达。

甚至于上帝在所有可能的世界中选择了最好的一个世界,这种看来很谄媚的说法,也包含有非常深刻的科学思想。例如,地球上生命的产生和进化。A、C、G、T 四种核苷酸有几千种排列组合的可能选择,然而,事实上存在的仅仅是我们熟知的唯一一种 A、C、G、T 的组合。它形成了生命进化的共同规律。

总之,无论单子论的合理因素还是它的神秘主义,都不是哲学家凭空的杜撰,而是以极其抽象的形式表达了社会生活和科学发展的实际内容。

① 罗素:《西方哲学史》,下卷,商务印书馆,1981 年,124 页。
② 《人类理智新论》,序;参看《西方哲学原著选读》,上卷,商务印书馆,1981 年,499 页。

3. 心灵(理智)是"一块有纹路的大理石"

这可以说是一种较温和的先验论观点。既对经验论作了一定的让步,又维护了先验论的根本立场。其内容主要包括:两种推理和两种真理学说;对白板说的反驳;微知觉或自然潜能说。

(1)两种推理和两种真理

"我们的推理是建立在两大原则上,即是:①矛盾原则,即:"包含矛盾者的为假,与假……相矛盾者为真"。(§31)②充足理由原则,即:"任何一个陈述如果是真的,就必须有一个为什么这样而不那样的充足理由,虽然这些理由常常总是不能为我们所知道的"。(§3)

于是,"也有两种真理:推理的真理和事实的真理。推理的真理是必然的,它们的反面是不可能的;事实的真理是偶然的,它们的反面是可能的"。(§33)推理的必然真理如"上帝是存在的",其反面"上帝不存在"是不可能的。事实的真理如"张三是存在的",等等,其反面也是可能的。只有上帝才是全部偶然真理的"充足理由","只有一个上帝,并且这个上帝是足够的"。(§39)

莱布尼茨虽承认,"我们在3/4的行为上,只不过是经验派"(§28)就是说,多数都是事实真理,但总有一些必然的真理,推理的真理。

(2)对白板说的反驳

莱布尼茨的主要论点是:既然有内省经验,那就必须承认有先天的观念。他指出:洛克"承认那些不起于感觉的观念来自于反省。而所谓反省不是别的,就是对于我们心里的东西的一种注意。……既然如此,还能否认在我们心灵中有许多天赋的东西吗? ……难道还能否认在我们心中有存在、统一、实体、绵延、变化、行为、知觉、快乐以及其他许许多多我们的理智观念的对象吗? ……我也曾用一块有纹路的大理石来比喻,而不把心灵比作一块完全一色的大理石或空白的板,即哲学家们所谓的 Tabula rasa。……观念与真理是作为倾向、禀赋、习性或自然的潜在能力而天赋在我们心中"①。

依上述解释,莱布尼茨与其说坚持天赋观念,毋宁说是更强调认识能力是天赋的,即主张天赋能力。这一点与笛卡尔还是有一定区别的。

(3)为了论证他的这种天赋能力说,莱布尼茨提出了微知觉或自然潜能说。

他说,心灵任何时候都具有知觉,即使熟睡无梦时也是如此。因为"在自然的

①《人类理智新论》,序;参看《西方哲学原著选读》,上卷,商务印书馆,1981 年,495 – 496 页。

情况下,一个实体不能没有行动,甚至没有一个形体没有运动"。就是说,他根据只有普遍运动而无绝对静止这一原则,断定心灵即使处在熟睡之中也有运动,即有知觉的。只不过这种知觉不为人所觉察罢了。他把这种人们主观觉察不到的知觉称为"微小知觉"即微知觉。

他指出:"任何时候在我们心中都有无数的知觉,但是并无察觉和反省;换句话说,心灵本身有种种变化我们是觉察不到的,因为这些印象或者是太小而数目太多了,或者是彼此联结得太紧密了,以致不能彼此区别开来。""为了更好地判定我们不能在大群之中辨别出来的这种微小知觉,我常常用我们在海岸上听到的波涛或海啸的声音在作例子。……每一个波浪的声音,……只有在这个怒吼中,才能为我们听到,如果发出这种声音的波浪只有一个,就听不到。……(但)不论这些声音多么小,也必须对其中的每一个声音有点知觉;否则我们就不会对成千成万波浪的声音有所知觉,因为成千成万个零合在一起,是不会构成任何东西的。"①

他的结论是:"总之,这种感觉不到的知觉之在精神学上的用处,和那种感觉不到的分子在物理学上的用处一样大。"②

这种微知觉理论是莱布尼茨认识论中很重要的一个论据,它可以合理地解释天赋观念是一种自然的潜能。他批评洛克"似乎认为在我们心中没有任何潜在的东西"。他指出:"虽然得来的习惯和我们记忆中储存的东西并非永远为我们所明白知觉到,甚至当我们需要的时候也不是招之即来,但是我们确实常常一有小小的机会就可以很容易地在心中唤起它,例如我们常常只要听到第一句就记起一首歌。"③因此,他宣称:"心灵原来就包含着一些概念和学说的原则,外界的对象只是靠机缘把这些原则唤醒了。我和柏拉图一样持……一种主张。"④

这样,莱布尼茨就为柏拉图的回忆说作了更精致的论证:认识的能力和某些原则是天赋的。应该说,现代分子遗传学在一定程度上证实了这种温和的先验认识论:感觉的某些模式是先天遗传决定的。

应该指出,这种微知觉或自然潜能理论与莱布尼茨的无穷小算法即微积分发明是密切相关的。他在出使巴黎期间,大约 1675－1676 年就独立发明了微积分,

---

① 《人论理智新论》,序;转引自《西方哲学原著选读》,上卷,商务印书馆,1981 年,497－498 页。
② 《人论理智新论》,序;转引自《西方哲学原著选读》,上卷,商务印书馆,1981 年,499 页。
③ 《人论理智新论》,序;转引自《西方哲学原著选读》,上卷,商务印书馆,1981 年,496 页。
④ 《人论理智新论》,序;转引自《西方哲学原著选读》,上卷,商务印书馆,1981 年,493 页。

并于 1684 年(早于牛顿的 1687 年三年)公诸于世。虽然在他生前一场关于发明优先权的争执使他在英国声誉不佳,但无论如何,这一发明对他的哲学思想却影响巨大而深刻,是不容忽视的。

总之,莱布尼茨无论作为哲学家还是科学家,不仅在近代,而且在全部西方哲学和科学史上,都是少有的伟大人物之一。他生活在经济、政治落后的德国,但他的名字却是十七、十八世纪德意志民族的光荣。

18 世纪英国经验论

§1. 贝克莱(George Berkeley,1686－1753)

贝克莱是近代主观唯心主义经验论的著名代表。洛克的经验论在 18 世纪的法国,发展成为明确的唯物论,而在他的祖国,却演变成了公开的主观唯心论。这种情况,只能由英国和法国不同的社会现实需要和文化背景来说明。简单点说,"光荣革命"后的英国,统治阶级的需要是利用宗教的影响来保持社会的稳定,加强对人民群众的精神控制;而在法国,由于资本主义经济的发展壮大,正在准备一场远比英国革命彻底得多、激烈得多的思想政治革命,进步的思想家们以公开的无神论为武器,对宗教展开了批判。这就是贝克莱和狄德罗两人都是从洛克的经验论出发,在认识论和本体论上却采取了针锋相对的立场的原因。

贝克莱出生于爱尔兰,40 岁时(1724)任北爱尔兰的任登德里的副主教,50 岁(1734)升任为爱尔兰南部克罗因的主教。他的大部分著作都是在 28 岁写成的。《视觉新论》(1709)、《人类知识原理》(1710)、《希勒斯和斐勒斯的三篇对话》(1713)等等,为其主要著作。

1."存在就是被感知"

莱布尼茨从洛克关于知识的来源出发,反驳他的经验论;贝克莱从洛克关于物体的两重性质出发,反驳他的物质实体概念,否定经验的客观来源,论证他的主观唯心论。洛克经验论的不彻底性成为先验唯心论和经验唯心论的共同出发点。

按照贝克莱"存在就是被感知"的命题,根本不存在任何独立于感觉观念之外的事物。事物无非是"心灵"实体(精神、灵魂、自我)感知的一组观念的集合。"例如某种颜色、滋味、气味、形相和硬度,如果常在一块儿出现,我们便会把这些观念当作一个单独的事物来看待,并用苹果的名称来表示它"。①

"我说我写字用的桌子存在,这就是说我看见它,摸到它。……有气味,就是说我嗅到过它;有声音,就是说我听到过它;有颜色或形相,就是说我用视觉或者触觉感知过它。……事物完全与它的被感知无关而有绝对的存在,那在我是完全不能了解的。它们的存在就是被感知,它们不可能在心灵或感知它们的能思维的东西以外有任何存在"。② "总之,构成大宇宙的一切物体,在心灵以外都没有任何存在;它们的存在就是被感知或被知道"。③

很显然,贝克莱的论点是:对象依存于感知它的主体,即"这样一个能感知的主动实体,就是我所谓的心灵、精神、灵魂或自我"。"真正讲来,对象和感觉是同一个东西,因此,两者是不能彼此分离的。"④

贝克莱怎样达到他的这一结论呢? 主要的论证是:不仅物体的第二性质,而且第一性质都是主观的。并且物质或有形实体是一个矛盾的概念。在这里,表现出他与霍布斯的物质实体一元论观点是完全对立的。他说:"那些主张形状、运动及其他第一性的质存在于心外……的人们,都同时承认颜色、声音、冷热及这一类的第二性的质是不存在于心外的;……如果的确那些原初的性质是与其他感性性质不可分离地连结在一起,……那么,显然那些原初的性质也就只能在心中存在了;……总之,广延、形状和运动,离开了所有别的性质,都是不可想象的。"⑤

显然,他论证的要点是,广延、形状等与颜色、声音这些感觉的性质不能分开。因此,既然第二性质只是主观的,第一性质也只能存在于心中。应该承认,这一论证确实抓住了机械论物质观将实体和属性(质)截然分开的弱点。然而,贝克莱的真正意图是从这里打开一个缺口,从根本上否定物质实体的客观实在性,将客观实在归结为人的感觉观念。

因此,他公开宣称:"所谓'物质',我们了解为一种被动的、无感觉的实体,而广延、形状和运动正是存在于这个实体之中。"既然,关于实体的观念只能存在于心中,"所以很显然,所谓'物质'或者有形体的实体这个概念,本身就含着一个矛

---

① 《人类知识原理》,I.1;转引自《西方哲学原著选读》,上卷,商务印书馆,1981 年,502 页。
② 转引自《西方哲学原著选读》,上卷,商务印书馆,1981 年,503 页。
③ 转引自《西方哲学原著选读》,上卷,商务印书馆,1981 年,504 页。
④ 转引自《西方哲学原著选读》,上卷,商务印书馆,1981 年,503、504 页。
⑤ 转引自《西方哲学原著选读》,上卷,商务印书馆,1981 年,506 – 507 页。

盾在内"①。因为,观念是无所谓形体的;而且,实体必然是能动的。所以,被动的形体和能动的观念联在一起是自相矛盾的。这样,贝克莱就得出了和霍布斯完全相反的实体观。霍布斯认为实体即物体,唯一属性是广延性;无形体的精神实体是自相矛盾的。而贝克莱则认为,只有能动的精神才能称为实体,被动的形体或无能动性的物质(体)当然不配称为实体。其实,将物质视为只是惰性的,只有精神才是能动的,这不过是传统唯心论哲学家们的一种偏见。在这个问题上,贝克莱并无什么新的见解。

2. 上帝存在的新论证

人们要问:为什么贝克莱会提出这种必然导致荒谬的唯我论的"存在就是被感知"命题呢? 他如何摆脱认识论上的这种困境呢? 这要从他的哲学的根本目的来寻找答案。

从培根算起,中经霍布斯和洛克,英国人对经院哲学神学论证的批判持续不断,到贝克莱年轻的时候,上帝的传统观念已经发生很大的动摇,无神论思想在社会上不断得到传播。特别是,当时的一批"自然神论"者,如约翰·托兰德(1607 - 1722)、安东尼·柯林斯(1676 - 1729)等等,依据牛顿力学的成果,只给上帝以"第一推动"的权力,主张上帝创世之后,就再不干预世事,听凭自然界只按自己的规律运行了。正如马克思所说:"自然神论——至少对唯物主义者来说——不过是摆脱宗教的一种简便易行的方法罢了。"②在这种情况下,贝克莱以维护宗教有神论的权威为己任,把批判的矛头直接朝向唯物论和无神论,这就是他的哲学的根本出发点。对此,贝克莱是直言不讳的。

首先,要摆脱唯我论,必须把上帝请出来,这是他的认识论的内在矛盾和逻辑(困境)决定的。

他说:从"天上的一切星宿"到"地上的一切陈设","如果它们不是实际上被我所感知,或者不存在于我或任何别的被创造的精神的心中,那么,它们不是根本不存在,就是存在于某种'永恒的精神'的心中"。③

显然,所谓"永恒的精神"就是创造万有、保证一切事物存在的真实性的上帝。从逻辑上看,只有这个"永恒的精神"才能帮助他摆脱困境:即使我的感知不存在,

---

① 转引自《西方哲学原著选读》,上卷,商务印书馆,1981 年,506 页。
② 《马克思恩格斯选集》,第二卷,1972 年,165 页。
③ 转引自《西方哲学原著选读》,上卷,商务印书馆,1981 年,504 页。

万有仍然存在于上帝心中。从逻辑上看,由"存在即感知"到"上帝存在"与笛卡尔由"我思故我在"到"上帝存在"的思路是一致的,或类似的。

其次,他明白指出,假定心外有物是一切怀疑神的存在和权威的思想根源。他说:假设事物可以不被精神感知而有一种独立的自然存在,这种见解正是怀疑主义的根源;因为,只要人们认为真实的事物存在于心灵以外,那么,他们就必然怀疑确定知识的真实性的精神实体的存在。如果把"颜色、形状、运动、广延等等""看成是指示存在于心灵以外的事物或原型的符号或图像,那么,我们就完全堕入了怀疑主义"。①"关于'物质'或'有形实体'的学说,是'怀疑主义'的主要支柱";"物质的实体从来就是'无神论者'的至友,……他们的一切古怪系统,都明显地、必然地依靠它;所以一旦把这块基石去掉,整个建筑物就不能不垮台"。②当然,物质实体这块唯物论和无神论的基石是否能够去掉,这并不取决于贝克莱的一厢情愿,而是要由哲学史和科学史的全部知识,由全人类的社会实践来决定的。正是在这里,贝克莱的上帝连同他"存在就是被感知"的哲学,遭到了无情的驳斥和失败。应看到的是,贝克莱决不是这种失败的哲学家的最后一个。我们要面对的是,不断花样翻新的贝克莱。

03/11/1999　11:30

§2.　休谟(**David Hume**,1711－1776)

休谟的怀疑论或不可知论是近代经验论的高峰和终结。他的哲学的坚不可摧的批判怀疑精神和本体论上调和科学与宗教的主张,对后世有强烈而深刻的影响。无论从它对现当代科学革命的影响看,还是对社会精神生活实际的作用看,休谟都是近代少有的、成功的一位哲学家。恩格斯把他和康德并列在一起,称为近代重要的哲学家;爱因斯坦确认,在创立相对论的过程中,休谟哲学对他有决定性的影响。罗素指出:"整个十九世纪内以及二十世纪到此为止(1945 年)的非理性的发展,是休谟破坏经验主义的当然后果。"③我觉得,愈是从当代哲学发展的角度来反观休谟,愈是能看清他的重要。从特定意义上说,休谟既是 18 世纪英国

---

① 转引自《西方哲学原著选读》,上卷,商务印书馆,1981 年,515 页。
② 转引自《西方哲学原著选读》,上卷,商务印书馆,1981 年,516 页。
③ 罗素:《西方哲学史》,下卷,商务印书馆,1981 年,211 页。

的斯宾诺莎,又是当代英美发达国家的精神偶像。

1. 生平和著作

第一,休谟生活在英国资产阶级已经稳定和巩固其政治统治地位的时代。它在代替封建贵族对全社会施行思想统治方面也已开始积累了成功的经验。休谟比贝克莱小26岁,他的《人性论》(1740)比贝克莱的《人类知识原理》(1710)晚出30年,在处理哲学和宗教的关系方面却显得成熟得多。贝克莱哲学的宗教倾向太直露,并不符合虽已巩固政治统治地位,但仍积极热衷于发展经济、发展科学的资产阶级的需要。休谟的怀疑论,一定程度上纠正了贝克莱的宗教倾向,给科学留下了更大的发展空间。

过去认为,资产阶级掌权后就抛弃了唯物主义,这种看法是值得商榷的。

另一方面,《人性论》重点讨论人的理智的限度,落脚点是人的道德生活规范问题,这一点与斯宾诺莎《伦理学》有相似之处,是取得了政治统治地位、在发展经济的同时,进步的资产阶级思想家们不能不关注的问题。正如他自己表白的:"我不禁怀着一种好奇心,要想弄清道德上的善和恶的原则,政治的本性和基础,那些驱使我、支配我的情感和倾向的原因。"然而,他感到不安的是,"当前学术界对这些方面一概无知",因而,他"雄心勃勃、有志于对教育人类作出自己的贡献"。①比较一下,《人性论》和《伦理学》的内容结构,也可看出两者面对的课题是相似的。《人性论》分为三卷,分别讨论:理智、情感和道德;《伦理学》分五部分,分别讨论:神、心灵、情感的性质、情感的力量和人的自由。两相比较,《人性论》只是缺少讨论神的形而上学实体问题。这显示出两者的重大差别,容后再讲。

总之,从反映时代精神这个角度看,休谟怀疑论恰恰是上升时期的英国资产阶级进行思想统治经验的总结。

第二,从个人经历讲,休谟阅历丰富,社会交往广泛,是个多方面的著作家。他1752-1757年任爱丁堡市图书馆长,1763年出使巴黎,后来官至副国务大臣。特别是在巴黎期间,他结识了卢梭、狄德罗、霍尔巴赫、杜尔阁、达朗贝等人,受到法国启蒙学说和唯物论思想的巨大影响。早年,他的《经济论文集》(1732)主张贸易自由,提出"货币数量论",成为英国古典政治经济学的先驱,是亚当·斯密(《国富论》作者)的老师和朋友。中年,他撰写了大部头的《英国史》(1755)。在

---

① 《人性论》,第一卷,第四部,VII;转引自《西方哲学原著选读》,上卷,商务印书馆,1981年,531-532页。

哲学方面,除《人性论》外,根据这部著作第一卷改写的《人类理解研究》(1748)曾使康德从"独断论的睡梦中惊醒",是近二百多年传播得最广泛的哲学著作之一。此外,还有批判传统宗教观的《自然的宗教史》(1757)和死后出版的《自然宗教对话录》,等等。

从哲学思想方面说,休谟是个远比洛克彻底的经验论者。例如,他不能容忍洛克关于经验的二重来源一类的调和观点,宣称:内省经验如情感、欲望和情绪等等,也是以感觉印象为基础的,强调感觉印象是知识的唯一来源。用罗素的话说,"他具有比洛克的智力优越的智力,作分析时有较大的敏锐性,而容纳心安理得的矛盾的度量比较小"①。而洛克则一贯"宁肯牺牲逻辑也不愿意发奇僻的悖论。……每当怪结论好像就要露头的时候,洛克却用婉和的态度回避开"②。然而,正因为休谟把经验论发展到了它的逻辑终点,使得他的哲学结论难以令人置信,从而使经验论走进了死胡同。

2. 本体论的怀疑论

休谟向来以哲学上的怀疑主义自诩。他声称:"在人生的各样事情上,我们还是应当一概保持怀疑主义的态度。如果说我们相信火能加温、水能生凉,那只是因为不那么想就要吃大亏而已。可是,如果我们是哲学家,那就只能是基于怀疑主义的原则,出于一种爱好,觉得自己倾向于以那个方式去努力了。"③

①他说的怀疑主义作为一种哲学爱好或努力(行为)方式,究竟是什么含义呢?这要从古代怀疑论"不作判断"的主张和近代哲学关于实体的争论说起。皮罗主张"应当毫不动摇地坚持不发表任何意见,不作任何判断"④。休谟接受和发展了皮罗主义的这一基本立场,并给予了它一个彻底经验论的论据。这就是,我们的一切观念都来自感觉,因而人的理智认知不能超越于主观的经验(范围)。

他说:"心灵中的一切知觉分为两类,这是依照其有力的生动的程度来辨别的。……所谓印象,我所指的是一切较生动的知觉,就是指我们听见、看见、触到、爱好、厌恶或欲求时的知觉而言。(注意:将欲求、爱好等情感欲望和看见、听见的感性知觉放在一起,不分什么外部感觉和内省经验,这同洛克已大不相同了——

---

① 罗素:《西方哲学史》,下卷,商务印书馆,1981年,210页。
② 罗素:《西方哲学史》,下卷,商务印书馆,1981年,136页。
③ 《人性论》,第一卷,第四部,VII;转引自《西方哲学原著选读》,上卷,商务印书馆,1981年,531页。
④ 转引自《西方哲学原著选读》,上卷,商务印书馆,1981年,177页。

引注)……观念是较不生动的知觉。""用哲学的语言来说,我们的一切观念或比较微弱的知觉,都是我们的印象或比较生动的知觉的摹本。"①

重要的是,我们的一切思想认识,不能超越感官经验的范围。他说,虽然我们的想象力可以远至天际、无拘无束,"我们的思想似乎具有这样无边无际的自由",然而,正如"我们的身体是限制在一个星球上,……在这个星球上痛苦而困难地徘徊着"一样,我们的思想其实是"限制在一个狭隘的范围之内;人的精神所具有的创造力量,不外乎是将感官和经验提供我们的材料加以联系、置换、扩大或缩小而已"。② 就是说,思想认识、精神创造一点也不能超越观念的范围。

②在确定了上述经验论的前提之下,我们对有关超越经验之外的实体问题,即传统的所谓本体论问题,原则上不可能或不允许做出回答。

笛卡尔宣称,实体为上帝、精神和物质;霍布斯主张实体为物质;洛克倾向于肯定物体实体的存在,虽然我们对它不甚了了;唯有贝克莱,坚决否定物质实体,强调上帝作为"永恒的精神"实体是不可怀疑的。休谟依据他的彻底的经验论,与所有这些关于实体的形而上学观念不同,强调不论精神实体还是物质实体,都是不可知的。

有趣的是,他的这种怀疑论虽然也针对洛克的物质实体,但仔细看来,侧重于怀疑精神实体的存在。他一方面讲:"我们确乎必须承认,自然使我们与它所有的秘密保持一个很大的距离,它只让我们认识事物的少数表面性质,至于那些为事物的影响完全依靠的力量和原则,它是掩盖起来不让我们看见的。"③另一方面,他更多地强调,没有什么"自我"一类的精神实体。他说:"任何时候,我总不能抓住一个没有知觉的我自己。""自我无非是一簇或一组不同的知觉,以不可思议的快速彼此接替,而且处于不绝的流变和运动中。"他还说:"关于灵魂实体的问题是绝对不可理解的。"④他甚至讲到:"证明灵魂的永生性的形而上学的论证,……是没有决定性的。"⑤

---

① 《人类理解研究》,II. 11－13;转引自《西方哲学原著选读》,上卷,商务印书馆,1981 年,517－519 页。

② 《人类理解研究》,II. 11－13;转引自《西方哲学原著选读》,上卷,商务印书馆,1981 年,517－519 页。

③ 《人类理解研究》,IV. 29;转引自《西方哲学原著选读》,上卷,商务印书馆,1981 年,523 页。

④ 《人性论》,商务印书馆 1980 年,280 页。

⑤ 《自然宗教对话录》,商务印书馆 1962 年,97 页。

总之，休谟认为，实体问题是一个没有意义的形而上学问题，应该予以抛弃。这就是我们所指的"本体论的怀疑论"。

他说："除了对知觉而外，我们对任何事物都没有一个完善的观念。一个实体是和一个知觉完全差异的。因此，我们并没有一个实体观念。……当人们问：知觉还是寓存于一个物质的实体中，还是寓存于一个非物质的（精神的）实体中时，我们甚至不懂得这个问题的含义，那么如何还可能加以答复呢？"①

应该强调的是，他这种本体论的怀疑论，确保了科学和宗教各得其所，相安无事。这是他的思想最深刻的社会含义，也表明了他作为哲学家的最高明之处。

3."习惯是人生伟大的指南"

休谟怀疑论最特异之处是对因果观念的分析。他认为，所谓因果关系不过是一种习惯性的联想，别无深意。他的这个观点，引起诸多争论和非议，其中，最精彩、最引人入胜的是他关于盖然性或事实真理的阐释。有人说它浅薄（黑格尔等），有人说它主观（某些唯物论者），然而，谁也无法否认，盖然性观念是现代科学，特别是物理学最基本的一个概念。

首先，在知识分类上，休谟与莱布尼茨相似。他指出："人类理性或研究的全部对象，可以自然地分为两类，即：观念的关系和事实。"前者如"几何、代数、三角、算术等科学"。这类命题，如直角三角形斜边的平方等于其余两边的平方和，"只凭思想的作用，就能将它发现出来"。"纵然在自然中并没有圆形或三角形，欧几里德所证明的真理仍然保持着它的可靠性和自明性。"②另一类对象就不同了。事实的真理性，只是或然性的。"各种事实的反面仍然是可能产生的，因为它并不包含任何矛盾，……'太阳明天将不出来'这个命题和'太阳明天将要出来'这个肯定，是同样易于理解，同样没有矛盾的"。③

其次，休谟指出，"一切关于事实的推理，似乎都建立在因果关系上面。"④而"我们关于因果关系的一切理论和结论的基础是什么？回答是：'经验'"。⑤ 然而，"我们的一切经验性结论都是从'未来将符合过去'这一假设出发的。"⑥休谟

---

① 《人性论》，商务印书馆1980年，262页。
② 《人类理解研究》，IV.20；转引自《西方哲学原著选读》，上卷，商务印书馆，1981年，519页。
③ 《人类理解研究》，IV.21；转引自《西方哲学原著选读》，上卷，商务印书馆，1981年，519页。
④ 《人类理解研究》，IV.22；转引自《西方哲学原著选读》，上卷，商务印书馆，1981年，520页。
⑤ 《人类理解研究》，IV.28；转引自《西方哲学原著选读》，上卷，商务印书馆，1981年，523页。
⑥ 《人类理解研究》，IV.30；转引自《西方哲学原著选读》，上卷，商务印书馆，1981年，525页。

追问道:这一假设可靠吗?"何以(过去的)这种经验可以扩张到未来,扩张到以我们认为仅仅是在表面上相似的其他事物上面呢?这正是我要追问的主要问题。"①休谟对这个问题的回答是:一切关于因果联系的观念,不过是一种习惯的信念,一种心理的联想;而由过去推测未来的论证只是或然性的,即关于可能性的揣测,不具有必然的确定性质。

最后,休谟认定,"必然联系"这一观念,只是心灵的习惯。他说:"个别的经验无论怎样精确可靠,我们也不能以它的根据来对整个自然进程有所断定。"②"看来事件之间的'必然联系'这个观念,乃是由这些事件在许许多多类似的实例中经常集合一起产生的",也就是说,所谓"必然联系"乃是某种主观的期待。它"只不过是在相似的实例反复出现若干次以后,心灵为习惯所影响,于是在某一事件发生之后,就期待经常继它之后而发生的事件发生,并且相信后一事件是会存在的"③。

休谟在这里用"期待""相信"等等来说明习惯和人的行为倾向。它从根本上否定了经验归纳的可能性。培根满怀信心,认为我们可以从经验归纳中得出(探求)自然界的规律的可靠知识;到了休谟,虽然同样从经验出发,却得出了一条相反的结论,认为我们凭经验不可能揭示事物的本质。这就是休谟提出的所谓归纳问题。他宣称:"最投合怀疑主义的结论的,无过于揭开人的理性和能力的软弱和狭隘了。"④关键在于,在培根、霍布斯、洛克那里,经验是我们(主体)通向客观实在的桥梁,而在休谟这里,经验却成了囚禁人类理智的牢笼。正因此,罗素指责休谟破坏了经验主义,而且使他成为近代非理性思潮的先驱。

既然,经验并不能使我们得到必然性,那么,我们靠什么来生活呢?休谟的回答是:"习惯是人生的伟大指南。只有这个原则才能使我们的经验对我们有利,使我们能期待将来出现一连串事件,与过去出现的事件相似。如果没有习惯的影响,……我们就会一无所知;我们就会根本不知道如何……运用我们的自然力量

---

① 《人类理解研究》,IV. 29;转引自《西方哲学原著选读》,上卷,商务印书馆,1981 年,524 页。
② 《人类理解研究》,VII. 59;转引自《西方哲学原著选读》,上卷,商务印书馆,1981 年,529 – 530 页。
③ 《人类理解研究》,VII. 59;转引自《西方哲学原著选读》,上卷,商务印书馆,1981 年,530 页。
④ 《人类理解研究》,VII. 59;转引自《西方哲学原著选读》,上卷,商务印书馆,1981 年,531 页。

（理智——引注）来产生效果；一切行动就会立刻停止，思辨的主要部分也会停止了。"①

"习惯是人生的伟大指南"这句箴言，宣示的是一种生活方式和思维方式。用恩格斯的话说，它是"英国一切非宗教哲学思想的形式"。既然有没有神、灵魂是否不死等等，都值得怀疑，"因此，我们在生活中就假定此生是我们仅有的一生，用不着为那些我们所不能理解的事物忧虑。简单地说，这种怀疑论的实践完全重复着法国的唯物主义"②。在另一个地方，恩格斯又说，休谟的怀疑论不过是一种羞羞答答的唯物主义；不可知论在自然观上完全是唯物主义的，等等。

应该强调的是，休谟通过对因果观的分析所揭示的或然性概念，不论对自然科学向未知领域的探索，还是对人们在现实生活中的行为选择，都留下了广阔的活动余地。这也许是休谟怀疑论引起人们持久不衰的兴趣的内在原因。从这个观点看，孔德的实证主义、杜威的实用主义，都不过是休谟怀疑论的法国版和美国版罢了。

05/11/1999　16：00

有的论者断定，休谟认为"外物，不过是知觉的组合"，是"逐字逐句地重复贝克莱的'存在'……的原理"。这是混淆了怀疑论和唯我论，是完全不恰当的。

第一章小结：

1. 经验论与唯理论是对立互补，并非截然对立、互不相容。不论认识起源、方法还是真理标准，均不例外。

2. 但是，认识论特别是方法论并非价值中立，而是与本体论密切相关的。当然，认识论不能等同，也不能还原为本体论。

3. 休谟怀疑论调和科学与宗教之间的关系是资产阶级成熟的标志。从培根到休谟历经150年，是一个典型的发育成长的过程。

11/11/1999

---

① 《人类理解研究》，V.36；转引自《西方哲学原著选读》，上卷，商务印书馆，1981年，528页。
② 《马克思恩格斯全集》，人民出版社，1956年，卷一，660页。

第二章

十八世纪法国哲学

06/11/1999

引 言

　　18 世纪法国启蒙学者和唯物论者是近代哲学发展的一个新的高峰。它的思想来源有三：①16 世纪蒙台涅和 17 世纪笛卡尔以来的宗教怀疑论传统；②洛克的经验论和笛卡尔的物理学；③文艺复兴以来的人本主义，特别是社会契约论。然而，18 世纪的法国思想家们并不是简单地继承或重复上述思想传统，而是在更新的自然科学成果和社会政治、经济发展水平上，把它推进到了系统的机械唯物论和公开的战斗无神论的高度。这使得 18 世纪的法国成了资产阶级政治革命的中心，同时也是科学和哲学文化的发展中心。从历史角度看，如果说 17 世纪是英国人的世纪，那么，18 世纪则主要是"法国人的世纪"。①

　　应该指出，启蒙学者和唯物论者对封建意识形态的全面批判，是法国大革命的理论准备，这是一场真正的思想革命。正是这场思想革命的前所未有的深刻性和激烈性，使得法国革命成为近代史上最彻底的一场资产阶级政治革命。历史上任何一场大的社会变革都以哲学革命为先导，18 世纪的法国哲学提供了这样一个完整、宝贵的典型。它足以显示哲学的巨大社会功能，足以消除一切"哲学无用论"的疑虑。如果说，斯宾诺莎和休谟是处在社会相对稳定时期的哲学代表，那么，卢梭和狄德罗等人就是社会激烈变动前夕的思想家。两相对比，说明不论何

---

① 恩格斯：《社会主义从空想到科学的发展·英文版导言》；《马克思恩格斯选集》，第三卷，1972 年，385 页。

时何地,哲学都是社会生活不可缺少的一个方面(或部分)。哲学的形式尽管可以多种多样,但精神的活力绝不会止息。它既是一面反映"宇宙的活的镜子"(莱布尼茨语),又是推动社会进步的一股重要力量。

启蒙运动:自然神论和社会契约论

§1. 伏尔泰(**Voltaire**,**1694 – 1778**)

主要著作有:《哲学通信》(1734)、《形而上学论》(1734)、《哲学辞典》(1764)等。他不仅是哲学家、历史学家和政治家,而且是多产的小说家、剧作家和诗人。曾两次被关进巴士底狱,两次被放逐。1726 年,流亡英国三年。他的《哲学通信》向法国人介绍牛顿学说和洛克哲学及英国的君主立宪制度;阐明自己的哲学观和政治见解。晚年,他高度评价狄德罗和达朗贝主编的《百科全书》,并为它撰写辞条。

他尖锐抨击封建专制制度,特别是天主教会,称教士为"文明的恶棍",教皇是"两足禽兽",宣称:"你们曾经利用过无知、迷信、疯狂的时代,来剥夺我们的地产,……用苦命人的脂膏把自己养得肥头胖耳。现在你们发抖吧,理性的日子来到了。"[①]

伏尔泰不仅把英国文化介绍到法国,而且对中国文化评价很高。1732 年耶稣会士马若瑟将元曲《赵氏孤儿大报仇》译为法文,书名《中国悲剧赵氏孤儿》,在《法兰西时报》上刊载。随后,被译为俄、德、英文出版。伏尔泰先后把《赵氏孤儿》改编成新剧本,在法、德国上演,受到各界一致好评。[②]

关于他的哲学思想,值得注意的有两点:

第一,他继承和发挥了英国自然神论,认为神是最初的推动者。这种自然神论的特点是,上帝给世界第一推动之后,就不再干预世事,听任自然规律去支配一切。上帝俨然是一位高高在上却毫无实权的立宪君主。

他说:"运动并不是凭自身而存在的,因此必须求助于一个最初的推动者。

---

① 《哲学辞典》;《十八世纪法国哲学》,商务印书馆,1979 年,88 页。
② 参看《书摘》,1999 年 12 月,55 页。

……整个自然界,从最遥远的星辰直到一根草芒,都应当服从一个最初的推动者。"①

除了作为"最初的推动者"外,上帝还应当解决物质能否思维的难题,正是它赋予物质以思维的属性。他说:"我们确信我们是物质,我们有感觉、有思想;我们深信有一个神存在,我们是他的作品,……可是我们能不能知道在我们身上思想的那个东西呢? 神给予我们的这种能力是什么呢?"②"除了说神使身体构造得可以思想,正如可以饮食、可以消化一样,我们还能得出什么别的结论呢?"③

可见,伏尔泰请出神来,是为了保证我们有思想的能力。就是说,神的逻辑必要性,不仅是创造万物的第一推动者,而且是令人能思想的恩赐者。然而,如果物质是能动的且能自己产生出思想来,神的第一推动及赋予物质以思想属性的假设就不必要了。因而自然神论对无神论而言只是一种过渡的环节罢了。

第二,理性支配历史。

在他看来,人类的历史就是理性和迷信斗争的历史。在此之前,理性为宗教迷信所压抑;如今,理性抬头的日子到来了。他认为,人们的风俗、习惯、法律等等是不断变化的,历史上也充满了谎言、诽谤、掠夺、谋杀以及忘恩负义等等非正义的行为。然而,基于人类理性的正义观念始终是继续存在的。只要发扬理性的权威,就能建立合理的法律秩序。

为此,他一方面激烈抨击封建专制制度,另一方面,又认为财产占有和社会地位的不平等是天经地义的。

他说:"你宁愿生活在哪种暴政之下呢? 哪一种都不愿意;如果非选择一种不可的话,我是厌恶单独一人的暴政亚于若干人的暴政的。一个专制主总有某些好的时刻;一个专制主集体则从来没有好的时候。""我怕在这个世界上人们归结起来不是当铁砧,就是当铁锤;免于这两样东西的人有福了!"④他又说:"在我们这个不幸的星球上,生活在社会里面的人们不可能不分成两个阶级,一个是支配人的富人阶级;另一个是服侍人的穷人阶级。"⑤据此,他反对空想共产主义,也反对卢梭的平均主义思想,认为卢梭的主张是"要想使穷人掠夺富人的穷光蛋哲学"。

---

① 《形而上学论》;《十八世纪法国哲学》,商务印书馆,1979 年,71 - 72 页。
② 《形而上学论》;转引自《西方哲学原著选读》,下卷,商务印书馆,1981 年,61 - 62 页。
③ 《形而上学论》;转引自《西方哲学原著选读》,下卷,商务印书馆,1981 年,65 页。
④ 《哲学辞典》,"暴政"条;转引《西方哲学原著选读》,下卷,商务印书馆,1981 年,51 页。
⑤ 《哲学辞典》;转引自《十八世纪法国》,商务印书馆,1979 年,90 页。

可见,理性论即人性论的社会历史观有其反封建的进步意义,这是不容抹煞的。同时,它又有其阶级的局限性,这也是显而易见的。

§2. 孟德斯鸠(Charles de Secondat,Baron de Montesquieu,1689－1755)

孟德斯鸠1716年继承伯父的男爵封号,任波尔多法院院长十年之久。辞职后(1726年)遍游欧洲,考察各国政治法律制度、风土人情及宗教信仰等社会情况。曾被选为英国皇家学会会员。主要著作有:《论法的精神》(1748)、《波斯人信札》(1721)、《罗马盛衰原因论》(1734)等等。

1.“法”是出于事务本性的必然关系

“法”是孟德斯鸠哲学的中心范畴,它既是指自然规律,又是指人为的法制。他说:“法,就最广的意义来说,就是由万物的本性派生出来的必然关系;在这个意义之下,一切实体都有它的法;神有神的法,物质世界有物质世界的法,……天使有天使的法,禽兽有禽兽的法,人有人的法。”①作为自然规律,法相当于“逻各斯”的含义。他说:“这个由物质的运动造成的、并无理智的世界是永远存在的,那么它的运动一定有一些不变的法则;如果我们可以……设想另一个世界的话,那个世界也会有一些常住不变的法则,要不然它就会消灭。”②

孟德斯鸠讨论的重点是关于人和社会的法则。他说:“人,作为自然实体,是和其他物体一样,受一些不变的法支配的;作为理智实体,则不断地违犯神所制定的法,变更自己所制定的法。”“于是立法者们曾用政治法和公民法来使他尽自己的义务。”③

在进入社会之前,人们遵循的是“自然法”,“其所以称为自然法,是因为它们是唯一从我们的存在结构派生出来的”。这样的自然法共有四条,“和平乃是第一条自然法”。“霍布斯首先给予人们以互相征服的欲望,这是于理不合的”。“设法养活自己”是第二条自然法。对他人的爱慕情感是第三条自然法。最后一条自然法是“过社会生活的愿望”。④

---

① 《论法的精神》,第一卷,Ⅰ;转引自《西方哲学原著选读》,下卷,商务印书馆,1981年,37－38页。

② 《论法的精神》,第一卷,Ⅰ;转引自《西方哲学原著选读》,下卷,商务印书馆,1981年,38页。

③ 《论法的精神》,第一卷,Ⅰ;转引自《西方哲学原著选读》,下卷,商务印书馆,1981年,40页。

④ 《论法的精神》,第一卷,Ⅱ;转引自《西方哲学原著选读》,下卷,商务印书馆,1981年,40－41页。

他指出:"战争状态,乃是促使人间立法的原因。"①他认为,立法的普遍依据是人类理性。"一般的法,就其统治地上一切民族而言,就是人类理性;每一个国家的政治法和公民法,应当只是应用这种人类理性的特例。"②同时,他认为,立法"应该适应一国的自然状况:气候的寒冷、炎热或温和;领土的性质、位置和大小;适应人民的生计:耕作、狩猎或游牧;它们应该适应的体制所容许的自由程度;适应居民的宗教、好恶、财力、人口、贸易、风俗、风尚",等等。③

2. 三权分立的国家体制有利于政治自由

他继洛克之后,提出了三权分立的主张。在洛克主要是讲立法和行政权的分离;到了孟德斯鸠,则更明确提出了司法和行政、立法也应分立的主张。

他说:任何国家都有三种权力,即:立法权、司法权和行政权。他强调:"为了使人们不致滥用权力,必须作出妥善安排,以权力牵掣权力。""政治自由并不在于想做什么就做什么。""自由就是做一切法律允许的事的权利。"④

他说:"立法权和行政权为同一个人或同一个官厅并揽时,就没有自由可言。""如果不把司法权与立法权和行政权分开,也没有自由可言。""如果由同一个人或同一个要人团体、贵族团体或人民团体来行使这三种权力,即制定法律的权力,执行公共决议的权力,和审理罪行或个人争端的权力,那就一切都完了。"⑤

以上这些,都是近代资产阶级进行反封建专制斗争经验的总结,对于建立现代法制国家是有借鉴意义的。我们虽不能照搬三权分立的模式,但可以而且应当批判吸取其合理的思想因素。例如,权力制衡可以防止权力滥用的论点,应当说属于全人类共有的精神财富,不可一概拒之于门外。

3. 地理条件规定着民性和制度

孟德斯鸠是近代社会学"地理学派"的创始人,他特别重视地理环境在社会历史发展中的作用。过去,一些人对此全盘否定,现在看来是不妥的,应予以重新评价。应当说,地理环境论并不是完全与唯物史观不相容的,宁可说,地理环境是物质生产条件、经济基础中不可忽视的重要因素。他说:"土地硗薄能使人勤勉持

---

① 《论法的精神》,第一卷,III;转引自《西方哲学原著选读》,下卷,商务印书馆,1981 年,42 页。
② 《论法的精神》,第一卷,I;转引自《西方哲学原著选读》,下卷,商务印书馆,1981 年,43 页。
③ 同上。
④ 《论法的精神》,第十一卷,IV,III;转引自《西方哲学原著选读》,下卷,商务印书馆,1981 年,44 页。
⑤ 《论法的精神》,第十一卷,II;转引自《西方哲学原著选读》,下卷,商务印书馆,1981 年,45 页。

重,坚忍耐劳,勇敢善战;……土地膏腴则因安乐而使人怠惰,而且贪生畏死。""我们曾经注意到,在日耳曼军队中,征自农民富裕之乡如萨克森等地的队伍,是不如其他的队伍的。只有绳之以军法,加以严格训练,才能祛除这种弊病。"①他说:"热带民族的怠惰几乎总是使他们成为奴隶,寒带民族的勇敢则使他们保持自由。""墨西哥和秘鲁的那些专制帝国是接近赤道的,而几乎一切自由的小民族都靠近两极。"②

应该说,将民族性格和社会政治制度与地理环境条件直接联系在一起,有失简单,不够科学,这是不言而喻的。但与此对立的逆命题,否认民族气质与社会制度和地理条件有任何关联,显然也不是历史唯物论的科学观点。

值得注意的是,孟德斯鸠认为,人们的劳动和良好法律可以改造自然、造福人类。也就是说,地理环境条件并不是决定一切的。

他说:"有些地方之变成适于人居,是由于人们的勤劳所致,也必须有这种勤劳,才能保持生存;这些地方要求适中的统治。这一类的地区主要有三处:中国的江南(即今江苏、安徽两省——引注)和浙江这两个美丽的省份,埃及以及荷兰。"③

他还说:"尽管中国的气候有使人沦于奴役屈服的自然倾向,尽管帝国的幅员过大带来种种恐惧,中国古代的立法者们却勉力制定了一些非常完善的法律,而且……勉力奉行。""人们凭着自己的辛勤与良好的法律,使土地成为适于自己居住的家园。我们看到昔日的沼泽沮洳之地如今奔流着江河渠道:这种福利并不是自然创造的,但是得到了自然的支持。"④

社会福利不是自然创造却是自然支持的,这是很重要的观点。从这里看,孟德斯鸠并没有否认或忽视人的勤劳和好的政治法律制度对社会发展和进步的积极作用。在他那个时代,能认识到人的勤劳,好的法律能改造自然环境,已属不易了。

---

① 《论法的精神》,第十八卷,IV;转引自《西方哲学原著选读》,下卷,商务印书馆,1981年,48-49页。
② 《论法的精神》,第十八卷,I;转引自《西方哲学原著选读》,下卷,商务印书馆,1981年,46-47页。
③ 《论法的精神》,第十八卷,VI;转引自《西方哲学原著选读》,下卷,商务印书馆,1981年,48-49页。
④ 《论法的精神》,第十八卷,VII;转引自《西方哲学原著选读》,下卷,商务印书馆,1981年,48-49页。

总之,我们对"地理学派"应一分为二,既不可全盘否定,斥之为唯心论,也不可全盘肯定,照搬照套。

07/11/1999 20:00

§3. 卢梭(Jean – Jacques Rousseau,1712 – 1778)

生于日内瓦一个钟表匠家庭,幼年丧母,由姑母抚养长大,12 岁辍学,离开父亲后长期流浪法国、意大利,当过学徒、店员、什役、家庭秘书和乐谱抄写员等。1741 年(29 岁)曾任法国驻威尼斯大使秘书。和伏尔泰、孟德斯鸠、狄德罗等人具有交往,与休谟更有一段相当深的交谊,曾应休谟邀请流亡英国。1770 年才被当局赦免,定居巴黎。晚年仍是"在极度贫困中度过的,他死的时候,大家怀疑到自杀上。"[1]他的主要著作有:《论人类不平等的起源和基础》(1755)、《社会契约论》(1762)、《爱弥儿》(1762)、《忏悔录》等等。他的成名作是《论艺术科学是否有助于社会进步》,这是一篇法国狄戎学院的有奖征文。在论文中,卢梭认为,科学、文学和艺术是道德的敌人,很有点犬儒派的论点。凭论文得到奖金后,他按照论文的处世之道生活,把表也卖掉,说自己不再需要知道时刻了。

《论人类不平等的起源和基础》进一步发挥和系统论证了上述得奖论文的观点,这部著作受到了伏尔泰的严厉批评,称它是一本"反人类的新书",是叫"人一心想望四脚走路"[2]。可见其论点之激进,竟使像伏尔泰这样的启蒙学者也难以接受。但正因此,这本书特别是随后的《社会契约论》却受到了法国大革命大多数领袖人物的欢迎,成为大革命的思想旗帜。革命爆发后,卢梭的遗体被移葬于巴黎名人公墓,罗伯斯庇尔还在他的墓前敬献了橡树叶花冠,以示敬意。

在 18 世纪法国启蒙学者中,卢梭的社会政治理论是最激进的。他最先阐述了自由、平等是天赋人权的观念,提出了人民主权和暴力革命的思想,并且,相当深刻地揭示了人类不平等的社会历史根源。他的政治理想只在法国大革命的最高潮阶段,即罗伯斯庇尔执政期间短暂地付诸实现。后来的资产阶级社会政治学者们似乎对他的理论都比较冷淡。例如,罗素就认为:"他甚至牺牲自由以力求的是平等。""它的哲学有许多东西是黑格尔为普鲁士独裁制度辩护时

---

① 参看:罗素《西方哲学史》,下卷,商务印书馆,1981 年,232 页。
② 参看:罗素《西方哲学史》,下卷,商务印书馆,1981 年,229 页。

尽可以利用的",等等。① 只有在马克思主义者当中,他的学说才得到了应有的较高的评价。

以下,主要谈谈他的社会政治学说和宗教思想。

1. "每个人都生而自由、平等"

这是《社会契约论》的一句名言,是所谓天赋人权论的最初表述。他在《论人类不平等的起源和基础》中也表达过同样的思想。他认为,在自然状态中,只要人们"还仅是从事于一些单独一个人可以做的工作,一些无须若干人协作的技术,他们就尽其本性所能容许地生活得自由、健康、善良而且幸福,就继续在彼此之间享受着一种独立交往的乐趣。"②他断定:"不平等在自然状态中几乎不存在。"③

在他看来,人的平等和自由权利,是从人的天性即人性中推演出来的,是"单凭理性的光明",而不受"神权认可的神圣教条"就可以得到合理说明的。④ 据此,他批评霍布斯、格罗修斯和亚里士多德等人的论点。他指出,亚里士多德等人以为:"人并不是天然平等的,而是有些人为当奴隶而生,另一些人为治人而生。"然而,亚里士多德的错误是,"他把结果当成了原因。……如果说有天生的奴隶的话,那是因为已经有了违反天性的奴隶的缘故。暴力造成了最初的奴隶,他们的怯懦则使奴隶绵延不绝。"⑤就是说,所谓"生而为奴",这本身就是违反人的天性的,是人为的结果,绝不是自然如此。

卢梭一再强调:"人人共有的自由,是人的本性的结果。""人人都生来平等和自由。"⑥"放弃自己的自由,就是放弃自己做人的资格,放弃人的权利。"⑦

总之,自由和平等,是人的天然权利,是不可剥夺和转让的。这一论点,是他的社会契约论的出发点和基础。

2. "只有约定可以作为人间一切合法权威的基础"

---

① 参看:罗素《西方哲学史》,下卷,商务印书馆,1981年,237、243页。
② 《论人类不平等的起源和基础》,下篇;转引自《西方哲学原著选读》,下卷,商务印书馆,1981年,73页。
③ 《论人类不平等的起源和基础》,下篇;转引自《西方哲学原著选读》,下卷,商务印书馆,1981年,79页。
④ 《论人类不平等的起源和基础》,下篇;转引自《西方哲学原著选读》,下卷,商务印书馆,1981年,79页。
⑤ 《社会契约论》,Ⅱ;转引自《西方哲学原著选读》,下卷,商务印书馆,1981年,68页。
⑥ 《社会契约论》,Ⅱ;转引自《西方哲学原著选读》,下卷,商务印书馆,1981年,67页。
⑦ 《社会契约论》,Ⅳ;转引自《西方哲学原著选读》,下卷,商务印书馆,1981年,71页。

以家庭为例,卢梭指出:"在所有的社会中间,最古老而且唯一自然的是家庭这个社会。连儿女也只是在需要父亲抚养期间,才保持对父亲的系属,这种需要一终止,自然的联系就立刻消失。……如果他们继续保持结合,那就不再是自然的,而是自愿的。家庭本身只是靠约定来维系的。"①

家庭如此,其他一切社会秩序更当然只能靠人们之间自愿的约定来建立和维持。卢梭接着指出:"家庭可以说是政治社会的最初模型;……既然人人都生来平等和自由,就只有为了自身的利益才让度自己的自由。"②卢梭设想,从历史上看,"自然状态中各种不利于人们生存的障碍",超过每个个人能自保的力量时,人们就"只能联合起来"以求保障自己的利益。这就是社会契约必然产生的原因。

卢梭认为:"'找出一种联合的方式,以全部的共同力量来捍卫和保护每一个参加联合者的人身和财产,而通过这种方式,每一个人虽然与所有的人相联合,却只是服从他自己,并且仍然同以前一样自由。'这就是社会契约所解决的基本问题。"③换一种表述就是:"我们每一个人都共同地把自己的人身和全部力量放在总的意志的最高指挥之下;我们还接受每一个成员作为整体的不可分的一部分。"④由此,卢梭揭示了过去的"城邦"、现在的"共和国或政治体""国家"或"主权者"和"列强"的含义,以及"人民""公民""臣民"这些身份的界定。

应该说,上述这种自由人的联合的理念虽在现实社会中难以实现,但仍不失为有价值的理想。至于他对"自然状态"的设想,仅就其与不平等的现实"社会状态"相对应而言,不过是他的社会理想的一种折射而已,今天的人类学和社会学已否定了这种抽象的设想。

22/11/1999 马克思、恩格斯:"代替那存在着各种阶级以及阶级对立的资产阶级旧社会的,将是一个以各个人自由发展为一切人自由发展的条件的联合体。⑤

3. 人类不平等起源的科学探讨

在卢梭的社会政治理论中,最有价值的是关于人类不平等起源的科学探讨以及与此相联系的人民主权和暴力革命的思想。如果说,天赋人权和社会契约是理

---

① 《社会契约论》,II;转引自《西方哲学原著选读》,下卷,商务印书馆,1981 年,67 页。
② 《社会契约论》,II;转引自《西方哲学原著选读》,下卷,商务印书馆,1981 年,67 页。
③ 《社会契约论》,VI;转引自《西方哲学原著选读》,下卷,商务印书馆,1981 年,72 页。
④ 《社会契约论》,VI;转引自《西方哲学原著选读》,下卷,商务印书馆,1981 年,72 - 73 页。
⑤ 《马克思恩格斯选集》第一卷,人民出版社,1972 年,273 页。

想化的抽象的原则设想和推论,(罗素谓:"这本书在民主政治理论家中间重新造成讲形而上的抽象概念的习气。")①那么,卢梭关于人类不平等起源和基础的观点,则不失为科学理论的探讨。他区别了"天然的不平等"(如体力的差别等)和"分配的不平等"这样两个不同的概念,并着重论述了不平等产生的社会经济原因。除了私有制而外,他还指出了生产技术革命和社会分工的作用。在这一点上,可以说,卢梭的分析已经包含了历史唯物主义的因素或萌芽。

(1)不平等的起源

"谁第一个把一块土地圈起来并想到说:这是我的,而且找到些头脑十分简单的人居然相信了他的话,谁就是文明社会的真正奠基者"。② 他说:"从人们发觉一个人拥有两个人的粮食是有利的那一刻起,平等就消失了,所有制就采用了,劳动就变成强迫的了。……我们马上就看到奴役和贫困在这片田野上与庄稼发荣滋长。""由于土地的耕种必然引起土地的分配,……既然人人都懂得可以失去某些财产,也就没有一个人不怕自己由于损害了别人而受到报复。所有权的这种起源是最自然不过的,因为我们无法从劳动以外去设想新生的所有权观念。"③

他说:"冶金和农业这两种技术的发明,造成了(私有制产生——引注)这场大革命。"在卢梭看来,冶金和农业技术的发明正是文明社会和野蛮社会的分界;而社会文明的进步,又正是原始的自然状体的毁灭。"在诗人看来,使人们进于文明同时也毁了人类的是黄金和白银,在哲学家看来,却是铁和谷物。这两种东西美洲的野蛮人都不知道,因此他们始终仍然是野蛮人。"④

他看到,在文明社会的情况下,"均等是保持不了的",天然的不平等就转化为分配的不平等了。他说:"力气大的人干的活多,灵巧的人干活更占便宜;……同样地劳动,有人所获甚多,有人维持不了生活。这样,天然的不平等就不知不觉地与分配的不平等一同展开了;由于环境不同而加剧的人与人的差别,也就……更

---

① 参看:罗素《西方哲学史》,下卷,商务印书馆,1981 年,243 页。
② 《论人类不平等的起源和基础》,下篇,转引自《西方哲学原著选读》,下卷,商务印书馆,1981 年,121 页。
③ 《论人类不平等的起源和基础》,下篇;转引自《西方哲学原著选读》,下卷,商务印书馆,1981 年,73 - 74 页。
④ 《论人类不平等的起源和基础》,下篇;转引自《西方哲学原著选读》,下卷,商务印书馆,1981 年,74 页。

加显著,更加不可磨灭,并且开始以同样的程度对各个个人的命运发生影响了。"①

在这里,卢梭在一定程度上接触到了私有制的产生与阶级剥削和压迫之间的直接联系,揭示了社会不平等产生的真正根源。

（2）不平等的三个阶段

卢梭指出,不平等状态经过三个发展阶段。

他说:"法律和所有权的制定是它的第一个阶段,官职的设立是第二个阶段,最后的第三个阶段则是合法的权力变为专制的权力。"在不平等的最后阶段,"所有的个人已变得平等起来,因为他们一文不值,因为既然臣民除了主子的意志以外别无法律,主子除了自己的欲望以外别无准则,……在这里,一切已重新回到一个新的自然状态,与我们当初出发的那个状态有所不同,就在前者是纯粹的自然状态,后者是腐化过度的结果"②。

（3）关于人民主权和暴力革命的思想

值得特别注意的是,卢梭由此作出两个非常革命的结论,这就是人民主权和暴力革命的原则。这两条结论,既是社会契约的逻辑推论,又是不平等发展的必然结果。因为,既然政府和国家的权力来自人民的契约,自然它必须对人民负责;既然专制暴君可以用暴力将社会推到极不平等的状态,人民自然有权推翻他的统治。

卢梭声称:"一个专制的政府若要取得合法地位,必须让每一代的人民都能当家做主,决定对它的取舍";③"人民举出首领是为了保障自己的自由,而不是为了奴役自己,这是无可争辩的,也是一切政治权利的基本准则"④。

更令封建专制统治者发抖的是,卢梭主张:"以绞死或废黜一个暴君为目的的暴动,乃是一件与他昨天处制臣民生命财产的那些暴行同样合法的行为。支持他

---

① 《论人类不平等的起源和基础》,下篇;转引自《西方哲学原著选读》,下卷,商务印书馆,1981年,75页。
② 《论人类不平等的起源和基础》,下篇;转引自《西方哲学原著选读》,下卷,商务印书馆,1981年,78页。
③ 《社会契约论》,IV;转引自《西方哲学原著选读》,下卷,商务印书馆,1981年,71页。
④ 《论人类不平等的起源和基础》,下篇;转引自《西方哲学原著选读》,下卷,商务印书馆,1981年,77页。

的只有暴力,推翻他的也只有暴力。"①

人们记得,早在一百多年前(1649),英国的臣民就把他们的国王查理一世送上了断头台。然而,不论是霍布斯还是洛克,都不敢提出以暴力对抗暴力的论点,只是经过了又一个世纪的艰难发展,法国资产阶级的力量远比 17 世纪中叶英国资产阶级强大得多的时候,卢梭才得出了这样的结论。正是这一结论,鼓舞 18 世纪的法国革命家们领导了一场空前彻底的反对封建专制制度的斗争。

4. 宗教信仰是情感的需要

卢梭在《爱弥儿》和其他一些地方,论述过他的宗教信仰观。它的特点是,把宗教信仰的基础放在人性的情感需要方面,这恰恰是现代新教徒信仰的特点。罗素指出:"这种为宗教信仰辩护的方式是卢梭首创的。"②这种论证方式与柏拉图以来绝大多数哲学家的理智论证方式是很不同的。只有后来费尔巴哈的"人性爱"才可以说与卢梭的论证属于同一类倾向。

卢梭认定,天赋感情是良心和道德观念的基础。他说:"我认为是一个意志推动着宇宙,鼓动着自然。这就是我的第一号教条或第一号信条。"又说:"世界为一个强大而且智慧的意志所统治。"③他认为,关于这个神("强大而且智慧的意志")的存在,无需"钻进一些超越你我的能力范围的形而上学议论",只需求助"我们的天然感情"就行了。他说:"良心的活动并非出于判断,而是出于感情","这些感情,在个人方面,就是爱自己,怕痛苦,怕死,希望幸福"。④

他宣称:"良心,良心! 你是神圣的本能,不朽的天堂呼声;你是一个无知而且狭隘的生物的可靠导师;你是理智而且自由的;你是善与恶的万无一失的评判者,你使人与神相似;是你造成了人的天性的优越和人的行为的道德。"⑤

一句话,宗教信仰的基础,不在理智的判断,而在感情的需要,这就是人人都"爱自己,怕痛苦,怕死,希望幸福。"这是"人类的天赋感情","只是凭着这些感情",我们才能在现实中作出合适的选择。⑥

应该说,卢梭的这种宗教信仰观同他的个人经历和性格是分不开的。他本人

---

① 《论人类不平等的起源和基础》,下篇;转引自《西方哲学原著选读》,下卷,商务印书馆,1981 年,78 页。
② 《西方哲学史》,下卷,商务印书馆,1981 年,233 页。
③ 《爱弥儿》,转引自《西方哲学原著选读》,下卷,商务印书馆,1981 年,83 - 84 页。
④ 《爱弥儿》,转引自《西方哲学原著选读》,下卷,商务印书馆,1981 年,85 页。
⑤ 《爱弥儿》,转引自《西方哲学原著选读》,下卷,商务印书馆,1981 年,86 页。
⑥ 《爱弥儿》,转引自《西方哲学原著选读》,下卷,商务印书馆,1981 年,85 - 86 页。

就是一个相当顺从感情,或者说感情化的人。休谟说:"他在整个一生中只是有所感觉,在这种方面他的敏感性达到我从未见过任何先例的高度;然而这种敏感性给予他的,还是一种痛苦超于快乐的尖锐的感觉。他好像这样一个人,这个人不仅被剥掉了衣服,而且被剥掉了皮肤,在这情况下被赶出去和猛烈的狂风暴雨进行搏斗。"①休谟的这段概括,既是关于卢梭的性格和经历的评价,也是对他的信仰特征的一个说明。

总之,卢梭作为近代著名的思想家,激进的民主主义者,虽然不是唯物论者和无神论者,但他的政治理想和社会学说,应该说是马克思主义产生之前的一个重要里程碑。

09/11/1999　17:30

机械唯物主义和无神论

18 世纪的法国唯物论是马克思主义产生之前唯物论发展的最高阶段。它克服了 17 世纪英国唯物主义的神学不彻底论性,公开举起了无神论的旗帜。同时,在总结自然科学成果的基础上,将唯物论的本体论和认识论,推进到了新的水平,纠正了 17 世纪唯物主义割裂物质与运动、物质与意识的缺点。它的著名代表人物是:拉美特利、狄德罗、爱尔维修和霍尔巴赫。其中狄德罗是《百科全书》(共 35卷,历时 30 年:1751 - 1780)的主编,因此,也有人将他们称为"百科全书派"。实际上,拉美特利和爱尔维修并未直接参加《百科全书》的编撰,而仅仅是因为他们与狄德罗的哲学观点一致。

上述四人的特点是:拉美特利:《人是机器》;狄德罗:物质具有感受性和运动的能力;爱尔维修:"人是环境的产物";霍尔巴赫:《自然体系》。

§1. 拉·美特利(Julien Offray de La Mettrie,1709 - 1751)

拉·美特利出生于法国西部的圣·马卢城,早年曾到巴黎学习神学,后在家乡学医和行医。1733 年去荷兰师从著名医学家波尔·哈维(1668 - 1738)。1742

---

① 参看罗素:《西方哲学史》,下卷,商务印书馆,1981 年,232 页。

年任巴黎国王卫队军医,因发表《心灵的自然史》被革职。《人是机器》发表后,再次受到迫害,移居普鲁士。1751 年因食物中毒去世。主要著作有:《人是机器》(1747 年在荷兰匿名出版)、《心灵的自然史》(1745)、《人是植物》(1748)、《各派体系的提要》(1750)等等。

当拉美特利出现在哲学舞台时,他面临如下的迫切问题:①心灵是什么? 它是否某种独立的精神实体? ②心灵和人体,特别是它和脑的关系是怎样的? ③与上述问题直接相连的是:人是否特殊(不同于动物)的创造物? 以及④用什么方法来回答或解决上述问题?

作为哲学家和医生,他显然担负着双重的任务,即:既要批判神创论,又要反驳笛卡尔的独立精神实体观点。他从洛克的经验论和笛卡尔"动物是机器"的观点出发,依据生理学、解剖学等自然科学的新成果,出色地完成了这一双重重担。从科学和唯物论哲学的历史角度看,他的《人是机器》在当时及 19 世纪的地位,相当于弗洛伊德的《精神分析论》之于 20 世纪乃至 21 世纪的影响一样,是一本科学和哲学上的开创性著作。

下面,我们分别介绍《人是机器》是如何回答上述哲学和科学问题的。

1. 方法论的原则:只有观察实验才能揭示心灵是什么

拉美特利像他那个时代大多数哲学家一样,将方法论提到解决一切哲学问题的首位。从而,对传统神学的教条主义和抽象推论的形而上学思辨方法提出了批评和挑战。作为医生和唯物论者,他强调,必须从端正思想方法入手,依靠科学观察和经验事实,才能正确回答心灵是什么这样一个既古老又尖锐的问题。

首先,他明确指出,笛卡尔和莱布尼茨的信徒,靠的是启示、信仰和盲目听从圣经教条的方法来解释心灵,事实上是将精神现象神秘化。他说:莱布尼茨用"单子"来解释心灵,"与其说他们物质化了心灵,不如说他们把物质心灵化了"。这显然是一种唯灵论的体系。至于笛卡尔的精神实体说,他宣称:"心灵只有凭信仰的光辉才能认识自己",是不足为凭的。拉美特利就此反问道:"圣经上说到人的心灵时所用的精神这个字眼究竟是什么意义?"①无非是回到神的创造性上面去。

然而,问题恰恰在这里:从方法上看,我们究竟是依靠信仰启示还是依靠实验和观察来论断是非呢? 拉美特利明确否定前者,肯定后者。他说:"只有经验能够解释信仰。""只有依靠自然才能明了福音书里的话语的意义,只有经验才是福音

---

① 《人是机器》;转引自《西方哲学原著选读》,下卷,商务印书馆,1981 年,102 页。

书的真正解释者。"①

他指出："仅仅依靠教会的权威而不用任何理性的检验,那是根本没有充分证明的。"②他的方法论原则就是:"用每个人得之于自然的光明(指理性——引注),来解释那些超自然的、本身不可理解的东西。""因此在这里指导我们的只有实验和观察。在那些曾是哲学家的医生们的记录里,处处都是实验和观察,但是那些不曾做过医生的哲学家们,却一点实验和观察都没有。前者打着火把走遍了、照亮了人这座迷宫;……只有他们静静地窥视着我们的心灵,……。再说一次:只有这些医生在这里才有发言权。至于其他的人,尤其是神学家们,能够告诉我们一些什么呢?……他们的那些晦涩的学问正好歪曲了这个问题,这些学问把他们引导到千百种偏见上去,总而言之,把他们引导到宗教狂热上去,这就更加重了他们对于人体机制的彻底无知。"③

这一段话写得多么好!这简直可以说是唯物论者、自然科学家们的一篇方法论宣言。拉美特利坚持"只有医生在这里才有发言权",正是对一切盲从、迷信和教条主义方法的宣战。它表明,唯有依靠实验和观察的科学方法,人类理智才可能逐步解开心灵的千古之谜。

拉美特利认为,过去,一些形而上学暗示:"说物质也很可能具有思想的能力",他以为,这样的提法含糊其辞。"问物质能不能思想"这样抽象的讨论,正是洛克经验论碰到的一个"暗礁","洛克先生不幸正就是覆灭在这块暗礁上"。所谓"暗礁",就是必须先天地对人性或实体作出某种抽象的假定,结果只能是"枉费心机"。因此,必须改变思路,就是通过后天的经验研究,即设法"通过从人体的器官把心灵解剖分析出来,这样我们才有可能……在这个问题上(精神是什么?物质能不能思维?——引注)接近最大程度的或然性"④。

2. 人脑:(是思维的器官)"精神的子宫"

拉美特利引证了大量生理学和比较解剖学的材料论证人的大脑是思想的器官。他说:"在整个自然界里,随着机体的发展而发展巩固起来的心灵,正是随着机体健全强壮的程度而日益获得更多的聪明能力的。"⑤就是说,思想、心灵,同它

---

① 《人是机器》;转引自《西方哲学原著选读》,下卷,商务印书馆,1981年,102-103页。
② 《人是机器》;转引自《西方哲学原著选读》,下卷,商务印书馆,1981年,103页。
③ 《人是机器》;转引自《西方哲学原著选读》,下卷,商务印书馆,1981年,103-104页。
④ 《人是机器》,商务印书馆,1991年,13、17页。
⑤ 《人是机器》,商务印书馆,1991年,27页。

的物质器官是不能分开的。

特别是,他把"我们的头脑"称为"精神的子宫",①意思是说,精神活动的一切产品,思想、观念等等,都是由这个精神的物质器官生产出来的。他认为,大脑作为思维的器官,同"语言器官""符号知识"的产生和发明是联系在一起的。他说:猴子比一些能学会说话和唱歌的动物(如鹦鹉——引注)要聪明,为什么它却不能说话和唱歌呢? 就是因为它的"语言器官"有缺点。② 他指出:"在发明词条、知道说话以前,人是什么呢? 只是一种自成一类的动物而已。""有了词条、语言、法律、科学、艺术等等;于是,借助这些东西,我们的精神,像粗糙的钻石一样,才得到琢磨而光辉闪烁起来。"而语言、词条等等,也就是哲学家所谓的"符号知识"。

"正像我们的腿有它用来走路的肌肉一样,我们的脑子也有它所用来思想的肌肉。"③他说:"比照着人体的体积来看,在一切动物里面,人的脑子最大,表面的皱纹也最曲折。"他说,联结大脑两半球的胼胝体,著名的意大利医生朗其西(Lancisi,1678 – 1720)和路易十五的御医德·拉·贝洛尼(De La Pevronie,1678 – 1747)"就已经把它确定为心灵的位置了"。

他说,以白痴、疯子和天才为例,都与大脑的细微结构密切相关。"疯狂和智慧在脑子里各有自己的地域或'脑叶'"。④ 脑子里面,"一点点极细微极细微的东西,一根纤维,一屑屑即使是最精细的解剖也发觉不到的东西,说不定便使两个天才(爱拉斯谟,荷兰人文主义者,1469 – 1536;封特纳尔,德国文学家,1657 – 1757)成了两个傻子"⑤。

总之,在拉美特利看来,大脑作为思想、精神和心灵的器官,正如耳朵之于听觉、眼睛之于视觉一样,是再明显不过的生理学和比较解剖学的必然结论和事实了。尽管,今天的科学发现已在某些细节上否定他引用的材料,如,胼胝体是心灵的位置等等,但他的基本结论的正确性仍是无可怀疑的。离开大脑,我们怎么能设想思想、精神和心灵的存在呢?

3. 思维是大脑的活动和机能

为了批驳唯灵论特别是笛卡尔关于独立精神实体的论点,拉美特利指出:"心

---

① 《人是机器》,商务印书馆,1991 年,23 页。
② 《人是机器》,商务印书馆,1991 年,28 页。
③ 《人是机器》,商务印书馆,1991 年,56 页。
④ 《人是机器》,商务印书馆,1991 年,45 页。
⑤ 《人是机器》,商务印书馆,1991 年,27 页。

灵的一切作用既然是这样地依赖着脑子和整个身体的组织,那么很显然,这些作用不是别的,就是这个组织本身:这是一架多么聪明的机器!"①"因此,心灵只是一个毫无意义的空洞的名词,一个思想谨严的人使用这个名词时,只是指我们身体里那个思维的部分。"②拉美特利经常把心灵、精神、思想这几个词等同使用。为什么这里又说"心灵"是个空名词呢? 这是针对唯灵论者的"精神实体"概念来说的。在科学和唯物论的意义上,他认为,所谓心灵,也就是指人的思维活动。而思维活动正是大脑的一种能力,并无神秘特殊之处。他说:"因此,心灵只是一种运动的始基,或脑子的一个物质的、感性的部分。"③

思想和精神活动是从哪里来的? 是怎样进行的呢? 拉美特利的解释是:人类"通过了他的感觉,亦即他的本能,来获得精神,最后又通过了他的精神,来获得各种各样的知识"。④ 在这里,既不需要什么天赋观念,也没有什么精神实体可待的地方。

他说:"正如脑子这个器官的构造是这样的,只要视觉结构健全的眼睛一接受到事物的形色,脑子并不能不呈现出事物的影像和相互间的区别,同样情形,只要脑子里一刻画出这些区别的符号,心灵也就必然检别出这些区别之间的种种关系了;如果没有符号的发现或语言的发明,心灵是不可能做出这种检别的。"⑤作为经验论者,拉美特利特别看重想象的作用。他说:"我总是用想象这个词,因为我认为一切都是想象,心灵的各个部分都可以正确地还原为唯一的想象作用,想象作用形成一切。"⑥"无可否认的是:只是想象作用在进行认识;是它在表象一切事物,以及表征这些事物的各种语词和形相;因此,我们再说一次:想象作用就是心灵,因为它起着心灵的一切作用。""想象作用不单造成诗人和演说家,而且还造成学者。""它不单描绘自然,它还能度量自然。它推理、判断、分析、比较,深入问题。"⑦

然而,归根到底,想象、思维、一切精神活动都不过是大脑的活动和能力。他说:"如果没有构造得最好的脑子,这最好的机体组织也是白费的;正像一个体魄

---

① 《人是机器》,商务印书馆,1991 年,52 页。
② 《人是机器》,商务印书馆,1991 年,53 页。
③ 《人是机器》,商务印书馆,1991 年,53 页。
④ 《人是机器》,商务印书馆,1991 年,32 页。
⑤ 《人是机器》,商务印书馆,1991 年,32 - 33 页。
⑥ 《人是机器》,商务印书馆,1991 年,34 页。
⑦ 《人是机器》,商务印书馆,1991 年,35 页。

最健全的人,如果没有见过世面,终生只能是一个粗鄙的乡下佬。"①就是说,脑子只有"愈经使用",它的能力和功用才"愈益壮大、粗苗、有力、广阔、善于思想,最好的机能也需要这样的经常使用"。②

4."各式各样的心灵状态,是和各种身体状态永远密切地关联着的"。③

拉美特利举了大量例证证明精神活动和形体状态是密切相关的,并且着重强调了精神对肉体的依赖关系。这从又一个侧面,反驳了精神独立于形体的偏见。

首先是体质决定精神和性格。他说:"有多少种体质,便有多少种不同的精神,不同的性格和不同的风俗。""这是真的,是黑胆、苦胆、痰汁、血液这些体液按照其性质、多寡和不同方式的配合,使每一个人不同于另一个人。"④

他指出,歇斯底里和忧郁症等等一切心理疾病,都与人的内分泌系统不畅有关。人的各种情绪变化,也许"脾脏、肝脏里有一点故障,门静脉里有一点阻塞就行了"。⑤ 睡眠现象与血液循环有密切关系。"心灵和身体是一同入睡的"。⑥ 服用鸦片、吗啡、酒,可使人沉睡,"鸦片甚至改变人的意志",等等。

他说:"人体是一架永动机的活生生的模型。体温推动它,食料支持它。没有食料,心灵便渐渐瘫痪下去,……终于倒下,死去。"⑦

决定性的依据是:心脏、肌肉是一个自动机。(参看《人是机器》,商务印书馆,1991 年,53 - 54,56 页。)

"年龄对于心灵有必然的影响。"例如,青春发育期和成年、老年各不相同。此外,天气对人的情绪"有极大的影响"。还有,社会生活的相互影响,"人还感染和他生活在一起的人的习惯、姿势、语调等等"。各个民族精神性格的差异,除了遗传而外,与食物、地理环境等等,有密切关系。

以上所说,都证明心灵状态与生理状态密切相关,依身体的状态而转移,这既是科学的事实,也是唯物论的基本命题。拉美特利的贡献是,他依据当时的科学材料,主要是生理学和病理学的依据,做出了"人是机器"这样一个惊人的论断。

---

① 《人是机器》,商务印书馆,1991 年,36 页。
② 《人是机器》,商务印书馆,1991 年,35 页。
③ 《人是机器》,商务印书馆,1991 年,25 页。
④ 《人是机器》,商务印书馆,1991 年,17 - 18 页。
⑤ 《人是机器》,商务印书馆,1991 年,18 - 19 页。
⑥ 《人是机器》,商务印书馆,1991 年,19 页。
⑦ 《人是机器》,商务印书馆,1991 年,20 - 21 页。

他说:"人是一架如此复杂的机器。"①"人并不是用什么更贵重的料子捏出来的;自然只是用了一种同样的面粉团子,它只是以不同的方式变化了这面粉团子的酵料而已。"②"只有教育才把我们从动物的水平上拉上来,终于使我们高出动物之上。"③"让我们勇敢地作出结论:人是一架机器;在整个宇宙里只存在着一个实体,只是它的形体有各种变化。"④

5. 真正的无神论是驳不倒的

拉美特利宣称:"任凭是全宇宙的重量,也动摇不了一个真正的无神论者,更不必说粉碎他了。"因为,对创世主的论证,无神论者"可以提出许多别的也许同样有力而完全相反的例子来反证。"⑤

他对无神论的辩护,有两点特殊之处:

第一,人是机器的论点,对灵魂、精神实体的反驳,只不过是笛卡尔"动物是机器"论点的引申。他说:"如果哲学的领域里没有笛卡尔,那就和科学的领域里没有牛顿一样,也许还是一片荒原""他第一个完满地论证了动物是纯粹的机器。在有了这样一个重要的、需要很大的智慧的发现之后,……还能不原谅他的这一切错误!""因为虽然他高唱两种实体,但是显然可见,这是一种手法,……目的在于使神学家们……不得不承认……他们……归根结底却只是一些动物和一些在地面上直立着爬行的机器而已。"⑥

进而言之,他例举了十条动物和人的生命活动的论据,证明"只要假定一点运动的始基,生命体便会具有它所必需的一切,来运动、感觉、思维和羞恶悔痛,总之,……来作一切身体活动以及以身体的依据的道德行动。"⑦从而合理地解释了古希腊名医希波克拉底作为运动始基的"灵魂"。他说:"这个始基是存在的,它存在的位置是在脑子里面神经起源的地方,它通过神经,对身体的其余部分行使着权力。"这样一切精神作用和它的病态的种种后果,就都可以得到解释了。

一句话,根据"人是机器"的论点,灵魂(作为运动的始基)并无任何神秘之处。它不过是人脑神经活动的表现。

---

① 《人是机器》,商务印书馆,1991 年,17 页。
② 《人是机器》,商务印书馆,1991 年,43 页。
③ 《人是机器》,商务印书馆,1991 年,40 页。
④ 《人是机器》,商务印书馆,1991 年,73 页。
⑤ 《人是机器》,商务印书馆,1991 年,50 页。
⑥ 《人是机器》,商务印书馆,1991 年,66 - 67 页。
⑦ 《人是机器》,商务印书馆,1991 年,53 页。

　　第二,唯物论者、无神论者同样可以是道德高尚的人。

　　他说:"宇宙如果不是无神论的宇宙,就不会是快乐的宇宙。"①例如,"己所不欲,勿施于人"这条道德准则,也可解释为源于一种感觉。他说:"这种感觉不是别的,只是一种害怕或恐惧,……一种对于整个的种属和个体都很有益的害怕或恐惧。因为如果不是为了保全自己的财产、名誉和生命,我们也许就不那么尊重别人的钱包和生命了;正像一些基督教徒一样,如果不是因为害怕地狱,也许就不那么热爱上帝,也不肯遵守那么一大套幻想的道德教条了。"②

　　所以,"无神论不一定就不规矩、不老实"。③"一个彻底的唯物主义者,尽管(承认)他只是一架机器,或只是一只动物,但是他却决不会残酷地对待他的同类,不愿意对任何人做一件己所不欲的事情的"④。11/11/1999　20:30

　　当代脑科学在更高的科学水平上,继承和大大发展了拉美特利人是机器的命题。脑是思维、精神活动的器官,并没有什么独立于脑的精神实体之类。克里克的"意识的脑分子的活动"与拉美特利的灵魂是脑神经的运动,是同样"惊人的假说"。23/12/1999

§2. 狄德罗(Denis Diderot,1713－1784)

　　出生于朗克里的手工业者家庭。早年在教会学校学习神学,教会学校毕业后改学法学。离校后做过家庭教师,后从事写作。与卢梭等启蒙学者有密切交往。主要哲学著作有:《对自然的解释》(1754)、《拉摩的侄儿》(1762)、《达朗贝和狄德罗的谈话》(1769)《达朗贝的梦》(1769)和《关于物质和运动的哲学原理》(1770)等。

　　他的思想变化过程,是18世纪法国启蒙思想家思想发展过程的缩影。他从怀疑主义出发,经过自然神论阶段,最后成为唯物论者和无神论者。31岁时(1746)他发表了《哲学思想录》阐述了自然神论观点,以此表达批判传统宗教的倾向,受到教会和当局迫害,书被焚毁。这使他变得更为激进。三年后(1749)发表的《供明眼人参考的给盲人的信》,公开表达了唯物论和无神论立场,立即遭到逮捕。出狱后,即着手准备编辑和出版《百科全书》,历经20多年的艰苦奋斗,终

---

①　《人是机器》,商务印书馆,1991年,51页。
②　《人是机器》,商务印书馆,1991年,46－47页。
③　《人是机器》,商务印书馆,1991年,47页。
④　《人是机器》,商务印书馆,1991年,73页。

于完成这一近代思想史上的巨大工程,大大推进了启蒙运动,扩大了唯物论和无神论的影响。恩格斯称赞他是"为了'对真理和正义的热诚'……而献出了整个生命"的人。①

他的哲学思想特殊之处有二:物质与运动不可分;感受性是物质的基本属性。这样,他就克服了霍布斯和笛卡尔等人认为物质的属性只有广延性,物质是惰性的传统观点,把唯物论的本体论提高到了新的水平。同时,从根本上回答了邓·司各脱以来,及至洛克而未能明确回答的"物质能否思维"的问题。

此外,在认识论上,他从洛克的经验论出发,将实验列为认识的重要环节,一定程度上突破了狭隘经验论的局限。以下分三点介绍:

1. 物质具有感受性

人的思维、精神活动是从哪里来的?人为什么能思维?等等,是一个十分古老的哲学问题。大多数哲学家(从柏拉图到笛卡尔)以为,只有假设精神实体的存在,只有求助于上帝才能回答这个难题。狄德罗对此提出了相反的回答。25/12/1999

在《达朗贝和狄德罗的谈话》中,狄德罗明确提出,感受性是物质的基本属性。他认为,感受性是用以代替精神实体的基本假设。它是"物质的一种普遍的和基本的性质"。②

从逻辑上讲,石头也应当有感觉,只不过这是一种迟钝的感受性;而植物、动物和人所具有的则是一种活跃的感受性。他认为:"一种活跃的感受性和一种迟钝的感受性,就像有一种活力和一种死力一样。""活力的表现是移动,死力的表现是压力;活跃的感受性表现在动物的某些显著的活动上,这些活动也许植物也是有的;而迟钝的感受性,则可以由向活跃感受性过渡而得到肯定。"③

重要的是,无机界的迟钝的感受性可以过渡为动植物,包括人的思想这样活跃的感受性。而活跃的感受性本身也是一个逐步发展的过程:从没有明显感觉能力的植物到有感觉能力的动物,再到有思维能力的人。

他说:"物质因素,逐步产生的结果便是一个迟钝的生物,一个有感觉的生物,

① 《路德维希·费尔巴哈和德国古典哲学的终结》,《马恩选集》4 卷,人民出版社,1972 年,228 页。
② 参看《西方哲学原著选读》,下卷,商务印书馆,1981 年,137 – 138 页。
③ 转引自《西方哲学原著选读》,下卷,商务印书馆,1981 年,138 页。

一个有思想的生物。"①

狄德罗运用了当时毕丰等人的生物进化论思想,论证从无机界的迟钝感受性可以过渡到植物、动物和人的观点。他说:大理石可以"变成粪土","我在粪土里种上豌豆、蚕豆、白菜等菜蔬。植物从土里吸收养料,我从植物里吸收养料"。②他说:"一块大理石与一个有感觉的生物的距离,要比一个有感觉的生物与一个有思想的生物的距离大得多。"③既然如此,那么就没有什么理由可以否定从植物,特别是从动物的活跃感受性发展出人的思想这样最高级的活跃的感受性来。因为,从经验论的观点看,思想是从感觉产生出来的。

应该指出,狄德罗提出物质具有感受性的假说,目的是为了反驳神创论。这一点他本人是十分自觉的。他说:"我们就是拿这个蛋(指从没有感觉的东西逐渐变成有感受性、生命、记忆、意识、欲望、思想的东西——引注)来推翻一切神学学派和地球上的一切神庙。"④

他宣称:"在宇宙中,在人身上,在动物身上,只有一个实体。……手风琴是木头做的,人是肉做的。黄雀是肉做的,音乐家是一种结构不同的肉做的;可是全都有同一的来源,同一的构造,同一的机能和同一的目的。"⑤"你是尘土做的,你也是要复归尘土的。"⑥

据此,他还批评贝克莱的"存在就是被感知"是一架发疯的钢琴。贝克莱以为,"在一个发疯的时刻,有感觉的钢琴曾以为自己是世界上存在的唯一的钢琴,宇宙的全部和谐都发生在它身上"⑦。

总之,确认物质具有普遍的感受性,是足以推翻一切神学教条的假说。

2. 运动是物质固有的属性

他说:"绝对静止是一个抽象概念,根本不存在于自然中,而运动则是一种与长、宽和高同样实在的性质。"⑧"物体就其本身来说,就其固有性质的本性来说,

---

① 转引自《西方哲学原著选读》,下卷,商务印书馆,1981年,141页。
② 转引自《西方哲学原著选读》,下卷,商务印书馆,1981年,140页。
③ 同上。
④ 转引自《西方哲学原著选读》,下卷,商务印书馆,1981年,145页。
⑤ 转引自《西方哲学原著选读》,下卷,商务印书馆,1981年,148页。
⑥ 转引自《西方哲学原著选读》,下卷,商务印书馆,1981年,151页。
⑦ 转引自《西方哲学原著选读》,下卷,商务印书馆,1981年,148页。
⑧ 转引自《西方哲学原著选读》,下卷,商务印书馆,1981年,129页。

不管就它的一些分子看,还是就它的整体看,都是充满着活动和力的。"①

"宇宙中一切都在移动或激动中,或者同时既在移动中又在激动。"②激动是指物体内部的运动或内在的活力。

上述论点,克服了17世纪机械论者将物质和运动分离的缺点。他揭示出这种错误观点的根源,是把运动归结于仅仅是机械的位置移动;而事实上,不论是物质存在的形式,还是物质运动的形式,都是多种多样的。他说:一些哲学家的错误和谬论,就是"他们坚持着一种也许为一切物质分子所共有的唯一而且是单一的力;……认为宇宙间的全部作用只是重力作用,从而得出结论,说物质与静止或运动无关,或者竟说物质有趋于静止的倾向"③。

他的结论是:"物质是异质的;自然中有无数不同的元素存在;其中的每一个元素都因其不同之点而有其天赋的、不变的、永恒的、不可毁灭的特殊的力;并且物体内部的这些力对物体以外起作用:从这里便产生出宇宙中的运动或普遍的骚动。"④

物质固有内在的多种多样的活力,因而引起宇宙的普遍运动。这一论点与否定普遍运动的机械论,划清了界限,使他对运动的理解上升到了新的水平。

3. 实验是认识的重要环节

狄德罗指出:"我们有三种主要的方法:对自然的观察、思考和实验。观察搜集事实;思考把它们组合起来;实验则来证实组合的结果。"⑤将实验列为证实认识的基本方法,这就在一定程度上突破了狭隘经验论的限制,应该说是对洛克经验论的一个重要发展,同时也是对唯理论片面性的一种有力的反驳。

他说:"除了实验以外,没有别的办法可以识别错误。"⑥这一论点,在当时是对自然科学方法的经验总结,更显得难能可贵。可以说,这是马克思主义实践论创立之前,对认识论的一个重大贡献。

§3. 爱尔维修(Claude – Adrien Helvétius Diderot,1715 – 1771)

出生于宫廷医生家庭,担任过总包税官,这是国王为奖赏他的父亲而册封给

---

①　转引自《西方哲学原著选读》,下卷,商务印书馆,1981年,128页。
②　转引自《西方哲学原著选读》,下卷,商务印书馆,1981年,127 – 128页。
③　转引自《西方哲学原著选读》,下卷,商务印书馆,1981年,131 – 132页。
④　转引自《西方哲学原著选读》,下卷,商务印书馆,1981年,131页。
⑤　《狄德罗哲学选集》,商务印书馆,1959年,61页。
⑥　《狄德罗哲学选集》,商务印书馆,1959年,96页。

他的。他曾与孟德斯鸠、伏尔泰、狄德罗和霍尔巴赫等人结交,抛弃高官厚禄,加入了启蒙运动行列,进行反封建主义的斗争。《论精神》遭焚毁,《论人》在他逝世后才在海牙出版。爱尔维修也可以说是封建叛逆的典型吧。马克思和恩格斯对他的学说给予高度评价。普列汉诺夫在《一元论历史观的发展》中,更对他的"环境决定人"的论点给予了详尽的分析。

主要著作有:《论精神》(1758)、《论人的理智能力和教育》(1774,简称《论人》)。他的特殊贡献是系统论述了功利主义的社会学说,提出了"人是环境的产物"的著名论点。

1. 政治、法律制度或设施是环境的主要(决定?)因素

他说:"我们在人与人之间所见到的精神上的差异,是由于他们所处的不同环境,由于他们所受的不同教育所致。"[①]

又说:"我们应当把感情和性格的千差万别归之于自爱这种感情(即逃避肉体的痛苦、寻求肉体的快乐;更一般地说,即趋利避害——引注)的各种不同变相,这些变相是依人们所受的教育、支配人们的政治,以及人们所处的不同地位为转移的。"[②]显然,这里所说的"环境",主要是指社会生活环境,即政治法律制度和受教育的条件,指人们的相互交往和生活方式,等等。他特别强调政治、法律制度对于各民族性格和精神面貌的决定作用。

他说:"人们在一种自由的统治下,是坦率的,忠诚的,勤奋的,人道的;在一种专制的统治之下,则是卑鄙的,欺诈的,恶劣的,没有天才也没有勇气的,他们性格上的这种区别,乃是这两种统治下所受教育不同的结果。"[③]他又说:"法律造成一切。"在他看来,正是法律决定着一个民族的风俗和道德。

他还说:"公正的法律对人们是无所不能的。它支配人们的意见,使他们诚实、人道和幸福。英国人就是靠四五项法律获得他们的幸福、财产安全和自由的。"[④]

2. 法律不完善、财富悬殊是国家不幸的原因

他指出:"几乎所有的人和民族都普遍地不幸,这种不幸是由于他们的法律不完善,由于财富分配太不平均。""在构成人们生命的那一系列瞬间中,如果凭着他

---

① 爱尔维修:《论精神》,《十八世纪法国哲学》,467-468 页。
② 《论人》,IV.4;转引自《西方哲学原著宣读》,下卷,181 页。
③ 《论人的理智和教育》,《十八世纪法国哲学》,539 页。
④ 《论人的理智和教育》,《十八世纪法国哲学》,526 页。

们的统治形式，人人都能把自己的财产、生命和自由的所有权与某种小康状态结合起来，就会人人都同等地幸福。由于缺乏良好的法律，才处处燃起贪图巨富的欲火。"①

3. 教育决定一切

靠什么来改进政治法律设施和道德风尚呢？爱尔维修的回答是：靠教育、靠天才人物。

他说："教育的力量的最有力的证明，"是它所产生的结果。"野蛮人打起猎来不知疲倦，奔跑起来要比文明人轻捷，因为野蛮人在这方面更有训练。""前者以敏捷见长，后者广有知识，乃是教育不同的结果。"

神学家有"虚伪的精神，那是他们的教育使然。……因为他们自幼就养成习惯，满足于经院中的行话，把空名当作实物，因而变得不能分辨胡说与真理，诡辩与证明"。"修士的邪恶归之于什么呢？归之于他的教育。"②

"精神和才干在人们身上只不过是他们的各种欲望和特殊地位的产物。教育科学也许就在于把人们放在迫使他们取得其所渴望的才能和美德的地位上。"③

他认为："必须有天才，才能用好法律代替坏法律。"④"人们总是期待继位的君王改革弊端：他应当做出一些奇迹。这位君王即位了，什么都没有改变，国政依然如故。其实，一个常常受着比祖先更坏的教育的君王，有什么理由会更开明呢？"⑤

以上，爱尔维修把人归结为社会政治法律设施等社会环境的产物，应该说有一定的唯物主义见地；但他把环境改变归结为天才人物，这又是明显的唯心英雄史观。正如马克思所说："有一种唯物主义学说，认为人是环境和教育的产物，——这种学说忘记了环境正是由人来改变的，而教育者本人一定是受教育的。因此，这种学说必然会把社会分成两部分，其中一部分高出于社会之上。"⑥

此外，爱尔维修关于灵魂就是感觉能力的论点，关于利益支配着一切判断的论点，也是富于教益的。他说："我们的观点和精神的存在要以感觉能力的存在为

---

① 《论人》，VIII. 3 - 4；转引自《西方哲学原著宣读》，下卷，184、186 页。
② 《论人》，X. 1；转引自《西方哲学原著宣读》，下卷，188 - 189 页。
③ 《论人》，X. 1；转引自《西方哲学原著宣读》，下卷，190 页。
④ 《论人的理智和教育》，《十八世纪法国哲学》，549 页。
⑤ 《论人》，X. 1；转引自《西方哲学原著宣读》，下卷，191 页。
⑥ 马克思：《关于费尔巴哈的提纲》；《马克思恩格斯选集》，第一卷，人民出版社，1972 年，17 页。

前提。这种能力就是灵魂本身。我由此得出结论:如果灵魂不是精神,精神就是灵魂或感觉能力的结果。"①"利益(指'一切能够使我们增进快乐、减少痛苦的事物'——原注)支配着我们的一切判断。""无论在任何时候、任何地方,无论在道德问题上,还是在认识问题上,都是个人利益支配着个人的判断,公共利益支配着国家的判断。"②"一个人一切行动都以公益为目标的时候,就是正义的。""为了公共的幸福,一切都变成了合法的,甚至变成了道德的。"③

13/11/1999　17:30

§4. 霍尔巴赫(Paul – henri Thiry Holbach,1723 – 1789)

他是 18 世纪法国唯物论思想的体系化者。主要哲学著作有:《自然的体系》(1770)、《社会的体系》(1773)、《神圣的瘟疫》和《袖珍神学》(1768)、《揭穿了的基督教》(1761)、《健全的思想》(1772),等等。最主要的哲学代表作《自然的体系》被称为 18 世纪"唯物主义的圣经"。

他的生平有两点值得注意:

第一,他是一个德裔法国人,即有德国血统的法国人。出生在巴伐利亚的一个商人家庭。七岁时(1730)丧母,12 岁(1735)随父亲移居法国,在巴黎上学。21岁(1744)时到荷兰莱顿大学学习自然科学。30 岁(1753)继承伯父的男爵称号和财产。曾被聘为柏林科学院(莱布尼茨为首任院长)的外籍会员,后又被选为法国科学院和俄国科学院院士,是一个学识渊博的人。仅给《百科全书》撰写的近 400个条目,内容就涉及自然科学、工程技术和社会科学的广泛领域。例如,第 8 卷有:水文学、玉石等 34 条;第 9 卷有陶土、象牙、熔岩等 34 条;第 10 卷有:锰、金属、矿物学等 56 条;第 11 卷有:猫眼石、黄金等 49 条;第 12 卷有:白金、铅等 15 条;第13 卷有:迦太基等 13 条;此外还有地球、地震、火山等条目。

第二,他与狄德罗交往密切,支持狄德罗克服重重困难,完成了编写和出版《百科全书》的巨大工作,借以传播启蒙思想,扩大唯物论和无神论的影响。例如,百科全书派由于社会成分复杂,思想观点分歧,一方面要对付官方的挑剔和迫害,

---

① 《论人》,X、II. 2;转引自《西方哲学原著宣读》,下卷,173 – 174 页。
② 《论精神》,II. 1;转引自《西方哲学原著宣读》,下卷,182、183 页。
③ 《论精神》,II. 1;转引自《西方哲学原著宣读》,下卷,183 – 184 页。

另一方面要解决启蒙学者之间的争论,这就增加了工作的困难。1758 年,经济学家魁奈、杜尔阁、科学院秘书杜克洛相继离开,身为主编的达朗贝也动摇直至最终离开编辑工作。在这种情况下,霍尔巴赫支持狄德罗等坚持下去,除亲自撰写条目外,还帮助看校样,等等。这种精神上的和实际工作上的帮助,使《百科全书》终于得以完成。从 1752 年开始出版,到 1780 年,共计出版 35 卷。应该说,霍尔巴赫对于《百科全书》的完成是功不可没的。

关于他的哲学思想,主要介绍他对宗教有神论的批判和对唯物论基本原则的系统论证这两方面。

1. 灵魂只不过是身体的一部分

有神论和无神论的争论,历来和"灵魂是什么?"这个问题有关。有神论者断言灵魂是不同于肉体的另一种精神实体,无神论则坚持灵魂与肉体不能分开。

霍尔巴赫指出,唯灵论者断言灵魂是在人体内部以不可见的方式活动的精神实体,这是荒谬的。他说:"灵魂具有一种与我的身体完全相同的性质,一种为物质所特具的性质,因为它是与身体连在一起移动的。那么,即使灵魂是非物质的,又能由此作出什么结论呢? 灵魂完全服从于身体的运动,没有身体,灵魂就是僵死的。"①接着,他指出:"我们如果摆脱了成见,愿意对我们的灵魂,亦即对在我们身上活动的那个动力作一番审察,那就会心悦诚服地承认灵魂是我们身体的一部分。""灵魂本来就是身体","这个灵魂不得不和身体一样,……它和身体一同诞生,一同发展;像身体一样,它也要经过一种幼稚的、软弱的、无经验的状态;它和身体以同样的进度成长、壮大;这时候它才变得能够发挥某些作用,才拥有理性,才显示出或多或少的精神、判断力和能动性。……我们也无法不承认,在某些时候,它也表现出麻痹、衰老和死亡的明显征象"。② 这就是说,灵魂和肉体一样,是有生有死的。它所拥有的理性、精神、判断力和能动性,是随着身体一起发育成长的,它本身就是身体的一部分。

2. 无神论与道德完全相容

指责无神论者不讲道德,似乎只有信神才是德行的保证,这种世俗的偏见,流传久远。霍尔巴赫在《自然体系》中,以"无神论与道德相容吗?"为题,进行了讨论。他立足于现实,并引证历史,为无神论进行了强有力的辩护。

---

① 《自然体系》,I. 7;转引自《西方哲学原著选读》,下卷,商务印书馆,1981 年,223 页。
② 《自然体系》,I. 7;转引自《西方哲学原著选读》,下卷,商务印书馆,1981 年,224 页。

他的基本观点是:"无神论者否定上帝的存在,不过,……他不能怀疑道德的存在,即生活于社会的人们其间所存在的关系的科学。"他指出:"我们既然生活在社会中,就受到道德的约束。无论上帝存在与否,我们的义务始终不变。"他说:"只相信现实生活的无神论者,无论如何,希望生活得幸福。培根说,无神论使人变得审慎,因为无神论使人着眼于现实生活。"他还指出,无神论是专制和迷信压迫的产物。"在一些国家,迷信在权威的助长下,使其压迫令人觉得十分沉重,又滥施淫威,正是主要在这些国家,无神论者才多。……灾难是一根有力的鞭策,激发人站到真理一边。"①

他的论点,突出的有二:

其一,道德的基础是现实的社会生活和共同的人性,而不是对神的信仰。

他说:"我们绝不是作为上帝的创造物去尽各种道德义务,而是作为人、作为有感性的生物,生活在社会中,努力使自己在一种幸福的生存中保存下去,道德才使我们承担义务。存在着一位上帝也好,不存在着一位上帝也好,我们的义务总归是一样的。"又说:"道德是建立在那些存在于有感觉、有智慧、有社会性的人之间的不变的关系上面的。没有德行,任何社会都不能维持;不控制自己的情欲,则任何人也不能保存自己。人由于自己的本性不能不爱德行;由于强迫他寻找幸福和逃避痛苦的这同一必然性,他也不能不害怕犯罪。……善与恶的区别,既不依赖于人的意向,也不依赖于人对神所能有的那些观念,更不依赖于神在另一个生命中给人准备的赏罚(指灵魂转世——引注)。"②

其二,从历史上说,骚乱"常常都来自神学见解","神学问题没有不给人们造成深远的不幸的,至于所有的无神论者的著作,不管古代的也好近代的也好,永远只是给它们的……作者,招来横祸"③。

他说:"无神论的体系,只不过是一种不断的研究,一种由于经验和推理而冷却了的想象的产物。平和宁静的伊壁鸠鲁丝毫没有扰乱了希腊;卢克莱修的诗篇没有引起罗马的城邦战争。……斯宾诺莎的著作在荷兰并没有引起……骚乱。就是在宗教迷信能使一位国王死于断头台的那个时代的英国,霍布斯的著作也丝毫没有造成流血事件。"④

---

① 《自然体系》,下卷,商务印书馆1977年,376—377页。
② 《自然体系》,下卷,商务印书馆1977年,293—294页。
③ 同上。
④ 《自然体系》,下卷,商务印书馆1977年,296页。

可见,只有一种健全的、理智的哲学,"能够把牛鬼蛇神从世俗的错误中铲除出去;正是这种哲学(指唯物论、无神论——引注)使精神获得独立"①。

3. 无知和恐惧是宗教迷信的根源

他说:"人之所以迷信,只是由于恐惧;人之所以恐惧,只是由于无知。"②

"没有一个凡人不遭遇到种种痛苦;没有一个民族没有遭到过厄运、灾祸和不幸;人们总是把这些苦厄看成天怒的标志,而不知道自然的原因。"③

"人民传染上了各种迷信,这是他们的恐惧和无知的结果,无知和恐惧则是他们的种种苦难的真正原因。""凡是痛苦、战栗而又无知的人,都是很容易轻信的;……他把自己的信任,交付给任何一个他认为比自己知识多、胆子大的人。""因而听从那个人的指引,他去请教那个人,就像人们得了不治之症时病急乱投医,去求助最先遇到的江湖医生一样。"④"在各个民族惊慌失措的时候,那些神通者、预言者和奉神者变成了拥有全权的人;只要人们软弱无力……的时候,他们就得胜了。"⑤

以上,霍尔巴赫对人们陷入迷信的心理状态的分析,不仅在当时有发人深省的价值,即使在今天看来,又何尝不是如此。当今世界范围的所谓新宗教运动就是一个鲜明的例证。

霍尔巴赫进而指出:基督教依靠的是欺骗、无知和轻信,宗教的唯一目的就是使暴政永存。他说:"基督教根本没有资格自夸给道德或政治带来好处。……它所依靠的是欺骗、无知和轻信,它在任何时候都只是对一些存心欺骗人类的人有利;它……只足以使人耽于狂暴,使人流血,使人陷入疯狂和罪行,使人不认识自己真正的利益和最神圣的义务。"⑥

霍尔巴赫还说:"看来,虚构出宗教的唯一目的,只是在于奴役人民和使人民处于专制政权的统治下。""我们对各种宗教教条和宗教原则研究得越多,我们就越相信它们的唯一目的就在于保卫暴君和僧侣的利益,而损害社会的利益。"⑦他警告说:"神学是一口潘多拉的盒子;如果不可能把它锁起来,也必须要发出警告,

---

① 《自然体系》,下卷,商务印书馆,1977 年,299 页。

② 《神圣的瘟疫》,I;转引自《西方哲学原著选读》,下卷,商务印书馆,1981 年,198 页。

③ 《神圣的瘟疫》,I;转引自《西方哲学原著选读》,下卷,商务印书馆,1981 年,199 页。

④ 《神圣的瘟疫》,I;转引自《西方哲学原著选读》,下卷,商务印书馆,1981 年,200 页。

⑤ 《神圣的瘟疫》,I;转引自《西方哲学原著选读》,下卷,商务印书馆,1981 年,201 页。

⑥ 《被揭穿了的基督教》,I;转引自《西方哲学原著选读》,下卷,商务印书馆,1981 年,197 - 198 页。

⑦ 《健全的思想》,146、147;转引自《西方哲学原著选读》,下卷,商务印书馆,1981 年,202 页。

这口不祥的箱子打开了。"（注：希腊神话说，天帝宙斯为了惩罚普罗米修斯偷取天火给人民，就派了女神潘多拉下凡，带来一口箱子，只要打开一看，各种灾难就一起跑出来散布到人间。）①

以上关于他的无神论和对宗教有神论的批判，应该说，基本上正确地揭示了有神论的认识论根源，并指出了教会和专制制度的内在联系。他的缺点是：认为宗教只是虚构和想象，没有看到它的社会根源。此外，很重要的一点是，他把无神论和宿命论等同在一起，只承认必然性而否认偶然性，从而使他的无神论不可能贯彻到底。例如，他在《自然体系》的《无神论与道德相容吗》一章中说："无神论者或宿命论者就是在这种必然上建立了他们的一切体系。"②既然是宿命论，也就不可能彻底摆脱天意和神命，不可能完全从神的控制下解放出来。这是他的无神论在理论上的极大局限。

关于他的自然观和社会观，有以下几点：

4. 人是自然的产物

从"最广的意义来说的自然，就是由各种不同的物质、由这些物质的各种不同的组合、由我们在宇宙间看到的各种不同的运动集合而成的大全体。从狭义来说的自然，或者就每一个存在物内部来看的自然，（'自然'nature 或译为'本性'。'人的本性'或'人性'也就是'人的自然'——编者）则是由这个存在物的本质，亦即使它有别于其他存在物的那些特性、组合、运动或活动方式构成的全体。如此看来，人也是一个全体，因为他是由某些物质的各种组合造成的；这些物质赋有一些特殊的属性，其组织就称为机体，其本质就是感觉、思想、活动……人是自成一个等级、一个体系、一个类的，这个类与动物的类不同，因为在动物身上看不到人身上的那些特性。各种存在物的……那些特殊的自然，乃是依附在那个大全体的总体系上，依附在那个普遍的大自然上的；它们是这个大自然的一部分，一切存在物都必须联系在这个大自然上"③。

"人在他的一切进步中，在他所经历的一切变化中，永远只是遵照他的机体以及自然用来制造这个机体的各种材料所固有的法则而活动。"④

"人是一个纯粹肉体的东西；精神的人只不过是从某一个观点，亦即从某些为

---

① 《健全的思想》，206；转引自《西方哲学原著选读》，下卷，商务印书馆，1981 年，203 页。
② 《自然体系》，下卷，商务印书馆 1977 年，288 页。
③ 《自然体系》，I.1；转引自《西方哲学原著选读》，下卷，商务印书馆，1981 年，209－210 页。
④ 《自然体系》，I.1；转引自《西方哲学原著选读》，下卷，商务印书馆，1981 年，205 页。

特殊的机体所决定的行为方式去看的那个肉体的东西罢了。"①所谓"某些为特殊的机体所决定的行为方式",即脑的神经活动。他在《自然体系》中写道:"新近刚刚出版了《人是机器》的作者也曾把风尚作为一种真正的癫狂病思考过。"②

总之,人是精神和肉体的统一体,它本身是自然的一部分,不能越出自然法则之外。

5. 历史事件决定于必然的物理原因

人是自然的一部分,服从于自然规律,这是无可争辩的唯物论命题。然而,在霍尔巴赫那里,将这种机械论的自然观贯彻到社会生活领域,就陷入了荒唐的唯心史观或天才决定论。

他说:我们"把人完全放在物理规律的支配之下,……那就会看到,精神世界的各种现象,也同样遵循着物质世界各种现象的规律,大部分巨大的事件……其实是非常简单、十分自然的。……那些在世界上造成最吓人、最巨大的变化的意志,归根到底,都是由一些物质的原因推动的。"他宣称:"自然界……没有一颗原子不起着重要的、必然的作用,每个觉察不出的分子摆在适宜的环境里全都产生着奇妙的结果。""如果我们能够仔细研究那些功业辉煌的英雄豪杰,把推动他们的思想、意志、感情的无形线索摸得一清二楚,理出头绪,我们就会发现,自然用来推动精神世界的秘密杠杆,乃是一些真实的原子。""一个狂信者胆囊里过多的苦汁,一个征服者心脏里过热的血液,一个君主胃里的一种消化不良,一个女人心里出现的一种幻想,都是一些充分的原因,足以酝酿战争,把千百万人送上屠场,夷城池为平地,化都邑为劫灰,使国家长期陷于悲惨境地,饥荒不断,瘟疫流行,地球上一连数百年荆棘遍野,民不聊生。"③"少吃一顿,喝一杯水,出一点血,有时候就足以挽救一些王国。"④

"由此可见,人类的命运同组成人类的每一个人的命运一样,每时每刻都系于一些难以察觉的原因;……然而,正是这样的一些动力,……在自然的手中,按照必然的自然规律,就足以推动我们的宇宙。"⑤将偶然性抬高为必然性,实际是将自然规律降低为纯粹的偶然性。我们在霍尔巴赫这里,看到的正是这样一个由否认偶然性

---

① 《自然体系》,I. 1;转引自《西方哲学原著选读》,下卷,商务印书馆,1981 年,204 页。
② 《自然体系》,下卷,商务印书馆 1977 年,293 页。
③ 《自然体系》,I. 12;转引自《西方哲学原著选读》,下卷,商务印书馆,1981 年,224 – 225 页。
④ 《自然体系》,I. 12;转引自《西方哲学原著选读》,下卷,商务印书馆,1981 年,226 页。
⑤ 《自然体系》,I. 12;转引自《西方哲学原著选读》,下卷,商务印书馆,1981 年,226 – 227 页。

走到否认必然性的典型。问题在于:发现社会生活不同于物理运动的特殊规律。

马克思指出:"在霍尔巴赫的《自然体系》中,论述物理学的那一部分,也是法国唯物主义和英国唯物主义的结合,而论述道德的部分实质上则是以爱尔维修的道德论为依据。"①

恩格斯对包括霍尔巴赫在内的法国无神论者的著作,给予了很高的评价。他指出,这些文献"迄今为止不仅按形式,而且按内容来说都是法兰西精神的最高成就;如果考虑到当时的科学水平,那么就是在今天看来它们的内容仍有极高的价值,它们的形式仍然是不可企及的典范。"②

16/11/1999　17:00

18/11/1999 补:

4'. 运动是物质的存在方式

"自然乃是我们所认识的一切事物、一切运动,以及……其他事物和运动的总汇。"③

"自然界的一切都处在一种不断的运动之中;它的各个部分没有一个是真正静止的;总之自然是一个活动的全体,如果不活动,那就不复成其为自然;……所以自然的观念必然包含着运动的观念。""我们要说,运动乃是一种必然从物质的本质中产生出来的存在方式;物质是凭它自己固有的能力而活动的;它的各种运动是由于它内部蕴涵的那些力造成的;它的各种运动及其所造成的各种现象之所以千变万化,乃是由于那些原来存在于种种原始物质中的特性、性质、组合的多种多样,而自然就是它们的总汇。"④

5'. 人的善恶是由环境造成的

"人从本性上说既不善也不恶。他一生之中时时刻刻都在寻求幸福,他的一切能力都用在取得快乐和规避痛苦上面。"⑤

"他之变成或者对自己、或者对他的同胞有益或有害,乃是由于环境把他引得向善或者向恶;也就是说,乃是由于人们给他的教育、他所见到的榜样、他所听到

---

① 　马克思、恩格斯:《神圣家族》,人民出版社,1962 年,166 页。
② 　《马克思恩格斯选集》,第三卷,人民出版社 1972 年,247 页。
③ 　引自《西方哲学原著选读》,下卷,211 页。
④ 　引自《西方哲学原著选读》,下卷,215–216 页。
⑤ 　引自《西方哲学原著选读》,下卷,227 页。

的言语、他经常接触到的人、他自己形成的或受别人灌输的观念、他所养成的习惯、尤其是支配他的行为的政府使他……受到好的或坏的培养。一个邪恶的父亲只能造就堕落的儿女;一个腐败的社会所能提供的榜样只适于腐化心灵和精神。"①

"我们愿意把人造成怎样,就可以把他造成怎样。塞内卡说:'要是你认为我们的恶习是我们生来就有的,那你就错了;它们是从外面来到我们身上的;是人们把它们灌注到我们身上的。'……牛顿如果生在鞑靼人或阿拉伯人中间,就只不过是一个凶狠的流氓。"②

§5. 培尔(Pierre Bayle,1647－1706)

培尔是"使17世纪的形而上学和一切形而上学在理论上威信扫地的人"。③他是法国人,曾担任色当的新教学院的教授和荷兰鹿特丹大学教授。著有《历史批判辞典》(1695－1697),鼓吹宗教怀疑论,批判莱布尼茨的"先定和谐"等一切形而上学,是18世纪法国启蒙运动的直接先驱。他说:"怀疑论对于那门神圣的学问(指神学——编注)是危险的,可是对于自然科学和国家似乎并不如此。""社会并没有理由害怕怀疑主义;因而怀疑论者们并不拒绝遵守本国的习惯,履行一个人的道德职责,他们按照或然性行事,并不期待什么不确定性。""因此只有宗教才对皮罗主义有所畏惧。宗教是应当以确实性为基础的。只要人们心里对它的真理已失去坚定的信心,它的目的、效果、用途就立刻完蛋了"。④

"假如阿尔刻西劳复生,要与我们的神学家论战的话,他现在要比他反对古希腊的独断论者的时候可怕一千倍。基督教神学会给他提供一些无法对付的论据。"⑤

伽桑狄为塞克斯都·恩披里克的方法作出的提要"使我们大开眼界。笛卡尔派给它画完了最后几笔,现在没有一个好哲学家再怀疑那些怀疑论者的主张不对,全都认为激动我们感官的物体的性质只不过是现象了"。"如今新哲学说得更

---

① 引自《西方哲学原著选读》,下卷,228页。
② 引自《西方哲学原著选读》,下卷,228－229页。
③ 《马恩全集》第二卷,人民出版社1962年,162页。
④ 《历史批判辞典》,"皮罗"条,注B;转引自《西方哲学原著选读》,下卷,商务印书馆,1981年,3－4页。
⑤ 《历史批判辞典》,"皮罗"条,注B;转引自《西方哲学原著选读》,下卷,商务印书馆,1981年,4页。

肯定。热、气味、颜色之类并不在我们感官的对象里面。它们是我们灵魂的变形"。① 笛卡尔的上帝并不能保证物体的存在。"上帝并不强迫你说'有某某',只是要你断定你知觉到它,你觉得有某某。一个笛卡尔派哲学家对广延的存在悬而不决,是没有什么困难的,正像一个农民一本正经地肯定太阳发光、雪是白的一样。就是因为这个,如果我们在肯定广延存在方面弄错了,上帝就不会是原因,因为你同意上帝并不是农民弄错的原因。这些就是新哲学会给皮罗主义者提供的方便"。②

从真理标准方面说,笛卡尔的"清楚明白"即"明确"是"真理的可靠特性"。然而,"有些事情你斥为虚假,却再明确不过"③。人们"向我们肯定某些明确的学说是真的,我们神学的奥义却向我们启示了它们是假的"。例如,"圣餐中物质以心灵存在的方式存在",等等。④ 人们认为这是假的,显然是再明确不过了;而圣经却宣示它是真的,如此等等。

从伦理学方面看,神学家告诉我们,"上帝要在一个有条有理的、充满各种美德的世界与一个像我们这样罪恶流行、乱七八糟的世界之间进行选择,它宁愿要我们这个世界,认为它更合乎他光荣的利益"。可见,怀疑论者的"主要目的是证明我们不知道事物的绝对本性,我们只能相对地认识事物。他们说,我们不知道糖本身是不是甜。我们只知道糖放在我们舌头上的时候显得甜。我们不知道某一行动本身在本性上是不是正当。我们只相信对于这样一个人来说,在一定的环境下,它显得正当。可是在其他的方面,在其他的关系中,那就是另外一回事"。⑤ "我根本无法理解上帝有多大的权利和特权。现在我做出结论:如果有一个标志或特征,可以据以确切地认识真理,那就是明确。现在,明确并不是这样一个标

---

① 《历史批判辞典》,"皮罗"条,注 B;转引自《西方哲学原著选读》,下卷,商务印书馆,1981 年,4 - 5 页。

② 《历史批判辞典》,"皮罗"条,注 B;转引自《西方哲学原著选读》,下卷,商务印书馆,1981 年,5 - 6 页。

③ 《历史批判辞典》,"皮罗"条,注 B;转引自《西方哲学原著选读》,下卷,商务印书馆,1981 年,6 页。

④ 《历史批判辞典》,"皮罗"条,注 B;转引自《西方哲学原著选读》,下卷,商务印书馆,1981 年,8 页。

⑤ 《历史批判辞典》,"皮罗"条,注 B;转引自《西方哲学原著选读》,下卷,商务印书馆,1981 年,8 - 9 页。

志,因为它是可以与虚假性相容的"。①

18/11/1999 12:00

阿尔克西劳(Arcesilaus,约 B. C. 273 - 242)被选为学园派的领袖之后,扭转了原来的独断论方向,对柏拉图的对话作出了新的解释。他把早期对话中苏格拉底方法当作柏拉图主义的精髓。在这些对话中,苏格拉底只不断提出问题,陈述正反对立双方的理由,不作肯定和否定的答案。苏格拉底承认自己的无知,阿尔克西劳则说,苏格拉底甚至不知道自己是否无知。他把苏格拉底的方法和皮罗的"悬搁"态度联在一起,把"悬搁判断"作为自己学派的口号,以致使学园派成了怀疑派的代名词。他与皮罗的区别是:皮罗主张"悬搁"是出于本体论的理由,即从事物本身的不确定性出发引出认识和判断的不可靠性;阿尔克西劳则从方法论出发,强调辩证问答的辩论过程。拉尔修称"他是第一个因为论证的对立面而悬搁判断的人,也是第一个进行赞成和反对两方面的论证,改变了传统柏拉图论述方式的人,他通过问答,使之更有论辩的竞争力"。②

第二章小结:

17 - 18 世纪哲学均属于近代哲学。就唯物主义而论,从培根到狄德罗、霍尔巴赫属于同一历史形态,即近代形而上学或机械论的唯物主义。然而,这一历史形态却因自然科学的发展水平和社会政治经济情况的不同,明显地区分为两个小的发展阶段,即 17 - 18 世纪早期法国唯物论和无神论,后者是这一历史形态的成熟时期或最高阶段。18 世纪法国唯物论和无神论,无论自然观、认识论和方法论以及社会历史观,都比 17 世纪的斯宾诺莎和洛克要彻底和激进,理论上显得成熟得多。为什么会如此? 法国唯物主义和无神论怎么会比 17 世纪彻底、激进和成熟? 这是我们感兴趣的问题。

依我看,18 世纪的法国哲学家之所以比 17 世纪的英国和荷兰哲学家明显的高出一筹,除了上述自然科学和社会条件而外,主要是:它是从批判 17 世纪形而上学的基础上发展起来的;就是说,它是唯物主义自身自我批判的产物。这表

---

① 《历史批判辞典》,"皮罗"条,注 B;转引自《西方哲学原著选读》,下卷,商务印书馆,1981 年,9 页。
② 拉尔修:《著名哲学家生平和学说》,4 卷 28 章;转引自赵敦华《西方哲学通史》,第一卷, 311 页。

现在：

1. 自然观上，通过培尔的宗教怀疑论和 18 世纪早期的自然神论，发展到了唯物主义的一元论。其中，特别是拉美特利、狄德罗和霍尔巴赫等人，批判地发展了霍布斯、斯宾诺莎、洛克关于物质实体只有广延性而无内在活力、与运动脱离的观点；提出了物质具有感受性的假说。从而，在物质观、运动观、意识论上，能将唯物主义贯彻到底。

2. 在认识论和方法论上，发展了洛克知识源于经验的原则，重视理性认识，甚至将实验列为认识的重要环节，一定程度上克服了狭隘经验论的局限。

3. 在社会历史观上，将人性论与反封建专制的政治革命直接联系起来，为法国大革命作舆论准备。

特别是，将人性论和无神论结合起来，揭露了宗教神学与封建专制制度是一丘之貉，将批判中世纪的宗教神权思想与批判封建专制主义政治制度联为一体，使唯物论成为战斗的无神论。这些，都是 17 世纪里所没有过的。

上述这些足以说明，一种理论要发展、完善，它的内在动力和活力，就是坚持不断地进行自我批判、自我否定；除此而外，没有别的办法可以使理论常变常新。歌德说过，理论是灰色的，生活是常青的。实际上，理论也可以是常青的，关键是必须保持和发扬自我批判的**精神**。这是理论发展的一条普遍规律。对于当代马克思主义和经典及传统马克思主义的关系，我想，也应作如是观。

理论如何常变常新，在自我批判中前进？可以拉美特利《人是机器》中对洛克的实体观的批评为例。在拉美特利看来，"物质能否思维"这样的问题提法，就带有形而上学实体论的意味，即从某种抽象的假设或命题（即物质实体或者精神实体）出发进行推论。问题的要害在：灵魂是什么？我们根据经验材料能对此作出什么结论？问题的转换，解决问题的方法的改变，才使拉美特利从"动物机器"的命题前进到了"人是机器"的结论。这既是对 17 世纪形而上学的批判，又是对洛克本人经验论原则的发挥。"人是机器"不是逻辑推论而是经验事实。经验确立理论，经验发展理论，这正是彻底的经验论。

总之，坚持自我批判，是早期唯物论能够发展为 18 世纪法国唯物主义揭示出的一条重要历史经验。这就是我们的结论。

20/11/1999　15：15

期末总复习　05/01/2000

1. 新的一年到来的时候,所谓"新世纪""新千年"被炒得很热。特别是,现在"振兴中华"的口号喊得很响,从政府官员到平民百姓,从耄耋老者到青年学生,都异口同声地祝愿和期望,即将到来的世纪,中华民族将全面振兴。作为一种期盼、一种善良意愿,这是无可非议的。但是,我们要问:人们,尤其是青年一代做好振兴中华的充分准备了吗? 我们用什么来振兴中华? 怎样才能振兴中华? 这个问题,未必是每个人都认真思考过的。在我看来,这正是问题的要害所在。提出某种振奋人心的口号是比较容易的,而要实现这个口号就是另外一回事了。

香港《星岛日报》2000年1月1日社论"中国新世纪诞生"指出:"1000年前,欧洲尚在中世纪黑暗时代,中国已经历过春秋战国的思想灿烂期和汉唐盛世的文治武功而踏入北宋,繁荣进步属世界之最;但是,……在过去1000年中,中国和西方在大趋势上是背道而驰的,一是思想开放,二是以民为本。"①

我认为,这个分析是中肯的。坚持思想开放,发扬以民为本,就包括要向西方古代和近现代文明学习,彻底扫除故步自封、唯我独尊的守旧心态。无论在科学文化还是在社会体制上,向世界上一切先进的、优秀的文化学习,要有足够的危机感、紧迫感。同时要有清醒的自信心、自强力。认真研究和学习西方哲学史,取人之长、补己之短,就是坚持思想开放的一项重要内容,也是振兴中华的一项必要前提和手段。

2. 从狭义上说,学习西方哲学史是文化交流和融合的一个重要方面。哲学是民族精神的精华。西方哲学有它不同于中国哲学的长处和特点。比如,高度的思辨性和分析性,从柏拉图的洞穴比喻的高度想象力和亚里士多德将形而上学对象分析为15个问题,逐一加以探讨,表现了西方逻辑思维的创造性和严谨性,这个传统一直影响到现当代西方科学和哲学的发展。我们不是讲创新精神、创造性思维吗? 要了解什么是科学的创新意识,最好的办法就是去研究西方哲学史,特别是古希腊哲学和德国古典哲学。这个话是恩格斯在《反杜林论》旧序中讲的。即:一个民族要想站在科学的高峰,就一刻也不能没有理论思维。而理论思维能力是

---

① 引自《参考消息》,2000年1月3日,4版.

要经过训练和培养的,并非天生可得。怎样培养和训练? 照恩格斯的看法,除了研究哲学史,没有别的办法。

郑昕先生有句名言:"超过康德,可能有新的哲学;掠过康德只能有坏哲学。"①借用这句话,我把它改为:超过西方哲学,可能有新哲学;掠过西方哲学,只能有坏哲学。因为,西方哲学是全部人类文明创造中一个重要的部分、侧面和环节。我们只能追求其超过,而不能掠过。我这样想,如能将西方哲学的自然哲学思辨传统和中国哲学的伦理传统结合起来,可能创造出新的时代所需要的更高的哲学形态。

走出封建神权主义的阴影仍然是我们面对未来的一项重要任务,反对迷信思想、弘扬科学精神,尤其必须着力研究和借鉴西方近现代哲学。将信念建立在科学理性基础之上,用理性主义代替信仰主义是西方近现代哲学的精髓,也正是当代中国思想文化建设特别要解决的问题。就此而言,西方近现代哲学是一面镜子,它可以帮助我们认清自己,把握未来。

---

① 郑昕:《康德学述》,商务印书馆,1984 年,1 页。

中 卷

02

| 黑格尔《小逻辑》十讲 |

22/04/1995

第一讲

引 言

为什么要讲《小逻辑》？怎样讲授？先谈第一个问题：为什么要讲？

这门课，从1983年起直到现在才开出来，主要原因是过去十几年我不想讲它。在一个理想和现实产生严重冲突的年代，我们往往把过去的失误归之于过分的理想主义，因而也迁怒于黑格尔。他那种极端的理性主义或"逻辑泛神论"，确曾对后世产生过很坏的消极影响。人们思考问题、采取行动，不是从实际出发，而是光讲"理应如何"，结果造成灾难。痛定思痛，我觉得老师的老师是有一份责任的。所以干脆不想讲它。系里几次动员我讲，也未能蹩过这股劲来。

现在愿讲，原因也很简单，不只是学校核定这门课要开，更主要的是我觉得需要讲、值得讲。

我们正处在大变革的时代，也可以说是逻辑理想主义时代的终结，又是实证创新时代的开端。这是中国真正走向世界的伟大起点。24/04/1995

1. 需要讲。

黑格尔说过一句有名的话：一个没有形而上学的民族，形同没有神像的祭坛，庙是空的！这个话是很深刻的。一个没有精神支柱的民族能自立于世界之林吗？这些年，有的人从孔夫子那里找支柱，有的人从杜威那里找支柱，等等，我是不敢苟同的。我宁可采取"尊孔而不复旧，崇洋而不迷外"的态度。古今中外，一切有益于营养中国人脊梁骨、促进我们大脑发育的东西，通通都可拿来，吃掉、消化掉。在这个世界上，不讲点民族主义、爱国主义是无法生存的。用什么来重铸当代的"中国魂"？复古、迷外、跟风都是不行的，还得有我们自己深思熟虑的主见。前述黑格尔这句话，是值得我们深思的。

"一个有文化的民族竟没有形而上学——就像一座庙，其他各方面都装饰得富丽堂皇,却没有至圣的神那样。"①

黑格尔还有一句话也是值得国人注意的。他说:"精神太忙碌于现实,太驰骋于外界,……哲学对此要反对的,一方面是精神沉陷在日常急迫的兴趣中,一方面是意见的空虚浅薄。"②这句话,对我们的现实,也相当贴切。市场经济大潮,把一些人搞得晕头转向:经济建设的繁难,使更多的人"无暇他顾",追逐眼前利益,甚至成为"学者"们的时尚,哲学还要不要? 形而上学还要不要有人讲? 连哲学教师和专业本科生都莫知所以。这种情况,再也不能持续下去了。

"因为世界精神太忙碌于现实,所以它不能转向内心,回复到自身。"③16/08/1995

鉴于此,我愿意戴上不堪与闻的"学究"帽,同大家一起啃啃《小逻辑》。

2. 值得讲。

第一,黑格尔是马克思的师辈,要了解马克思,必得研究黑格尔。

怎样研究? 恩格斯说,从《小逻辑》着手。④ 马克思曾有写一本将黑氏逻辑学通俗讲解的书的夙愿(1858 年),终未实现;恩格斯《自然辩证法》手稿中,只用化学方面的例证讲了质变和量变(相当于《存在论》),亦未终篇。列宁著有《〈逻辑学〉摘要》(第一次世界大战间),主要根据《大逻辑》。中文版《小逻辑》自 1950 年10 月出版以来,至 1980 年新版,累积印行 10 万余册,对学习马克思主义哲学,起了积极作用。国内至今对《小逻辑》的研究,虽出了一些书,但注释性的多,有水平的研究少。这种情况,对深入学习、了解马克思,不无局限。记得前年(1992 年夏天),一位英国教授来访问,第一次谈话就问我:"你是从什么文版读马克思的?"我回答说是俄文,他就很不以为然。除掉他的傲慢和偏见不谈,提醒我们要念原版原著这一点还是值得重视的。就是说,我以为不但读马克思要原版,而且不念黑格尔原著,对马克思也是难以深入理解的。

第二,从当代世界哲学文化看,可以说,黑格尔不但曾影响过马克思,而且对现代西欧大陆哲学影响更深远。例如,伽达默尔就很重视黑格尔,一定意义上可以说解释学是黑格尔哲学在当代的一种特殊的再现,这一点很值得注意。所以,

---

① 《逻辑学》一版序言,1812 年 3 月 22 日,上卷,2 页。
② 在柏林大学的开讲辞,1818 年 10 月 22 日,《小逻辑》,1980 年中文版,31 - 32 页。
③ 1816 年 10 月 28 日,海德堡大学开讲辞,《哲学史》,1 页。
④ 《恩格斯致康·施米特》,1891 年 11 月 1 日。引自《马克思恩格斯选集》,第 4 卷,1972 年,493 页。

要吸取当代西方哲学中有生命力的东西,追本溯源,不研究黑格尔也不行。否则,对他们的思维方式,他们的语言、文化,我们很难理解,很难沟通。反之,若能较深入地了解黑格尔,也不难了解现代人本主义,特别是西欧哲学文化的特色。语言是交流思想的工具,哲学语言更是洞悉一个民族精神底蕴的窗口和桥梁。你读《存在与时间》觉得很晦涩,但如果你读懂了《小逻辑》,熟悉了黑格尔的语言和思维特点,那么你对海德格尔就不陌生了。就此而言,念《小逻辑》就只当是掌握一种特殊的、但又是影响广泛的哲学语言就是了。有了这一点,就更有利于我们吸取外国哲学中丰富的精神养料。

第三,和本民族哲学对比,取长补短。

德意志民族是一个优秀的民族,它的特点是长于逻辑,富于思辨。过去,研究黑格尔的人,很少从思维方式、文化传统、语言习惯这个层面将其与我国哲学进行对比研究。新中国成立前,贺麟先生曾试图将黑格尔与王阳明结合起来,着重宣扬其能动性的一面;冯友兰先生则着重将黑格尔与朱熹类比,宣扬其人生哲学,等等。新中国成立后的一些零散论文,大致未超出这个视角,总在讨论"逻辑在先","理在事先"一类的问题。我看,真正的问题是:黑格尔的思维方式与中国传统的思维有何不同? 相互间的长短是怎样的? 要而言之,《小逻辑》总结、继承和发扬了西方人理性主义的思维传统,既高度思辨,又逻辑严密。而抽象的逻辑思维能力与求实的实证精神是紧密相连,相得益彰的。没有逻辑,也就没有实证。至今为止,我们缺少的正是这种既重逻辑,又重实证的传统。国人很不习惯抽象思维,因而,实证也难以生根。如果说,秦汉以降,及至唐宋,儒道释三家构成中国传统文化的主流,而就抽象思辨和逻辑能力(水平)而言,儒为名实,道为有无,释为因明,亦可视为思辨水平不断提高的三个历史阶段,但终以儒为主,未能达到黑格尔那样的抽象思维水平。就此而言,研究《小逻辑》有助于我们了解西方人的思维方式,择其善者而从之。

我们古代有高超的建筑学,却未能产生近代力学的系统理论;有源远流长的炼丹术,却未能导致近代化学;有精湛的医学,也没有出现拉马克和达尔文,如此等等。这说明,停留在工匠式的实用经验,没有抽象思维是不会有近代科学的。

24/04/1995

陈寅恪:"中国古人推崇实用,不究虚理,其长处短处均在此。长处乃擅长政治及实践伦理学,短处则是对事物的利害得失观察过明,而乏精深远大之思。"(《雨僧日记》,1919 年)半个多世纪过去了,今天还要强调同样的话,可见改变传

统之不易! 29/08/1995

总之，我们必须从迎接未来文化建设高潮的眼光来看待现在的《小逻辑》学习，不要像我们这一代的许多人，"文革"后后悔浪费了时间无法弥补那样。这也是对眼光短浅的一种惩罚。

再谈怎样讲授？

课堂提问："万物源于水"与"美德即知识"；"道，可道也，非恒道也"与"子曰：学而时习之，不亦说乎！"比较上列两组命题，说明中西思维定势的差异。

黑格尔的辩证法是从西方思想发展史，特别是近代德国启蒙哲学家中批判总结出来的。就《哲学全书》而论，《小逻辑》为第一部，《自然哲学》为第二部，《精神哲学》为第三部。了解《小逻辑》是把握他的全部体系、内容和方法的关键。他认为，逻辑学是哲学的灵魂，而自然哲学和精神哲学不过是"应用逻辑学"。因此，我们的讲授，就从抓住他的哲学的灵魂着手，这是解剖黑格尔精神的最简便的办法。

应该强调，黑格尔把逻辑学放在首位是他极端理性论或唯理论的表现。这一方面与古希腊以来的西方传统分不开，另一方面与他的时代特点分不开。因此，要想把握它的要义，须从这两方面加以探究。

首先，从传统看，自赫拉克利特以来，重视万事万物的 logos，在西方哲学中源远流长。但自柏拉图首倡概念辩证法后，占主导地位的是理念论。黑格尔体系是近代德国乃至西方世界最后一个也是最精致的一个理念论体系。这种哲学传统的最大特点，就是试图或竭力用逻辑来规范思想。斯多葛派提出：逻辑学有如田园的围墙；自然哲学是土壤；伦理学则是田园种植物结的果实。黑格尔逻辑学正是极度发挥了斯多葛派这种逻辑"围墙"的传统，哲学家无论怎样耕耘，总要先搭好围墙篱笆，不要种到别人地里去了。实在说，他这个篱笆是搞得很别致的。如果说柏拉图的概念辩证法只不过一条简单的发辫，那么黑格尔的逻辑围墙就是用许多股发辫编起来的辫结，足以把人的脑袋乃至全身包裹起来。这是因为他用中世纪本体论的逻辑把以往的许多内容包罗到里面去了。这个逻辑就是，思维是能动的、普遍的，因而它渗透一切存在。这也就是柏拉图以来"逻辑在先"的理念论。

其次，黑格尔生活在相当于英国培根时代的德国，处在启蒙运动的中段（期），距 1848 年革命还有整整两代人的时间。因而，他的倒立的辩证法是软弱的市民阶层理想的反映。40 年前（1955）我曾将黑格尔和老子相比较，认为"柔弱胜刚强"的思想在一定程度上可以解释黑格尔对未来所表示的热情和信心。这就是他一再强调的精神的本性是自由，精神的普遍能动性。两代人的时间过去了，今天，我的看法已比当初的直觉丰富具体得多。这就是:Nous 精神和自我否定的思想(原则)是 logos 的内容和过渡、反思、发展的源泉。阿那克萨戈拉:"Nous(理性)统治这世界。"①而 Nous,照黑格尔说,就是"自由的精神"②。这种内容是田园围墙中促使作物生长、成熟和结果的真正原动力,是充满 logos 的精神光照。黑格尔称颂法国大革命是一次壮丽的日出,拿破仑是骑在马背上的世界精神。他还说,法国人有将理想立即转化为行动的决心,而德国人则只是戴着睡帽,坐在躺椅上头脑里发生骚动。所谓骚动,即造反,就是用他的思辨辩证法表达了变革现实的愿望(合理的就是现实的)。③ 其实,这也是他自己哲学的写照。

这里,须指出两点:1. 精神哲学,即人的自由是他哲学的"果实",这一点并不因逻辑学在第一部而有所改变。讲人的尊严和自由,显然是有启蒙意义的。就逻辑学作为全书的第一部分,将思维方法的观察提升到哲学首位,这与近代哲学重视方法论的传统是一致的。④ 2. 逻辑学的辩证法与神秘外壳是不能截然分割的。不能简单地认为,只是体系是唯心的,而逻辑是辩证的。实际上两者是渗透、纠缠在一起的。不像是核桃的外壳和核仁的关系,更像是菠萝和大葱一样。你想吸收它的营养,必须全部吃掉。

总之,我认为黑格尔哲学是一个整体,不能机械分割,必须"入乎其中,出乎其外"。只有将全部西方哲学史和近代德国启蒙运动这两条主线结合起来,才可能得到较深入的理解。

24/04/1995 黑格尔的逻辑学将康德的知性论(从理论看)推进了,加深了,提高了,但(从实际上看)同时也将人的认识神化了、思辨了、倒退了。1. 他用逻辑论证上帝,而康德则宣布上帝是不可知的;2. 他用逻辑把人贬为工具,而康德则宣布人是目的。也许,这正是现代科学家、哲学家对康德更有兴趣(例如爱因斯坦多次在演讲中提到康德,从不提起黑格尔等等)的原因。从理论上讲,黑格尔的逻辑学是总结的逻辑,整理和加工材料的逻辑(马克思),是追求概念具体的逻辑;而现代人更需要的是创造的逻辑,科学发现的逻辑。因此,从总体说,逻辑学遭到现代人的冷遇,是不足为奇的。

---

① 黑格尔:《小逻辑》,贺麟译,商务印书馆,1980 年,80 页。
② 《小逻辑》,83 页。
③ 参看《小逻辑》,6 节,43 页。
④ 参看笛卡尔的《方法谈》和斯宾诺莎的《知性改进论》。

第二讲

存在论(I)

24/04/1995

一、逻辑思维的起点

黑格尔认为,逻辑学是研究纯粹的思维规定和规律的科学,"需要一种特殊的能力和技巧,才能够……紧紧抓住纯粹思想,并活动于纯粹思想之中"①。它与我们熟知的形式逻辑不同,要求我们驰骋在高度抽象的"阴影的王国",即从一切感性的具体性中摆脱出来了的单纯本质的世界。黑格尔把他的逻辑称为思辨逻辑,以与传统的形式逻辑,即知性逻辑相区别。在他看来,前者是研究具有普遍能动性的活生生的思想,即认识活动本身的;而后者只限于研究它的僵死的外在形式。

这需要说明几点:

1. 哲学无起点,逻辑有开端。

在概论哲学的性质时,黑格尔将哲学与数学、经验科学相比较,指出哲学"没有与别的科学同样意义的起点"。哲学本身"无所谓起点"。② 现在的问题是:既然哲学本身无所谓起点,是一个自我封闭的大圆圈,而逻辑学是这个体系的第一部,为什么要有开端? 这样不自相矛盾吗?

矛盾,但是事实。哲学无起点就是:①对象是绝对、普遍、大全、上帝即他所谓的"绝对精神";②这个自成体系的"自己返回自己"的圆圈其运行轨迹,无论从哪一点开始,都是一样的。因此,无所谓固定的起点。而逻辑学的开端问题指的是:我们研究"纯思"从何着手? 这就是:"纯存在或纯有之所以当成逻辑学的开端,是

---

① 《小逻辑》,19 节,63 页。
② 《小逻辑》,17 节;7 节 59、46 页。

因为纯有既是纯思,又是无规定性的单纯的直接性。"①《逻辑学》(指通常讲的大逻辑)的第一句话是:"有,纯有——没有任何更进一步的规定。"②这和一般科学上从定义开始显得很不相同,体现了黑格尔作为哲学家的思想风格。邓晓芒说,这个开端是一个不完全句,一个口号:去"有"吧!③ 这是很有道理的。因为,黑格尔本来就是要人们去研究活生生的纯思,是一种行动(批判、超越知性逻辑)的号召,而不是用一般下定义的方法能讲清楚的。以致从语法学看,连句子都是不完全的。这显示他决心打破传统逻辑形式的巨大勇气。

16/08/1995"哲学有这样一种特性,即它的概念只在表面上形成它的开端,只有对这门科学的整体研究才是它的概念的证明,我们甚至可以说,才是它的概念的发现,而这概念本质上乃是哲学研究的整个过程的结果。"④

2. 思维和知识,《逻辑学》和《现象学》。

在黑格尔看来,思维和知识是有区别的。思维是活的,更主要的是一种认识活动;而知识则是死的,是某种现存的认识。认识活动即思维固然要以知识为基础,但绝不能归结为知识。他所以不满足于康德,是因为康德把知看作现存的东西,《纯粹理性批判》的方法在于求知,而不是研究实际的思维活动本身,即纯思。所以,他讽刺说,康德的办法无异于叫人下水之前先学会游泳。就是说,观察认识能力,知识的可能性,只有在从事认识活动的过程中才能办到。

《逻辑学》的开端以《现象学》的结尾为起点。《现象学》类似有关认识知识的经验观察,从感性确定性开始,到意识源于自我意识(认识)即理念为止。而《逻辑学》的纯思,则刚好是从理念本身,即纯粹的抽象思维开始。

3. 思想对客观性的三种态度。

要理解逻辑学为什么必须从纯思开始,即以理念的自我活动或客观思想为对象,必须弄清黑格尔对客观性思想的形而上学、经验主义、批判哲学和直观知识三种主观态度批评的含义。这种批判着重是从思维方式的角度,对其主观性的揭示,目的是为了说明纯思的客观性,即思维活动的客观性。

(1)黑格尔对旧形而上学即朴素意识的批评,开创了西方哲学史的新篇章。过去,人们只是将亚里士多德以来 substance 的学问视为形而上学,没有把它视为

---

① 《小逻辑》,86 节,189 页。
② 黑格尔:《逻辑学》,杨一之译,商务印书馆,1977 年,上卷,69 页。
③ 邓晓芒:《思辨的张力》,湖南教育出版社,1992 年,75 页。
④ 《哲学史讲演录》,一卷,6 页。

一种特定的思维方式。而黑格尔则宣称,在他那里,思想方法和本体论,逻辑学和关于存在的学问是一回事。因此,自他以后,人们才清楚,形而上学的双重含义:既是本体论,又是思维方式或知性逻辑①。说朴素意识是"教人单凭秕糠去充食物"②。批评知性思维的孤立性(抽象性)、表面性、独断论;指出旧形而上学在本体论上不能达到具体真理,将灵魂理解为"物"而不是活的精神,宇宙论上陷于自由和必然的分裂,神学论上"陷入由有限过渡到无限的困难"③等等,这些批评,今天看,仍有批评形而上学思维方式的经典意义。

主要是针对笛卡尔、斯宾诺莎?否。"这种形而上学未能达到具体的同一性,而只是固执着抽象的同一性。……这种形而上学的材料是从古代哲学家,特别是经验哲学家那里得来的。在思辨的哲学里,知性也是必不可少的一个'阶段'或环节,但这个环节却是不能老停滞不前进的'阶段'。"④

(2)思想对客观性的第二种态度。

①经验主义。

"经验主义与形而上学有一个相同的根源"。"经验主义是将属于知觉、感觉和直观的内容提升为普遍的观念、命题和规律。"经验知识是以意识的主观性为依据的。⑤

休谟怀疑论和古代怀疑论不同,他怀疑普遍原则为真;而古代怀疑论首先是对感官事物真实性的怀疑。⑥

②批判哲学。

康德哲学是黑格尔的主要的直接的出发点。《小逻辑》中对康德哲学的考察占了远较经验主义(共3节,计6页)大得多的篇幅(共21节,计35页)。其主要论点是,先验统觉只是认思想为主观性的理论,而没达到对思想的客观性即客观思想的认识水平。

在黑格尔看来,不仅主体是自我意识,而且康德的物自体也是包容于意识之内的思想自身的产物。他虽然赞许康德确立了"理性独立的原则"⑦,但同时遗憾

---

① 黑格尔:《小逻辑》,26-36节。

② 《小逻辑》,96页。

③ 《小逻辑》,102页。

④ 《小逻辑》,109-110页。

⑤ 《小逻辑》,111页。

⑥ 《小逻辑》,116页。

⑦ 《小逻辑》,150页。

地表示:"须知,到了现象的阶段,思维并没有完结,此外尚有一较高的领域(思辨哲学领域,此处着重点为引者所加),但这领域对于康德哲学是一个无法问津的'他界'。"①

怎样从主观性过渡到思维的客观性呢? 黑格尔仍借助于被康德批判过的本体论证明。他说:"达到思维和存在的统一",即"从思维的抽象物出发,以达到明确的规定。为了达到这个目的,便只剩下存在这个概念比较合用了。这就是对于上帝存在的本体论的证明所取的途径。"②

"所谓存在不是别的,即是这种自身联系。我们很可以说,精神的最深处,概念,甚至于自我或具体的大全,即上帝,竟会不够丰富,连像存在这样贫乏的范畴,这样最贫乏、最抽象的范畴,都不能包含于其中,岂非怪事。""思维本身只是一种无规定性的统一,或只是这个无规定性的统一的活动。"③

这也就是黑格尔为什么要从存在论开始论述他的逻辑学,为什么要把存在当作逻辑学开端的理由。

(3)对直接知识或直观知识的批判。

这一批判,从现代看是很值得怀疑的,就是将直观知识一概斥之为神秘主义。"直接知识……把一切的迷信和偶然崇拜均可宣称为真理。"④这是很有问题的。

然而,黑格尔之所以批判直接知识论,主要是不同意其主观知识论,认为它"除了主观的知识或确信"⑤,没有别的了。并且,从思想方法看,"抽象的思想(反思的形而上学的形式)与抽象的直观(直接知识的形式)实是同一的东西"⑥。但黑格尔之所以极力反对直观知识,目的是很明确的,这就是:逻辑思维的起点只能是纯粹思想中最简单、最直接、内容最贫乏的范畴,即存在。他说:"真正讲来,在要求纯粹思维的决心里,这种需要实通过自由而达到完成了。所谓自由,即从一切'有限'事物中摆脱出来,抓住事物的纯粹抽象性或思维的简单性。"⑦这就是"存在"。

26/04/1995 如果说,黑格尔对旧形而上学的批评是正确的,那么,他对经验主义和康德的评价就是偏颇的,而对直观知识的批判,简直就是偏见了。

---

① 黑格尔:《小逻辑》,26－36节,151页。
② 《小逻辑》,51节,139页。
③ 《小逻辑》,141－142页。
④ 《小逻辑》,71节,166页。
⑤ 《小逻辑》,71节,164页。
⑥ 《小逻辑》,74节,167页。
⑦ 《小逻辑》,78节,171页。

二、存在论内容简要提示：质、量、度。

整个存在论都是"关于思想的直接性——自在或潜在的概念的学说"①，是"对于上帝（即绝对）的形而上学的界说"。②

1. 质：存在、定在、自为存在。

（1）存在：纯有、无、变。

"纯存在或纯有之所以当成逻辑学的开端，是因为纯有既是纯思，又是无规定性的单纯的直接性。"③"这种'有'是不可感觉，不可直观，不可表象的，而是一种纯思，并因而以这种纯思作为逻辑学的开端。"④

"逻辑开始之处实即真正的哲学史开始之处。"例如，"巴曼尼德斯认'绝对'为'有'，"他说："唯'有'在，'无'不在。"

"哲学史的结果，不可与人类理智活动的错误陈迹的展览相比拟，而只可与众神像的庙堂相比拟。"⑤

"但这种纯有是纯粹的抽象，因此是绝对的否定。这种否定，直接说来，就是无。"⑥"物自身是无规定性的东西，完全没有形式因而是毫无内容的。"例如，"那些佛教徒认作万事万物的普遍原则，究竟目的和最后归宿的'无'，也是同样的抽象体"⑦。（这不是说，"无"也可以作开端吗？既设"无"，何设"有"？）"只有就'有'作为纯粹无规定性来说，'有'才是'无'——一个不可言说之物，它与无的区别，只是一个单纯的指谓上的区别。""如果我们试观察全世界，我们说这个世界中一切皆有，外此无物，这样我们便抹杀了所有的特定的东西，于是我们所得到的，便只是绝对的空无，而不是绝对的富有了。"⑧因而，基督徒的上帝和佛教徒的无，都是基于同样的逻辑理由。

"如果说，无是这种自身等同的直接性，那么反过来说，有正是同样的东西。因

---

① 黑格尔：《小逻辑》，83 节，185 页。
② 《小逻辑》，85 节，187 页。
③ 《小逻辑》，86 节，189 页。
④ 《小逻辑》，190 页。
⑤ 《小逻辑》，86 节，附释二，191 页。
⑥ 《小逻辑》，87 节，192 页。
⑦ 《小逻辑》，86 节，191 页。
⑧ 《小逻辑》，193 – 194 页。

此'有'与'无'的真理(本质——引者),就是两者的统一。这种统一就是变通。"①

黑格尔认为,"有"和"无"只是说法不同,意谓不同而已,其实是一个东西,是同样空疏、抽象、直接的思维。"意谓"和"反过来说"表明黑格尔运用语言和语词的辩证技巧来论证他的"有""无""变"的辩证法。

"变易这个表象,包含有有的规定,同时也包含与有相反的无的规定;而这两种规定在变易这一表象里又是不可分离的。所以,变易就是有与无的统一。"②

"变易不仅是有与无的统一,而且是内在的不安息。"③

"当赫拉克利特说:一切皆在流动时,他已经道出了变易是万有的基本规定。"④

07/09/1996黑格尔的辩证法,要害是变。有和无只是指谓上的区别,从逻辑上说是等价的,是一个东西。而"变"则是比有无更根本,高一层次的范围。唯有"变",才是万事万物以及人的思维中最真实、最本质的东西。也可以说,唯有变,才有世界,才能达到绝对、大全或知晓上帝。

有、无、变三个范畴是贯穿全部逻辑学的基本格式,也是他的一切推理和论证形式。这是与肯定、否定、否定之否定相一致的三段论法。

(2)定在:某物、自在存在。

注意:康德从量开始,而黑格尔则着重于质。

"定在或限有是具有一定规定性的存在,而这种规定性……就是质。定在……就是在哪里存在着的东西,或某物。"⑤"例如,在自然中,此谓元素即氧气、氮气等等,都被认为是存在着的质。"⑥所以,质"就是实在性",就是"自在存在"。

斯宾诺莎:"一切规定都是否定"。"假如我们进而将'定在'当作存在着的规定性,那么我们就可以得到人们所了解的实在,意思是指这个计划或目标不只是内在的主观的观念,而且是实现于某时某地的定在。此外,实在性还与理想性是一致的。"⑦(注意:黑格尔在这里说"实在性便不致再与理想性不同了"是颠倒的,理想性与实在性只能相一致,而不是相同的,不是一回事!⑧)

---

① 黑格尔:《小逻辑》,88节,195页。
② 《小逻辑》,197页。
③ 《小逻辑》,198页。
④ 《小逻辑》,199页。
⑤ 《小逻辑》,90节,202页。
⑥ 《小逻辑》,202页。
⑦ 《小逻辑》,203页。
⑧ 黑格尔:《小逻辑》,204页。

"一个人要想成为真正的人,他必须是一个特定的存在,为达此目的,他必须限制他自己。凡是厌恶有限的人,决不能达到现实,而只是沉溺于抽象之中,消沉暗淡,以终其身。"①

(3)自为存在:自己意识到自己的存在。

只有人才自觉其为某物,因此,人是天生的"形而上学家"。

所谓自为存在,就是自身包含有内在差别的统一,"所以存在作为否定之否定,就恢复了它的肯定性,而成为自为存在"②。

"我们可以举出我作为自为存在最切近的例子。……当我们说我时,这个'我'便表示无限的同时又是否定的自我联系。……人之所以异于禽兽,且因而异于一般自然,即由于人知道他自己是'我',这就无异于说,自然万物没有达到自然的'自为存在',而只是局限于'定在'(的阶段),永远只是为别物而存在。"③

在98节,214页–217页对古代原子论、引力和斥力作了评论。"人乃是能思维的动物,天生的形而上学家。真正的问题,不是我们用不用形而上学,而是我们所用的形而上学是不是一种正当的形而上学。"④

"我们观察事物首先从质的观点看,而质就是我们认为与事物存在相同一的规定性。""如果我们进一步去观察量,我们立刻就会得到一个中立的外在的规定性的观念。按照这个观念,一物虽然在量的方面有了变化,变成更大或更小,但此物却仍然保持其原有的存在。"⑤

2. 量:纯量、定量、程度。

(1)纯量:理念的"异在"、自然事物,不同于精神事物。

"绝对是纯量。这个观点大体上与认物质为绝对的观点是相同的"⑥ 空间和时间。

"极端的数学观念,将逻辑理念的一个特殊阶段,即量的概念,认作与逻辑理念本身为同一的东西,这种观点不是别的,正是唯物论的观点。"⑦(唯物论当然要讲量,但唯物论就一定排斥物质能动性、自我演化吗? 唯物论就是像黑格尔指示

① 《小逻辑》,92节,204–205页。

② 《小逻辑》,95节,209页。

③ 《小逻辑》,96节,212页。

④ 《小逻辑》,216页。

⑤ 《小逻辑》,217页。

⑥ 《小逻辑》,99节,218页。

⑦ 黑格尔:《小逻辑》,220页。

的否认质的多样性吗？当然不是。)

"在自然界里量是理念在它的'异在'和'外在'的形式中,因此比起精神界或自由的内心界里,量也具有较大的重要性。"在黑格尔看来,物质自然界发展程度越低,量的重要性越大:力学比物理学,物理学比化学,无机自然界比有机自然界,前者量的重要性显然大于后者,以此类推。

纯量和数学;力学、物理、化学、精神世界的质的规定性。

第100节。连续和分离,关于时间、空间或物质的二律背反。

(2)定量:数。

"定量是量中的定在,纯量则相当于存在……于是定量便被规定为数。"[1]

"数包含着'一',作为它的要素"又有两个质的环节,即数目和单位。[2]

(3)程度:有限度的量、恶无限

"限度"既是"外延的量(或广量)",又是"内涵的量(或深量)"或程度。[3]

哈勒尔论永恒

我们积累起庞大的数字,

一山又一山,一万又一万,

……

所有数的乘方,

再乘以万千遍,

距你的一部分还是很远。

我摆脱它们的纠缠,你就整个儿呈现在我的面前。

康德形容这种单纯数量的超越是"令人恐怖的"。黑格尔附加评论说:"其实真正令人恐怖之处只在于永远不断地规定界限,又永远不断地超出界限,而并未进展一步的厌倦性。"[4]

这是黑格尔批评恶无限的范例。从另一面看,事实上我们对永恒的理解,决不可能离开直观:"我摆脱它们的纠缠,你就整个儿呈现在我的面前。"停留在"量"的范围内是认识不到绝对即无限的。

"我们在将宇宙解释为数的尝试里,发现了走到形而上学的第一步。""正是毕

---

① 《小逻辑》,101 节,223 页。

② 《小逻辑》,102 节,223 页。

③ 《小逻辑》,103 节,225 页。

④ 《小逻辑》,229 页。

达哥拉斯哲学的原则,在感官事物与超感官事物之间,仿佛构成一座桥梁。"①

"我们必须承认事物不仅是数……单纯数的思想尚不足以充分表示事物的概念或特定的本质。所以,与其说毕达哥拉斯关于数的哲学走得太远了,毋宁反过来说他的哲学走得还不够远,直到爱利亚学派才进一步达到了纯思的哲学。"②

3. 尺度:质与量的统一。

"尺度既是质与量的统一,因而也同时是完成了的存在。""尺度,正如其他各阶段的存在,也可以被认作对于'绝对'的一个定义。"③

尺度是"完成了的存在",即规定了或定义了的"绝对"。是有规定性的存在。

"在希腊人的宗教意识里,尺度的神圣性,特别是社会伦理方面的神圣性,便被想象同一个司公正复仇之纳美西斯女神相联系。……在自然界里我们首先看到许多存在,其主要内容都是由尺度构成。"例如太阳系、一块崖石或一条河流,"而在有机的自然里,尺度就更为显著"④。

质量交错线。质量统一体的(尺度)的变化过程,我们可用"交错线"来比喻。"像这样的交错线,我们首先可以在自然界里看见,它具有不同的形式。"例如,水温的增减,金属的氧化程度,音调的差别等等,都是由最初单纯的量变到质变的转化过程。⑤

"无尺度虽然是尺度的否定,其本身却仍然是质量的统一体,所以即在无尺度里,尺度仍然只是和它自身相结合。"或曰,无度即有度。⑥

"在存在里,联系的形式只是我们的反思;反之,在本质阶段里,联系则是本质自己特有的规定。……在存在的范围里,各范畴之间的联系只是潜在的(外在的——引注),反之,在本质里,各范畴之间的联系便明显地设定起来(自我演化出差别——引注)了。""在存在里,一切都是直接的,反之,在本质里,一切都是相对的。"⑦

07/09/1996"直接的"相对于间接而言,指在存在论当中,我们对绝对理念的认识只是初步的、外在的。因而,存在论的范畴(有、无、变、质、量、度)之间的彼此联系(过渡)只是我们主观的反思认定的,还不是对象本身自我演化、映现出来的。

① 黑格尔:《小逻辑》,104 节,330 页。
② 《小逻辑》,231 页。
③ 《小逻辑》,107 节,234 页。
④ 《小逻辑》,107 节,235 页。
⑤ 《小逻辑》,109 页,238 页。
⑥ 《小逻辑》,110 节,239 页。
⑦ 黑格尔:《小逻辑》,111 节,240 页。

第三讲

存在论（Ⅱ）：直观性认识

28/04/1995

直观性认识：存在论讲有、无、变、质、量、度，这些抽象的范畴究竟从今天看，还有什么深意或认识的价值呢？我以为，可以说，存在论就是黑格尔的本体论。这里的所谓"本体论"就是指：存在论是关于纯思在先的哲学（思辨）论证。与此相对而言，本质论相当于自然哲学，概念论则相当于精神哲学。

为什么说，存在论就是本体论呢？这一方面可以从黑格尔关于逻辑学和形而上学的融合、一致的论点中看出来；另一方面，更主要的是，就其论述的具体内容说的。在这一部分中，黑格尔援引了大量伦理学，关于人的存在和自然科学关于物质世界存在的例证，说明了：人的认识总离不开关于存在的思索（维），而且，认识的开端必然是直观性的。马克思：意识总是关于存在的意识，不论这个存在指的是世界，还是自我。就是说，认识论与本体论总是不可分割的；只谈认识论，抛开本体论是不可能的。

（对所谓"抛弃"本体论思维方式的一点评注）

一、本体论探讨的内容，侧重点可以不断改变，因而它可以被颠倒、超越，但作为认识的起点，原初根据则不可能被抛弃。

理由如下：

1. 从理论上讲，关于"存在作为存在"的学问，自亚里士多德以来，一直被哲学家们所探讨，人们对此的认识只是越来越多方面、多层次、多维度的不断深化，始终没有被抛弃。因为，不论是人文科学还是自然科学，都不可能离开，不可能不追问它所研究的对象的这个原初根据。

古代：理念和实在、灵魂和身体（上帝和人）。

近代：实体和属性、思维和存在、精神和物质。

现代:理性和非理性、信息和实在,等等。

2. 黑格尔的贡献在于,将对存在的追问和思想方法即思维方式的观察结合起来,得出了逻辑学和本体论相统一的结论。

他说:存在论就是"对于绝对的界说,或对于上帝的形而上学的界说"①。

何谓"对于上帝的形而上学的界说"?这里的"形而上学"既是指最抽象的规定,也是指最原始因而也是最简单、最直接的认识。他批评康德将上帝放逐到了无限的彼岸,而他则是要在有限的此岸中重新论证上帝。思维和存在,主体和客体,主观和客观,先验和经验,自由和必然在这里不是分裂的,而是统一的、直接的、同一的。这就是他的思辨理性所达到的对上帝的终极的即形而上学的认识。

用海德格尔的话说,存在论是"基础本体论"。② 就是说,它是本体论的开端和起点,它本身直接就是本体论,或直接的本体论。

黑格尔说,存在论里的范畴,都具有直接性,只是尚未分化的潜在的概念。这表明,无论有、无、变,还是质、量、度,都是逻辑王国里处在开端的概念,是思辨直观得来的。他强调,像"有""无"这样的范畴,其实只是意谓上的不同,并非彼此外在的两个不同的东西。

3. 事实上,在存在论的考察中,黑格尔联系自然界和自然科学方面的大量例证,说明这些范畴都处于思辨的抽象思维的起端,同时也是一切直观认识的开始。例如,物质、空间和时间;有限和无限;一和多;连续和分离,等等。

这里,大量涉及人类最初开始认识到的"实体"及其数量的规定性。黑格尔认为,毕达哥拉斯关于数的抽象是走向形而上学的第一步。从人类认识史看是如此,从现实的认识抽象看也是如此。越是简单的科学认识,越是与存在论的范畴直接相连;并且,这些范畴对它们显得越重要。例如,"力学乃公认为最不能缺少数学帮助的科学,在力学里如果没有数学的计算,可以说寸步不能行"③。

总之,存在论探讨的范畴处在最基础的科学认识的地位,以致可以说,人们不运用这些范畴,就不可能思维,更不可能进行科学的思维。

---

① 《小逻辑》,85 节,187 页。
② 参看《存在与时间》《什么是形而上学》,转引自《黑格尔哲学新研究》,商务印书馆,1990 年,73 页。
③ 《小逻辑》,99 节,221 页。

二、现代西方哲学是否证明本体论思维方式过时了？

这里有一个混淆，本体论与实体论不是一回事。后者只是前者的一种表现形式，一个认识阶段或本体论的一个部分。

西方现代人本主义坚持本体论看来是没有争论的。从胡塞尔的"Ｉ－ｍｙ－ｓｅｌｆ"到海德格尔、萨特的存在主义，都如此。萨特的"存在先于本质"从形式上看，正与逻辑学先有存在论，接下来才讲本质论正相吻合。虽然，从内容上讲，萨特的"存在"与黑格尔的极端唯理论是正相反对的。用非传统理性主义代替逻辑理性主义是现代西方人本主义哲学本体论的基本特点和趋势。这一点也恰好说明，本体论的内容和形式都是可以改变的，唯一不变的是问题本身，即"作为存在的存在"的无穷追问。

现在的问题是：属于科学主义思潮的各流派如何？它们仍然坚持"拒斥形而上学"的纲领吗？看来，从波普尔开始，已明显改变了态度，认为科学实在论是不可避免的。

应该特别注意的是西方科学家的态度。他们自始就没有陷入马赫、罗素的哲学邪路。从爱因斯坦坚持"实在"是物理学的纲领，玻尔的经验实在论，到克里克、普利戈津等等的唯物主义、自然主义立场，科学家们自始就没有怀疑过本体论对于自然科学研究的必要性。

可见，那种认为科学发展了，"实体论"过时了，因而本体论的思维方式也应被抛弃了，无论从哲学看还是从科学看，都是没有根据的。何况，所谓"本体论思维方式"究竟是指什么？是指极端理性主义（如黑格尔）吗？是指经典科学时代的机械唯物论吗？看来都不是。究竟指什么？只有持此论者心中有数！

如果真正要讲思维方式，就不是什么笼统的"本体论"或"认识论"思维方式，在当代，照我看，只有传统的逻辑主义思维方式还是扬弃它的非逻辑或超逻辑主义思维方式。这就是我们要谈的直觉理性主义或现代科学的理性主义思维方式。

31/08/1995 玻姆（1917－1992）："形而上学是处理事务第一原理的哲学分支。人们并不知道实在的终极本性，所以许多现代哲学家和科学家都反对形而上学。殊不知，形而上学是任何人都回避不了的。问题是对形而上学应采取一种正确的、开放的态度，应该不时地对旧有的形而上学观念进行反思与修正，让更好的形而上学观念取而代之。"①

三、简论直观认识的合理性

既然,本体问题是任何思维,无论人文科学还是自然科学都不可能绕过的认识起点,既然本体问题具有永恒的、无穷尽的认识价值,那么,认识究竟从何开始?

我的论点是,从认识论看,直觉先于逻辑,这也就是为什么人们不应该贬低、更不能抛弃直觉(观)认识的理由。直观,是任何认识的起点。

15/09/1995 爱因斯坦:"在我的思维机制中,作为书面语言或口头语言的那些语词似乎不起任何作用。如像作为思维元素的那些心理存在,乃是一些符号和具有或多或少明晰程度的表象……(它)存在于能够传达给别人的用语词或其他符号加以逻辑地建构起来的任何联系以前。"②

斯蒂芬·霍金:"我工作非常依赖直觉,嗯,思考某个想法应当正确。然后,我试着证明它……"③

1. 感性直观。如,这棵树,这个人,等等。

2. 知性直观。运用语言、形式逻辑推理进行的思维抽象,如空间、时间、数量关系,多样性和同一性,连续性和间断性,等等。

3. 理性或思辨直观。这是在逻辑的阴影王国达到的直觉,照黑格尔,即是自我同一、矛盾的统一体或(事物的整体)思维(精神)具体的直觉。

令人不解的是,黑格尔对包括谢林、耶可比在内的直觉体验的否定,其罪名是"神秘主义"。

直觉就是神秘主义吗? 这是说不通的。连黑格尔本人在存在论中也不否认"不可言说的""意谓"(或体验)的认识功能,这是不是也是神秘主义?

看来,我们对直观认识与神秘主义的关系,需依据现代科学,特别是脑科学,尤其是右脑功能的发现,重新加以审视。不能将直觉体验,一概斥为神秘主义,这只是黑格尔的偏见。

这里应说明,上述感性、知性、理性三个层次的直观不是并列的,而是一层包含一层,一层比一层高级,抽象程度更高。"有""无""变"是思辨直观最简单的直

---

① 转引自《自然辩证法通讯》,1995 年第 4 期第 66 页。
② 转引自《右脑与实在》。《自然辩证法通讯》,1996 年第 1 期。
③ 转引自《读者》,1995 年 9 月,36 页。

观,犹如马克思的"商品"之于资本主义生产方式一样,是理性直观最直接的思维"细胞"(元素)。初看起来,玄奥莫测,实则是一切思辨中既明白又含糊的思维要求。这恰恰是一种直接体验的认识,而不是推理(逻辑)的认识。

赫胥黎:科学和艺术是"自然这块奖章的正面和反面,它的一面以感性来表达事物永恒的秩序,另一方面,则以思想表达事物的永恒秩序"①。

最后需强调的是:任何认识都离不开体验。只有体验的认识才是深刻的认识。为什么同一寓言,由老人说出和由儿童说出来是大不一样的呢? 因为,前者有深厚的人生体验,而后者则没有。需知,任何认识都必须有情感的激活作为内在的动力,同时,必须有情感的体验作为内容,否则,认识既不可能进行,也无从取得有意义的结果。所以,对直观认识的研究,是哲学和当代科学所不应忽视的重要课题。

28/04/1995 19:30

20/10/1996"把马克思的从商品到资本的发展,同黑格尔的从存在到本质的发展作一比较,您会看到一种绝妙的对照:一方面是具体的发展,正如现实中所发生的那样;而另一方面是抽象的结构,在其中非常天才的思想以及有些地方是极其重要的转化,如质和量的互相转化,被说成一种概念向另一种概念的表面上的自我发展。"②

---

① 转引自《中国青年》,1995 年 6 月。
② 《恩格斯致康·施米特》,1891 年 11 月 1 日,转引自《马克思恩格斯选集》,第四卷,人民出版社,1972 年,494 页。

第四讲

本质论(Ⅰ)

22/06/1995

一、本质在现象的流逝中展现出来

整个本质论都是对现象的根据即本质的追溯,人们不仅应看到现象,更应抓住常住不变的本质。

黑格尔指出,"本质论是逻辑学中最困难的一部门。它主要包含有一般的形而上学和科学的范畴"①。这里,所谓"最困难"主要是指知性思维习惯于将各种范畴,例如,同一和差别,形式和内容,全体和个别,可能性和现实性,偶然性和必然性,等等。一句话,将现象和本质孤立起来看待,将它们并列在一起,而不能从相互联系、相互转化的角度,将其视为自我映现,内在同一的活生生的东西。

照黑格尔看来,"事物中有其永久的东西,这就是事物的本质"。② 事物本身,并不是它直接表现出来的那样。现象是变动不居的,只有其中隐含着的不变的东西,才是它的本质。从词源上讲,德语中的 Wesen(本质)一词,是助动词 Sein(存在)的过去式。就是说,本质表示过去已存在的东西。例如,"拿破仑曾到过滑铁卢",这句话的内容是就他确实到过那里,并非指他目前还在那里这样一个直接的事实。因此,"本质是一个反思的存在","是发展了的矛盾"。③ 总之,本质是一个与现象(有时黑格尔也称为假象)相关联、相对应的概念,并非直接存在的东西,它是一种关系的"总合"④,是一个过程。

本质为何在现象的流逝中表现出来呢? 这就要了解纯反思范畴(规定)中黑

① 《小逻辑》,114 节,246－247 页。
② 《小逻辑》,113 节,242 页。
③ 《小逻辑》,246 页。
④ 《小逻辑》,243 页。

214

格尔对形式逻辑几个判断的批判观察,看他是为何在批判知性思维方式中阐明自己论点的。

1. 具体同一性观点。"具体的同一"不是抽象的同一,是有差别的同一。

两种不同的思维方式:同中之异与异中之同,对根据的追溯。

知性的同一或抽象的同一即形式逻辑讲的同一律。如"甲是甲",或"甲不能同时为甲与非甲"。"这种命题并非真正的思维规律,而只是抽象的理智的规律。"①

黑格尔要求的是"具体的同一"。这种同一是通过扬弃存在的直接规定性而变成的,是"作为理想性的存在"。首先,它并不是"排斥一切差别的同一";其次,同一作为自我意识来说是自己与自己的同一,即对自我的意识。"它们之所以同一,只由于它们同时包含有差别在自身内。"②

在黑格尔看来,抽象的同一或是通过分析作用丢掉了具体事物的一部分多样性而只举出其一种;或是抹煞多样性之间的差别而把多种规定性混合为一种。③而任何具体的同一则是有内容的自身同一。因此,具体的同一总是有内在差别的、多样性的统一。例如,莱布尼兹说,世上没有两片相同的树叶。他以此说明"事物的本身即包含有差别"。差别并不是单纯指外在的不相干的差异。④(即如同一律所指:海是海,风是风,月是月,等等,风马牛不相及。)而是有内在差别的自我同一。例如人的行为差异均表现其本质。

总之,抽象的同一与具体的同一也可以说是两种不同的思维方式,前者是绝对的同一性,例如绝对空间、绝对时间,实即抽象的空间、抽象的时间,而后者是一个认识过程。

同一不是与自身抽象等同,而是本身就包含差异。例如,风是风,海是海,月是月等等,这些彼此毫不相关的自我等同,其实就是差异。同一与差异,正如纯有和纯无,原是一回事,只是从不同方面理解而已。

2. "本质主要地包含有差别的规定。"⑤"本质的差异"不是"非此即彼"。

差别并不是了不相关的杂陈,而是自身相关的差异。本质的差别是一种特殊

---

① 《小逻辑》,248 页。

② 《小逻辑》,248 – 250 页。

③ 《小逻辑》,247 页。

④ 《小逻辑》,253 页。

⑤ 《小逻辑》,116 节,250 页。

的差别,即矛盾和对立的差异。因此,不是任何差异都可以构成矛盾,只有形成对立的差异才是本质的差异即矛盾。所以,我们不可以笼统地讲什么"差异就是矛盾"。例如,骆驼和铅笔,显然是有差异的,但并不彼此构成矛盾。所以,"差异就是矛盾"的论点,是将黑格尔庸俗化了。

知性将"差别"绝对化,停留在简单的类比上,否认差别中有同一。

黑格尔指出,看出骆驼和铅笔有差别,或者认出寺院与教堂相似并不需要特别的聪明。"我们所要求的,是要能看出异中之同和同中之异。"①

其实,固守绝对的差别与绝对的同一是同一种思维方式的后果。这就是抽象的同一性和外在的差别性。所谓绝对时空,也就是抽象时空。② 这里有对近代经验科学方法的深刻批评。在黑格尔看来,科学家常常只注重差别或者同一"便忘记其他"。例如,一方面追求不断地发现新的元素、力、种或类等等;另一方面力求证明以前被认为单纯的物体是多种元素的复合体。这样,差别实际上被归结为机械的分割。同时,他们心目中的同一仍是指单纯的即抽象的同一,例如,认电和化学过程本质上是相同的,并将消化和同化的有机过程也看成单纯的化学过程,而不知物理的、化学的、有机的过程在性质上是有差别,各不相同的。所以,抽象的知性思维方式,既不了解具体的同一,也不了解事物本身各不相同的差别。

在本质的差别这一范畴(规定)中,黑格尔着重批判了排中律所固守的"非此即彼"的思维模式。

20/10/1996"主要部分是《本质论》:揭示了抽象的对立是站不住脚的,人们幻想抓住一个方面,它就悄悄地转化为另一个方面,如此等等。您随时可以通过一些具体的例子弄清这一点。譬如,你作为未婚夫,会在自己和您的未婚妻身上看到同一和差异的不可分离的鲜明例证。根本无法判明:性爱的欢娱,是来自差异中的同一呢,还是来自同一中的差异? 在这里,如果抛弃差异(这里指的是性别)或同一(两者都属于人类),那您还剩下什么呢? 我记得,正是同一和差异的这种不可分离,最初是怎样折磨我的,尽管我们每前进一步都不能不碰到这个问题。"③

首先,黑格尔强调,"本质的差别即是'对立'。在对立中,有差别之物并不是

---

① 《小逻辑》,253 页。
② 《小逻辑》,248 页。
③ 《马克思恩格斯选集》,第四卷,人民出版社,1972 年,493 页。

一般的他物,而是与它正相反对的他物;这就是说,每一方只存在它与另一方的联系中才能获得它自己的(本质)规定,……每一方都是它自己的对方的对方"①。因此,本质的差别并不是任何一种差别,而是与自己相关的,并且是正相反的差别。但知性所了解的只是外在的差别,因而总在"非此即彼"中兜圈子,不承认"亦此亦彼"的第三种谓词的存在。例如,说甲不是正甲必是负甲。而在数学中,在 +1 和 −1 之间,显然还有一个 0 为第三者。所以,排中律要想排除矛盾,实际上这种办法反而"使其陷于矛盾"。因为,亦彼亦此的第三者"0"的存在,说明非此即彼是自相矛盾的。

其次,代替排中律的应是承认"矛盾是推动整个世界的原则","代替抽象理智所建立的排中律,我们毋宁可以说:一切都是相反的。事实上无论在天上或地上,无论在精神界或自然界,绝没有像知性所坚持的那种'非此即彼'的抽象东西。无论什么可以说世上存在的东西,必定是具体的东西,因而包含有差别和对立于自己本身内的东西"②。

在这里,黑格尔特别赞扬了"物理学中盛行的两极观念似乎包含了关于对立的比较正确的界说"③。并且认为,"在近代自然科学里,最初在磁石里所发现的两极性的对立,逐渐被承认为浸透于整个自然界的普遍自然律。这无疑必须看成是科学的一个重大进步"④。

3."本质实质上即是根据"。⑤

"根据"作为纯反思规定的最后一个范畴,黑格尔给予了特殊的注意。在他看来,形式逻辑的几条规律(判断)中,同一律、排中律都是有问题的,唯有莱布尼茨提出的充足理由律表现了思维从纯形式的规定进展到了辩证思维即关于思维内容的规定。

例如,偷窃这样的行为,它的根据是什么? 可以是:①侵犯他人的财产权;②窃者想满足他急需的物资;③被窃者不善于管理和运用他的财产,等等。在这几个原因(理由、根据)中,起决定作用的自然是①,但也不能说②③是不充分的。这就有一个判别行为的主要根据问题。所以,真要说到充分理由,就得超出"根据"

---

① 《小逻辑》,254 – 255 页。
② 《小逻辑》,119 节,附释 2。
③ 《小逻辑》,256 页。
④ 《小逻辑》,257 页。
⑤ 《小逻辑》,121 节,259 页。

这一范畴本身。②③只是形式上的充足根据,只有①才是本质的、真正充分的根据;否则,就成了公说公有理,婆说婆有理的诡辩论了。因此,黑格尔认为,只有从偷窃这一行为本身的内容出发,才能确定什么是这一行为的真正(本质)的根据。这就涉及对"偷窃"这一概念的规定。

所以,黑格尔指出:"当莱布尼茨说到充足理由律劝人采取这个观点(即从某事物的概念即"自在自为地规定了的内容"——引注)观察事物时,他所指的,正是这种概念。莱布尼茨心目中所要反对的,正是现时仍在流行的,许多人都很爱好的、单纯机械式的认识方法,他正确地称这种方法是不充足的。""他认为可靠的思想方式正是这种形式主义的反面。因为这种形式主义在寻求充分具体的概念式的知识时,仅仅满足于抽象的根据。"①因此,莱布尼茨认为,要把握具体事物的充足根据,就应从表面的致动因(Causas – efficientes)追溯到内在的目的因(Causas finales)。

辩证法和诡辩论:辩证法强调事物的客观根据即本质;诡辩论只抓取表面的(形式的)理由,规避本质的东西。

在这里,黑格尔对诡辩论作了深刻的批判。从古希腊时起,诡辩派所追求的正是形式的根据,并以此为各种不道德行为辩护。"诡辩者并不深究所要辩护的东西的内容(这种内容很可能是真的),他只求说出根据的形式,通过这些理由或根据,他可以替一切东西辩护,但同时也可以反对一切东西。"黑格尔指出:"如众所周知,苏格拉底对于诡辩派曾到处进行斗争,但他并不只是简单地把权威和传统,与诡辩派的合理化论辩或强辩对立起来,而毋宁是辩证地指出形式的根据之站不住脚,因而将正义与善、普遍的东西或意志的概念之客观标准重新建立起来。"②黑格尔的论述表明,辩证法与诡辩论原不是一回事。前者尊重概念的客观性、确定性,而后者只是玩弄概念(或论辩)的主观性和任意性,根本无意于客观事物本身的生动内容和本质根据。前者着重于客观事物的充足(决定的)根据的追溯(考察),后者则只顾抓取任何一种形式的根据为自己的主观需要辩护。遗憾的是,多年来,人们将辩证法与诡辩论常常混淆在一起,以致极大地败坏了辩证法的名声。今天,首先要为辩证法"正名"。

这使我们不能不为黑格尔的如下名言再引申几句。他说:"世界上一切腐败

---

① 《小逻辑》,262 – 263 页。
② 《小逻辑》,121 节,附释,264 页。

的事物都可以为它的腐败说出好的理由。"①马克思、恩格斯对这句话是很赞赏的,②在发展(建立)社会主义市场经济的今天,有人居然认为,既然搞市场经济,腐败就是不可避免的。这种论调,就是一种典型的诡辩论。它不仅将市场经济同贪污腐败画上等号,更将社会正义、社会公平、道德价值等等抛到九霄云外。须知,资本主义制度下,也是要反腐败的,对公职人员有一套严格的约束机制。即使封建皇帝,也是有惩治贪官污吏法规的。何况,我们毕竟是在坚持社会主义,就更不能置社会公正于不顾。我看,只有两种人是欢迎这种"腐败不可避免论"的,一是进行权钱交易的腐败分子;二是改革大潮中发不义之财的暴发户。一般的人,是不会受它左右的。

这个问题,要说的话还很多。望大家从理论上深思一下,留作课后作业,借以划分辩证法和诡辩论的界限。

从以上论述可以总括一句:本质就是在事物自身差异中展现出来的根据。这个结论是从作为一种思维方式(反思性思维)的纯思维规定中得出的,而不是从关于实际事物的分析中得到的。

这里需说明两点:

第一,当黑格尔将反思性思维与知性思维相对立来考察时,他并不否定形式逻辑在日常生活范围内的适用性和认识价值。他只是说,"对于这种认识方式,只要其目的可以说是仅在于求日常浅近的知识,当然无可非议,但同时必须注意,这种认识方式,无论就理论或就实践来看,都不能予人以确定的满足"③。

第二,同一、差别、根据,三者作为纯反思规定,是我们用以揭示本质的一些思维范畴,是我们认识事物本质的思维工具,考察这些思维的规定是我们认识实际事物的前导和开始。同一、差别、根据之于本质论,正如纯有、纯无、变化之于存在论一样。只有经过这样的逻辑训练(洗礼),我们才有可能进一步了解往后的诸范畴之间的逻辑推理关系。

总之,将本质范畴的考察放在现象之前,即整个本质论的开端,又将本质范畴的考察从论述三个纯反思规定开头,这就是从抽象到具体的一般方法,也是黑格尔逻辑学乃至整个哲学体系特有的论述风格。即抽象在前,具体在后。从纯思维

---

① 《小逻辑》,264 页。
② 参看《马克思全集》23 卷,1972 年,292 页。
③ 《小逻辑》,261 页。

规定上看,本质这一范畴在黑格尔看来,即是一种自身反映的关系,"过去的存在",复合的总体①,又是一个矛盾发展的过程。② 因此,本质只能也必定在现象的流逝、变易中展现出来。

二、本质论内容简要提示:本质、现象、现实

"反思作用即自身映现构成本质与直接存在的区别,是本质本身特有的规定。"③

直接存在是"给予的",而本质则是反思的规定。离开反思作用,不可能把握到内在的本质。就是说,本质不仅仅是间接的(与直接存在不同),而且是能动的。

1. 本质作为实存的根据。

(1)纯反思规定

①同一:"具体的同一。"④

②差别:"事物本身即包含有差异。"⑤

③根据:"根据就是被设定为全体的本质","就是内在存在着的本质"。⑥

(2)实存

"实存就是从根据发展出来的存在,经过中介的扬弃过程才恢复了的存在。"⑦

实存就是相互作用的整体,也可以叫做"物"或"东西"。⑧

"这个以实存着的事物为其总和的、表现得花样繁多的世界里,一切都显得只是相对的,既制约他物,同时又为他物所制约,没有什么地方可以寻得一个固定不移的安息之所。我们反思的知性便把去发现、去追踪所有各方面的联系作为其职务。"⑨

---

① 《小逻辑》,243 页。
② 《小逻辑》,246 页。
③ 《小逻辑》,112 节,242 页。
④ 《小逻辑》,248 页。
⑤ 《小逻辑》,253 页。
⑥ 《小逻辑》,259 页。
⑦ 《小逻辑》,123 节,附释,266 页。
⑧ 《小逻辑》,267 页。
⑨ 《小逻辑》,266－267 页。

这里,对康德"物自身"有所评论。① 认为"物自身"只是空洞的抽象,恰恰是这一点,遭到玻恩的反驳。(《我的一生和我的观点》)

（3）物:"是个有规定性的具体事物。"②

①"物"的特质

②质料

③形式

物是形式和质料的统一。"物作为这种的全体,就是矛盾。"③

这里,批评了当时物理学上"多孔性"理论,如热素、声素、味素等等。这种抽象理智自诩要观察事实,且扬言要记述其客观观察所得的东西,但反而产生出一种形而上学。这种形而上学在各方面都充满了矛盾,却仍然为理智所不自知觉。④

2. 现象。

"本质必定要表现出来。""本质不在现象之后,或现象之外,而即由于本质是实际存在的东西,实际存在就是现象。"⑤

"当我们认识了现象时,我们因而同时即认识了本质,因为本质并不存留在现象之后或现象之外,而正由于把世界降低到仅仅的现象的地位,从而表现其为本质。"

"我们可以说哲学与普遍意识的区别,就在哲学能把普遍意识以为是独立自存之物,看出来仅仅是现象。"⑥

（1）现象界:由形式(≈本质)维系起来的"有限性的整体和世界"。⑦

（2）内容与形式

"形式即是内容本身"。

这里,谈到了哲学与科学的区别。在科学里,形式和内容是分离的,而在哲学那里,两者才是相互转化的。"在科学里,思维只是一种单纯形式的活动,其内容是作为一种给予的(材料)从外界取来的;而且科学内容之被认识,并不是经过作

---

① 《小逻辑》,124 节,267 页。

② 《小逻辑》,125 节,268 页。

③ 《小逻辑》,273 页。

④ 《小逻辑》,274 页。

⑤ 《小逻辑》,131 节,275 页。

⑥ 《小逻辑》,276 页。

⑦ 《小逻辑》,278 页。

为它所根据的思想从内部自动地予以规定的,因而形式与内容并不充分地互相渗透。反之,在哲学里并没有这种分离,因此哲学可以称为无限的认识。"①

（这种对哲学的解释是成问题的:哲学仅仅是关于思想的思想吗?）

（3）关系:"关系就是自身联系与他物联系的统一。"②

①部分和整体。例如活的有机物的官能和肢体的关系。③

②力和力的表现。"力的整个内容规定与力的表现的内容规定正是同一个东西。"④

③内与外。"通过力的表现,内便设定为'实存'。""这种内与外的同一就是现实。"⑤

"人的行为(外)形成他的人格(内)"。《新约》"马太福音",第七章,第16节:"汝便从行为的果实里去认识人。"⑥

在这里,黑格尔特别阐述了他的逻辑泛神论的自然观。这种自然观与近代科学的唯物论自然观是尖锐对立的。

有一个诗人说:

没有创造的精神,

浸透进自然的内心;

谁只要了解它的外表,

他真是异常幸运。

黑格尔要求将这一朴素唯物论的论点与歌德《自然科学的愤激的呼吁》一诗相比较,歌德的诗是这样的:

六十年来,——可诅咒的年代呀!

但已经悄悄地逝去了!——

我不断听到重复地说:

自然没有核心,也没有外壳,

一切都是内外不可分的整体。⑦

---

① 《小逻辑》,279 - 280 页。

② 《小逻辑》,281 页。

③ 《小逻辑》,135 节,附释,282 页。

④ 《小逻辑》,284 页。

⑤ 《小逻辑》,141 节,294 页。

⑥ 《小逻辑》,140 节,附释,292 页。

⑦ 《小逻辑》,140 节,说明,289 - 290 页。

看来,黑格尔是赞同歌德的泛神论倾向的。黑格尔的论点是:a. "就自然来说,无疑地大体上是外在的……作为自然和精神的共同内容的理念在自然界里只得到外在的表现,……理念体现在自然界里仅仅是内在的(或潜在的)"。① 就是说,自然界是精神的异在。b. "习于'非此即彼'方式的抽象理智,姑无论如何竭力反对这样的自然观(泛神论的——引注),但在别的意识里,特别在宗教意识里,却仍可显然见到。"②就是说,黑格尔并不回避他的自然观与宗教意识的一致。以上两点,都是自然科学无法接受或沉默的。

为什么恩格斯说黑格尔的真正自然哲学是在《本质论》中呢? 我想:

a. 他在这里明白阐述了自然是精神异在的自然观。

b. 他的本质论的范围是"一个直接性与间接性尚未完全结合的范围"③。他所列举的诸多范畴,质料、形式、力和力的表现、实体、因果性等等,多多少少是并列杂陈的,还不是具体概念那样的有机整体,这正与他对自然界的根本看法相一致:自然事物是一堆没有用精神浆糊黏在一起的东西。

c. 自然也是指,黑格尔在这里讨论了涉及经验科学所使用的大部分思想范畴,从部分与整体,直到终极原因,等等。

这些,后面将详细谈。

这里,需要强调的是,在"现象"的关系范畴中,是本质论中最重要的一部分内容。离开关系范畴,不仅不可能从现象过渡到现实,而且,整个本质论对根据的追溯都不可能进行。

按常理,应是先讲现象,再讲本质,但是黑格尔却把两者有意地颠倒过来讲,这正是思辨唯心论论述问题的特有方式,即逻辑在先,而不是事实在先。

3. 现实

这是本质论的重点,也是内容最丰富的一部分。在黑格尔看来,对本质的追溯不在现象的分析,而在对现实的理解。现实是本质论中最要害的内容,也是最重要的范畴。它比我们一般讲的实体、实在,更不要说现象等等,对了解黑格尔的逻辑学乃至整个哲学精神和思维方式,都重要得多。"现实"可以说是黑格尔对哲学的最重要的贡献,是了解他的思想的核心,同时,"现实"这个范畴是他区别于前

---

① 《小逻辑》,291 页。

② 《小逻辑》,291 页。

③ 《小逻辑》,114 节,246 页。

人和同时代哲学家创造出来的最精彩的东西。

现实是和思想相对应的一个范畴。黑格尔的论点是,现实不仅有客观性(不同于主观思想),而且更有其合理性。而解决思想和现实的关系,成为从柏拉图,亚里士多德以来,西方哲学中一根延续不断、源远流长的主线。这如同名实关系始终是中国传统哲学讨论的一个根本问题一样。

如何定义"现实"?如何看待现实?这是哲学家首先碰到的问题。任何思辨的哲学争论,不论形式上怎样抽象,总是与现实存在这样那样、直接间接的联系。

什么是"现实"?"现实是本质与实存或内与外所直接形成的统一。"①这就是说,现实既包含实际存在的事物,也包含它的本质。它不是像仅是作为现象的实际存在的东西。("实存即现象"。②)

黑格尔开宗明义地讲,现实与思想并不是仅仅彼此对立的。因为,一方面,思想并不仅仅是"藏匿在我们的头脑里"的东西,它是"完全能起作用的",因为思想可以是客观的;另一方面,现实也"并不是那样地污浊、不合理"的,"现实就其有别于仅仅的现象"而言,并不总是"居于与理性对立的地位",就是说,现实也可以是合理的。"任何不合理的事物,即因其不合理,便不得认作现实。"③可见,现实是比存在、实存、现象、实体、实在物、事实、事件等等,更真实、更深刻的一个思想(逻辑)范畴。可以说,现实就是我们通称为"世界"(有别于"我",又包含着"我","我"是世界的一部分,等等)的(真实含义的)东西。

人生活在现实之网中。自然之网、社会之网构成的现实之网,既是生存的条件,又是生存的限制。但人作为理性动物,作为能动的主体,总有办法理解现实之网,冲破现实之网,为自己创造出更理想的生存环境。哲学关于思想和现实相互关系的探索,不断为突破现实之网的限制提供新的可能性,科学(包括社会科学)为实现这种可能性提供强有力的手段,而宗教则在这种西西弗斯搬石头上山的无尽努力中提供精神慰藉,使人能保持某种心理平衡。人只有不断地超越自我才能有效地改变现实。这种冲破现实之网的努力,犹如蚕虫咬破茧壳,每成功地冲破一次,就使自己获得一次新生,发现一片新世界。社会之网是人编织的,我们至少可以期望,这种社会现实可以越来越符合人的理想。至于自然之网,虽非人力所

---

① 《小逻辑》,142 节,295 页。
② 《小逻辑》,142 节,说明,295 页。
③ 《小逻辑》,142 节,附释,296 页。

为,但借助于科学的力量,人总可以使其尽可能地符合人的期望。人无法完全冲破自然之网,但却可以改变它,给自己创造出尽可能美好的世界。这大概就是黑格尔所谓现实的合理性的一面吧。

在黑格尔看来,亚里士多德与柏拉图不同,认为"理念本质上是一种动力",因而理念才是"名副其实的现实"。① 这虽然是用柏拉图的理念论精神对亚氏的曲解,但就其理念是能动的而言,仍是可取的。

(1)可能性。"作为一般的同一性,现实首先只是可能性"。

可能性是现实性的一个抽象的环节。

初看起来,似乎现实性是比可能性较贫乏的范畴,实则,现实性倒是较广阔的范畴。因为,具体的现实性是将可能性作为一个抽象的环节包含在自身之内的。人们对于客观事物的特定联系愈是缺乏认识,则他在观察事物时便愈会驰骋于各式各样的空洞可能性之中。因为,任何最荒谬的东西,均可看作是可能的。例如,"月亮今晚会落到地球上来",等等。所以,"明智的和有实践经验的人,决不受那种可能性的骗(正因为那只是可能的),而坚持要掌握现实,不过,所谓现实并不是指当前的此时此地的特定存在而言"。诚如日常谚语所谓:"一个麻雀在手中比十个麻雀在屋顶上要好些"。② (或如马克思:一步行动胜过一打纲领?)

"一个事物是可能的还是不可能的,取决于内容,这就是说,取决于现实性的各个环节的全部总和,而现实性在它的开展中表明它自己是必然性。"③

现实性各个环节的全部总和 = 内容。

(2)偶然性。"现实事物如果与单纯的可能性处在同等地位,则它便成为一种偶然的东西。反过来说,可能性也就是单纯的偶然性本身。"④

黑格尔极为贬低偶然性。他认为,"偶然性一般讲来,是指一个事物存在的根据不在自己本身而在他物而言。"他以为,自然界的事物就是如此,不能给我们提供较高的理性的兴趣。

他说:"人们赞美自然,每每主要地仅因其品汇的繁多和丰富。这种丰富性,除了其中所包含的理念的展现之外,并不能提供给我们以较高的理性的兴趣,而且这些庞大繁多的有机和无机的品汇也仅供给我们以一种消失在纷纭模糊中的

① 《小逻辑》,297 页。
② 《小逻辑》,298－299 页。
③ 《小逻辑》,300 页。
④ 《小逻辑》,144 节,300 页。

偶然性的观感而已。无论如何,那些受外在环境支配的五花八门的动植物的个别类别,以及风、云状态的变化多端,比起心灵里一时触发的奇想,和偏执的任性来,并不值得我们予以较高的估量。"黑格尔仅仅承认偶然性在对象性的世界里有其相当的地位。①

当黑格尔对自然界的存在,对偶然性这样大加鞭挞时,他忽视了我们事实上正是生活在一个偶然性的世界里。社会生活也并不比大自然少一点偶然性。科学和哲学以认识必然性为己任,然而,它们面对的却是大量的偶然性事物。

不仅如此,当黑格尔将单纯的偶然性等同于可能性,并且只是"构成现实事物的外在性"②时,他自己已经形而上学地将必然性也悬空了,神秘化了。

(3)必然性。"发展了的现实性(即非直接的现存事物?——引注)……就是必然性。"

必然性=命运!

这个深奥的哲学家不满足于"必然性即可能性与现实性的统一"这种"空洞""肤浅"的说法。他写道:"必然性是一个很困难的概念,其所以困难是因为必然性即是概念本身",而它"所包含的各个环节仍然被认为是些现实事物"。③ 原来,一半在天上,一半在地上,怎么能摆在一起呢?自然难于为常人所理解了!

接下来,黑格尔便大谈必然性和命运、天意或神意一类的姻缘关系了。

"无论如何,我们须认识那认世界为必然性所决定的看法与关于天意或神意的信仰并不是彼此排斥的。"④"必然性只有在它尚未被理解时才是盲目的。……由于人在脱离了上帝的情况下,有他自己的特殊意见和愿望,大都感性用事,任性妄为,于是他就会碰到这样的事情,他的行为所产生的结果总是与他的本意和愿望完全不同。正与人相反,上帝知道他的意志是什么……天意所向的,也必然会坚定不爽地得到完成。"⑤呜呼!只有上帝是万能的。

但这些昏热的呓语中,也不是没有一点可取的。例如,"命运,人们必须认为是一种未揭发的必然性,因此也必须表象为完全非人格的、无自我的、盲目的"⑥。

---

① 《小逻辑》,145 节,附释,301－302 页。
② 《小逻辑》,300 页。
③ 《小逻辑》,305 页。
④ 《小逻辑》,147 节,附释,307 页。
⑤ 《小逻辑》,307－308 页。
⑥ 《小逻辑》,309 页。

黑格尔毕竟不主张人格神。

"每个人都是他自己的命运的主宰者"。"这意思就是说,凡人莫不自作自受"。"所以必然性的观点就是决定人的满足和不满足,亦即决定人的命运的观点"。① 人毕竟是能动的主体。

必然性包括三个环节:条件、实质和活动。②

1)实体关系

"实体就是各个偶性的全体"。

"虽说实体是理念发展过程中的一个重要阶段,但……是尚在被限制的必然性的形式里的理念。"

对斯宾诺莎实体原则的批评:

①"认上帝为绝对的人格(能动性——引注)一点,就是斯宾诺莎所未达到的";

②斯氏是一个犹太人,"斯宾诺莎的哲学所缺少的,就是西方世界里的个体性的原则"③。

黑格尔徒劳地为斯宾诺莎辩解,说他不是无神论,只是无世界论、泛神论。"他的实体只是直观的洞见,未先行经过辩证的中介过程。"④

2)因果关系

"只有在效果里,原因才是现实的,不是原因。因此原因,真正讲来,即是自因(causa sui)。"例如,"雨、原因,和湿、效果,两者都是同一实际存在着的水"⑤。

因果性只是必然性的一个侧面,因而,黑格尔打破了直线因果的无穷延续(恶无限)。

他说:"诚然,因果关系无疑地是属于必然性的,但这种关系只是必然过程的一个侧面。"⑥

"在相互作用里,因果关系虽说未达到它的真实规定,但那种由因到果和由果到因向外伸展直线式的无穷进程,已得到真正的扬弃。"⑦

---

① 《小逻辑》,310 页。
② 《小逻辑》,310 页。
③ 《小逻辑》,313－314 页。
④ 《小逻辑》,315 页。
⑤ 《小逻辑》,317 页。
⑥ 《小逻辑》,318 页。
⑦ 《小逻辑》,319 页。

3) 相互作用

相互作用是本质论的最后一个范畴,在这里,包含有"终极原因"的深刻思想,是对"第一推动力"的形而上学思维方法的否定。

①在相互作用里,因和果不只是有区别的,更是自身同一的(统一的),它们都是"原始的,主动的,被动的等等"。①

②"相互作用被设定为因果关系的充分的发展。"②

"同样的观点,可以适用于自然研究,特别适用于有生命的有机体的研究。有机体的每一个别官能和功能皆可表明为同样地处于彼此有相互影响的关系中。相互作用无疑地是由因果关系直接发展出来的真理,也可以说他正站在概念的门口。"③就是说,相互作用是一个过渡到自在自为的概念。例如,斯巴达民族的风俗和制度互为因果,它们需要一个更高的概念(环节),即第三者作为解释这种相互作用的原因。(斯巴达民族的特性?)

③相互作用的"自己本身的纯粹交替,因此就是显露出来的必然性"④。

"一般讲来,当一个人自己知道他是完全为绝对理念所决定时,他便达到了人的最高的独立性。斯宾诺莎所谓对神的理智的爱也就是指这种心境和行为而言。"⑤

例如,一个罪犯受到处罚,他不应只是认为外在强加给他的,而是自作自受,即自己行动的一种结果!这算什么样的"自由即必然"?不是提倡盲从吗?黑格尔总是把自然规律的惩罚和人事硬扯在一起。

"由必然到自由或由现实到概念的过渡是最艰苦的过程"。⑥ 可惜,黑格尔不是提倡以投入现实,而是以循入思辨的王国来达到人的自由。

"思维就是一种解放。……这种解放,就其是自为存在着的主体而言,便叫做我;就其发展成一全体而言,便叫做自由精神;就其为纯洁的情感而言,便叫做爱;就其高尚的享受而言,便叫幸福。"⑦只有概念本身才是"现实的自由"!呜呼!全部本质论教导人们的竟是这种自我思辨的"自由"。

---

① 《小逻辑》,115 节,320 页。
② 《小逻辑》,320 页。
③ 《小逻辑》,321 页。
④ 《小逻辑》,322 页。
⑤ 《小逻辑》,324 页。
⑥ 《小逻辑》,325 页。
⑦ 《小逻辑》,325－326 页。

从事实讲,特别从科学看,实体范畴,因果性,相互作用应是最丰富的,但作者仅限于从人的伦理自由来分析这个问题,显得贫乏不堪。对黑格尔说,必然性始终是不可打破的"坚硬的"城堡。它不仅是坚硬的,而且是一个"悲惨的东西"①。

黑格尔的悲剧在于:贬低偶然性,抬高必然性;将现实等同于合理性;把自由限定为对必然的认识。

a. 偶然性不只是外在的、现象的,而且是内在的、本质的。在事物自身的核心里,即对立统一体中,偶然性与必然性、多样性和统一性是不可分割的,不能只强调一面,忽视另外一面。

b. 现实不只是必然的,同时是偶然的。作为是各环节的总体,现实绝不只体现必然性,而是各种可能性的总汇。特别说,现实作为未来的起点,存在着种种偶然性,其结果并非必然决定的。

人的自由并不只是认识必然,服从命运,而更重要的是主动掌握自己的命运,不断超越(打破)必然性的限制。尽管成事在天,毕竟事在人为,谋事在人。

确实,黑格尔正确地指出了斯宾诺莎的实体概念缺乏能动性和个体性。然而,他本人由于片面强调、固守必然性,因而实际也没有比斯氏前进多远。"人的最高的独立性"也就不过是对上帝意志的自觉的理解,这与斯氏所谓对神的理智的爱,如果不是后退了(因为"理智的爱"是无限的,而黑格尔则宣称人可以达到绝对!),至多也只是原地踏步而已。

25/06/1995 20:30

---

① 《小逻辑》,323 页。

第五讲

本质论(Ⅱ):反思性认识

27/06/1995

反思性认识:"本质的观点一般地讲来即是反思的观点。""反思作用即自身映现构成本质与直接存在的区别,是本质本身特有的规定。"①

"反思"一词在今天是一个使用频率很高的动名词。在日常语言中,也许除了"信息"一词外,就数"反思"最常见了。但"反思"的确切含义是什么? 它在黑格尔语言中究竟指什么? 在《本质论》及整个《逻辑学》中处在什么地位? 作为一种特定的思维方式,今天还有怎样的认识论价值? 它与一般的科学认识是什么关系? 等等。这些,就是我们想讨论的内容。

一、什么叫"反思"? 什么叫反思性认识或反思性思维?

黑格尔说:"反映或反思(Reflexion)这个词本来是用来讲光的,当光在直线式地射出,碰在一个镜面上时,又从这镜面上反射回来,便叫做反映。在这个现象里有两方面,第一方面是一个直接的存在,第二方面同一存在是作为一间接性的或设定起来的东西。当我们反映或(像大家通常说的)反思一个对象时,情形亦复如此。因此这里我们所要认识的对象,不是它的直接性,而是它的间接的反映过来的现象。我们常认为哲学的任务或目的在于认识事物的本质,这意思只是说,不应当让事物停留在它的直接性里,而须指出它是以别的事物为中介或根据的。事物的直接存在,依此说来,就好像是一个表皮或一个帷幕,在这里面或后面,还蕴藏着本质。"②

反思,依贺麟先生解释,至少有六种含义:①反思或后思,有时也有道德上"反

① 《小逻辑》,112 节,附释和说明,242 页。
② 《小逻辑》,242 页。

省"的意思;②反映;③返回等意义;④反射;⑤假象;⑥映现或表现。

"反思"作为一般的认识方法,是科学思维和哲学思维所固有的。黑格尔通常把它叫做"知性反思""抽象反思""外在反思"或"主观反思"。他指出:"知性的活动,一般可以说是在于赋予它的内容以普遍性的形式。不过由知性建立的普遍性乃是一种抽象的普遍性,这种普遍性与特殊性坚持地对立着,致使其自身同时也成为一特殊的东西了。"①

为什么说一般的科学抽象也是一种反思活动呢?因为它从经验具体出发,但又不停留在具体经验中,而要对对象作出一般性的概括,即黑格尔这里说的"赋予它的内容以普遍性的形式"。例如,经验科学从各种各样的相互作用或活动中作出"力"的概括;从鸡鸭鱼虫等等中作出"动物"这一类别的概括;从大人、小孩、男人、女人等等中作出"人"的概括,等等。须知,经验具体的对象或事物,如摩擦生热、机械作用力、热力、鸡、鸭、鱼、张三、李四等等,作为直接的感性存在,作为个别事物正是我们借以形成(抽象)类别概念的出发点,它们彼此独立(孤立),只有舍弃它们各不相同的特点,才能形成带有普遍性的"类"概念。思维(认识)的这种抽象作用,是任何认识所共有的。思维如果只停留在(固守在)个别对象,而不经过反思(反省)的活动,就不可能达到一般(共相)。舍弃对象的个别性,达到对象一般的认识,思维的这种反省活动,犹如将思想的光芒投射于对象,从而使其(对象)发生某种改变,再反射回认知主体,才能形成我们关于对象的某种普遍性认识。在这个意义上可以说,任何关于类别一般的认识,不是我们从张三、李四这个具体经验,个别对象中直接"看"到的,而是经过了思维自身的加工,分析作用才达到的。我们"看"不到既非白马亦非黑马,不是这匹马、那匹马等等的一般的"马"(即"马"这个类),只有思维才能把握到这个普遍性。

抽象分析也就是一种反思(后思)活动:"感性的东西是个别的,是变灭的;而对于其中的永久性东西,我们必须通过反思才能认识。"所以,"在我们对于自然现象的研究里,也有反思作用在活动"②。

洛克将"实体"的概念,归结为对经验的"反省"的结果,康德将"物自体"看成"先验反思"或"反思判断力"的结果,这些都说明,"反思"不只是一般科学思维,同时也是近代哲学思维所不可缺少的。黑格尔说:"哲学的任务或目的在于认识

---

① 《小逻辑》,80 节,附释,172－173 页。
② 《小逻辑》,21 节,附释,75 页。

事物的本质，……事物的直接存在……就好像一个表皮或一个帷幕，在这里或后面，还蕴藏着本质。"同样说明，他认为反思活动是哲学思维的一个特征。只不过，他认为哲学反思不应停留在知性反思即抽象反思的水平，停留在对象的本质本身，而应进一步追溯到（返回到）客观思想、绝对观念。所以，他说："反思以思想的本身为内容，力求思想自觉其为思想。"①

那么，什么是"反思性思维"呢？这就是黑格尔在逻辑学特别是本质论中阐明的一种思维方式，或者说，作为哲学思维的反思性认识。

他说："这种足以达到真正必然性的反思（Nachdenken——后思，黑氏常将其与 Reflexion 混同使用——引注），就其为一种反思而言，与上面所讲的那种抽象的反思有共同点。但同时又有区别。这种思辨思维所特有的普遍形式，就是概念。"②

哲学的反思就是对超出感觉的世界的思维的无穷追溯。"整个哲学的任务在于由事物追溯到思想，而且追溯到明确的思想。"③而"反思当其扬弃了有限之物时，就把自己提升为理性；当其把理性的活动固执在对立中时，就使自己降低为知性"④。

这里，特别值得注意的是两点：

（1）反思是对直接的东西、表象的颠倒。"唯有借助于反思作用去改造直接的东西，才能达到实体性的东西。"

"在日常生活中，我们也进行反思，但并未特别意识到单凭反思即可达到真理；我们进行思考，不顾其他，只是坚决相信思想与事实是符合的，而这种信念确实异常重要。"然而"要想发现事物中的真理，单凭注意力或观察力并不济事，而必须发挥主观的（思维）活动，以便将直接呈现在当前的东西加以形态的改变"⑤。

在本质论中，黑格尔一再讲到间接的东西和直接的东西不同，对本质的认识，只有通过中介，超越眼前直接的东西，扬弃直接性，才能达到。所以，他把本质论界定为："关于思想的反思性或间接性——自为存在和假象的概念的学说。"⑥在

---

① 《小逻辑》，2 节，说明，39 页。
② 《小逻辑》，9 节，48 – 49 页。
③ 《小逻辑》，104 节，附释三，230 页。
④ 《费希特与谢林哲学体系之差异》，转引自张世英：《黑格尔〈小逻辑〉译注》，573 页。
⑤ 《小逻辑》，22 节，附释，77 页。
⑥ 《小逻辑》，83 节，185 页。

这里,反思性也就是间接性。正如,我们在镜像中,看到的不是物自身(我)而是我本身的外在形象;只有通过这个镜像,我才间接地知道我自己。这就是只有通过他物,反映于他物,我才自知我自己的存在。

(2)哲学的反思不同于一般的反思活动,不停留在一般的对象性认识,它是一种自我意识,是对"自我"作为对象的无穷追溯。

"只有在哲学的反思里,才将'我'当作一个观察的对象。在'我'里面我们才有完全纯粹的思想出现。动物就不能说出一个'我'字。只有人才能说'我',因为只有人才有思维。"①

这里,我们碰到了反思性思维与直观性思维的一个一般性区别点。这就是,一般地说直观性思维以我之外的事物为对象,客体在主体之外,主客体的分别是明显的;而反思性思维,特别是哲学的反思性思维,则更以自我即主体为认识的对象,是对自我的不竭反省、反思,客体包容于主体之内,主客体的分别在此是极为困难的。即使对于在我之外的客体事物的认识,也是以意识到的对象为对象,即把客观对象当作我的一部分来认识。这时,这个客观事物已不是在我之外的自在之物,而是在我之内的为我之物了。

例如,科学对自在之物或自然事物的认识,前已指出,固然包含有反思活动(作用)在内,但这只是对外在对象的反思。科学对事物本质的认识,属于知性反思的范围。科学认识,达到对外在事物的本质的反思也就够了。但哲学不行。它还要求从对象性认识返回到自我,从关于客体的知识,继续(进一步)回溯到自我意识。这是哲学认识与科学认识的一个基本区别。如果一位科学家,除了谈对自然即超我之外的世界的认识,还要谈关于自我的认识,他就不会为科学共同体所容,或者认为,他已经不再是科学家了。相反,一位哲学家如果只停留在谈论在我之外的客观事物的知识而不涉及这些知识与自我的关系,则人们最多说他是一个朴素实在论者,就谈不到是什么哲学家了,或至少,这只是一个不够水平(档次)的"哲学"作者。

所以,谈不谈"自我"可以说是区别哲学反思与知性反思,哲学思维与科学思维的基本区别。在这个意义上可以说,反思性思维或哲学反思就是对科学反思即抽象反思的再反思,或"对反思的反思"。简言之,哲学反思就是要求从对象上返回自我,是自我意识。这是比抽象反思更深(高)一层的认识。

---

① 《小逻辑》,24节,附释一,82页。

二、哲学反思的类别和认识(逻辑)功能

"反思"是一般哲学思维的特点,更是黑格尔逻辑学(尤其是本质论)的要义。这不是说科学认识不需要反思活动(作用),而是说,只有哲学认识才自觉地将其作为一种思维规则(方法)。

反思对于哲学思辨,正如消化对于饮食一样,它起着对经验材料的一种咀嚼、分解、过滤、加工改造和提炼的作用。在这个比喻下,"反思"对于纯粹思想活动的作用,与牛对食物的"反刍"作用是相类似的。这就是黑格尔讲的"思维对经验科学的内容及其所提供的诸规定加以吸取"①的意思。在这里,反思就是思维不断超越感官世界,而又不断回溯到客观事物和超感官世界的往复循环的认识过程。它包含两个方面:一是对感性经验的超越和消化;二是思维本身的不断反复加工,即自我意识的反思。

所以,黑格尔说:"哲学最初起源于后天的事实,是依靠经验而产生的(其实,思维本质就是对当前的直接经验的否定),正如人的饮食依靠食物,因为没有食物,人即无法饮食。就这种关系而论,饮食对于食物,可以说是太不知感恩了。因为饮食全靠有食物,而且全靠消灭食物。在这个意义下,思维对于感官经验也可以说是一样地不知感恩。(因为思维所以成为思维,全靠有感官材料,而且全靠消化,否定感官材料)。"②在此,我们也可以说,反思就是消化。

他又说:"思维是超出感官世界,思维是由有限转化到无限,思维之打破感官事物的锁链而进到超感官世界的飞跃,凡此一切的过渡都是思维自身造成的,而且也只是思维自身的活动。"③这就是说,反思就是思维自身不断的反复思索、追寻、探索的能动活动。

反思活动的类别,可以图示如下:④

1. 知性反思:主体在客体之外,主体(S)只是观察者或思想者。

在 O1、O2 的普遍相互作用中,S 把握到现象背后的本质(一般)。

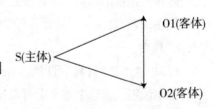

---

① 《小逻辑》,12 节,52 页。
② 《小逻辑》,12 节,说明,53 页。
③ 《小逻辑》,50 节,说明,136 页。
④ 《小逻辑》,79 - 82 节。

2. 辩证反思：客体是自相矛盾的对象，在对立中相互映射出事物的本质。主体仍在客体之外。

O1、O2 是相互矛盾的整体（统一体），对象在自身的对立中互相反映出它们的本质。例如，内容和形式，原因和结果，以及可能和现实，偶然和必然（这一对矛盾，黑格尔未展开），等等。

在黑格尔看来，事物莫不自相矛盾，这正是事物的本质，而达到这种本质的认识，是辩证反思的结果。例如，生与死并不是并列在一起的，如既有生，也有死，好像两回事。其实，生存里面即已包含死亡的种子，这就是对立的相互反映的关系。

在以上两种反思里，都只反思到对象，而未返回自我。在黑格尔看来，经验科学认识正应从知性反思提高到辩证反思。但即使在辩证反思里，即在本质论范围内，"直接性与间接性尚未完全结合"①。

3. 思辨反思：将前两种反思提高为自我意识，主客体达到同一，主体即客体，这就是具体概念，即绝对观念，或对绝对本质的认识（反思）。在这里，思想的本质也是客观事物的本质。

若 A、B、C 分别为事物的一级本质、二级本质以至 N 级本质而达到"绝对本质"，则 S 亦由 S1 到 Sn 而达到绝对自我，在这里 S 即 O。

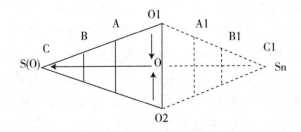

思辨反思是概念论才达到的反思认识，这里就不详述，容后再讲了。

哲学反思的功能是对直接知识的颠倒的再颠倒。

如果说反思是一般哲学思维的特征，那么，思辨反思就是黑格尔区别于其他哲学思维的特征。思辨的反思即在自我意识层次上的反思（这是科学所不具有也不可具有的），也就是对直接的东西的颠倒的再颠倒。

"反思（Reflexion）"一词本身已含有"颠倒"的意思在内了。镜中反映的形象总是颠倒的，因而对镜中形象的思维追溯（Nachdenken）也必须用颠倒的眼光去

---

① 《小逻辑》，114 节，246 页。

看,即把影像的左边看作实际的右边,把影像的右边看作实际的左边,等等。这就是对"颠倒的颠倒",亦即否定之否定。"真正的反思就是从'在他物中反思'回到'自身反思'(即意识主体或自我意识——引注),(这本身)就是颠倒之颠倒。"①

从认识论看思辨反思的两次颠倒就是:

(1)从个别到一般,从直接感性到间接抽象概念的颠倒。这就是前面抽象(或知性)反思所讲的:眼前存在的真实事物对于其类(共相)来说,反而成了不真实的了。

"经过反思,最初在感觉、直观、表象中的内容,必须有所改变,因此只有通过以反思作为中介的改变,对象的真实本性才可呈现于意识面前。"②

在这里,抽象一般的东西,必须"认作仅仅的主观观念的反面,并且还要从这里面认识到事物本质的、真实的和客观的东西。……这是初看起来似乎有些颠倒,而且好像违反寻求知识的目的"③。

这就是第一次颠倒。

(2)从抽象一般再到自在自为的客观思想(即具体概念),这是更困难的第二次颠倒。

在黑格尔看来,思维不仅构成主观认识之内的客观对象,而且构成主观认识之外的客观对象的本质。

"反思既能揭示出事物的真实本性,而这种思维同样也是我的活动,如是则事物的真实本性也同样是我的精神的产物,就我作为能思的主体,就我作为我的简单的普遍性而言的产物,也可以说是完全自己存在着的我或我的自由的产物。"④

将客观思想看作是事物的本质,这是黑格尔思辨哲学最荒唐的幻想。但恰恰是将抽象一般作为"主观观念的反面"的再颠倒。

正如马克思所说:黑格尔在这里显然是把具体在精神上的再现当作事物本身的产生过程了。这只是一种幻觉。

科学认识与哲学认识的区别图示为下:

---

① 邓晓芒:《思辨的张力》,湖南教育出版社,1992年,336页。
② 《小逻辑》,22节,76页。
③ 《小逻辑》,77页。
④ 《小逻辑》,23节,78页。

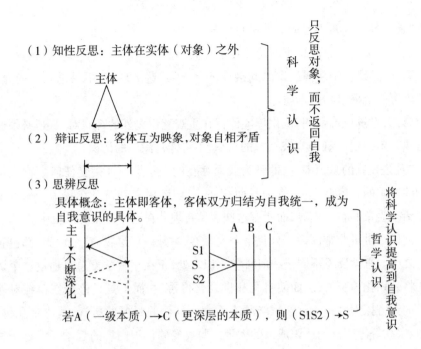

（1）知性反思：主体在实体（对象）之外

主体

（2）辩证反思：客体互为映象，对象自相矛盾

（3）思辨反思

具体概念：主体即客体，客体双方归结为自我统一，成为自我意识的具体。

若 A（一级本质）→C（更深层的本质），则（S1S2）→S

科学认识

只反思对象，而不返回自我

哲学认识

将科学认识提高到自我意识

三、反思性思维对我们今天还有什么认识价值？

黑格尔通过他关于反思性思维特别是思辨反思即绝对反思的论述，确实说明，认识是一个非常复杂的颠倒再颠倒的过程，而不是照镜子式的平直"反映"。要认识事物的本质，必须通过一系列的中介过程；本质并不是我们直接"看"到的某种东西。即使在知性反思即抽象反思阶段，事物的本质（共相）也是不能单凭感官（性）直观能"看"到的，而必须经过思维的反复追溯才能把握得到。例如，我们看见的只是这条狗、那匹马，而不能"看"到"动物"是什么。只有思维才能把握"动物"一般。但黑格尔的合理之处恰在于，他指出，虽然"动物"不是我们能由感官看到的，但并不是说，它（"动物"）就只是主观的，恰相反，共相、本质也是客观的东西，不是主观的任意想象。客观世界本身是有"理性"的，即所谓"Nous（理性）统治这世界"。"任何事物莫不有一长住的内在的本性和一外在的定在。万物生死、兴灭；其本性，其共性即共类，而类是不可以单纯当作各物共同之点来理解的。"①这种看法，显然比唯名论的经验主义要深刻得多了。

---

① 《小逻辑》，24 节，附释一，80 页。

"反思的方式用思想的关系来规定真理。"①

黑格尔关于反思性思维的论点提示我们：

第一，必须善于掌握认识的间接性环节，离开这个环节，不借助任何中介，我们就不可能把握事物的本质。

第二，思辨反思强调，认识不能停留在主观意识之外的客观对象，还必须返回到自我。不达到(返回)自我意识的认识，不可能是深刻的认识。

"凡是在我的意识中的，即是为我而存在的。我是一种接受任何事物或每一事物的空旷的收容器，一切皆为我而存在，一切皆保有其自身在我中。每一个人都是诸多表象的整个世界，而所有这些表象皆埋葬在这个自我的黑夜中。"②

这段话讲得非常深刻。自我是个大容器，举凡一切事物，整个世界，都包容于自我之中。哲学反思不同于一般科学认识之处，正在于哲学家总是通过这个认识方法将一切化为灰烬，从而使自我和世界获得再生，而不是只停留在单纯对外在世界的无穷探索之中。哲学家必须有吞食一切经验材料的勇气，消化举凡科学、艺术、宗教等等所有的认识成果的大度。脱离经验认识内容的哲学必然是干瘪的空壳，而不能经过反思消化，将经验提升为自我意识的哲学，也必不成其为哲学。

让我们牢牢记住：自我是个大容器，而反思就是借以消化容器内各种材料的搅拌机制。

---

① 《小逻辑》，24 节，附释三，87 页。
② 《小逻辑》，24 节，附释一，81－82 页。

第六讲

本质论(Ⅲ):黑格尔真正的自然哲学

29/06/1995

恩格斯说,黑格尔真正的自然哲学是在"本质论"中。① 这句话很长时间以来就引起我的注意和兴趣。但究竟怎样理解,仍不得其解。试略作如下提示。

21/9/1874 我正埋头研究关于本质的理论。虽然大《逻辑学》触及事物的辩证本质要深刻得多,自然科学家有限的智力却只能利用它的个别地方。相反,《全书》中的论述似乎是为这些人写的,例证大都取自自然科学领域并极有说服力,此外由于论述比较通俗,因而唯心主义较少。②

一、自然界是精神的异在

"我们必须说自然界是一个没有意识的思想体系,或者像谢林所说的那样,自然是一种顽冥化(Versleinerte)的理智。……理性是在世界中,我们所了解的意思是说,理性是世界的灵魂,理性居住在世界中,理性构成世界的内在的、固有的、深邃的本性,或者说,理性是世界的共性。"③

"自然界不能使它所含蕴的理性(Nous)得到意识,只有人才具有双重的性能,是一个能意识到普遍性的普遍者。"④

自然事物仅仅表现它是理性(概念)的"自为存在",是直接性和间接性尚未完全结合的存在。⑤

---

① 《马恩全集》,31 卷,1972 年,471 – 472 页。
② 《马恩全集》,33 卷,1973 年,126 – 127 页。
③ 《小逻辑》,24 节,附释一,80 页。
④ 《小逻辑》,81 页。
⑤ 《小逻辑》,114 节,246 页。

二、知性的即经验科学思维方式的局限性

"这种抽象理智自诩要观察事实,且扬言要论述其客观观察所得到的东西,但反而产生出一种形而上学。这种形而上学在各方面都充满了矛盾,却仍为理智所不自知觉。"①

黑格尔对经验科学思维方式的这种批评,贯穿在他对当时流行的许多科学理论和方法的批评中。例如,多孔说、热素说以及类比方法,等等。

三、今天看来还有什么有价值的东西?

1. 有机整体论的自然观,对时间不可逆性的猜测(如普利高津所指出的)。

2. 辩证思维:范畴的流动性。

例如:对斯宾诺莎"实体"缺乏能动性的批评;否认"第一推动力",强调"自因";重视具有必然性的"现实",而不停留在"现象",等等。

特别是对相互作用即终极原因的论述,对线性因果观的批评,等等,今天仍极有教益。黑格尔坚持从自然本身去寻找解释自然的原因(根据),从而实质上否定了超自然的信仰,即神学自然观。这就是"理性在世界之中"的论点。

四、本质论有关自然论述的根本局限

1. 强调自然界的合理性、必然性,贬低和否认自然事物的偶然性、可能性。这就使他仍不能从根本上超出神学目的论(内在目的论)。

2. 自然事物仍是"发散型"的,有机整体只是一种思辨的猜测,与实证科学相去甚远。用黑格尔自己的话说,即本质的范围仍是一个直接性与间接性尚未完全结合的范围。一些范畴仍是外在罗列在一起的,并未真正有机结合起来。例如,现实、可能、必然、偶然,等等。

---

① 《小逻辑》,130 节,说明,274 页。

第七讲

概念论（Ⅰ）

03/07/1995

概念论是逻辑学中最有价值的部分,也是黑格尔哲学不同于前人最有创造性的部分。这就是:概念是主客体的统一,概念是具体的东西的论点。它揭示了思辨逻辑中,人如何把握实在,达到真理性认识的主要环节和部分,从这个意义上讲,概念论也就是认识论。

思维具体是主客体的统一。

一般的认识论只讲人的认识如何形成概念,又如何借概念来把握(捕捉)实在,以达到真理性的认识。而黑格尔则独创性地提出了"思维具体"的概念,即人在思辨认识中,在人的精神追求中,如何再现现实,就是说经过反思,经过思维的反复加工,把具体的现实作为一种精神的具体再生产出来。所谓"思维具体",也就是马克思讲的将具体事物"当做一个精神上的具体再现出来"[①]。

例如,"人口"这一概念,按照黑格尔"思维具体"的方法,就绝不只是诸多个人简单的集合的量词,而是诸多规定性的统一。人的素质、教养程度、职业、居住和分布情况、性别差异等等,而且,还要(或者更要)关系到人和社会经济发展、地理条件以及整个生态环境等等与人口增长相关的种种情况来加以考虑。这样,"人口"就不再是一个空泛的概念,而是有着经济学、社会学、人类学、生态学等等丰实含义的具体概念,一个"思维具体"的多样性统一的规定了。

由此看来,我们对任何具体事物的认识,绝不能只是停留在某一抽象规定上,而是要揭示它的丰富内涵(内容),才是具体的认识,才有可能通过具体概念把握现实,达到真理。

---

① 《马恩全集》,12卷,1962年,第751页。

(1)概念:客观的、具体的而不只是主观的,抽象的。

黑格尔强调,概念"是独立存在着的实体性的力量","是一切生命的原则,因而同时也是完全具体的东西"。① 又说,概念并不仅是逻辑形式,而是"现实事物的活生生的精神"。并且,"现实的事物之所以真,只是凭借这些(逻辑概念——引注)形式,通过这些形式,而且在这些形式之内才是真的"②。

从他的思辨逻辑看来,概念并不是纯主观的东西,不只是我们主观的思维或想象,而是支配客观事物,隐含在大千世界之中的一种精神力量,是推动一切事物发展的生命原则,是存在和本质的原始根据。所以,认识世界,就不能只是停留在千变万化、转瞬即逝的眼前事物上,而是要放在事物之所以如此的内在力量上。

因此,黑格尔讲的思维具体或具体概念与形式逻辑讲的常识性的概念有两点明显的不同,与知性概念甚至是正相反的。

第一,概念是客观事物固有的,不是人主观任意从外面附加在事物上面的,或甚至如唯名论者所主张的,概念不过是标志一类事物某种共同点的"名称"而已。概念的客观性是黑格尔反复强调的一个论点,"名"或概念是有实际内容的东西。例如,人的本质是"理性"(或存在主义讲的"自由"),如果把"理性"去掉,正如把"动物性"从狗身上排除掉,人就不成其为人,狗也就不成其为狗了。这就是上引只有凭借概念的形式,且在概念形式之内,"现实事物之所以真,……才是真的"的道理。

黑格尔指出,"在'知性逻辑'(Verstandaslogik)里,概念常被认作思维的一个单纯的形式,或认作一种普通的表象。……概念作为概念是不能用手去捉摸的,当我们在进行概念思维时,听觉和视觉必定已经成为过去了。"③这就是说,概念并非只是主观的表象或感受,而是客观事物的本质。因而,它本身具有客观性。概念就在事物之中,并且是决定某事物之所以为某事物的根据。"事物之所以是事物,全凭内在于事物并显示它自身于事物内的概念活动。"④例如,我们可以从财产的概念去推演出有关财产法律条文的规定,正因为这些条文只不过是财产概念(本质)的,即财产的实际内容的表达罢了。正因为财产的概念是财产所固有的客观本质,我们才可以据此判断某一或种种财产法的规定是否合理。

---

① 《小逻辑》,160 节,327 页。
② 《小逻辑》,162 节,331 页。
③ 《小逻辑》,160 节,327 - 328 页。
④ 《小逻辑》,163 节,334 页。

总之,概念从形式上看是主观的思维范畴,从内容看则是客观事物本身固有的东西,并非只是主观的空洞形式。

第二,为什么说"概念是完全具体的东西"①呢? 这与知性逻辑习以为常的见解正好相反。常识以为,概念只是某种抽象的东西。但黑格尔指出,"概念虽说是抽象的,但它却是具体的,甚至是完全具体的东西,是主体本身"②。这里讲的"主体本身"指的是事物作为事物的自在自为的存在,是指事物的全体,是指构成事物的多种规定性的内在统一或自我同一。因此,概念或某物的概念并不是仅指某一具体事物的外在表现(特征、标志),而是指它与别的事物不同的本质的东西。这个本质的东西,是多种规定性的活生生的统一体,而不再是抽象的东西。

关键的问题是,概念是普遍性、特殊性、个体性三者(环节)的有机统一,而不再是支离破碎的东西。

例如,"骆驼"是一种哺乳动物;而不能止于"骆驼"就是骆驼一类的空洞概念。

黑格尔特别提醒人们:"无论是为了认识或为了实际行为起见,不要把真正的普遍性(即与特殊性、个体性有机相联的一般共性——引注)或共相与仅仅的共同之点混为一谈,实极其重要。"③

他指出:"至于我们通常所了解的具体事物,乃是一堆外在地拼凑在一起的杂多性,更是与概念的具体性不相同,——至于一般人所说的概念,诚然是特定的概念,例如人、房子、动物等等,只是单纯的规定和抽象的观念。它们从概念中只采取普遍性成分,而将特殊性、个体性丢掉。"④就是说,是个抽象的、不完整的东西了。

可见,黑格尔要求的"概念的具体性"与常识所了解的概念的抽象性实属认识的不同层次(阶段),前者是回到事物本身,后者(知性)只停留在事物的外在的片面的规定。

总之,概念或黑格尔思辨逻辑所讲的概念,是客观的、具体的东西,而不只是主观的、抽象的普遍性或共同点。

---

① 《小逻辑》,164 节,334 页。
② 《小逻辑》,164 节,335 页。
③ 《小逻辑》,163 节,附释一,332 页。
④ 《小逻辑》,164 节,335 页。

（2）对知性逻辑的形式主义的批判。

正是基于"具体概念"的阐释，黑格尔尖锐批评了知性逻辑，特别是康德关于判断分类的形式主义倾向。

黑格尔逻辑学乃至整个哲学精神是以批评前人，特别是康德不可知论为历史文化背景提出来的。他在《哲学全书》的一、二、三版序言中（1817、1827、1830 年）都一再强调这一点。

一版序言中，他指出："自作聪明的怀疑主义和自谦理性不能认识物自体的批判主义"这种现象"更为讨厌，因为它使人认出一种理智上的软弱与无能，并努力以一种自欺欺人的，压倒千古大哲的虚骄之气来掩盖这种弱点。"①

二版序言中，他又指出："误解有限范畴不足以达到真理，就会否认客观知识的可能性。"②"知性的特点仅在于认识到范畴或概念的抽象性，亦即片面性和有限性"，而不能理解"理念一般是具体的精神的统一体"。③

三版序言中，他更把"注重抽象理智的启蒙派"与宗教虔诚派的教条主义从思维方式的对比上放在一起，说他们"谁也不比谁较胜一筹"。④

足见，黑格尔的《全书》，特别是逻辑学始终是把批判抽象知性的思维方式作为一条主线来展开他自己的哲学论述的。仅就概念论而言，他对康德的范畴和判断分类的形式主义倾向，就作了许多批判。

他写道："虽说康德根据他的范畴表的架格，提出了一种对于判断的分类，把判断分为质的判断、量的判断、关系的判断和样式的判断，但这个分类不能令人满意。一方面由于他仅是形式地运用这些范畴架格，一方面也由于这些范畴的内容（是空疏的）。"⑤

在他看来，"各种不同的判断不能看作罗列在同一水平，具有同等价值，毋宁须把它们认作是构成一种阶段性的次序，而各种判断的区别则是建筑在谓词的逻辑意义上的"⑥。"真正讲来，不同的判断须看成是一个跟着一个必然进展而来，并看成是对概念自身的一种连续规定。因为判断不是别的，即是特定的或规定了

---

① 《小逻辑》，一版序言，3 页。

② 《小逻辑》，前引，6 页。

③ 《小逻辑》，8 页。

④ 《小逻辑》，28 页。

⑤ 《小逻辑》，171 节，附释，343 页。

⑥ 《小逻辑》，344 页。

的概念。"①

照黑格尔的逻辑学和概念论,质和量的判断,相当于"存在"阶段出现的各种范畴,关系判断相当于"本质"的有内在差别的诸范畴,只有到了样式判断才相当于"概念"论的诸范畴自我统一的序列。

对比整理一下这个范畴和判断表,是富于教益的。康德的判断与范畴分类如下:

判断		范畴		与《逻辑学》对比
量的判断	单称的	量的范畴	单一性	存在论:质、量、度。质在前,量在后。
	特称的		复杂性	
	全称的		总体性	
质的判断	肯定的	质的范畴	实在性	
	否定的		否定性	
	无限的		限定性	
关系的判断	直言的	关系范畴	实体的属性	本质论:根据、现象、现实。
	假言的		原因和结果	
	选言的		交互性	
样式的判断	可能的	样式范畴	可能性不可能性	概念论:只相当于主观概念的概念、判断、推论,缺客体、理念。
	实然的		存在性不存在性	
	必然的		必然性偶然性	

这里看出《逻辑学》,特别是概念论源出康德的先验逻辑而又与先验逻辑明显不同。

康德的知性逻辑中,重点在判断,而不在范畴,或者说,判断在先,范畴在后。康德认为,先验逻辑的判断和范畴,是只问思维的"纯粹形式的",它"排除其内容

---

① 《小逻辑》,343 页。

是经验的那一切知识",认为关于对象的知识的起源"是不能归之于对象本身的"。①

黑格尔与此相反。他着重的是概念,而不是判断。他认为知识的重点是获得关于事物的具体概念,把握对象本身的活生生的内容,而不在判断的形式推论。所以,他强调的是把握事物的个性,着重事物的质的区分,而不是量的比较,抽象的普遍性。所以,他在论及康德的范畴表时,干脆把质的判断提到了量的判断的前面,颠倒了康德的排列顺序。

他强调的是,判断只不过是有关概念的规定,而非其他。并且,把握(认识、揭示)事物的概念,也就是深入、追溯到事物自身,即康德的物自体,而不可停留在形式的先验范畴。

知性的逻辑或一般经验科学的逻辑是,通过判断和推理来揭示未知;而黑格尔的思辨逻辑强调的是通过反思来揭示和丰富概念的内涵,使其从抽象的规定一步一步地上升到绝对理念,即具体概念。黑格尔不满意康德的是,他的判断分类表只是形式地将各种范畴排列在一起,停留在现象的此岸,而不能深入了解主体(客体)本身,达不到对实体的必然性认识。在这里,主体和客体,理想和现实,偶然和必然等等,始终是分裂为二的,不是自在自为,具体的东西,始终是抽象的、片面的东西。因此,黑格尔要求,必须把逻辑范畴看作是自我相关、内在联系的体系,可以把它们从绝对理念即具体概念中,一个接一个地推演出来。就如,他的逻辑学从最抽象的纯有纯无开始,由于变易,经过质、量、度,再到本质和现象、原因和结果、必然和偶然、可能和现实,最后,达到概念论的具体概念,即主观概念和客体,自在自为地统一于绝对理念。在黑格尔看来,这一系列逻辑规定,相互过渡、彼此反映、自我发展是一种具有内在必然性的过程,而不是人们主观归类和并列在一起,互相外在的僵死的形式。

总之,概念是活生生的,正如歌德所说生活之树是常青的一样。

(3)绝对理念是一种自我发展、自我回忆、自我意识。

"思维具体"怎样又是主客体的"自我同一"呢?

"概念的普遍性并非单纯是一个与独立自存的特殊事物相对立的共同的东西,而毋宁是不断地在自身特殊化自己,在它的对方里仍明晰不混地保持它自己

---

① 《纯粹理性批判》,兰公武译本,1957 年,72 – 73 页,参看复旦大学《西方哲学史》下,商务印书馆,1981 年,67 页。

本身的东西。"

"普遍性就其真正的广泛的意义来说就是思想,我们必须说,费了许多年的时间,思想才进入人的意识。"①

客体,或直接呈现在我们面前的事物,看起来是与人们关于它的普遍概念完全不同的。但按黑格尔,从客体方面来看,它自在地就包含着概念,隐藏着概念,它本身就是主体;另一方面,人们的思想并不只是头脑中主观的东西,而是具有普遍性、能动性的客观思想;它可以与客观事物的概念融合为一,因此,主体也就是客体。这里,好像是一种诡辩,怎么主体一下子就变成了客体呢?其实,黑格尔的意思是说,当我们认识事物,用思维把握事物的本质的时候,或者,准确点说,当我们把握到客观现实的必然性的时候,实际上我们就是认识了"早就是思想内容的内容"(恩格斯)罢了。就此而言,认识也就是"回忆"(柏拉图)。而对客体而言,这种认识(领悟),也就是事物本身潜在的本质(概念)的展现。

因此,黑格尔说:"绝对观念可以比作老人。"这是什么意思呢?"老人讲的那些宗教真理,虽然小孩子也会讲,可是对于老人来说,这些宗教真理包含着他全部生活的意义。"②当我们说认识到某种关于客观事物的真理的时候,这决不是说,他只是面对客体,也包含着他对客体的自我反思的体验。

应该说,将绝对理念比作老人,这是一个寓意深刻的解释。既然,意识总是关于"存在"的意识,那么意识就不是空无内容的,而总是包含着对客观事物的种种知识和体认(理解)。另一方面,意识主体本身,既不是空的,也不是虚幻的,他的经验,他的知识,随着生活阅历的增长,是愈来愈丰实,愈来愈深刻的。因此,同一句格言或寓言故事,从小孩口里说出来和老人口里说出来,形式一样,内涵则大不相同了。在这里,也可以说,老人是把他自己的生活阅历,也就是主观的体验和经验,附加到、融合到那个"客观的"寓言本身当中去了。与其在这里再划分主体与客体的界线,不如说两者是合二为一,再无法区分了。

用黑格尔的话说,老人讲的格言里有丰富内容的"思维具体"或"具体概念",而小孩子讲的同一格言,最多只是一种抽象概念,是片面的、缺少内容的东西。

问题在于,"思维具体"或"具体概念"属于超感官的精神世界。作为认识之果,它既超越了感性事物,又源于感性具体。黑格尔的错觉就在于,他把这种精神

---

① 《小逻辑》,163 节,附释一,332 页。

② 《小逻辑》,237 节,附释,423 页。

之果的产生过程,当成(颠倒为)客观现实的产生过程了。这也就是他讲的"概念的观点一般讲来就是绝对唯心论的观点。"①

31/10/1995 张世英先生解释说:概念在先,不是时间的在先,而是逻辑上的在先。这种为黑格尔的辩护仍不能说明逻辑和事物本身是不能人为地分开的。在我看来,事物本身就是有逻辑的,两者从根本上说,没有先后之分,只有形式上的相异,即事物是具体的,而概念或逻辑则是超感官的。

正因为他把精神具体当作产生万有的本体、本源,因而他否认概念还有什么在它之外的来源。所以,他一再强调,"宁可说概念才是真正在先的"②。反之,他指责,从感性万物到思维具体的正常认识进程反而是颠倒的。他说:"我们以为构成我们表象内容的那些对象首先存在,然后我们主观的活动方随之而起,通过前面所涉及的抽象手续,并概括各种对象的共同之处而形成概念——这种想法是颠倒的。"③黑格尔的核心论点是,作为客观实在的认识对象只不过是概念活动的显现(或载体),只有逻辑理念才是真正在先的东西。这种颠倒的认识论也是他毫不掩饰的"绝对唯心论"的概念观。

其实,事物中隐含着它自身的逻辑发展过程,并不等于"逻辑在先",事物并不是逻辑"创造"出来的,犹如上帝从虚无中创造世界一样。逻辑和事物是不能人为地分开的。我们并不是揭示了逻辑才推演出事物,而是相反,揭示了事物才发现了逻辑。认识事物和揭示逻辑是同一个过程,概念只是我们把握实在事物的主观思维形式,是我们认识实在的工具或手段。黑格尔在这里恰恰是颠倒了(人为地颠倒了)认识的对象和手段。原因就在于,他把手段当成了目的,把世界看成了假象,把普遍的自我意识即上帝的自我意识当成了世界本身(质)。

---

① 《小逻辑》,160 节,327 页。
② 《小逻辑》,163 节,附释二,334 页。
③ 《小逻辑》。

第八讲

概念论（Ⅱ）

04/07/1995

一、概念论是对本体论证明的辩护

前面指出，概念论就是认识论，是从我们对概念的认识，概念的丰富内容来说的。这里又讲概念论是对本体论证明的辩护，是从概念的本质，概念在黑格尔哲学体系中的地位来说的。

这一点，在他对"本体论证明"的拯救上可以最清晰地看出来。由安瑟尔谟最早提出的关于上帝存在的本体论证明，经过近代哲学家，特别是康德的批判之后，已经全面崩溃了。但黑格尔仍抓住不放，极力为它辩护。这是因为，他的"思维存在同一论"实际上是建立在"本体论证明"的（逻辑）基础之上的。也可以说，他的整个逻辑学都是"对上帝存在的一个巨大的本体论证明"。①

以往对上帝的本体论证明在康德手中遭到了全军覆没，是因为康德用形式逻辑的概念分析，指出存在不可能用作某个事物概念的宾词，因为不可能从任何概念本身的内涵中推出这个概念内容的客观存在。例如'我有一百元钱'的概念与我实际上拥有一百元钱是根本不同的，因此我有上帝的概念也不等于就证明了上帝的存在。康德由此推出了上帝、物自体不可知的结论。

正是在这种情况下，黑格尔在概念论中，从"主观概念"推论出"客观性"，从而，他明确地说，"概念的推理"即推理的最高阶段，也就是在"必然的推理"②中，就是对上帝存在的本体论证明。他的证明是这样的：

既然上帝是可知的（与康德的结论相反），那么上帝就不能不是存在的，或，上

---

① 《小逻辑》，191－193 节。
② 同上。

帝就不可能不存在。

细看他的这个本体论论证是很有意思的。康德在对传统本体论证明的反驳中,认为"存在"不可能作为判断中的宾词,因而,我们不可能从上帝观念的完满性中推论出它是存在的。黑格尔则强调,主体就是客体,上帝作为主体(词)本身就是自己与自己相关的存在,并不需要在它之外再寻求它存在的证明。换句话说,理念潜藏于万物之中,上帝本身就是一个既有主观性又有客观性的自相矛盾的统一体,不需要也不可能在它之外再证明它存在的客观性。

在"必然的推论"中,黑格尔说:"推论是被认作与它所包含的差别相一致的。……推论的活动也可认作使主词不与他物相结合,而与扬弃了的他物相结合,亦即与自身相结合的过程。"①黑格尔强调的是,在本体论证明中的推论,主词就是宾词,主词不需要别的他物,不需要宾词来说明。在这里,"通常一般人所了解的客体,并不单纯是一抽象的存在,或实存的事物,或任何一般现实的东西,而是一具体的自身完整的(即自满自足的——引注)独立之物,这种完整性就是概念的全体性"②。

黑格尔认为,只要证明了主观的思维形式(规定)概念、判断、推理等等有其客观内容,并不是"一套空架格",那么也就证明了主观性必然地"就会突破它(自身——引加)的限制,通过推理以展开它自身进入客观性"。③

他引为骄傲的是,知性逻辑并不能合理地解释(打破)主观性和客观性的僵硬对立。而他的思辨逻辑,则通过存在论、本质论再到概念论的辩证发展,解决了这个难题,即主观概念既是存在和本质的扬弃,就必然要扬弃自己,使其外在(实现)为客观性。

他说:"当前的这些客体是从哪里来的? 客体一般讲来与思想的客观性之间的关系究竟怎样? 对于这些问题,知性逻辑却不能进一步给予任何解答。在知性逻辑这里,思维被认为是一种单纯主观的和形式的活动,而客观的东西则和思维相反,被认为是固定的和独立自存的东西。但这种二元论并不是真理,并且武断地接受主观性与客观性两个规定而不进一步追问其来源,乃是一种没有思想性(即思辨性——引注)的办法。"④

----

① 《小逻辑》,192节,370页。
② 《小逻辑》,193节,说明,372页。
③ 《小逻辑》,192节,371页。
④ 同上。

　　怎么才是有思想(思辨)性的解决办法呢? 这就是用"思维和存在"有差别的同一性来取消主观性和客观性的对立。既然思想是客观性的,客体只不过是主体设定起来,即普遍思想之内的,即意识之内的客体,那么思想之能认识(把握)客体,也就是必然的了。他说,概念是存在和本质"两者的统一,而客体不仅是本质性的,而且是自在的普遍性的统一,不仅包含真实的差别,而且包含这些差别在自身内作为整体"①。

　　客体和主体不过是思维主体的内在差别,它们的统一也就是很自然的了。在黑格尔看来,思维不仅有此岸性(主观性的形式),而且有彼岸性(能够把握存在的实质),客体、客观世界的规定性只有在"思维具体"中才得以完成(建立),这就说明,主体和客体对立的消融是不成问题的问题。康德的先验逻辑其所以认为上帝、物自体是不可知的,正在于他坚持客观世界有其不依赖于主体的独立自在性;而黑格尔则用思维主体的能动性、创造性吞并了这个客体,只把它当作思维的内容,从而克服了康德的知性二元论。

　　还是让我们看看黑格尔对安瑟尔谟的辩解和挽救吧。

　　"就首先提出本体论证明这一非常值得注意的问题的人安瑟尔谟看来,无疑地他原来的意思仅论及某种内容是否在我们思维里的问题。他的话简略地说是这样的:'确定无疑的,那个对于它不能设想一个比它更伟大的东西,不可能仅仅存在于理智中。因为如果它仅仅存在于理智中,我们就可以设想一个能够在事实中存在的比它更伟大的东西。所以如果那个不能设想一个比它更伟大的东西,仅仅存在于理智中,那么它就会是这样一种东西,对于它可以设想一个比它更伟大的东西。但确定无疑的,这是不可能的。(因此,那个对于它不能设想一个更伟大的东西,必定既在理智中,又在实在中)。'——按照这里所提出的说法,有限的事物的客观性与它的思想,这就是说,与它的普遍本性,它的类和它的目的是不一致的。……总之,按照我们在这里所用的范畴或术语说来,说一物有限,即是说它的客观存在与它的思想,它的普遍使命,它的类和它的目的是不相协调的。所以安瑟尔谟不管出现在有限事物中那样的统一,而仅宣称惟有最完善者才不仅有主观方式的存在,而且同时也有客观方式的存在,这确有其相当的理由。"②

　　很清楚,黑格尔是完全赞成安瑟尔谟的论证方式的,并且将客观实在规定为

---

①　《小逻辑》,193 节,说明,373 页。
②　《小逻辑》,193 节,说明,374 – 375 页。

"有限事物"，在他看来，只有普遍的思想，即绝对理念或精神，才属于无限事物的领域，而任何感性事物则总是有限的，不能与思想、事物的普遍本性、类（共相）等等，一律看待。

不仅如此，黑格尔还认为，安瑟尔谟论证只停留在上帝是最伟大最完满的主观观念范围之内，并不能解决问题，反而给人造成有限事物也具有客观实在性的假象。而照他的绝对唯心论和思辨逻辑，这也是不能允许的。

他说："安瑟尔谟论证的真正缺点，也是笛卡尔和斯宾诺莎以及直接知识的原则所共有的缺点，就在于……思维与存在的这种抽象的同一，立刻就可由于两个规定的不同［即有限性（主观性）和无限性（客观性）——引注］而对立起来。""这种分歧和对立只有这样才能解除，即指出有限事物为不真，并指出这些规定，在自为存在（分离）中乃是片面的虚妄的，因而就表明了它们的同一，就是它们自身所要过渡到的，并且在其中可得到和解的一种同一。"就是说，现象、有限事物、感性具体是不真的，没有客观性的，只有本质、类、共相、思维具体等等才是真的，才具有客观实在性。这就把实际的情况和认识过程完全颠倒过来了。这也就是黑格尔（以及柏拉图）极端唯心理论的真正诡辩和悲剧。

黑格尔认为，"科学，特别是哲学，除了通过思维以克服这种（主观性与客观性——引注）对立之外，没有别的任务。认识的目的一般就在于排除那与我们对立的客观世界的生疏性，为人们所常说的那样，使我们居于世界有如回到老家之感。这就无异于说，把客观世界导回到概念，——概念就是我们最内在的自我。"①这里，前两句话本来是说得不错的，但最后这一句就有问题了。

认识的目的一般就在于……使我们居于世界有如回到老家之感。这里，"老家之感"就是我们所熟知的一切，即客观事物已经变成主观思想，内在自我的内容，是自我的一部分。只有在家园，事物才是熟悉的，亲切的而不是生疏的，他在的。主观认识只有达到理念，才和客观的对立融合在一起，即从抽象的主观性回到了概念的具体性。

如何"把客观世界导回到概念"即自我呢？这只能假定，世界本来是合乎理性的，或者说，世界就是理念。而具体事物只不过是理念的展现。

所以他说："从这一番讨论里，也可以懂得，认主观性和客观性为一种僵硬的抽象的对立，是如何地错误了。两者完全是辩证的。概念最初只是主观的，无须

---

① 《小逻辑》，194节，附释一，378页。

借助于外在的物质或材料,按照它自身的活动,就可以向前进展以客观化其自身。同样,客体也并不是死板的,没有变动过程的。反之,它的过程即在于证实它自身同时是主观的,这种过程形成了向理念进展。"①

说认识的目的在求得主客体的统一,使自我和世界融为一体,就好像"居于世界有如回到老家"一样,这本来是不错的。但要说客观世界或具体事物是变动不居的,就是假象,不真实的,只有潜藏于其中的理念才是唯一真实的东西;认识就是抛弃(开)具体,把握不动的理念,或事物的发展过程就是向理念前进,就是回归到思辨的王国,这就荒唐了。人是不能仅靠思辨来生活的,正如我们不能靠"有一百元钱"的观念就说自己变成富翁一样。所以,黑格尔对安瑟尔谟的辩护和重新论证,仍然没有回答得了康德提出的这个对本体论证明来说是致命的问题:怎样由观念证明它的存在呢? 怎么可以将主词(存在)颠倒成宾词(思维),即存在就是思维呢? 尽管,黑格尔用了逻辑学的全部逻辑范畴的推演来论证认识就是无限的理性自己认识自己的过程,这又怎么能证明得了世界不是本来如此的存在,而是逻辑理念的展现呢?

概念的合理性,只有在**客观实在本身的发展**中才能揭示出来,这本身说明,逻辑理念与事物是不能分开的。**理性和现实**可以互为因果,但从根本上说,是不能将事物的逻辑颠倒为在事物之先的最初根源的。因为理想、理念也是从现实性中产生出来的。不同时代的人,不同文化传统和风俗的人,有不同的理想,即不同的理念,理念本身的变动不居,盖源于现实的殊异。所以,从本体论看,只能是存在、现实才是主词,而思维只能是宾词。逻辑本身,理念等等,是要受到现实事物限制的,它并不是无条件的无限的东西。因此,说只有具体事物是有限的,而思想、理念则是无限的,这只是绝对唯心论的一种幻觉。

"我们设想这世界是上帝所创造的伟大的整体,而且由于世界是这样被创造的,所以上帝即在这世界内显示其自身给我们。"②世界的 Nous 是人加给它的(有如康德所言:人为自然立法。)还是它本来就如此? 这个问题并未了结。黑格尔的全部逻辑论证,只不过是一种可能的设想。我们也完全可以设想,根本没有什么创造世界的上帝,或者,上帝只不过是一个赌徒或者疯子? 究竟世界是如何的存在,这全看我们采取什么样的前提作为哲学推理的基础或出发点而定。但有一点

---

① 《小逻辑》,378 页。
② 《小逻辑》,213 节,附释,399 页。

是确定无疑的,这就是事物和它的逻辑,存在和它的规律是一回事,是不能分开的。既没有先后之分,也不是有限和无限的关系,而是直接同一的。

二、分析方法和综合方法

关于分析方法和综合方法各自的特点长处,适用范围及其局限性是概念论中很重要、很宝贵的内容,值得我们认真研究。

"哲学的方法既是分析的又是综合的,这倒并不是说对这两个有限认识方法的仅仅平列并用,或单纯交换使用,而是说哲学方法扬弃了并包含了这两个方法。因此在哲学方法的每一运动里所采取的态度,同样既是分析的,又是综合的。哲学思维,就其仅仅接受它的对象、理念、听其自然,似乎只是静观对象或理念自身的运动和发展来说,可以说是采取的分析方法。这种方式下的哲学思维完全是被动地。但是哲学思维同时也是综合的,它表示出它自己即是概念本身的活动。"①

从感性具体到抽象一般是分析的,从抽象一般到精神具体则是综合的。马克思:材料的生命一旦显现出来,它就好像是一个先验的结构了。

分析方法。

"认识过程最初是分析的。对象总是呈现为个体化的形态,故分析方法的活动即着重从当前个别事物中求出其普遍性。在这里思维仅是以抽象的作用或只有形式同一性的意义。这就是洛克及其所有经验论者所采取的立场。……用分析方法来研究对象就好像剥葱一样,将葱皮一层又一层地剥掉,但原葱已不在了。"②

综合方法。

"综合方法的运用恰好与分析方法相反。分析方法从个体出发而进展至普遍。反之,综合方法以普遍性(作为界限)为出发点,经过特殊化(分类)而达到个体(定理)。于是综合方法便表明其自身为概念各环节在对象内的发展。"③"有限认识的综合方法,唯有在几何学里才达到它的完满性。"④

哲学是一种"无限认识"。

黑格尔指出,哲学与数学和实证科学不同,因而方法的采用也因事而异,不可

---

① 《小逻辑》,238 节,424 – 425 页。
② 《小逻辑》,227 节,附释,412 – 413 页。
③ 《小逻辑》,228 节,413 页。
④ 《小逻辑》,231 节,说明,417 页。

照搬。他说:"几何学、植物学、动物学等等,并没有义务去证明这些对象所以存在的必然性。就这种情形看来,无论综合方法或分析方法,皆同样不适用于哲学。因为哲学首先要做的工作,就是要证明它的对象的必然性"①。

几何学、实证科学只问"是什么"? 而哲学的目的是"何以是?""为何是?""应如何?"一类的问题,即"证明它的对象的必然性"。

但是,黑格尔显然更倾向于综合方法。所以,他紧接着说,并且是赞许的语气:"但哲学上曾有过不少的运用综合方法的尝试。斯宾诺莎就是从界说开始的,譬如他说:实体即是自因之物。他的许多界说留下了不少最富于思辨的真理,但只是用论断的形式表述出来的。这些话也同样适用于谢林。"②

黑格尔指出:"就概念的本性看来,分析方法是在先。盖因首先需将给予的具体经验的材料提高成一般的抽象概念的形式,而这些抽象概念又首须在综合方法里先行提出来作为界说。"③

"要下界说的对象的内容愈丰实,这就是说,它提供我们观察的方面愈多,则我们对这对象所可提出的界说也就愈有差异。"④

所以,他强调:"方法并不是外在的形式,而是内容的灵魂和概念。"他认为,方法的采用,并不是"全凭我们的高兴,随便用这个或那个方法都可以似的。……这完全取决于我们要认识的对象的本身的性质,才可决定在这两种从有限认识的概念产生出来的方法中,哪一种较为适用"⑤。

而特别就哲学的思辨方法而论,开始既是综合的,又是分析的。"如果方法意味着从直接的存在开始就是从直观和知觉开始,——这就是有限认识的分析方法的出发点。如果方法是从普遍性开始,这是有限认识的综合方法的出发点。但逻辑的理念即是普遍的,又是存在着的;既是以概念为前提,又直接地是概念本身,所以它的开始既是综合的开始,又是分析的开始。"⑥

方法并不是外在的形式,而是内容的灵魂和概念。⑦

黑格尔对认识方法的贡献,特别在他对认识过程的分析中表现出来。他指

① 《小逻辑》,229 节,附释,414 页。
② 《小逻辑》,229 节,附释,441 页。
③ 《小逻辑》,231 节,说明,416 页。
④ 《小逻辑》,229 节,附释,414 页。
⑤ 《小逻辑》,227 节,附释,412 页。
⑥ 《小逻辑》,238 节,424 页。
⑦ 《小逻辑》,243 节,427 页。

出,认识过程本身就"直接染有"主观性的片面性和客观性的片面性这两种有限性,"而分裂成理性冲力的两重运动,被设定为两个不同的运动"。

(1)"认识过程的一方面由于接受了存在着的世界,使进入自身内,进入主观的表象和思想内,从而扬弃了理念的片面的主观性,并把这种真实有效的客观性当作它的内容,借以充实它自身的抽象确定性。"

(2)"另一方面,认识过程扬弃了客观世界的片面性,反过来,它又将客观世界仅当作一假象,仅当作一堆偶然的事实,虚幻的形态的聚集,它并且凭借主观的内在本性,(这本性现在被当作真实存在着的客观性)以规定并改造这聚集体。前者就是认知真理的冲力,亦即认识活动本身——理念的理论活动。后者就是实现善的冲力,亦即意志或理念的实践活动。"①

这一段很精彩的论述,全面揭示了认识活动的机制和特征,也说明了任何一种认识方法的有限性。

08/12/1996 总之,将理论活动和实践活动视为认识过程两个不可分割的阶段,前者求真,后者为善;理论活动将主观的抽象认识变为客观的思想即对客观真理的把握,实践活动则将这种客观真理的认识化为求善的追求即目的,使其为善,这是整个认识过程相反相成的两种趋向("冲力"),两个方面。求真指向客体,为善指向主体的实现,引导行为将理论的认识变为现实的追求,这是一个完整的、统一的认识过程。黑格尔在他的对认识活动的分析和综合中,思辨地猜测到了实际认识的真实情况。这一点,正是他对认识论和逻辑学的巨大贡献。

三、主观概念、客体、理念(内容提要)07/07/1995

1. 主观概念

《概念论》为什么从主观概念讲起,再讲客体,最后讲理念? 这与本质论先讲本质作为根据是一样的思路。先从一般概念讲,再转入具体内容。

概念本身

主观概念包含了通常讲的主观思维的一切形式,即概念、判断和推论。它本身由三个环节组成,即概念的实际内容就是:①普遍性;②特殊性;③个体性。在这里,只有个体性是最主要的,它是普遍性和特殊性的统一,是"自在自为的特定

---

① 《小逻辑》,225 节,410 – 411 页。

的东西"。①

判断

"对概念加以内在的区别和规定,就是判断。"②从词源学看,"判断表示概念的统一性是原始的,而概念的区别或特殊性则是对原始的东西予以分割"③。"判断通常被认为是一种主观意义的意识活动和形式,这种活动和形式单纯出现于自我意识的思维之内。""只有当我们的目的是在对一个尚没有适当规定的表象加以规定时,才可说是在下判断。"④

质的判断。"直接判断是关于定在的判断。"⑤

黑格尔十分强调"是"字的用法,他说:"在概念的判断里,谓词好像主词的灵魂,主词,作为这灵魂的肉体,是彻头彻尾地为灵魂(谓词)所决定的。"⑥

反思的判断。"反思判断不同于质的判断之处,一般在于反思判断的谓词不复是一种直接的抽象的质,而是这样的,即主词通过谓词而表明其自身于别一事物相联系。"例如,"这一植物是可以疗疾的"就表明了此植物与别一事物(疗疾的性能)联系起来了,它不再是"这玫瑰花是红的"这种质的直接判断。当然,黑格尔指出,"通过反思的思维决不能穷尽对象的固有本性或概念"⑦。

必然的判断。包括直言、假言和选言判断。"只有当我们从类的观点观察事物,并认事物必然地为类所决定时所下的判断,才算是真正的判断。"例如,"黄金是金属"与"黄金是昂贵的"两判断,只有前者才可为必然的真正的判断。⑧

概念的判断。这里涉及的是一些最抽象的概念的判断,谓词所表达的是有、无、善、真、美等等的关系。所以,"概念即是空虚的联系字'是'字的充实化"⑨。

推理

"推理是概念和判断的统一"。⑩ 推理不仅是主观思维的形式,而且是证明判

---

① 《小逻辑》,163 节,331 页。
② 《小逻辑》,165 节,说明,336 页。
③ 《小逻辑》,166 节,337 页。
④ 《小逻辑》,167 节,340 页。
⑤ 《小逻辑》,172 节,345 页。
⑥ 《小逻辑》,172 节,附释,346 页。
⑦ 《小逻辑》,174 节,附释,348 - 349 页。
⑧ 《小逻辑》,177 节,附释,352 页。
⑨ 《小逻辑》,180 节,355 页。
⑩ 《小逻辑》,181 节,355 页。

断的过程。"由判断进展到推理的步骤,并不单纯通过我们的主观活动而出现,而是由于那判断自身要确立其自身为推理,并且要在推理里面返回到概念的统一。细究之,必然判断构成由判断到推理的过渡。"

"在必然判断里,我们有一个体事物,通过它的特殊,使它与他的普遍性即概念联系起来。在这里,特殊性表现为个体性与普遍性之间起中介作用的中项。这就是推理的基础。这种推理的进一步发展,就形式看来,即在于个体性和普遍性也可以取得这种中介的地位,这样一来,便形成了由主观性到客观性的过渡。"①

1)质的推论即定在推论,是单纯的理智推论,它分别三式:

E(个体)——B(特殊)——A(普遍);

A——E——B;

B——A——E。

"推理的三式的客观意义一般地在于表明一切理性的东西都是三重的推论。……这正如哲学中的三部门那样:即逻辑理念、自然和精神。"首先,自然是中项,连接着别的两个环节。自然,直接是呈现在我们前面的全体,展开其自身于逻辑理念与精神这两极端之间。第二,精神,亦即我们所知道的那有个体性、主动性的精神,也同样成为中项,而自然与逻辑理念则成为两极端。第三,同样,逻辑理念本身也可成为中项。它是精神和自然的绝对实体,是普遍的、贯穿一切的东西。②

2)反思的推论。全称推论建立在归纳上面,而归纳又建立在类推上面。"归纳过程里我们是无法穷尽所有的个体事物的,……因此每一种归纳总是不完备的。……归纳推理的这种缺点便可导致类推。"

"类推的方法很充分地在经验科学中占很高的地位,而且科学家也曾按照这种推论方法获得很重要的结果。类推可说是理性的本能。"③

3)必然的推论。"必然的推论,就它的单纯的抽象的特性看来,以普遍性为中项,就如反思的推论以个体性为中项一样。"④

从主观概念如何过渡到客体呢? 这是黑格尔逻辑学最思辨、最难为常识所理解的地方。在弄清这种过渡的逻辑机制之前,我们必须强调两点:

第一,所有的主观思维形式,包括概念、判断和推理,都不只是形式,而是有内

---

① 《小逻辑》,181 节,附释,356 – 357 页。

② 《小逻辑》,187 节,附释,364 – 365 页。

③ 《小逻辑》,190 节,附释,368 页。

④ 《小逻辑》,191 节,369 页。

容的,在这个意义上,这些思维形式具有客观性。就是说,它们不是意识活动主观任意地加在具体事物上面的东西,而是对客观事物内容的一种揭示。

第二,这些思维形式本身是能动的,不是僵死的,它们可以彼此过渡,是相互必然联系在一起的。就是说,概念、判断、推理本身具有能动性,是活生生的。按黑格尔的看法,这正是由单纯的主观思维(包括概念、判断和推理)可以过渡到、转化为客体的内在根据(机制)。这也就是"由主观性到客观性的过渡"①的必然性。

当然,在这里,黑格尔最根本的诡辩还是那个前已讨论过的"本体论证明",即由思维证明它自身的存在。而在实际上,真正的过渡是从理论到实践,从目的(主观的认识追求)到手段(客观的实现)的飞跃。这一点是在"客体"到"理念"的过渡中,即关于"目的性"的论述中才展开论证的。即"实现了的目的因此即是主观性和客观性的确立了的统一"②。

我们总是生活在老以为目的没有实现的"错觉"之中,而这种错觉"同时也是一种推进力量,而我们对这世界的兴趣即建筑在这种力量上面"③。

黑格尔这里讲的主观性和客观性的统一,从主观性到客观性的过渡,实际上讲的是求真到为善的转化,逻辑学所讲的理念、概念,不仅是求真的认识过程,而且更是为善,即人的理想如何实现的问题。

2. 客体   a. 机械性;b. 化学性;c. 目的

3. 理念   a. 生命;b. 认识;c. 绝对理念

---

① 《小逻辑》,前引,357 页。
② 《小逻辑》,10 节,395 页。
③ 《小逻辑》,212 节,附释,397 页。

第九讲

概念论(III):思辨性认识的合理性

08/07/1995

思辨性认识的合理性

一提到"思辨"一词,许多人甚为反感,认为是一个无用的、甚至有害的概念。认为它既不能给人带来什么实用的好处(效益),又不能给人的思维能力的提高以什么帮助,纯粹是一个过时的、陈腐的概念,应予彻底废弃。这种看法,是失之浅薄的。

1."思辨"的词源学含义。

"在日常生活里,'思辨'以此常用来表示揣测或悬想的意思,……譬如,当大家说到婚姻的揣测或商业的推测(Handels - spekulation,直译为商业投机)时,其用法便是如此。但这种日常用法,至多仅可表示两点意思:一方面,思辨或悬想表示凡是直接呈现在面前的东西应加以超出;另一方面,形成这种悬想或推测的内容,最初虽只是主观的,但不可听其老是如此,而须使其实现,或者使它转化为客观性。"①

中文词里没有这种现成的用法,按其含义,相当于"算命"或"预测"一类的词意。但有两点是值得注意的,即,思辨或预测表示:①主观的猜想,而非眼前的现实;②这种猜想是可以或者应该(当)实现的东西,是可以转化为现实的东西。

但是,黑格尔着重强调的不是"思辨"的日常含义,而是与理智推论或知性思维不同的哲学思辨的功用。他认为,思辨理性或思辨思维是比一般(通常)所说理性思维或辩证理性更高一级的思维方式、认识方式。他强调,一般人只把思辨"当作单纯主观的意义。他们总以为关于自然或心灵的现象或关系的某种理论,单就其为纯粹的思辨或玄想而论,也许很好,很对,但与经验不相符合,事实上这类的

---

① 《小逻辑》,82 节,附释,183 页。

理论却无法可以接受。"①

然而,"思辨的真理,就其真义而言,既非初步地亦非确定地仅是主观的,而是显明地包括并扬弃了知性所坚持的主观与客观的对立,正因此证明其自身乃是完整、具体的真理"。

"在绝对(即理念、绝对观念、绝对真理——引注)里,主观与客观不仅是同一的,而又是有区别的。"②

"抽象的理智思维并不是坚定不移、究竟至极的东西,而是在不断地表明自己扬弃自己和自己过渡到自己的反面的过程中。与此相反,理性的思辨真理即在于把对立的双方包含在自身之内,作为两个观念性的环节。"③

可见,黑格尔讲的"思辨"是一种特殊的认识方式、思维方式,它是与知性逻辑相对而言的。他明确地指出:"思辨逻辑内即包含有单纯的知性逻辑,而且从前者即可抽得出后者。我们只消把思辨逻辑中辩证法的和理性的成分排除掉,就可以得到知性逻辑。"④实际上,黑格尔讲的哲学思辨,与具体思维、具体真理,是一个意思,具有同样含义。

我们感兴趣的是,思辨思维恰恰是黑格尔思维方式最根本的特点,也是他的哲学的真实内容。这就是:理想和现实,主观性和客观性,应如此和是如此,本质和现象,内容和形式,原因和结果,灵魂和肉体,等等,这些在知性思维看来彼此截然对立,或者只有抽象同一性而不是具体同一的东西,应当是彼此转化、相互依存、具体同一的东西。从逻辑思维形式的相互转化看是如此,从事物本身的内在联系、客观逻辑事实上看,也是如此。这种理想和现实的统一的思辨认识,早在亚里士多德关于潜能和现实的思辨中就已提出来了,黑格尔只不过是在更广阔的范围内,从逻辑学、自然哲学到精神哲学的庞大体系中,更加发挥了亚氏的思想而已。

应当强调的是,黑格尔的思辨哲学在这里与日常语言中讲的"思辨"含义是密切相联的。这就是,思辨认识或哲学思维从形式看是主观的,是人的主观意识活动,但这种主观认识不囿于眼前事物,具有超前性;另一方面,从内容看,思辨认识又是合理的,具有客观性,是一种可能实现的客观认识。这里,是真向善转化的关

---

① 《小逻辑》,183 页。
② 同上。
③ 《小逻辑》,82 节,附释,184 页。
④ 《小逻辑》,182 页。

键点,属于他讲的认识活动中求真的方面向为善的方面转化的过程,①也就是理论的认识向实践活动转化的两重运动。当我们从眼前事物中作出某种预测,即对直接的东西进行某种思辨时,显然,我们的主观思维具有这样的功能:从现象中把握到事物的本质,把握到在转瞬即逝的存在中常住不变的东西;正是依靠这种"求真"的理论活动(认识),我们才有可能对事物的未来发展做出某种预言,并且,通过人的实践活动,即"为善"的努力,促使主观的预测、揣想、玄思变为现实,变为客观的东西。所以,求真和为善都是广义的认识活动的两个不可分割的方面,真和善本来是同一的。

黑格尔的贡献在于,他从逻辑学和认识论统一的角度,出色地论证了理论活动(认识)和实践活动,求真和为善的内在统一。没有为善的冲力(推动力),失去为善的目的的指引,求真只是空的;没有求真的思辨,没有客观真理的认识为基础,任何向善的努力,都只能是盲目的,甚至会陷入无穷抽象可能性的纯粹主观幻想之中。将实践概念引入认识论,将目的性作为认识活动的重要环节,这是黑格尔不可磨灭的功绩。

当然,就黑格尔本人讲,他的实践概念离改造客观世界的物质性活动还很远。但他毕竟思辨地猜测到了人的活动的合目的性,或者目的性活动是整个认识过程中,即他所谓绝对理念在概念论(包括获取概念,进行判断和推理)中,"自己意识到自己"的思辨活动中,极为重要的环节。

他指出:"我们需从思辨的观点来理解目的,须将目的理解为概念,这概念在它自己的各种规定的统一性和观念性里包含有判断或否定,包含有主观与客观的对立,并且也同样是对这种否定和对立的扬弃。"②

"目的直接地抓住客体,因为目的就是支配客体的力量,因为在目的里即包含有特殊性,而在特殊性里又包含有客观性。"③

"实现了的目的因此即是主观性和客观性的确立了的统一。"④

从今天看,黑格尔对思辨的偏爱,仍有其合理之处和值得借鉴的地方,这就是:思辨本身,包含着合理的猜测,是可以为人的向善的努力指引方向的东西。同时,思辨本身亦意味着超越主观性,使"应如此"的东西,理想和客体,变成"是如

---

① 参看 225 节,410 - 411 页。
② 《小逻辑》,204 节,说明,388 页。
③ 《小逻辑》,208 节,393 页。
④ 《小逻辑》,210 节,395 页。

此"的东西,现实存在的东西。

所以,在实用的意义上讲,按我们目前事事都离不开效益的观点,也未尝不可以将思辨哲学不带贬义地称为"预测学"或"算命学"。

须知,任何科学都不可能离开预测,因此,思辨正如爱因斯坦所说,是科学创造所不可缺少的。

2."理性的狡计"的合理思想。

黑格尔指出:"理性是有机巧的,同时也是有威力的。理性的机巧,一般讲来,表现在一种利用工具的活动里。这种理性的活动,一方面让事物按照它们自己的本性,彼此互相影响,互相削弱,而它自己并不直接干预其过程,但同时却正好实现了它自己的目的。在这种意义下,天意对于世界和世界过程可以说是具有绝对的机巧。上帝放任人们抒发其特殊性欲,谋其个别利益,但所达到的结果,不是完成他们的意图,而是完成他的目的,而他(上帝)的目的与他所利用的人们原来想努力追寻的目的,是大不相同的。"①

这段话很精彩,是黑格尔辩证唯心论或绝对唯心论的一个很重要的观点。在《大逻辑》论尺度部分谈到的"概念的机巧",《精神现象学》序言中"论思辨的知识"部分,和《历史哲学》结论第三部分,均谈到这个观点。马克思在《资本论》②中曾引证了这里所引的前半部分,说明劳动者的生产劳动就是一种理性的技巧。

马克思说:"劳动资料是劳动者置于自己和劳动对象之间,用来把自己的活动传导到劳动对象上去的物或物的综合体。劳动者利用物的机械的、物理的和化学的属性,以便把这些物当作发挥力量的手段,依照自己的目的作用于其他的物。"显然,这里说的是劳动万能,而不是上帝万能。劳动者之所以万能,就在于他能利用工具达到自己的目的,这就是人的理性的技巧最普遍也是最杰出的表现。

马克思没有引用黑格尔讲"天意""上帝"的那段话,说明他对黑格尔的神秘主义,特别是将人视为上帝实现自己目的"工具",显然是有保留的。这一点很值得我们注意。

"理性的机巧"说明,人作为理性动物,他能制造和利用工具,达到他自己自觉意识到的目的。这一点,是高等动物,即使大猩猩也不能的。因为,它(猩猩)只能在极有限的范围,例如,食的本能,意识到自己的目的,并且,他只能利用现成的物

---

① 《小逻辑》,209 节,附释,394 – 395 页。
② 《马恩全集》,23 卷,1972 年,203 页。

件作工具,而不可能自己制造出工具来。从人的生产性劳动可以看到,理性活动本质上是能动的,有威力的,不像物的相互作用,是死板的,没有机巧和生机的。黑格尔的谬误之处,恰在于,他将人所特有的理性活动,夸大为、想象为"上帝""天意"之类的普遍理性,认为支配社会历史进程(乃至自然界演化)的是一种"绝对精神",而不认为精神实出于自然,出于社会,并不是本来就是支配万有的力量。至于他把人看作世界历史人物实现自己目的的工具,这一点,显然比康德将人视为目的,更倒退了一步。

然而,他的理性机巧的观点,仍然是寓意深刻的。

(1)理性的机巧本质在于:不直接干预事物本身的进程,而只是听其自然,促其所成,客观事物有它自己的发展规律,人只能顺应其发展,以达到自己的目的。这和我国古代讲的,相反相成、相生相克的道理是一样的。所以,聪明的唯物主义者必须领悟这种"理性的技巧",不可蛮干,越俎代庖。相反,听其自然,顺应自然,以实现自己的预期,这才是理性的态度。

这里,关键是学会制造工具,使用工具这一条。客观事物,均可成为人的工具,全看人把自己的理想、目标确立在哪里。通常讲的规律,也可以视为工具利用。只不过,这规律是事物本身固有的,或者,是我们从认识事物中得来的,而不是人所创造出来的如刀子、锤子一类的东西。规律是无限的,因此,可资利用的规律(工具)也是无限多的,关键在提高我们的科学认识能力。你认识了某个规律,你也就原则上可能去利用它达到自己的目的。这是自然科学,特别是工程技术科学的一条基本原则。社会科学家与此类似,只不过是更复杂罢了。例如,利用价值规律做工具,实现经济增长的宏观调控,等等。

(2)人和社会,人和自然的关系,也有类似目的和手段这样的相互关系。人作为主体,其能动作用是无限的,又是有限的,但归根到底是有限的。

从社会生活来讲,每个人都追求自己的目的,但结果往往事与愿违。怎样才能预言个人的活动,个别的行为在整个社会进步中起什么作用呢? 这里,既不能从纯主观的抽象愿望,美好的理想出发,也不能从纯粹个人利害出发,而应从现实生活出发,从客观可能性出发,将理想与现实,义与利,理与欲结合起来,善于在两者之间保持某种张力和平衡。所谓"认识必然就是自由",这里的"必然"究竟是什么? 多数人是含混不清的。唯有社会进步,人的身心不断完善,才是个别主观意愿中长久起作用的东西。这就是哲人们所讲的为善的不竭追求。

从人与自然的关系讲,理性的追求总是无限的。但人不可能是创造宇宙万物的"上帝",人类的发展必须与自然界处在永恒的和谐之中。理性并不是万能的,它只可以在自然界允许的限度内发挥自己的作用。生态问题、环境问题本质上是盲目理智活动带来的恶果。在这个意义上讲,在人与自然的关系上讲,人类真正认识自然界的必然性才可能取得有限度的自由。自觉接受自然规律的限制,才是真正的自由。人不可以只把自己的需要当作目的,把自然界当作可以任意砍伐的对象,即当成单纯被利用的手段。人是自然的一部分,因此,在"人是目的"这一口号中,理应将自然本身,将保护自己的生存环境,也当作不可漠视的目的。一句话,人与自然的和谐一致,本身也是或者也应该是人的目的。所谓"生态伦理学",在这一点上,是能够也应该与"为善"的社会理想一致起来的。

总之,理性的技巧并不是可以无限制地把他人,把包括人在内的自然界当作自己的工具,而应该将他人和客观自然界同时当作目的。这种谦恭态度就是合乎理性的态度。也许,这离黑格尔的论点已经相去很远了,但我认为,上述理性的思辨,仍是从他的论点中,可以得到启发的。

3. "存在着的理念就是自然。"①

这个话争论很多,歧义很大,究竟黑格尔说的是什么意思呢?

试作如下解释:

这里讲的是理念必然"外化为"自然,或者,按马克思所引就是绝对理念,抽象理念就是"直观",而"直观着的理念就是自然"。"直接性的理念,作为它的反映,自由地外化为自然。"②

马克思的这段话前后文是这样的,特抄录如下:

"黑格尔在这里,在他的思辨逻辑学里所完成的积极的东西在于:独立于自然界和精神的特定概念、普遍的固定的思维形式,是人的本质普遍异化的必然结果,因而也是人的思维的必然结果;因此,黑格尔把它们描绘成抽象过程的各个环节,把它们连贯起来了。例如,扬弃了的存在是本质,扬弃了的本质是概念,扬弃了的概念……是绝对观念。然而,绝对观念究竟是什么呢?如果绝对观念不愿意再去从头经历全部抽象活动并满足于充当种种抽象的总体或自我理解的抽象,那么,绝对观念也要再一次扬弃自身。但是,自我理解为抽象的抽象,知道自己是无;它必须放弃自身即抽象,从而达到了恰恰是它的对立面的本质,达到了自然界。因

---

① 《小逻辑》,428 页。

② 《小逻辑》,244 节,428 页。

此,全部逻辑学都证明,抽象思想本身是无,绝对观念本身是无,只有自然界才是某物。"

　　(XXXII)绝对观念、抽象观念,"从它与自身同一这一方面来观察就是直观"。① 它"在自己的绝对真理中决心把自己的特殊性这一环节,或最初的规定和异在这一环节,即作为自己的反映的直接观念,从自身释放出来,也就是说,把自身作为自然界从自身释放出去"②。

　　"举动如此奇妙而怪诞,使黑格尔分子伤透了脑筋的整个观念,无非就是抽象,即抽象思维者,这种抽象由于经验而变得聪明起来,并且弄清了它的真相就决心在某些——虚假的甚至还是抽象的——条件下放弃自身,而用自己的异在,即特殊的、特定的东西,来代替自己的自在性、非存在,代替自己的普遍性和无规定性;——决心把那只是作为抽象、作为思想物而隐藏在它里面的自然界从自身释放出去,也就是说,决心抛弃抽象而看一看摆脱掉它的自然界。直接成为直观的抽象观念,无非就是那种放弃自身并且决心成为直观的抽象思维。从逻辑学到自然哲学的这整个过渡,无非就是对抽象思维者来说,如此难以达到,因而由他作了如此牵强附会的描述的从抽象到直观的过渡。有一种神秘的感觉驱使哲学家从抽象思维进入直观,那就是厌烦,就是对内容的渴望。"③

　　马克思的这段话,更清楚地说明了从逻辑学到自然哲学,从精神到自然界的转化。这种转化只是逻辑上的转化,是从抽象思维到直观的过渡。这种过渡是由抽象思维必然(按辩证法)转化为自己的反面决定的,也是由"逻辑——自然——精神"这种抽象思维的逻辑的格决定的。因此,从理念到自然的转化只是逻辑运动过程的必然性,而不是事实上的无中生有的(上帝的)创造。

　　现在我们要问:黑格尔为什么会作出这样的结论? 即,精神必然转化为自然呢? 这是因为,他假定了一个前提,即 Nous 统治着世界,理念本来就是隐藏在、潜伏于自然之中的,所谓精神外化为自然,也就是使这种潜在的力量表露于外了。理念不再是哲学家头脑中的纯粹思辨,理念必然并且已经使自身客观化,实现出来了。

　　这里,我们再一次看到了"思辨逻辑"的力量,它不仅是主观的、超前的,而且

---

① 《小逻辑》,427 页。
② 《小逻辑》,428 页。
③ 《马恩全集》,42 卷,1979 年,177－178 页。

是能动的,可以客观化为现实的。

黑格尔的全部逻辑学都可以看作是思辨逻辑的自我演化过程,特别是《概念论》即《大逻辑》的主观逻辑部分,更是思辨理性最集中的表达。前已指出,存在论所倡导的是一种直观性认识,本质论所揭示的是一种反思性思维,与此相对应,概念论所论述的则是一种思辨性方法。这种思辨方法在一定意义上又返回到了逻辑学的起点,即直观性思维,这也就是黑格尔"自为的理念——就是直观,而直观着的理念就是自然"所讲的意思:我们直观到的,看到的,感觉到的,触摸到的理念就是自然界。因为,抽象的绝对观念是无法直观的,灵魂除非潜寓于肉体,我们是无法把握的。自然界就是理念的肉身,理念就是自然的本质和灵魂。

我们想强调的是,思辨逻辑(方法)是黑格尔概念论所特有的一种思维方式。虽然这种哲学方法早在古希腊就诞生了,但在近代哲学家中,也许除了斯宾诺莎以外,当数黑格尔的贡献最大了。分析他的独到之处,借鉴他的思辨方法,仍是当代哲学不容忽视的任务。"思辨"的合理之处在于:①它不是纯粹主观的玄想,而是立足于眼前事物又超出于直接事物局限的思维,具有超前性。它比普遍常识、朴素意识站得更高;②它具有能动性和现实性,是可能实现的目标。就黑格尔本人而论,他的着眼点并不只是为现存事物辩护,"凡现实的都是合理的",而是强调,只有合理的才是现实的。如果说他的"逻辑在先"的全部哲学思辨确有其合理内核,那么这个内核就是他坚信,合理的东西终究是要实现自己,变成现实的东西。所谓哲学是时代精神的精华,指的就是每一时代的人们,通过他们的哲学代言人,总是提倡一种理想,并且论证它的必然性和合理性,努力为实现这种明确的理想而献身。

总之,哲学向来是注重讲"应当如此"的学问,而不只是停留在"是如此"的确认。就此而言,思辨不仅对哲学,而且对一般的科学,包括自然科学和社会科学,都是不可缺少的。理想和现实的矛盾正是推动世界历史前进的强大力量。在此,我们可以借用黑格尔"精神异化为自然"的论点,表明对合理的东西,有科学依据的理想,必然要转化为现实的确信。

09/07/1995　10:00

第十讲

黑格尔和伽达默尔《科学时代的理性》

10/07/1995

黑格尔哲学作为近代哲学的重要一环,对后世哲学有不可磨灭的巨大影响。在他解体以后,不仅通过费尔巴哈产生了马克思的历史唯物主义,而且,通过其他的环节,深刻影响到当代西欧哲学的发展。伽达默尔的解释学,就是黑格尔哲学的嫡亲之一。

在伽达默尔看来,黑格尔包罗万象的绝对精神体系,特别是作为从外部强加给自然界的普遍 logos 是确定无疑地完结了。但是,作为社会理性,作为道德实践哲学,仍是除科学理性之外的"半圆",是现代哲学的宝贵精神遗产,保留下来了。他认为,解释学,尤其是他倡导的语言本体论就是黑格尔哲学的合法继承人。黑格尔哲学表达、阐释的近代启蒙精神、人文主义精神,在解释学的发展中,得到了鲜明的体现。

现在,仅就《科学时代的理性》一书与黑格尔的哲学精神的联系,试作如下论列:

一、从"客观精神"到语言本体论

伽达默尔指出:"认识历史中的理性,这是黑格尔的大胆要求。"在他看来,黑格尔包罗万象的综合正是对希腊人为从总体上把握世界而提出的 logos 这一概念的继承和发展,正是黑格尔第一次将 logos 这一概念扩展到历史领域。①

他还指出,在当代,"黑格尔的遗产,尤其是'客观精神'这一概念,超越狄尔泰,甚至超越新康德主义和 20 世纪才出现的现象学,终又获得了新的生命力"。从而"指出了一条克服现代主观唯心主义的片面性,尤其是'心理学'解释的片面

---

① 伽达默尔:《科学时代的理性》,国际文化出版公司,北京,1988 年,33 页。

性的道路"①。他强调,"关于客观精神的理论,成了狄尔泰学派(斯普朗格、里特、弗洛尔、E·罗塔克)和正在走向解体的新康德主义(拉斯克、E. 卡西勒、N. 哈特曼)的最有影响的遗产"②。而他自己,正是采取了将黑格尔的思想融合在自己的思想中的道路,赞成黑格尔,反对施莱尔马赫的主观心理学。

伽达默尔究竟赞成黑格尔的什么呢? 他承认,他并不是照搬黑格尔的客观精神,而只是根据自己的观点来改造黑格尔的遗产。他说,经过艰苦的探索,"我终于懂得将其看作解释学之基本经验的东西,正是对普遍的东西(客观精神——引注)的具体化这一伟大的主题。这样,我又一次与论述了具体的普遍的伟大老师——黑格尔走到了一起"③。

在伽达默尔看来,黑格尔的综合所具有的强大力量,正在于他摧毁了将先验和经验、有效性和创造性割裂开来的理论基础。"我们充满惊奇地面对着黑格尔在绝对知识的旗号下所规划的对基督教和哲学,对自然和精神,对希腊形而上学和先验哲学的宏大综合。但是,它对我们来说,已不是完全适宜的了。"④"所以,问题不是要当黑格尔的门徒,而是要使黑格尔所代表的挑战(即:主观性和客观性,先验和经验的统一而不是分裂——引注)深入人心。"⑤

这就是,用伽达默尔所主张的语言本体论来改造黑格尔的无所不在的客观精神和抽象的(或普遍的)历史理性。

伽达默尔认为,在现实生活中,语言的使用"渗透了我们对世界的全部经验",并且,正是语言的使用,"在不断地实现着对普遍的东西(客观精神——引注)的具体化"。因此,"语言不是供我们使用的一种工具,一种作为手段的装置,而是我们赖以生存的要素,而且我们永远也不可能把它客观化到使之不再围绕我们的程度"。"围绕着我们的,是作为被说出来的东西的语言,即言谈的世界。生活在语言中,意味着在谈论某事和在与某人谈话中被推动着。"语言"确定了我们的自由(生活——引注)的空间","这种空间并不是在构想中的抽象欢乐的自由空间,而是通过预先的熟悉而充满了现实事物的空间。"⑥

---

① 伽达默尔:《科学时代的理性》,国际文化出版公司,北京,1988 年,34 页。
② 同上。
③ 伽达默尔:《科学时代的理性》,国际文化出版公司,北京,1988 年,43 页。
④ 同上。
⑤ 伽达默尔:《科学时代的理性》,国际文化出版公司,北京,1988 年,44 页。
⑥ 伽达默尔:《科学时代的理性》,国际文化出版公司,北京,1988 年,44 – 45 页。

语言作为确定我们现实生活的"自由空间"这种看法,正可以从黑格尔那里得到启示(或找到根据)。伽达默尔说:"对此,黑格尔有个绝妙的表达:'是自己感到像在家里一样',……正是在这一点上……承认自己是黑格尔的继承人才是有意义的。只要赞同黑格尔而且承认关于普遍和具体的辩证法是对直到现在为止的全部形而上学的总结,并相应地认识到,这一切永远是必须不断重新加以总结的,那就足够了。"①

语言之所以被提高到存在本体的地位,照上引来看,是因为人作为一个思想物的存在总是与语言活动分不开,它既决定人之为人(与物不同),也构成我们现实生活的世界。在另一处,伽达默尔还举了这样一个例子说明。

他说:"黑格尔谈论感性欲望时,阐述了最能把握其特点的自我的形式。……比如说,当我感到饥饿时就遇到了我是什么的问题。但是,正如我们所知,当我饱的时候,饥饿就会消失,除非我再一次感到饥饿。因此,坦率地说,这种生命感受水平上的自我感觉是很不稳定的。黑格尔已经阐明,通过这种屈从和同化异己的方式决不会达到真正的自我意识。……相反,被另外一个独立的自我意识承认则完全是另一回事,那将给予我的自我意识以真实的具体的确证。"例如,"当你向某人问候,而他却视而不见,无论我们认错了人还是他不想答谢,这种不愉快的感觉谁不熟悉? 傲慢地和别人打招呼是一种使人的自我意识顷刻间崩溃的经历"。这说明,"只有当我们从别人那里获得确证,而同样别人也从我这里获得确证时,自我意识才成其为自我意识"②。这就是说,只有通过人与人之间的语言交往,人才能确证自己是人,是自我意识,而这一点,是饥饿感觉所不能达到的。

另一方面,语言还构成我们现实生活的环境,构成与我不同,在我之外的客观世界。所谓"使自己像在家里一样",按黑格尔原话,是这样说的:"认识的目的,一般就在于排除那与我们对立的客观世界的生疏性,如人们所常说的那样,使我们居于世界有如回到老家之感。"③为什么我们生活于现实世界,有如回老家一样? 这是因为家里的一切对我们是很熟悉的,不陌生的。在这里,正是语言构成了我们生活于其中的世界。或者说,语言就是世界。

对这种语言本体论我们能说些什么呢?

---

① 伽达默尔:《科学时代的理性》,国际文化出版公司,北京,1988 年,45 页。
② 伽达默尔:《科学时代的理性》,国际文化出版公司,北京,1988 年,27 页。
③ 《小逻辑》,378 页。

第一,就伽达默尔的解释学继承了黑格尔的"客观精神"来说,他的"语言是存在的要素",将普遍的精神具体化了。这一命题有反对主观唯心主义的存在论的思辨分析的倾向,是首先应当肯定的。在这里,说解释学继承了黑格尔辩证法传统,也是值得称道的。他以黑格尔的具体的"客观精神"为武器,对"心理学"的主观主义进行批判,在现代西方哲学中,也可以说是独树一帜。

第二,将语言说成决定了我们的生活空间,因而言语是某种类似精神本体的东西,甚至语言就是世界,这就大可讨论了。须知,从黑格尔出发,马克思将人的存在归结为社会关系,特别是经济关系,从而开辟了人文科学的唯物主义方向,这一点,至今还没有人超越过马克思的理论贡献。而将人的生存归结为语言,仍不免有历史唯心论之嫌。因为,语言是什么决定的? 这个问题伽氏并未提出,但却是本体论必须回答的问题。没有语言,固然人不成其为人,但离开语言并不是世界也不存在。在人类之前有自然吗? 没有人还有世界存在吗? 这是唯物主义不容置疑,而解释学却回避不了的问题。

二、从历史理性到"解释就是创造"的主体的能动性

黑格尔的"历史理性"引起广泛的非议,重要原因是,他把人看成仅仅实现世界精神的工具,没有给人的能动性留下足够的余地。他在"理性的机巧"中说,每个人都追逐自己的目的,只有上帝或天意才利用他们的相互的争斗实现自己的目的。虽然,他也讲到理性的原则就是"自由",而历史上人的自由经历了东方的、希腊的和近代法国革命所追求的自由这三个阶段,但是,这种历史理性,仍是一种似乎被预先决定的命运。

照黑格尔的看法,东方的自由是一个人的自由而其他人都不自由;希腊人的自由是一些人(城邦公民)的自由而其他人都是奴隶;只有近代的宗教改革特别是法国人实现的第三等级和农民的解放,"才得出所有人都是自由人的观点"[1]。

然而,在伽达默尔看来,尽管我们离黑格尔已经一个半世纪了,他的历史理性(哲学)所许诺或论证的"所有人的自由"却并未实现。一方面,现代技术文明使人变成物的奴隶(附属品),在技术文明的统治下,并没有人的自由;另一方面,在社会生活中,在人与人的交往中,仍存在诸多限制人的自由的情况,并非所有人都能得到自由。如果从根本上追问,那就不能不看到,黑格尔的历史理性,不但显得

---

① 伽达默尔:《科学时代的理性》,国际文化出版公司,北京,1988 年,31 页。

抽象,而且包含着不可解脱的矛盾,即:黑格尔一方面承认历史是发展的,是理性的实现;另一方面,他又为历史设定了运动的终点,认为世界精神的展现,以他的体系为标志,已经完成了。

因此,伽达默尔问道:"按照黑格尔的观点,一旦出现了所有人都自由的情况,历史是不是还存在呢?自那时起,什么又成为历史呢?事实上,自那时以后,历史就没有必要建立在新原则基础之上了。……但是,这意味着,历史因此就有终点了吗?所有人都确实自由了吗?历史从那时起不就是这样一个问题,即人的历史活动必须将自由的原则转化为现实吗?显然,这是指历史正在朝着它将来的使命不停地前进,而且绝没有保障一切事情都是井然有序,静止不动的。"①

按黑格尔所说,历史总是向预定的目的(理性)前进,而解释学则强调,历史是活动着的人的不断创造。个人的能动性在这里得到了充分的体现。

按伽达默尔的看法,解释就是创造,因此,历史是没有终点,没有定论的。他说:"这样,我成了'恶无限'的拥护者,而恶无限意味着终点不断地推迟到来。""我们对历史的理解,并不仅仅是一个获得知识和熟悉历史或发展历史感的问题;它还是一种塑定我们命运的事情。……这种理解也是而且首先是一个事件,并且创造着历史。"②

为什么解释就是创造历史呢?解释哲学有一套独特的理论。对历史事件的理解,不仅是接受一种事实的陈述,而且是理解者和被理解者之间的对话。历史本身就是活生生的,正如现实的个人彼此交往一样。例如,柯林伍德(最后一个英国黑格尔主义者 Collingwood)对古罗马边界墙的理解。这种对问题或历史事件的理解,不是幸运地依靠考古学发现来说明罗马的边界走向,而是通过预先提出和回答这样一个问题:在当时,必须怎样建立这样的防卫设施才是合理的?这也就是作为解释学基本原则的"问题逻辑",即我们和历史事件的有意义的对话。这里,我们既看到了黑格尔逻辑的影子:某历史事件怎样才是合理的?更看到了解释学不同于黑格尔逻辑学的独特之处:不是逻辑在先,而是问题在先。

黑格尔在理性的狡计中,曾论证个人的意识是无法与历史中的理性相抗衡的。伽达默尔就此指出:"黑格尔确实知道并告诉我们,旧的命题形式不适宜表达思辨的真理;但是这种见解需要反过来反对他自己和他所服从的那种方法论的强

---

① 伽达默尔:《科学时代的理性》,国际文化出版公司,北京,1988 年,31 页。
② 伽达默尔:《科学时代的理性》,国际文化出版公司,北京,1988 年,35 页。

制力量。……问答逻辑证明了它自己是关于问题和回答的辩证法,在其中问题和回答不断地交流,并消融在理解的运动中。"①

解释学并不局限于"面对原文",而是使优先于所有知识和解释的"问题的秘密"占据中心位置。就是说,解释历史、理解历史并不是只是面对一堆死的历史资料,也不在于用这些资料去证明"历史理性"的存在,而是要求面对人们的现实问题,将历史当作现实的"注脚",创造性地回答现实问题。因此,解释学强调,对"文本"的每一次新的理解,本质上都是一种现实的再创造。这种创造正如乐团演奏,每一次都是对原作品的一种再创造。

这种解释学的历史观或问题逻辑的合理之处在于,它实际上表明,在历史发展中,人作为能动的创造主体,永远面对着现实的东西和合理的东西之间不可消除的矛盾;面对这一问题,人类思虑的每一新的探索,都是一种创造,一种前进。所谓理解历史,就是"塑造我们的命运",这就意味着,社会历史并不是注定如此的,全靠我们自己去创造。就此而论,伽达默尔的"解释就是创造"的论点,已经远远将黑格尔的历史宿命论抛到一边去了。

三、社会理性和科学理性

伽达默尔解释学的一个突出贡献是,在科技文明的时代,他强调社会理性和科学理性的一致性,强调哲学与科学的统一性,强调哲学不仅有它自己的合法领域,而且,道德实践哲学应当引导科学,善应当引导真。

"理性这个概念所表示的,是知识和真理的整个为科学的方法意识所不能把握的半圆状态。……真正说来理性的德行并非只是要实现人类生活的一个半圆,而是应当能支配给人类打开的整个生活空间,也应当能支配我们的一切科学能力和我们一切的行动。"

1. 如何吸取黑格尔自然哲学的教训?

伽达默尔指出:"黑格尔站在他那个时代科学的顶点,他为此同谢林一样,为其自然哲学付出了荒唐的代价。"②这种代价是什么呢? 这就是,哲学和科学分属于不同的认识领域,有不同的思维方式,因而,不应相互取代。"这种代价不在于资料介绍方面的实际情况,而在于对那种关于事物的理性洞察之本质多样性的排

---

① 伽达默尔:《科学时代的理性》,国际文化出版公司,北京,1988 年,41 页。
② 伽达默尔:《科学时代的理性》,国际文化出版公司,北京,1988 年,9 页。

斥。"在他看来,社会理性与科学理性是有区别的,否认它们本质上的多样性,必然走向片面的,相反的极端,或者用哲学强制科学,或者用科学代替哲学,都是必定要失败的。在这一点上,经验自然科学从思想方法上看,与自然哲学有着相同的错误。例如,实证主义拒绝形而上学,试图将哲学归结为实证科学,就是另一种形式的极端倾向。

由此,伽达默尔引出了一条极为重要而深刻的教训。

他指出:"恐怕时至今日,这种教训依然没有被充分关注:哲学不能够被硬加在科学研究工作之上,相反地,只有当科学制止了哲学的补充和思辨的独断对它的限制时,哲学才真正地发挥作用。由此,科学也就避免了哲学对它的这种直接干扰。黑格尔和谢林是他们自己包罗万象的独断论臆想的牺牲品,更是科学独断论的牺牲品。"①

这段话写得多么深刻,恰恰点到要害,恐怕是许多西方现代哲学家和大批马克思主义者所不及的。东方的教条主义的马克思主义和西方的实证主义,就是这种情况。

但是,科学应当避免哲学对它的直接干扰,并不等于说哲学对科学是无用的。伽达默尔认为:"无可否认,科学总要遇到并且总会遇到一种理解的要求,面对这种要求,科学肯定会失败——而且它确实应该放弃这种要求"。而这种对存在事物理解的要求,自苏格拉底以来,"就被哲学确定为自身的任务。"②(这里讲的,与黑格尔所说,"几何学、植物学、动物学等等并没有义务去证明这些对象所以存在的必然性。……而哲学首先要做的工作,就是要证明它的对象的必然性。"③)从当代来说,科学对其自身存在的理解的需要,说明的需要,就是哲学活动的合法领域。例如,科学是什么? 它在整个社会生活中处在什么位置? 它的发展应遵循什么方向? 等等。这在"大规模的屠杀或战争机器,仅仅推动一个按钮,它就被开动起来进行毁灭性的活动"的今天,仍然不能不是迫切需要回答的哲学问题。这就是,科学理性与社会理性尽管是不同的,但它们又有共通之处:理性是统一的,不可分割的人的存在的特征。按照伽达默尔的观点,在哲学退出干涉科学的地方,恰恰也就是哲学对科学大有用武之地的场所。这一论点,既抛弃了"自然是精神

① 伽达默尔:《科学时代的理性》,国际文化出版公司,北京,1988 年,9 页。
② 伽达默尔:《科学时代的理性》,国际文化出版公司,北京,1988 年,10 页。
③ 《小逻辑》,229 节,附释,414 页。

的异在"的唯心论思辨,又坚持了哲学与科学相互依存的辩证关系。

"我们需要学会确实地并且从完整的对立的两极中考虑这个(科学与哲学——引注)关系。""任何终极统一的原则和自我证明的原则,都不能使我们期望继续构造哲学体系。然而,理性对于统一的迫切要求依然是坚持不懈的。"①

正因为我们生活在一个科学技术飞速发展的时代,因而"对事物作出一种哲学说明的迫切需要也是一个无尽的过程"②。

2. 善引导真。

"20世纪是第一个以技术起决定作用的方式重新确定的时代,并且开始使技术知识从掌握自然力量扩转为掌握社会生活,所有这一切都是成熟的标志,或者也可以说,是我们文明危机的标志。"③这里所说的文明危机,就是技术代替一切,理性受到贬抑,"在一种技术化的文明中",甚至"导致一切堕落为社会非理性"④。

从这里看出,科技无论怎样发展,总有科学理性所不及的领域,这就是社会的理性精神。因此,在伽达默尔看来,问题在于重建社会理性,让社会理性引导科学理性,使善引导真。

"所谓解释学科学或曰精神科学,尽管其兴趣角度和研究步骤与自然科学迥然不同,但他们仍将置身于那些塑造这全部科学之方法论步骤的同一种批判理性的尺度之下。""这样对普遍性(理性尺度——引注)的要求就包含如下内容:从解释学方面说,将全部科学变成一个整体;从每一种科学方法(在任何地方,它们都可以适合于既定对象)的方面说,为知识寻求各种机会,并在其全部可能性中将它们展开。……它不得不将任何科学使之可知的事物带入我们生存于其中的相互呼应的背景(context)。在这种范围中,解释学将各种科学的贡献纳入那种使我们与传统连为一体的相互呼应的背景,这种传统是以在我们生活中发生影响的一种总体形态为我们所接受。""这是一些决定全部人类知识和活动的问题,是一些决定着人之为人以及他对善的选择的最为伟大的问题。"⑤

伽达默尔实际上提出了这样的问题:哲学在黑格尔之后还剩下什么呢?经验科学是万能的吗?认识到科学有所不能的方面,正是哲学得以继续存在的领域。

---

① 伽达默尔:《科学时代的理性》,国际文化出版公司,北京,1988年,16页。
② 伽达默尔:《科学时代的理性》,国际文化出版公司,北京,1988年,17页。
③ 伽达默尔:《科学时代的理性》,国际文化出版公司,北京,1988年,63页。
④ 伽达默尔:《科学时代的理性》,国际文化出版公司,北京,1988年,65页。
⑤ 伽达默尔:《科学时代的理性》,国际文化出版公司,北京,1988年,122页。

　　"黑格尔绝对精神王国的迅速崩溃以惊人的方式表明了形而上学的终结。这就意味着经验科学在思维着的精神王国中被提升到了首要的地位。但是,经验科学能够担任这项工作吗?"①

　　伽达默尔的答案是否定的。他指出,苏格拉底第一次提出了"人应当关心自己的灵魂,应就自己生活的正确道路提出问题"②。苏格拉底"把哲学从天上拉到了地上,——也就是说,从对宇宙和自然事件的结构和探讨降到了人间,即在无休止地和不知疲倦的谈话之中探讨着善"③。苏格拉底的努力,始终"和西方哲学辉煌的道路一同延伸"④。至今,它仍对我们极有教益。

　　"德尔菲阿波罗神殿上写的是'知道你自己',这意味着,(你要)'知道你是一个人,不是神',即使处于科学时代的人来说,这一点依然是正确的。这句名言对所有控制和支配的幻想无疑是一种警告。自由不仅受到各种统治者的威胁,而且更多地受着一切我们认为我们所控制的东西的支配和对其依赖感的威胁。能够解脱,获得自由的方式只能是自我认识。"⑤

　　这里,伽达默尔说"能够解脱,获得自由的方式只能是自我认识",当然是一种消极的自由观,因为,自由在于创造自己,改造环境。但就他强调苏格拉底的道德哲学传统以批判科学万能论来说,还是正确的。

　　所以,在伽达默尔看来,哲学并不会"就像随着黑格尔的逝世形而上学最终过去一样"⑥,它将至少在道德生活领域发挥自己应有的作用。而道德生活应当是包括科学活动在内的一切人类社会生活的领域。在这个意义上,"哲学理性仍然面临把一切知识都综合为一个全体的任务"⑦。

　　他明确提出,应当"使各门突出其方法正当性的自然科学并联在社会意识之中"⑧。从而,使理性支配人类生活的整个空间。

11/07/1995　18:00

---

　①　伽达默尔:《科学时代的理性》,国际文化出版公司,北京,1988年,123-124页。
　②　伽达默尔:《科学时代的理性》,国际文化出版公司,北京,1988年,125页。
　③　伽达默尔:《科学时代的理性》,国际文化出版公司,北京,1988年,126页。
　④　同上。
　⑤　伽达默尔:《科学时代的理性》,国际文化出版公司,北京,1988年,132页。
　⑥　伽达默尔:《科学时代的理性》,国际文化出版公司,北京,1988年,133页。
　⑦　伽达默尔:《科学时代的理性》,国际文化出版公司,北京,1988年,140页。
　⑧　伽达默尔:《科学时代的理性》,国际文化出版公司,北京,1988年,2页。

附录:《逻辑学》和《道德经》

一、黑格尔对《道德经》的评述;

二、两种不同文化传统,不同思维方式的比较;

三、从传统哲学到现代思维必不可少的环节。

黑格尔从欧洲中心论的观点竭力贬低中国传统哲学的认识价值,只把东方哲学(包括中国哲学和印度哲学)看作较低的认识阶段。他认为,《道德经》不过是"自在的有"①而印度哲学至多是"自为的思想",②只可视为希腊哲学的前引,严格说来,谈不上哲学思维,只能说是宗教思想或宗教哲学。这里,他的根本错误是否定东方文化的特异性,看不到东方文化是与西方文化不同的、独立的,而且比希腊文明悠久得多的一种人类文化。黑格尔以西方文化为坐标原点,不承认世界文化的多样性,这是犯了一个"空间差"的错误,就是说,抹煞了世界文化的空间性差异。对此,我们当然是不能苟同的。

另一方面,我们也应看到,他在对中国传统哲学的评述中,也说出了许多有价值的意见。他对《道德经》特别推崇,写了大约5500字,而对孔子和孟子总共只说了不到老子的1/10的篇幅(540字!)。就是说,在他看来,真正代表中国哲学精华的,不是《论语》,而是《道德经》。这同他倡导辩证法是直接相关的。他在一定程度上,也认识到东西方哲学的差异。例如,他说,中国哲学是"一种十分特别的完全散文式的理智"③。缺乏逻辑思维,而擅长于直觉认识。

东西方哲学文化的差异应追溯到文字的差异。④ 现今英语词汇已达几十万

---

① 《哲学史讲演录》,第一卷,商务印书馆,1981年,131页。

② 同上,151页。

③ 同上,132页。

④ 参看:"汉字需要再认识",《新华文摘》,1995年6期,160—164页。

之多,而汉字仅 2000 个基本词汇。汉字是形、声、义综合体,具有超越方言和古今语言的功能,可以引发想象和联系,有助于发展大脑(特别是右脑)能力。所以说,"汉字是中国第五大发明"。

这使我想到我们的国粹派,他们与黑格尔相反,犯了一个"时间差"的错误。他们从根本上否认中西文化发展从现代来说,更突出的是一个时间差的问题。西方有近现代科学文明,而我们却没有;我们只有古代科学,而无近现代科学。

这两种不同的哲学文化传统又有密切的关系。缺乏逻辑思维、抽象思辨的传统,也就没有实证科学的理论思维。在强调民族文化优良传统时,却不可不看到我们文化的缺陷。就当代而说,西方人需重建社会道德理性,而我们则更需要在吸取科学理性的基础上改造我们的传统道德。国粹派沉溺于"复兴"一半混沌一半迷信的《易经》思维,而忽视了我们迫切需要的是发展自己抽象思辨和实证科学精神的能力,这就完全搞错了中西哲学在时间上的差异! 除非我们自觉纠正这种时间差的错误,我们很难谈到弘扬自己民族的优秀文化传统。就此而论,黑格尔对中国哲学的尖刻评论,值得我们深思。

他说:"为了保持孔子的名声,假使他的书从来不曾有过翻译,那倒是更好的了。"

"文化大革命"期间,我就注意到这个评论,但今天看起来,更有切肤之感!

03/08/1995　18:30

下 卷

03

| 现代西方哲学 |

第一讲

为什么必须研究现代西方哲学？

§1. 积极吸取现代西方的哲学成果，是加强精神文明建设的重要课题

精神文明，重在建设。如何建设？是摆在我们面前的一个大课题。对西方现代哲学，采取积极吸取的态度，是建设有中国特色社会主义精神文明的迫切需要。哲学有故乡，但没有国界。

1. 理想、道德教育和科学文化的发展是不可分割的整体。

哲学是意识形态的灵魂。我们不能设想，只要西方的先进技术和管理经验，而对其一般的学术文化成果弃之不顾。时代精神、哲学思维是文化成果中最根本的东西。而价值观作为精神文明建设的坐标原点和核心内容又是同现代科学文化不能分开的。只有现代科学文化才是理想信念和道德规范的可靠基础。在一个地球变得"越来越小"的现代文明时代，任何一个民族要想自立于世界，都不可能关起门来建设自己的精神文明。只有吸取全人类的优秀文化成果，才能科学地确立远大的理想和崇高的道德，发挥意识形态的主导作用。

从这个意义上讲，忽视对西方现代哲学的研究，或对西方文化采取消极、保守的态度，固守"中体西用"的立场，将道德和科学分开，只能是颂扬愚昧。

当然,对现代西方哲学采取积极吸取的态度,并不是要全盘西化。例如,美国人的重视个人创造精神,德国人的深沉、法国人的机智、英国人的老练、日本人的团结进取精神,等等,在道德建设方面,都有值得我们借鉴的地方。但是,它们那里的邪教迷信、极端个人主义、拜金主义,等等,肯定是不可取的。

2. 用现代文明精神来重铸中华民族的"灵魂"。

一个民族要想强大,必须有强大的物质实力,必须有发达的经济作基础。但同样重要、甚至更加重要的是,必须有强固的精神支撑,有健全的民族灵魂。当代世界多元化、多极化的发展,不仅仅是激烈的经济竞争,而且是精神的竞争、智慧的较量。另方面,从国内的发展看,社会转型时期,在加速发展经济的同时,必须重新塑造我们的民族精神形象。

善于吸取外来文化的长处,是我们民族文化发展的优良传统,也是中华民族无穷生命力的源泉。今天,正因为我们要繁荣自己的民族文化,也就更需要自觉地吸取西方文化的优秀成果。

开则盛,闭则衰。从历史上看,每一次大的文化交流和融合,都是一次民族精神的重塑。这是几千年来华夏文明发展的历史经验,也是学术文化繁荣的普遍规律。华夏文化最初就是黄河流域的龙文化和长江流域的凤文化相互融合的结果。所谓"汉唐盛世",就是中国本土的儒、道文化吸取西域外来的佛教文化的结果。鸦片战争以来,学习西方先进的科学文化以解决救亡图存的问题,是包括维新派、孙中山代表的革命党人和共产党人在内的仁人志士努力的目标。五四运动提出的科学和民主的任务今天仍未失去其伟大的号召力,而只是具有了新的时代特点和内容。科学救亡,民主启蒙,两者相辅相成。在建立社会主义市场经济的同时,我们必须用现代科学文化哺育的时代智慧来重新铸造无愧于古人、无负于来者的民族灵魂,即"中华魂"。切不可因现代西方人还要从东方文化中吸取智慧而盲目自大。相反,正因为现代科学还要借重中国古代智慧,我们更应努力学习和吸取西方先进的科学文化而自强。落后就要挨打,物质上如此,精神上更是如此。精神贫穷同样不是社会主义。

§2. 关于西方近现代精神文明建设的历史经验

"任何一个时代的统治思想始终不过是统治阶级的思想"①工人阶级取得政

---

① 马克思、恩格斯:《共产党宣言》单行本 43 页。

权近一个世纪了,这个问题远未解决。苏联解体的重要历史教训,就是没能正确解决如何建立和巩固工人阶级意识形态的统治地位问题。从长远看,我们还必须多多向资产阶级学习。因此,研究、借鉴西方资产阶级实现和巩固思想统治的成功经验,仍是当代马克思主义者的一项迫切任务。

1. 在精神生活、学术文化领域实行宽容原则,倡导学术自由,是西方近代哲学家的一项伟大发现,是他们对中世纪神学世界观进行批判的经验总结,更是近现代西方资产阶级稳定自己思想统治的重要法宝。

①宽容原则的起源。洛克从政治上首先论证了宽容原则(《论宽容书简》,1689 年),休谟完成了对宽容原则的哲学论证(《人类理解研究》,1776 年)。若从培根算起,英国人花了整整一个半世纪的时间才发现了这条支配精神生活、特别是繁荣学术文化的根本规律。如从但丁(1265 – 1321)、布鲁诺(1548 – 1600)和莎士比亚(1564 – 1616)算起,西方人懂得这条规律的时间,就更长得多了。宽容首先是解决科学和宗教、信仰和知识等思想文化内在矛盾的原则。英国人在二百多年前开始用它确立了近代资产阶级的意识形态统治地位。

②宽容原则的地位。宽容,即容许不同的思想观点、学术派别存在适用于整个精神生活领域。这条原则之于精神生活的正常发展,正如价值规律之于商品生产一样。谁违背它,谁就会碰得头破血流。资产阶级终究比封建主高明,它不借神权、也不靠行政强制的手段来实现自己的思想统治,而是让各种思想在自由争论和批判中,发挥自己的影响,优胜劣汰。

③宽容原则的功用。西方发达国家社会比较稳定,同它们实行宽容原则是分不开的。宽容有利于社会稳定,极端往往是导致动乱的根源。精神活动的本质,正如黑格尔论证的就是自由。人可以不说话,不写文章,但不能不思想。而思想又是无形的,不同于物件,它可以隐藏在头脑里。如采取强制的办法,搞"舆论一律"等等,最多只能使人们的思想不表现出来,但观点的分歧、对立等等一点也没有解决。因此,压不如放。这就需要适宜的环境使精神活动不致被压抑扭曲,得以正常发展。唯有实行宽容原则,才能保证精神生活的生气和力量。应该承认,这一点,资产阶级哲学家比我们认识得高好多。

总之,就执政的工人阶级而论,我们迫切需要在认真吸取近代资产阶级哲学家发现的宽容原则的基础上,创造出社会主义的《人类理解研究》来,以便从根本上解决实现自己思想统治的任务。

2. 重视非理性问题的研究,强调人的精神生活的全面发展,是现代西方哲学的突出特点和优势。

必须承认,西方现代社会在高度物质文明的基础上,开发了人的多方面的精神潜力。从哲学上说,西方现代哲学家对人的个性发展的关注,对心理需求的多样性、丰富性的揭示,对精神生活的深入研究,是很值得我们注意的。自然经济、小农意识的影响,至今使哲学对世界和自我的研究,受到很大的局限,处在朴素经验认识的水平。而西方现代哲学家对非理性问题的重视和研究,仍使他们在发展人的精神潜力方面占有突出的优势。

哲学是对真、善、美的永恒追求。西方现代哲学家对精神生活的非理性层面的揭示将人们对真、善、美的需求推进到了一种新的境界,使人们对精神自我的含义有了更深刻、更丰富、更全面的理解。

①开放性。在思想文化领域,各种思想观点、风格、学派都有公开存在的机会,从最前沿的科学思想到最落后的邪教迷信观点,都可以公开发表。在这里,只有合理不合理的争论,不存在合法不合法的问题。这是休谟以来,调和宗教和科学原则的延伸。

②多样性。哲学对精神需求的揭示应该是全面的。多样性是现代西方哲学的特点。人文哲学和科学哲学相互交错、渗透,对真、善、美的研究少有人为地畸轻畸重的片面性。人本主义有坚实的科学知识基础,科学主义也不回避伦理问题。这一点发展了古希腊苏格拉底的传统:辩证法(辩论术)既是求真的方法,更是致善、审美的方法。

中国古代哲学本来也是全面的。例如,汤一介认为,孔子的体系是:真→美→善;老子是美→善→真;庄子是:真→善→美。① 但是在过去一段时间里,我们曾经只讲真,甚至勾掉善和美,显然是片面的。这几年我国哲学界从认识论逐渐转向对价值论和历史观②的重视应该就是一种健全发展的取向。西方现代哲学没有人为的畸轻畸重的情况是值得借鉴的。

③超前性。哲学要发挥社会意识形态的(主导)功能,很大程度上凭借其探讨问题的超前性。西方现代哲学家对非理性问题的研究就具有这样的特点。应该说,是现代非理性主义哲学家,首先发现并着重揭示了传统哲学对真、善、美的讨论,对应于知、情、意的精神追求,并不都是受理性支配的;特别是情感和意志活

① 《新华文摘》,1990 年 7 期,17 页。
② 《新华文摘》,1995 年 6 期,27 页。

动,更重要的是受非理性因素的制约。这个问题对现当代社会,从科学和伦理道德观点看,具有很大的超前性,因而引起现代哲学家持久不衰、越来越大的兴趣。

在现代世界上,一个民族想要站到哲学的高峰,就一刻也不能没有科学思维。只有当一种古老的哲学思辨变成科学问题的时候,才能真正推进哲学问题的研究。例如,尼采重新提出了古希腊神话中的酒神精神问题,只有弗洛伊德的科学研究,才真正促进了问题的解决,加深了对传统哲学争论的理解。

总之,现代西方社会能够比较稳定,从哲学上讲,与哲学家们重视对非理性问题的研究、开发和疏导是分不开的。只有站在精神世界的高峰,才能引导人们的灵魂走向。过去社会主义在意识形态方面的失败,与从极端的理性主义走向公开的唯意志主义,在两个极端思想中摇摆,是分不开的。就此而论,我们必须研究和借鉴现代西方哲学发展的经验。

25/09/1996 参阅《西方哲学的近现代转型与马克思主义哲学和当代中国哲学的发展道路(论纲)》,《新华文摘》,1996 年 8 期,22—27 页)

第二讲

怎样研究现代西方哲学？

20/09/1995

§3. 对现代西方哲学总的分析和评价

西方现代哲学是发达国家多种多样有其合理内容的哲学形态的总称。所谓合理内容,指的是它的各种流派、观点、理论,都这样那样、不同程度、不同侧面地反映了现代科学和社会生活发展的现实,丰富和发展了各民族独特的文化传统。

"和唯物主义相反,唯心主义发展了能动的方面,但只是抽象地发展了。"①马克思的这一论断,原则上仍适用于我们对现代西方哲学的总体分析和评价。就是说,并非在马克思主义产生之后,西方哲学就"每况愈下","没有任何新东西",提不出"任何一点有进步意义的思想了"。②

例如,现代西方哲学家对主体性问题的重视和研究,特别是人本主义对非理性"存在"的深入揭示;科学主义对方法问题、逻辑问题的研究,等等。数理逻辑、语义分析、潜意识问题、直觉思维,等等,都是 20 世纪新提出或着重探讨的问题,而这些问题正是在现代西方哲学那里得到了较充分的研究。

必须承认,现代西方哲学是现代社会和科学发展的产物,而绝不只是历史的陈迹或简单重复古已有之的老问题。就此而言,我们的研究必须面对现实,而不能只面对历史。上述马克思的论点,不仅是针对历史,而且适用于现代,这也许是他当时所始料不及的。

我们没有理由否认萨特的论点:马克思主义是不可超越的。但这句话不能作教条的理解,认为马克思主义产生后哲学再没有什么新东西了;或者,凡是新的东

---

① 《费尔巴哈论纲》,《马恩选集》,第一卷,1972 年,16 页。
② 郑杭生:《现代西方哲学主要流派》,中国人民大学出版社,1988 年,27 页。

西都只能是马克思主义者提出来的。这实际上是一种"顶峰论"。马克思主义并没有封闭通向真理、发展真理的道路。"不可超越"仅指理论体系而言,而不是指内容不会更新、问题也不会是新的了。

必须注意,西方现代哲学也并不全是唯心主义的。特别是与现代科学直接相关的研究领域,例如,大批有卓越贡献的科学家的哲学著作,主流是唯物主义的。我以为,这是当代和未来我们应着重寄予希望的地方。科学家对能动性的重视超越了直观性的局限。

最后,还必须重视西方马克思主义的研究。因为,它主要是发达国家社会和科学发展在马克思主义内部的一种反映,并不全是反马克思主义的。

总之,一方面,西方现代流行的唯心主义哲学包含有积极的合理的内容,这一点不应被忽视。另一方面,西方现代哲学并不都是唯心主义的,这一点更值得我们重视。

我们对现代西方哲学的关系,不仅是空间性的差别,更重要的是个时间性的差距。就哲学本身的发展看,体系可以超越,时差可以缩短,但历史发展的阶段,终究是不可逾越的。我们必须有决心和勇气大踏步补上西方近现代哲学发展这一课;只有如此,才能使我们跻身于世界现代哲学之林。

§4. 坚持"以我为主,重在吸取"的方针

"以我为主",这里的"我"就是坚持马克思主义的根本立场和弘扬民族的优秀哲学文化传统,既反对民族虚无主义,也反对复古主义、排外主义。就此而言,所谓"西体中用"和"中体西用",都是与"以我为主"相违背的、不适当的提法。

有人说,学习西方哲学就是学会西方人的思维方式,并按他们的思维方式来思维,这样才能提高我们的素质。这显然是错误的。我们只能择其善者而从之。

"以我为主"就是说必须有自己的主见、独立思考;洋人、古人都不可能代替我们的思考。在对现代西方哲学研究时,不能总是赶浪头,跟着别人走。"跟着别人走的人,总是受制于人的。"洪谦先生这句话很值得我们深思。他是第一个将逻辑实证论介绍给国人的学者,但他从不认为介绍过来就算完事;更重要的是要有自己的研究。最近这些年,各种"热"不断涌现,说明我们还很缺乏自己的独立研究:翻译介绍的多,认真评析的少。我相信,这种情况是应该而且能够逐渐加以改变的。

"重在吸取",这里强调的是对问题,对内容本身的分析、研究,不能停留在简

单的体系划线或形式分类上面。不适当地强调"两军对垒",什么问题都"上纲上线",这是小学生的作业,低水平的认知。唯物、唯心是指某一派别、体系的根本观点,不能涵盖其全部内容。不必讳言,我们是唯物论者,但求真的追求,绝不是束缚思想的绳索,唯物主义是充分开放的。

批判就是"扬弃",不是简单地抛弃和否定。在本来意义上,批判就是前进,而不是重复、倒退。现代外国哲学中一切好的东西都应进行分析、加以吸收,变成自己的思想养料。为此,必须继续努力改变多年来形成的一种自我孤立的传统心态,即认为:西方大多数体系和流派都是"反马克思主义"的。应该看到,大多数非马克思主义的思想观点,并不是针对马克思主义的。多数情况是一种平行的关系:你讲你的,我讲我的;公开反对、指名道姓攻击马克思主义的只是很少数;当然,公开支持、站在马克思主义一边的也只是很少数。还应该看到,现代西方出现那么多流派纷繁的马克思主义流派,正说明马克思主义影响的扩大,是好事不是坏事,不值得恐惧。

因此,只有与西方大多数哲学流派进行交流和对话,将非马克思主义与反马克思主义思潮加以区别,才是坚持马克思主义的科学性和开放性。

总之,我们对现代外国哲学的研究,要注重消化。只有消化,才能为我所用。靠什么来振兴中华?靠孔子不行,靠杜威也不行。我们必须在中西哲学文化的结合上,走出一条新路来。马克思主义哲学只有努力吸取现代西方哲学成果,才会有强大生命力。

第三讲

人本主义和现代科学思想(I)

24/09/1995

非传统理性主义是现代人本主义哲学的主要形式。准确地说,非传统(经典或逻辑)理性主义的兴起,大大拓宽了人们的哲学视野,推动了现代理性主义的重建,并且深刻影响到现代科学思想的发展。与传统的见解相反,20 世纪形而上学的幽灵并没有消失,也没有"淡化",而是在现代社会生活急剧变革和科学技术革命的推动下,更加扩展和深化了。这就是我们以下两讲要着重述评的西方现代人本主义哲学思潮。

人本主义与科学主义即人文精神和科学理性的融合是未来(21 世纪)哲学潮流的大趋势。16/10/2000

胡塞尔在二次大战前夕讲了一句很深刻的话。他说:"欧洲(哲学精神)危机的根源是在于混乱的理性主义。"①他为什么这么讲? 根据在哪里? 这要从现代非传统理性主义出现的一般社会文化背景和科学认识的根源谈起。

从社会文化背景看,20 世纪初以来,西方文化表现出深刻的信仰危机,也就是传统理性主义的信仰危机。自文艺复兴以来,理性主义倡导和许诺的自由、平等、博爱等社会理想,在第一次世界大战的残酷现实面前,被碰得粉碎。人们怀疑,启蒙时代思想家们关于社会进步的理想,是否还能实现,理性主义一般地究竟还能否赋予人生以价值和意义,等等。另一方面,传统理性主义关于科学进步的乐观主义精神,在科技革命带来的诸多社会问题面前,也引起了深刻的怀疑。现代科学革命大大地增进了人类征服自然的能力,同时也出现了许多新的矛盾。例如,核武器的制造,生态环境的破坏,等等。这些问题,都不是单靠科学进步本身能解决的。总之,现代社会生活,使人们失去了古典时期所具有的心理平衡,使其需要

---

① 转引自《现代西方哲学纲要》,华东师范大学出版社,1986 年,274 页。

寻找新的精神支柱,这就是哲学转向非传统理性主义的社会原因。

　　然而,我想强调的是,从更深层次的精神追求和认识根源上看,非传统理性主义哲学思潮的兴起,是以现代科学对非理性问题的探讨为基础的。哲学家对非理性的揭示,曾经给现代科学革命以很大的推动和启示。例如,休谟的怀疑论对爱因斯坦相对论的创立,克尔凯格尔的生存选择论对玻尔早年的深刻影响,尼采的意志主义对弗洛伊德的理论创造,等等,都是如此。另一方面,更重要的是,现代科学对非理性问题的实证研究,使得它本身成为一个科学问题,因而成为非传统理性主义哲学进一步发展的根据。应该说,现代非传统理性主义作为一种影响广泛的哲学思潮,与19世纪不同,它是寄生在现代科学这株大树上的。总之,非理性问题从纯粹思辨的形而上学问题变成科学的课题,这就是非传统理性主义哲学在20世纪强劲发展的深层原因。

　　值得注意的是,非传统理性主义是远比人们理解的要深刻得多的思想观念革命。无论从传统理性主义的危机,还是从现代理性主义重建的视角考察,唯有现代科学的发展,才提供了非传统理性主义哲学的充分根据和深层原因。

　　例如,量子世界的几率性特征,使得传统理性主义的支柱——机械因果观动摇了。新的决定论包含着非理性的因素。生命进化的偶然性更彻底摧毁了传统理性主义的简单必然性观念。特别是,潜意识理论揭示出精神生活中非理性因素的决定作用,更凸显出传统理性主义的狭隘性的局限,如此等等。现代科学从物理学到心理学,在人们面前展现出一幅新的世界图象。现实世界不再服从铁板一块的理性规律,而是一个充满了非理性因素的极其复杂的丰富多彩、生机勃勃的整体。在这个世界中,"人不仅通过思维,而是以全部感觉在对象世界中肯定自己"①。

§1. 形而上学问题的另一种回答:叔本华、尼采和弗洛伊德

　　现代人本主义哲学家可以说是对传统的形而上学问题给予了另一种回答。它和传统理性主义迥然不同,用"我欲(或我意)故我在"代替了笛卡尔"我思故我在"的命题。从出发点说,它们都是以"我"为立论的基础,但具体内容和表现形式却大不一样了。前者从胡塞尔到伽达默尔乃至罗蒂,强调的是人的存在的非理性方面,即感情和意志,而不再是逻辑思维这个侧面或层次。

---

　　① 《马克思恩格斯全集》,42卷,1979年,125页。

叔本华和尼采是现代非理性主义的直接理论前驱。他们所开启的哲学方向和黑格尔的逻辑泛神论是正好相反的。黑格尔的极端理性主义使传统的形而上学发展到了顶峰。理性不论是 logos 还是 Nous，都成了没有血肉的逻辑骨架，在这个意义上，康德的"物自体""上帝"或"灵魂"，似乎得到了最后的解答，旧的形而上学问题因此也寿终正寝了。因此，在西方一部分近代哲学家，例如孔德及其后继者看来，随着黑格尔哲学的解体，形而上学也就完结了。在非马克思主义的哲学家中，"形而上学"的危机至少闹腾了半个多世纪，直到胡塞尔、人本主义哲学家才重新举起了形而上学的旗帜。然而，事实上，几乎与黑格尔同时，叔本华就提出了对形而上学（康德的"物自体"）问题的非理性主义的回答。在某种意义上，"物自体"变成了"人自体"问题，传统的本源问题推进到了认识论（或"自我"）的本体问题。从而，为现代人本主义开拓了一条新路。

叔本华（1788－1860）的基本论点是"世界是我的表象"①。他认为，"意志是世界的物自体，是世界的内在内容，是世界的本质"，而"生命、可见的世界、现象只不过是意志的镜子"。② 显然，他是从感情和意志方面将精神自我投射于世界，化为本体。而黑格尔的逻辑泛神论，只是从逻辑思维方面，将理性视为本体。叔本华和黑格尔的对立，正表现了非理性主义和理性主义、逻辑和非逻辑的对立。叔本华的功绩正在于，他率先揭示了自我（和世界）的非理性存在。

尼采（1844－1900）是对 20 世纪人本主义影响最大的一位哲学家。伽达默尔认为，在最近的将来，西方哲学"可能还将以尼采的全面影响为标志"③。尼采的影响是什么呢？这就是对近代西方基督教道德的理性基础的彻底怀疑。他认为，"这个世界就是权力意志"④（The will to power），因而，道德价值的基础不是什么永恒不变的理性，而是"我的这个永远在自我创造、永远在自我摧毁的酒仙世界"。⑤ 他激烈抨击传统道德的极端理性主义，将叔本华的生命意志发展为权力意志，提倡放荡不羁的酒神精神，这给西方思想界以很大的冲击。他主张将我意、我欲作为道德生活的基础，无疑是更全面地揭示了人的本性。

应当指出，给本世纪非理性主义奠定科学基础的是弗洛伊德（1856－1939）。

---

① 洪谦：《现代哲学选辑》，商务印书馆，1964 年，5 页。
② 洪谦：《现代哲学选辑》，商务印书馆，1964 年，12 页。
③ 伽达默尔：《科学时代的理性》，国际文化出版公司，1988 年，88 页。
④ 洪谦：《现代哲学选辑》，商务印书馆，1964 年，24 页。
⑤ 同上。

他使非理性问题从哲学思辨变成了科学研究的对象,将精神自我的本能方面从神秘的天国降临到了实在的人间。他的精神分析理论,将精神生活分为本我、自我、超我三个层次,认为潜意识的本能是整个精神生活的基础。这就不但改变了过去人们将理性和非理性简单并列在一起的认识,而且揭示了非理性的本能在心理活动乃至人类文化发展中的深层根据。潜意识理论为非理性问题的科学研究开辟了道路,并且为非理性主义哲学在 20 世纪历久不衰的发展提供了牢固的基础。它表明,人既是理性的,又是非理性的动物。

以精神分析理论为标志,可以说是近代理性主义的终结。从哲学看,这无疑是重大的历史进步,而绝不是像有些人认为的"反动"和"倒退"。应该看到,只有物质文明和科学文化发展到了一定的高度,人们才能提出解决(回答、探讨)超越传统的精神生活规范的问题。就此而论,我们与西方社会存在着明显的时间差距。

当然,近代理性主义的完结并不一定就是一般理性主义的过时。从精神文明的全部发展趋势看,非传统理性主义思潮的出现,也许正是理性凤凰需要在涅槃的灰烬中再生。我们需要的是重建理性。

§2. 意识的层次和结构:柏格森和胡塞尔

柏格森(1859 - 1941)和胡塞尔(1859 - 1938)是从 19 世纪的意志主义过渡到现代人本主义的两个关键人物。从纯哲学层面看,柏格森的直觉主义和胡塞尔的现象学是现代非理性主义的真正出发点。他们的共同特点是使哲学转向主体内心生活的思辨,强有力地批判了机械论和实证主义倾向。他们的贡献正在于,揭示了意识即精神自我的不同层次和内在结构,强化了对主体性问题的研究,促进了现代哲学从传统本体论的思辨向认识论的思辨的转变。

柏格森的创造进化论(creative evolution,1907 年)以对自我的内在体验为基础,对达尔文的机械论倾向提出了尖锐的批评。他认为,"唯一实在的东西是那活生生的、在发展中的自我",①而自我有表层和深层之分。表层就是联想心理学(洛克、休谟以来的英国学派)讲的那种意识活动,而深层的自我才是基本的自我,它只是内心深处的绵延(duration),即一种持续的心理体验。这种自我是联想和推理无法把握的,只有靠直觉的体验才能揭示。这样,一方面,他把叔本华和尼采

---

① 柏格森:《时间和自由意志》,吴士栋译,商务印书馆,1958 年,120 页。

将意志与理智并列的思想,进一步引申到意识自我的层次区分;另一方面,又突出了与传统逻辑理性不同的认识论的直觉主义方法。

柏格森的直觉方法,有力地强调了过去为哲学和科学所忽视的认识的非逻辑方面,促进了现代科学认识论的发展。他主张,认识与对象应契合为一,强调直观和体验在认识中的决定作用。他的名言是"静观万象,体会一切",这与传统的分析、推理很不相同。他指出:"心灵必须强迫自己,必须扭转它所习惯的思想活动的方向,必须不断地修改或者改造它的一切范畴。"①

事实上,现代科学家和哲学家在肯定直觉的重大(决定)作用上与柏格森是不谋而合的。例如,爱因斯坦强调,在感觉经验和普遍公理之间并无逻辑通道;只有直觉才能实现认识的飞跃。② 波普也说:"每一科学发现都包含'非理性因素',或柏格森的'创造性直觉'。"③

应该强调,创造性直觉并不就是神秘主义。只不过是人们对它的作用机制了解得还太少了。柏格森指出,直觉"这种能力并无任何神秘之处。在一定程度上,我们每一个人都有机会运用这种能力"。"形而上学的直觉""可以界说为完整的经验"。④ 例如,"文学作品中的文献和笔记,相应于实证科学所汇集起来的观察和实验的总和。因为,除非我们通过长期与实在的外部表现的接触而了解到它的秘密,我们就不能由实在获得直觉,也就是说,获得与实在的最内在的部分的理智的交融"。⑤ 这里所谓的"完整的经验",所谓与实在最内在部分的"理智的交融",当然不是表层的心理联想可以达到,只有基本自我的深层体验才能获得。

马克思指出:研究必须充分地占有材料,"这点一旦做到,材料的生命一旦观念地反映出来,呈现在我们面前的就像是一个先验的结构"⑥。他还指出,从抽象上升到具体,就是思维把它(具体)"当作一个精神上的具体再现出来"⑦。这里讲的"材料的生命","精神上的具体",与柏格森的"完整的经验"是近似的。

总之,柏格森从心理分析角度,将意识自我区分为表层和深层,强调基本自我的整体性、能动性,这就将认识主体的能动性的理解大大推进了一步。它有力地

---

① 柏格森:《形而上学导言》,刘放桐译,商务印书馆,1963 年,16 页。
② 爱因斯坦:《爱因斯坦文集》,I. 284、357 页。
③ 转引自《现代西方哲学纲要》,华东师大出版社,1986 年,148 页。
④ 柏格森:《形而上学导言》,40－41 页。
⑤ 同上。
⑥ 《马克思恩格斯全集》,第 23 卷,人民出版社,1972 年,23－24 页。
⑦ 《马克思恩格斯选集》,第 2 卷,人民出版社,1972 年,18－19 页。

克服了联想心理学的机械认识论观点,加深了我们对意识主体的认识。

胡塞尔从批判康德割裂现象和本质、主观和客观的形而上学出发,建立了他的意识本体论。现象学的核心范畴是先验自我(I－my－self),它属于与经验自我相对的纯粹意识领域,即"先验的自我本体"。他说:"存在的意义,客观世界都是在自我这个第一性的意识世界的基础上形成的。"①在他看来,这个深藏于经验的自我背后的纯粹意识领域,是由自我(ego)、我思(cogito)和我思对象(cogitata,即我所思者或被我所思)组成的一个动态结构。在这里,意向性活动是起决定性作用的,意识对象是由意识活动的意向性建立起来的。他比喻说,意识不是容器,而是灯塔。就是说,意识通过自己的意向性活动向外照射而构成意识的对象。因此,纯粹现象学根本不需要康德"物自体"一类的外在对象。一切知识,包括科学认识的最终根源即在这个先验的自我。由此,他宣称自己是属于笛卡尔这条路线,是比康德更彻底的哲学家。②

一种真正的意向活动,应具备四个要素:主体(或当事人)、活动、意识的对象、对意向对象肯定了什么。例如,"路德(主体)想(活动)到了魔鬼(意向的对象)在他的精修密室中(对对象的断言)"。这表明,意向活动本身是有结构的,正是意向活动诸要素的结构的连贯性和可理解性,赋予意向对象以一定的意义。(17/10/2000)

值得注意的是,胡塞尔关于意识结构的分析,揭示了意识现象的能动性和统一性。他把意识活动和意识对象看作是纯粹意识的两个不可分割的有机因素;而所谓"现象"也就是"经过自身、自我显露出来的东西"③。一句话,纯粹意识,或先验自我是一种动态的现象。他说,先验自我面对的,或者不如说,纯粹意识本身就是一条永恒的赫拉克利特的现象河流。经验自我和对象之物是这河流的两岸。这个比喻很生动,很深刻,也很重要。我认为,正由于胡塞尔揭示出了纯粹意识的动态结构,将世界和自我看作现象河流的两岸,这才从康德的主、客体两分法的困境中找到了一条出路。从此,形而上学不必总停留在追问本源的问题上兜圈子,而是转向主客体"如何统一""如何思维"的意识结构分析,将认识论的本体论问题当作自己的主题。这就是胡塞尔现象学为现代人本主义开拓的方向。从他以

---

① 《笛卡尔沉思录》,61 页,转引自《纲要》,华东师大出版社,1986 年,266 页。

② 参看:《纲要》,266 页,郑杭生:《现代西方哲学主要流派》,中国人民大学出版社,1988 年,166 页。

③ 参看:《纲要》华东师大出版社,1986 年,273 页。

后,西方哲学转向对主体内在结构的探讨,取得了长足的进展。胡塞尔从他自己对纯粹意识的思辨分析中强调不能割裂本质和现象,实际上得出了"存在＝现象"即"我意(向性)"的看法,这一论点深刻影响到存在主义的发展。

纯粹意识"是现象汇成的一条永恒的赫拉克利特的河流"①。

"认识与对象有关,对象的意义随体验的变化,随自我情绪和行动的变化而变化"。②

现象学标志的认识—本体论转向,尖锐地批评了实证主义取消形而上学的主张。他认为,传统理性主义只是孤立地考察科学知识本身,考察科学知识所认识的世界。它忽视了科学同人类活动其他领域的联系,忽视了科学对人的意义。在他看来,包括科学认识在内的人的全部活动,都"起因于感情和意志的主观性"。科学对人的意义,人的存在的意义,都要从"在科学之前"或"在科学之外"的"生活世界"即非理性的"普通意见的世界"中去寻找。因此,问题不在于要不要形而上学,而是要怎样的形而上学。他强调,现象学作为严格科学的哲学,肯定知识的绝对性,反对实证主义的知识相对主义。就其认为科学认识不能没有形而上学作为其认识论的基础而言,是有道理的。我认为,现象学的合理之处正在于,胡塞尔通过他对先验自我的思辨分析指明,形而上学只会随着社会生活和科学的发展,改变它的问题和研究方向,而不可能消失。胡塞尔的贡献是,他着重于主体动态结构的研究上,重振了哲学与科学、人本主义与科学主义相互联系的新的形而上学。他要求建立一种认识论的形而上学。应该说,提出这个问题,本身就是一种贡献。

还要评论几句。意识现象源于先验自我,与世界的统一性在于它的物质性,属于两个不同的问题。胡塞尔谈的是意识世界的统一性的根源,而不直接是关于客观世界的本质。因此,将先验自我、现象学看成贝克莱的"存在即是被感知",是不恰当的。现象学主张的是"我意(向性)故我知"这样的类似笛卡尔的命题。离开我意(向性),哪里来我知? 探讨意识现象的形而上学基础,显然与本体论的主观唯心主义不是一回事。宁可说,现象学与唯物主义的前提并不直接抵触。因为,两者讨论的不是同一个问题,照我看,只有基于从传统本体论到现代认识论的形而上学转向,才能看清胡塞尔现象学的地位。这一点,还未得到充分的重视和

---

① 埃·胡塞尔:《现象学的观念》,上海译文出版社,1986 年,43 页。

② 《现象学的观念》,67 页。

讨论。

§3. "我在"的本体论含义:伦理学和现代科学的无神论

"我在"是存在主义的基本范畴。对它的思辨考察是 20 世纪西方哲学"语言学转向"的重要组成部分,也是过渡到解释学(或"释义学转向")的必要环节。从理论的内在关联看,存在主义在很大程度上促进了伦理学和现代科学的无神论结合,深刻影响了分子生物学的理论概括。

海德格尔(1889 - 1976)说:"'亲在'就摆明是在其他一切'在者'之前本体论首须加以追问的东西。"[1]"亲在"是可以领会得到的我的存在。这是海德格尔哲学的出发点。它与一般讲的"存在"或"在者"不同,指的是世界之为世界的根本。实际上,"亲在"就是伦理学化了的"我在"(笛卡尔)。在海德格尔看来,世界只不过是"亲在"的一种性质,一种存在方式;"亲在"即"我在"是比一般的存在即"在者"更根本的东西。"在者"(是什么)是科学的对象,而科学所探讨的这个存在(即世界)若离开"亲在",就只是些支离破碎的东西。就是说,科学探讨的世界的统一性,不在对象世界(存在)本身,而在探求者的主体意识的统一性。因此,"亲在"作为存在的本体,是"在者"的依据,给各门科学提供了形而上学的基础,就像是把各门科学黏在一起的一瓶糨糊。就是说,各门科学都是"亲在"的一种"存在方式"[2]科学只回答"存在"是什么的问题,唯有哲学才追问"如何是"的问题。这就是海德格尔所讲的在逻辑学上先于"在者"(存在)的基本本体论即"亲在"。

为什么说"亲在"是伦理学化了的"我在"呢? 这可以从海德格尔对"亲在"的"在者状态",即"亲在"的情绪状态的描述中看出来。"烦""畏""死"的自我体验、心理状态就是"亲在"作为意识主体的基本内容。这些情绪体验也就是对自我的存在和价值的揭示。

萨特(1905 - 1980)指出:"人,不外是由自己造成的东西,这就是存在主义的第一原理。"[3]"人是自由的,人就是自由。"[4]他着重发挥了"存在先于本质"这一命题,强调这是自为的存在即虚无的基本特征。应该指出,这不仅是本体论的命题,而且是伦理学的主题。有人认为,萨特的存在与笛卡尔的理性、康德的物自体

---

① 洪谦:《现代哲学选辑》,商务印书馆,363 页。
② 洪谦:《现代哲学选辑》,商务印书馆,362 页。
③ 让-保罗·萨特:《存在主义是一种人道主义》,上海译文出版社,1988 年,8 页。
④ 《存在主义是一种人道主义》,12 页。

都是"上帝的同位语和替代品"。① 这是有道理的。与笛卡尔和康德不同的是,萨特的这个存在是非理性的、偶然的存在,因而使他得出了公开的无神论的结论。他说:"陀思妥耶夫斯基有一次写道:'如果上帝不存在,什么事情都将是允许的。'这对存在主义说来,就是起点。"②因此,"决定我们自己存在的是我们自己"③。

从本体论上讲,萨特的"存在"比海德格尔的"亲在"更彻底地强调了现代人本主义的主体性特征。存在不只是我们认识世界的一种活动、一种方式,不限于认识论的主体同一性,而且就是世界的本质。在这里,本质和现象是一回事,是不能分开的。这就是他的一元论的现象学本体论。他的主要著作《存在与虚无》副标题是《现象学本体论散论》,表明了他反对将现象和本质、主体和客体对立起来的现象一元论立场。在他看来,我们所处的这个世界,本来就是一种偶然的存在,人也是一种偶然的存在。人的本质完全是其后天的活动(行为表现)造成的。因此,人应对自己的行为承担道义上的责任。没有什么命运,也没有什么神意可以使你推卸道德责任。

值得注意的是,"人就是自由"的伦理本体论观点,深刻影响了分子生物学的理论概括。按照现代生物学,基因突变是完全偶然的。以这种客观的科学知识为基础,构成一种伦理学的价值选择。莫诺就此指出:从知识伦理学的观点看,"人类至少知道他在宇宙的冷冰冰的无限空间中是孤独的,他的出现是偶然的。任何地方都没有规定出人类的命运和义务。王(天)国在上,地域在下,人类必须做出自己的抉择"④。

回答人类出现是否纯属偶然的问题,已远远超出现代实证科学的范围。但现代科学确定无疑地告诉我们,人类的存在确有其偶然性的一面;否认这一点,必定导致反科学的宿命论。应该说,正是在这里,存在主义的伦理学与现代科学的无神论汇合在一起了,这是不容否认的事实。既然没有上帝,那么,人类就应当主动地掌握自己的命运。

可见,如果把存在主义仅仅看作一种荒谬的伦理学说教,显然是浅薄的。应该看到,在思辨的论证中,包含着一种对科学有启发的思想闪光。当然,这只是两种不同文化思想的汇合,决不是说从存在主义"推演"出了现代分子生物学。相

---

① 参看《新华文摘》,1993 年 9 期,99 页。
② 《存在主义是一种人道主义》,上海译文出版社,1988 年,12 页。
③ 《存在主义是一种人道主义》,上海译文出版社,1988 年,17 页。
④ 雅·莫诺:《偶然性和必然性》,上海外国自然科学哲学著作编译,1978 年,135 页。

反,科学家之所以得出无神论的结论,是在他们的专业领域里艰苦探索的结果。

从纯逻辑的观点看,偶然性和必然性、理性和非理性的相互关系问题,正如康德揭示的二律背反一样,双方都是可以成立的。因此,非理性主义和理性主义,其存在的理由,都是半斤八两,其合理性的几率相等。① 因此,我们不能偏向哪一方。

进一步看,全部西方哲学史,是一个多链结构。唯物论和唯心论、辩证法和形而上学、可知论和不可知论、怀疑论和独断论、无神论和有神论、理性主义和非理性主义,等等,是一个相互缠绕、相互渗透的整体。上述多链,在不同的社会历史阶段,不同的科学认识水平上,分别突出出来。今天,非理性和理性论的争论,占据了哲学平台的中心,是不值得惊奇的。因为,非理性问题在现代,不只是形而上学的思辨,更已成为科学的课题了。

---

① 参看康德《导论》第五十一节。

第四讲

人本主义和现代科学思想（Ⅱ）

§4. 新兴学科的助产士：时间不可逆性　03/10/1995

时间不可逆性是当代新兴学科的出发点和前提。然而，恰恰是现代非理性主义哲学家，首先是柏格森和海德格尔（还有怀特海），表现出了他们的哲学思辨对现代科学思想的巨大预言力，在事实上成为新兴学科的助产士。如果说，存在主义的伦理本体论对现代分子生物学的发展起了"殿后"的作用，那么，柏格森的创造进化论，特别是他提出的时间不可逆观点对横断学科的产生则起了超前的推动作用。在这里，我们再一次看到哲学思想可以成为科学思想的先导，哲学思维可以超前于科学思维的发展。

维纳在追索现代新兴学科产生的哲学背景时，首先讲到了时间不可逆性与柏格森的时间不可分割的联系。《控制论》的第一章讲的就是"牛顿时间与柏格森时间"。正是这两种不同的时间观念代表了两个不同的科学时代。前者是机械论的，后者是动力论即演化论的。这意味着从近代到现代科学思维的转型。他指出："柏格森曾经强调指出物理学的时间和进化论与生物学的时间的不同：前者是可逆的，其中没有什么新事物出现；后者是不可逆的，其中总是发生着新奇的事物。"①"按照柏格森的观点，我们没有什么理由认为生命体活动的基本方式一定和模拟生命体的人造自动机有所不同。"②"总之，我们是受时间支配的，我们跟未来的关系和我们跟过去的关系并不相同。"③控制论的理论前提是"能够和我们通

---

① 维纳：《控制论》，科学出版社，1985 年，38 页。
② 维纳：《控制论》，科学出版社，1985 年，44 页。
③ 维纳：《控制论》，科学出版社，1985 年，33 页。

讯的任何世界,其时间方向和我们相同。"①

很清楚,经典科学是以牛顿的时间可逆性为框架的,而现代科学特别是以控制论、信息论为代表的新兴学科则是以时间不可逆性为基点的。正如维纳所论证的,天文学与气象学是两种不同的决定论形式。天文学遵循的是机械决定论,而气象学遵循的则是随机(或偶然)决定论,前者是时间可逆的,后者则是时间不可逆的,即未来和过去是不可互换的。

值得注意的是,时间不可逆思想,作为新兴学科思想的轴心,在现代哲学中,是由柏格森对意识自我的思辨分析中首先提出来的。他在《时间与自由意志》(1889,原名《论意识的直接材料》)、《创造进化论》(1907)、《绵延与同时性》(1922)等著作中,对人的深层心理活动进行分析,论述了"绵延"(duration)即持续性是意识活动的本质。

在柏格森看来,深层意识活动或基本的自我,犹如"一条无底的、无岸的河流,它不借可以标出的力量而流向一个不能确定的方向。即便如此,我们也只能称它为一条河流,而这条河流只是流动"②。内心深处持续不断的意识(变化)流就是"绵延"。

1. 绵延就是"真实的时间"。深层的自我意识只有在时间中,在纯粹的持续性中才能得以展开,才能为人们所体验。所谓"真实",也就是一种纯粹的流动,是一个变动不居、不可分割的连续体。例如,在记忆中,我们将以前某一刹那的意识状态加到现在的一刹那意识状态中,过去和现在,彼此渗透,就如河流奔腾不息、永无休止一样。意识活动本身就是一种不尽的绵延、持续,是我们不用任何符号、标记、语言所体验到的持续性,即真实的时间。

2. 时间是有方向、不可逆的。"当我们的自我让自己活下去的时候,当自我不肯把现有状态跟以往状态隔开的时候,我们意识状态的陆续出现就具有纯绵延的形式"③。就是说,我们不能用"朝着相反的方向"来把握真实的、心理体验的世界;如不这样,就是将时间的持续性变为空间的可分性,将连续性变为并列排置的间断性了。④ 因此,深层自我意识是一个有机整体,它们彼此溶化在一起,紧密相连、互相渗透,而不能彼此分开。这正如一个曲调的各音节,或一个生物有机体的

---

① 维纳:《控制论》,科学出版社,1985年,35页。
② 柏格森:《形而上学导言》,商务印书馆,1963年,28页。
③ 柏格森:《时间与自由意志》,吴士栋译,商务印书馆,1958年,67页。
④ 同上。

各部分不能彼此分开一样。① 所以,"进展就是心理状态的存在本质"。② "就根深蒂固的心理状态而言,在预见、看见、动作三者之间没有任何可辨别出来的差异"③。因为,就内心状态而论,同样的前件永远不发生第二次,过去的东西就永远成为过去了,"同一情感只要重复出现一次就变成一种新的情感"④。

3. 时间就是创造。论证是这样的:在时间过程中,当我们正在行动时,我们谈不到对结果的预见;而当我们已经完成某种动作时,结果已成为事实,又谈不到完全重复先前的行动。所以,行动的每一步,本质上都是一种新的创造,不存在过去决定未来的因果关系。"自由乃是具体自我对于它所做动作的一种关系。这种关系是不可被界说的,恰恰因为我们乃是自由的。""因为我们能分析一种东西,却不能分析一种过程;……正由于我们把具体时间分裂了,我们就把时间的各瞬间放在一个纯一的空间里并列排置起来了;……既然我们在开始时对于自我的活动加以固定化,现在我们看到的自发性降为惯性,自由降为必然"。⑤

照柏格森的论证,布里丹的驴子并不需要什么创造性就能摆脱它的困境。而意识自我之所以是自由的,正是因为没有两个完全相同的瞬间。就是说,时间的进展就意味着创造。

应当强调,上述柏格森关于时间的持续性、不可逆性(方向性)和创造性的论点完全是从心理分析的角度思辨地提出来的。而这种思辨论述又与他"生命之流"的本体论有关。其体系和结论都不是现代科学所能同意的。但重要的是,他在对意识自我的分析中,明确区分了生物学的时间和物理学的时间,猜测到了时间的不可逆性。正是这种思辨的论述和猜测,强有力地提示了现代科学思想的一个重要方向,鼓舞了许多现代科学家沿着他提示的这个方向,做出了新的科学发现。

应该看到,全部新兴学科,从控制论、信息论到突变论、混沌学等等,都是以时间不可逆的认识为基础发展起来的。普利高津在《从存在到演化》(自然科学中的时间及复杂性)中指出:"不可逆过程在许多科学领域中起着决定性的作用,这一点现在已十分明显。""当然,我们意识到在我们自己的生命中存在着时间之矢。

---

① 柏格森:《时间与自由意志》,商务印书馆,1958 年,67 页。
② 柏格森:《时间与自由意志》,商务印书馆,1958 年,135 页。
③ 柏格森:《时间与自由意志》,商务印书馆,1958 年,135 页。
④ 柏格林:《时间与自由意志》,商务印书馆,1958 年,136 – 137 页。
⑤ 柏格森:《时间与自由意志》,商务印书馆,1958 年,149 – 150 页。

……现在这个进化的范例正被扩充,以便促成包括第二定律在内的一切过程的基础。简言之,时间和不可逆性一样不再把我们和自然界分开。正好相反,热力学第二定律表达出我们属于一个进化着的宇宙"。① 作者这里讲的就是在现代科学中形成的我们今天关于自然界的一般观点,即科学的世界观,它已经与时间不可逆性融为一体,不能再分开。

然而,更应该看到的是,作为一门新兴科学(耗散结构理论)的创始人,普利高津在追述他的科学探索经历时,一再提到柏格森的思想对他的重要启示和深刻影响。他确认,他的科学思想与柏格森的哲学是直接联系在一起的。他说:"在我年青的时候,我就读了许多哲学著作,在阅读柏格森的《创造进化论》时所感到的魔力至今记忆犹新。尤其是他评注的这样一句话:'我们越是深入地分析时间的自然性质,我们就会愈加懂得时间的延续就意味着发明,就意味着新式样的创造,就意味着一切新鲜事物的连续不断地产生。'这句话对我来说似乎包含着一个虽然难以确定,但是却是具有重要作用的启示"。②

可以看出,哲学思辨虽不同于科学思想,但它却可以包含着科学思想的萌芽,可以对科学的进展提供重要的启示。就新兴的横断学科群而言,现代哲学关于时间不可逆性的思辨分析,正是促使它们得以产生的酵母和催化剂,犹如是裹着胎儿的羊水和胞衣。没有这种哲学养料,很难想象这些新学科的诞生。

§5. 解释就是创造   15/10/1995

20 世纪的西方哲学出现了两次大的转向。一是上半世纪的语言学转向,一是下半世纪的释义学转向。在这里我们重点讨论以解释学为代表的释义学转向。

1. 英美语言哲学的贡献和困境

语言哲学是现代哲学关注的中心。现象学、结构主义、解释学都是以语言的研究为主题的。语言作为交流思想、把握实在的工具,它在日常生活和科学认知中的重要作用,引起现代哲学家的重视,首先是英美语言学派,即逻辑分析哲学的功绩。数理逻辑的成功,对语言形式的逻辑分析,是计算机革命的一个重要来源。分析哲学对自动化革命的积极推动作用是功不可没的。

然而,分析哲学家局限于对语言形式的分析,也使它自己陷入了困境。这就

---

① 伊·普利高津:《从存在到演化》,上海科技出版社,1986 年,4—6 页。
② 沈小峰等:《普利高津与耗散结构理论》,陕西科学技术出版社,1982 年,2 页。

是把语言不仅视为沟通人与实在的桥梁,而且当成了隔离人与自然的屏障。夸大语言形式的作用,反而使它变成了一堵围困人的城墙。用维特根斯坦的话说,就是:"凡是不能用语言表达的,就应当沉默。"①

为了摆脱这种语言形式主义的困境,人们的眼光逐渐转向语义的分析、语境的阐释。就是说,转向语言内容的探讨。在这方面,正是解释学的优势。在一定的意义上可以说,释义学转向既是语言分析哲学的继续和发展,又是从语言形式主义的危机中必然产生的一种选择。

海德格尔认为,语言是存在的寓所(家)。伽达默尔更提倡一种语言的本体论。他认为,语言不仅仅是工具,而且是生存的要素。从逻辑上说,从海德格尔到伽达默尔对语言作用的论点,是前后相续的,从语言是存在的家到语言本体论,仅一步之差。人事实上是生活在语言世界之中。将语言本体化,就此而言,他们更进一步发展了英美学派重视语言作用的传统,将语言的地位推崇到了无以复加的地步。另一方面,他们又认为,语言总有它所不及的地方,语言是死板的,但语言的内容是常变常新的。因此,对"本文"的解释就是一种创造。这就为语言哲学的困境,开辟了一条出路。

2. 解释就是创造

解释就是创造,无论对人文科学还是自然科学,都是普遍适用的。就人文科学而言,例如对神学经典的解释、法律条文的运用,特别是音乐、戏剧的表演,所谓一千个哈姆雷特,等等,都是一种基于现实生活需要的再创造。社会生活的每一次历史性进展,都要求对固有文化传统,即"本文"进行一种新的解释。而这种基于新的社会实践的对"本文"的新理解,本质上都是一种创造或者再创造。

解释的创造作用,对自然科学的认识,也有巨大的启示。科学对自然奥秘的解读,正如解释对"本文"的理解一样,是永无止境的。对科学家来说,大自然就是一本不断被打开的大书。借助于实验、观察、猜想等等科学方法,科学家越来越读懂这部大书的含义。每一次划时代的科学发现,不只是"范式"的转换,而且是语言的变换。随着科学革命的进展,科学家都对大自然进行一次新的解读。例如,原子、电子、夸克、细胞、基因,等等,就是这种解读的一系列阶梯的标志。丁肇中等预言,如能找到比电子小得多的粒子,我们对宇宙的起源,包括人类起源问题,

---

① 维特根斯坦:《逻辑哲学论》,商务印书馆,1985 年,20 页。

将获得全新的解释。①

应该说,解释学对理解的创造作用的揭示,推进了语义学、语用学等等的研究,它加深了人们对语言内容的认识。更重要的是,人本主义着重从语言内容来研究语言,揭示了思维与存在、主体与客体、自我和世界的同一性与非逻辑的认知(直觉、心理体验等等)的密切关系。从而为认知科学(例如,非语言意识,等等)的发展,提供了新的启示。我们不必过多地责难解释学者将语言提升为本体的高度,他们的真正贡献也许正在于暗示:我们必须不断地超越语言给我们的认识带来的限制。存在是有寓所的,这个寓所就是现成的语言。然而,人类的思虑决不局限于自我的寓所。我们应当超越语言,去追寻实在的真谛。

3. 区别时髦和创造

解释学介绍到国内来,大约不到十年时间。人们对它的了解和研究还很少。仅就《新华文摘》近两年的有关文章(①1993 年 9 期 99 页;②1995 年 5 期 34 页)看,非议者多,肯定者少。台湾学者亦有此看法。② 我的观点是,应把玩弄语言的某些世俗哲学和认真思考的哲学问题区分开来,不因前者而忽视后者。至少,就伽达默尔的"解释就是创造"而论,是不能(如上文②那样)简单扣上"神秘主义"帽子的。至于(如上文①那样)指责解释学将语言本体论化"意味着人对动物性生存的向往与认同",还有人说罗兰·巴特用"身体"代替"自我",就是将人归结为肠胃和生殖器,似乎就更离题了。这是把一些文艺作品中的语言游戏混同于哲学了。

总之,对解释学乃至西方后现代的所谓"释义学转向",我们还需要好好研究:为什么会有这种"转向"?这种"转向"究竟是前进了还是倒退了(例如,与语言分析哲学相比)?解释学的独特之处何在?等等。要善于区别进展和时髦。进展是一种真正的创造,而时髦至多是对某种新奇观点的粗俗化运用而已。

§6. 哲学与科学互补的新天地　14/10/1995

在我们这个被称为科学革命的时代,如何看待和处理哲学与科学的相互关系,是哲学家和科学家共同关心的问题。现代人本主义哲学家在其发展中,进一步揭示了哲学和科学的互补性关系。这就是,哲学不能总想从科学那里夺回已失

---

① 《文摘报》,763、765 期。

② 项退洁:《士林哲学与当代哲学的融合》,《新华文摘》,1995 年 8 期,168 页。

去的地盘,或仅将科学的新发现填充到了现存的哲学框架(体系)中去,而要着重开拓新的研究领域,提出新的问题,以保持形而上学引导科学发展的固有传统和优势。看来,现代非传统理性主义用自己的努力,证实了科学"没有形而上学是不行的"(爱因斯坦语)这一论点。

17/11/1998 黑格尔的《自然哲学》也不例外。除了许多牵强附会的胡说之外,它所包含的有机整体论思想,直至一百多年后,20世纪下半叶,才得到了人们的理解。

黑格尔以后,哲学还剩下什么?前已指出(§1),叔本华和尼采开辟了形而上学研究的另一个方向,这就是与传统理性主义正相对立的方面,着重从人的感情意志的侧面,论述人的本质乃至世界的本体。他们的哲学实际上是将人的非理性存在的思辨和影像投射到外在世界上去,正如黑格尔将逻辑化的"世界精神"投射到(强加到)外在世界上一样。区别只在于,一个强调理性,一个强调非理性。应该说,现代人本主义哲学大都继承和发展了叔本华、尼采的传统,并且取得了积极的成果,促进了现代科学的发展。这大致表现在如下几个方面:①关于人的本质和世界的本性的更深刻、更全面的认识;②关于人和自然相互关系的新认识,主要是对近代"工具理性"或"技术文明"片面性的揭示;③关于社会理性和科学理性相互关系,即关于善引导真,或现代科学人道主义的提出,等等。

1. 关于人的本质和自然界的本性

亚里士多德以来,将人定义为"理性的动物",在近代理性主义哲学家那里从未引起过怀疑。但在现代人本主义哲学家那里,这至少是一种有局限性的观点。因为,人不仅是理性的存在,而且有其非理性的一面。它的情感、它的意志应该得到充分的尊重。具体的自我应该是理性和非理性存在的有机统一体。因此,将人仅仅规定为一个逻辑上的点,显然是片面的。而在社会生活实践中,如果照近代理性主义的主张,将传统的道德伦理规范冠上"理性"的美名,贬低、压制、甚至扼杀人的生存欲望,从现代科学看来,应该说是违背人性、不道德的。正惟如此,尼采关于"上帝死了"的名言,激烈抨击基督教禁欲主义的做法,在现代人思想中,仍引起强烈的共鸣。现代西方哲学家在对技术文明的激烈批评中,发出了"人已死了"的惊叹。"人已死了"的口号,是对现代工具理性的强烈抗议。它表明非传统理性主义哲学家对人的本质的认识,比近代理性主义要深刻得多。

以海德格尔为例。他有意回避开用传统的"理性"去规定人的本质。他在《充足理由律》一书中提出:"我们问道:——人是理性的动物——详尽探讨了人的本质吗？……人对存在的从属关系、存在的本质，还始终并越加令人惊讶地不是值得注意的东西？"与传统理性主义特别是近代的技术理性对人的本质的片面化相对照，海德格尔认为，"人最独具的东西，是他是进行深思熟虑的生物"。① 我以为，他把人规定为"深思熟虑的生物"，与黑格尔崇尚"理性的狡计"的工具理性、把人仅看作实现工具理性的工具的观点，应该说，更为全面和深刻。因为，从"理性动物"到"理性工具"，以至于"技术动物"，并没有对人的全面发展，包括他的意志、欲望的无穷精神潜力的发挥，留下更多的余地。而一个"深思熟虑的生物"却可能对人的存在、人的尊严和价值，带来更多的尊重。

马克思说过："人不仅通过思维，而且是以全部感觉在对象世界中肯定自己。"②还说过："人直接地是自然存在物。人作为自然存在物，……具有自然力、生命力，是能动的自然存在物；这些力量作为天赋和才能，作为欲望存在于人身上。"③可见，那种将理想和欲望，理性和非理性截然对立的观点，用理性排斥本能的观点，显然是一种伦理教条主义。而海德格尔强调的是"深思熟虑的生物"，却对人这个"能动的自然存在物"的本质，做出了远比传统理性主义丰富得多的阐释。从而，为现代科学，特别是心理学和精神病理学、脑科学对人的身心发展的全面研究，提供了强有力的哲学论据。

进而言之，人本主义哲学家提出的问题，例如，意志力、生命力、存在的偶然性，等等，远不只是局限于人的本质的范围，它还涉及我们生活于其中的世界，我们面对的自然界的本性。有关这方面的思辨，对现代物理学、生物学、新兴学科的影响，也是极为重大的。例如，这个世界的存在仅仅是必然的、合理的？还是也有它偶然的、无序的一面？实在和它的规律是一体的还是分开的？等等。这里就不多说了。

值得注意的一点是，机械论的因果观、世界观不仅受到了科学本身革命发展的批判，而且在哲学领域受到了休谟怀疑论特别是现代非传统理性主义心理分析的更尖锐的批判。这种哲学批判无疑对现代科学革命是很大的促进。例如，柏格森指出，机械论者把规律强调到比事实更真实的地步，致使他们总是用习惯性观

---

① 转引自《理性与非理性（兼论海德格尔批评欧洲近代理性）》，《新华文摘》，1995 年 8 期，24 页。
② 《马克思恩格斯全集》，42 卷，1979 年，125 页。
③ 《马克思恩格斯全集》，42 卷，1979 年，167 页。

念否定自发性观念。① 而事实上,自发性才是规律性的基础。这种批判,对现代科学思想的影响是很深远的。

2. 关于人和自然的关系

生态危机是现当代一个十分突出的问题。环境的问题变得如此令人关注,从一个方面看,与近代理性主义只强调人对自然的索取、甚至掠夺,是分不开的。现代人本主义哲学家正是从批评这种技术理性的局限性中,强调地阐明了人与自然应该和谐相处的主张,从而,为环境、生态科学的发展,提供了有力的论证和支持。

现代人本主义反对过分夸大理性作用的传统理性主义观点,认为不应盲目赞扬技术的进步。笛卡尔曾豪迈地宣布,人应当"成为自然界的主人和统治者"。黑格尔更以晦涩的语言表达了人的主观性是自然客观性的主宰。他宣称:"在理念的否定的统一里,无限统摄了有限,思维统摄了存在,主观性统摄了客观性。"②然而,这种对理性"着魔"的态度发展到现代,使地球和人完全从属于技术文明的统治,自始就遭到从胡塞尔、海德格尔到伽达默尔的尖锐批评。20世纪30年代,海德格尔就指出:"科学的进步将使对地球的剥削和利用……达到今天还无法想象的状况。"直到1976年他去世的前几天还提出:"在技术化的千篇一律的世界文明的时代,是否和如何还能有家园?"③他明确指出:"人不是存在的主宰,人是存在的看护者。"④应该说,这种对人和自然相互关系的看法,比起近代理性主义是一个重大的进步。

"人是存在的看护者"的论点,扩大和加深了现代哲学对本体问题的理解。它把对人本身的关注即对人类命运的思索(终极关怀),扩大到对人与自然相互关系的探讨,使人们超越"几百年来(备)受颂扬的理性"即欧洲精神文明的局限,深切地表达了现代人类的忧虑。应该说,当海德格尔发出"拯救地球"的呼吁时,他正是站到了现代文明的制高点上。他提出的问题,正是一种时代的呼唤,从而为科学的发展,开辟了新的天地。从这里可以看出,一种哲学要想发挥对科学的积极影响,关键是提出新的问题,对传统有所批判,有所超越。

3. 关于善引导真,或现代科学的人道主义

伽达默尔指出:"理性这个概念所表示的,是知识和真理的整个为科学的方法

---

① 柏格森:《时间和自由意志》,商务印书馆,1958年,96页。

② 转引自《新华文摘》,1995年8期,24页。

③ 同上。

④ 转引自《新华文摘》,1995年8期,25页。

意识所不能把握的半圆状态。"在他看来,现在的问题是使"自然科学并联在社会意识之中"。"真正说来理性的德行并非只是要实现人类生活的一个半圆,而是应当能支配给人类打开的整个生活空间,也应当能支配我们的一切科学能力和我们一切的行动。"①

他这里讲的就是善引导真的问题。随着电子计算机的发明、核武器的研制、臭氧层空洞的出现,等等,科学家发现,科学不可能不关心为善的问题,这就是战后蓬勃兴起的科学人道主义。就是说,科学应当竭力为改善人类的生存状况服务,而不是用来为害人类,科学应当更加人道化。例如,二战期间,爱因斯坦曾建议罗斯福研制原子弹以抵抗法西斯的侵略,战后,他又同许多其他科学家一起呼吁禁止原子弹以保卫和平;维纳在创立控制论之初,就曾提醒人们,新的技术革命带来的工人失业等不利社会后果,强调科学家不能回避工业自动化"为善为恶"的道德责任,等等。这些,都表明了现代科学家深沉的科学人道主义信念。可以说,现代科学的人道主义正是现代哲学和科学思想的真正交汇点。

从哲学方面说,善引导真,必须强调我们关于善的理想应以现代科学为基础,改进人的德行应以扩展人的科学认识为依据,而不是将某种不变的伦理教条强加在科学头上。例如,对人的需要、欲望、发展,应有符合现代科学的认识,不能忽视情感、意志、直觉、信仰等等非理性的存在;对于人的生存环境,也不能总是采取"竭泽而渔"的近视态度,等等。从这些方面说,我以为西方现代非传统理性主义正是站在现时代制高点上。它事实上承认,当代关于善的研究,人性的非理性方面,首先是个科学问题,而不单是道德规范问题。离开科学,谈不到为善,更谈不到善对真的引导。

当然,科学本身不能解决为善的问题。原子能的发现,既可用来制造毁灭人类的武器,也可用来发电,成为造福人类的巨大能源。这一切,取决于人的道德、价值选择。伽达默尔要求将自然科学"并联"到社会意识之中,要求德行支配包括一切科学能力在内的整个人类生活空间,这就为在科学技术迅猛发展的时代,哲学家和科学家的相互联系、相互补充,提示了广阔的前景。

伽达默尔指出:"黑格尔站在他那个时代科学的顶点,他……为其自然哲学付出了荒唐的代价。"今天,情况不同了,哲学家终于认识到:"哲学不能够被硬加在科学研究工作之上,相反地,只是当科学制止了哲学的补充和思辨的独断对它的

---

①　伽达默尔:《科学时代的理性》,国际文化出版公司,1988年,3页。

限制时,哲学才真正地发挥作用。"①

　　毕竟,我们离开黑格尔已经一个多世纪了。黑格尔当年将自己的思辨体系强加给科学的时代已经一去不复返了。伽达默尔要求科学理性与社会理性相互一致而不是相互分离的呼吁,我认为,应当说是明智之举。科学家和哲学家应当共同担当起时代赋予他们的道义和责任。

① 伽达默尔:《科学时代的理性》,国际文化出版公司,1988年,9页。

第五讲

科学主义思潮的现代发展

02/11/1995

§1. 左半脑哲学和右半脑哲学

从孔德开始到 20 世纪中叶逻辑实证主义的衰落,科学主义看来与人本主义是完全相分裂的,正如大脑两半球各司其职一样。科学主义推崇理性、实证和分析,而人本主义则注重非理性、直觉和综合。前者向外探求世界,试图回答科学认识如何为真? 后者向内追寻自我,试图解答人怎样才能达到至善? 一个摒弃形而上学,一个主张重建形而上学,两者判然有别,似乎了不相关。现象学(胡塞尔)把外在世界的独立存在放到"括弧"里,置而不论,实证论则将主体自我完全排除在科学认识之外,要求一种纯粹的客观性认识,如此等等。

1. 特点:20 世纪下半叶的情况,似乎在逐渐结束这种两相分裂的状况,走向新的统一。科学哲学一再呼吁理性的重建,人本主义则一再对科学,特别是现代技术化的社会后果表示忧虑;两者在世界观和方法论的不同范围和层次上,相互融合、彼此渗透的趋势日益加强。例如,费耶阿本德的无政府主义认识论,受到非理性主义强烈的影响,认为科学并非总是遵循理性的原则,科学方法没有固定不变的准则,简直就是非理性的,等等。而伽达默尔则强调,"科学客观性的概念可以从本体论上理解为人的定在派生的一种模式和它同世界发生关联的存在方式","科学导源于对存在的一种理解"。[①] "只要科学意识到更人道化是自己的总的职能,科学就无损于是哲学"。[②] 就是说,人本主义(解释学)并不一概排斥理性主义,只是否认科学万能的理性霸权主义而已。

---

① 伽达默尔:《科学时代的理性》,国际文化出版公司,1988 年,144 页。
② 同上。

事实上,我们对世界的认识和对自我的思辨是密切相关的。科学主义和人本主义、理性主义和非理性主义只是研究问题的侧重点不同;正如科学和艺术都是我们把握实在的不同方式一样,作为现代人类智慧的不同表达方式,本质上是统一的、不可分割的。我们愈是深刻地认识世界,就愈能正确地把握自我;愈是深入地剖析自我,也就愈能奇妙地猜知宇宙。

2. 根源:科学主义和人本主义相互融合的当代特点,应当说是现代科学发展的必然结果。正如左右半脑是同一个大脑相对独立的两部分一样,只有两者协调一致的发展,才是人类身心全面发展的必然趋势。在当代,这种相互渗透趋势之所以越来越明显,我以为,直接根源于新兴横断科学的兴起和发展。因为,横断科学的特点在于,它超出了传统基础学科的视野,考虑的是横跨一切运动形式——从物理、化学、生物、社会、经济到心理精神生活——的一切领域。控制论、信息论、耗散结构论、混沌学等等,都是如此。作为一种普遍的科学认识方法,横断学科不是像传统科学那样,将人的认识仅仅局限于某一判然有别的范围,例如,孤立地考虑自然界或人类社会生活,等等。科学本身的这种不可阻挡的综合趋势,正是推动科学主义和人本主义走向融合、统一的强大力量。

3. 层次:科学主义和人本主义的统一,将最终使我们超越传统本体论总是把存在(本体)和人,世界和自我对立起来的狭隘眼界。科学对世界的认识不可能排除人。人不可能站到宇宙以外去观察宇宙。世界总是人的世界。如果从存在中排除了人,那么,人们对世界的认识一定是片面的。近代西方以为自然界仅仅是征服的对象、掠夺的对象,这种机械论的自然观即源于此。另一方面,人总是生活在现实世界,而不可能孤立于自然之外。因此,对自我的思辨,不可能脱离活生生的经验世界。自我不是像西方某些现代人本主义哲学家认为的那样,是绝对自由的,是纯粹的主观性、任意性。倒是相反,自我总是为客观性所充实,依赖于对现实世界的领悟和体验。没有离开"真"的"善"。"人只有通过把握外部存在,才能把握自身的存在。"①

总之,我们面对的是科学主义和人本主义扬弃其各自片面性的哲学潮流,只有超越这种历史的局限,才能谈到理性主义的重建。这种健全的科学理性主义既不是机械论的,更不是主观唯心论的,而是以现代科学知识、特别是以脑科学为基础的科学理性主义。

---

① 参看朱德生:《形而上学的召唤》,《新华文摘》,1995 年 9 期,24 - 25 页。

19/11/1998"研究已经表明：物理学、生物学、行为科学，甚至艺术和人类学，都可以用一种新的途径将它们联系到一起来"。"尼采把思维风格分为两类：一是'日神'（Apollonians），这种风格擅长逻辑、分析，考虑问题比较冷静；另一是'酒神'（Dionysians），这种风格更习惯于直觉、综合和情绪激动。但我们当中的某些人似乎属于另外一种，即"奥德赛"（Odysseans）型风格。具有这种风格的人在需要将各种思想连接起来时，可以将日神和酒神风格联合使用"。①

§2. 科学主义的根源和特点

科学主义作为一种特殊的哲学思潮，或者说现代哲学的一个重要分支，是对近现代自然科学发展的哲学反思。这主要是指以经验科学特别是以物理学和数学为模型，以科学认识论为论域，以科学方法为重点的一种广泛的哲学取向（主张）。

1. 哲学传统：科学主义本质上是近代经验主义的现代形式。从孔德、马赫到罗素，都坚持休谟传统，反对黑格尔的极端理性主义，主张"摒弃"形而上学。既反对思辨方法，更唾弃抽象的本体问题。

2. 科学背景：孔德的知识发展三段论（神学、形而上学、实证哲学）表达了经典科学鼎盛时期的乐观精神，是经典科学强大发展的哲学反映。在这种乐观精神的鼓舞下，实证哲学主张将经验科学的实证方法提高为普遍的哲学方法，主张用科学代替哲学。这种哲学主张在科学家中有广泛、深厚的基础和影响，不能简单否定。

3. 问题转移：实证论的兴起，促使认识论成为哲学问题的重点和中心，应该说是对现代哲学发展的一大贡献。没有实证研究，不可能有对世界越来越深刻的认识；没有从本体论向认识论的重点转移，就没有现代哲学问题的深入发展，即本体论的深化。

主张走"第三条"道路，既是科学主义思潮的特点，又突出了它否认客观真理的不可知论实质。现代实证主义将科学的实证精神推向了极端，从而走向了反面。普利高津曾言，现代实证主义把科学归结为符号演算，从而根本违背了科学实在论原则。

4. 当代特点：向理性主义回摆，向社会历史领域扩展。从批判理性主义到历史学派和新历史学派的发展，其特点就是将科学看成是社会的理性事业。实证精神已作为肯定的认识内容和环节包含在科学逻辑和知识论之中了。科学哲学家逐渐超出逻辑问题的范围，关注非逻辑问题（社会历史的、心理的）研究。

---

① M. 盖尔曼：《夸克与美洲豹》，湖南科学技术出版社，1998年，1、7页。

§3. 从"第三条道路"到"第三世界"

1. 波普的批判理性主义是从现代到当代(或后现代)科学主义思潮的过渡环节和转折点,是20世纪科学哲学发展的坐标原点。一方面,它使现代科学哲学超出实证论的经验主义传统,转向康德的理性主义传统;另方面,它将直觉、猜想的因素引入科学逻辑的研究,促使科学哲学超出理性主义,容纳了非理性主义的内容;再方面,它使科学哲学超出逻辑问题的范围,向社会历史领域扩展,等等。

2. 从"摒弃"形而上学到"复兴"形而上学

a. 波普的两大贡献:科学发现的逻辑和知识本体论。

b. "世界3"的出发点。区别两种知识:主观知识和客观知识。

c. 知识进化论:科学知识的客观性和自主性。

"知识的可靠性和可证明性不是我所关心的,我关心的是知识增长的问题,即:在什么意义上我们可以论及知识的增长或进步,我们怎样才能取得知识的增长和进步?"①

d. 知识怎样增长?

P1→TT→EE→P2……

简谓之为:猜想与反驳。这是一个自然选择的、自发的进化过程,不以人的主观心理为转移。科学问题是客观存在的,不是人们杜撰的。在这个意义上,只有科学知识才是客观的知识。

什么是科学问题? 这是在一定的科学知识背景下才提出的问题,不是任何一个人类尚不理解或日常经验中碰到的问题。并不是任何疑问都可以成为科学问题。例如,引力问题,只有在牛顿时代才成为科学问题。苹果落地和月亮绕地球运动,这种现象,古人早已观察到了。亚里士多德认为,这是两种不同的运动。前者是地上的直线运动,后者是天上的圆周运动。托勒密地心论统治西方一千多年,认为天上的运动和地上的运动是完全不同的。直到哥白尼创立日心说,情况才逐渐改变。人们总是追问:地球上的抛物线运动,如弹道轨迹与月亮的周期运动是完全不同的吗? 两者有无共同的动力学根源? 直到牛顿的引力理论,才解决了天上运动和地上运动的同一性问题。这就是说,引力问题早就存在,但直到牛顿时代才成为科学问题。而在此之前,这个问题只是神学的想象和形而上学的虚构,而不是科学实验的问题。

---

① 波普:《客观知识》,上海译文出版社,1987年,39页。

　　类似的,同时性的相对性问题,直到爱因斯坦才成为科学问题。尽管中国早有"洞中方七日,世上已千年"的文学猜想,但那只是文学想象,而不是科学问题。

　　另一类问题是数学问题,这也是属于客观知识的问题。例如,哥德巴赫猜想。为什么任何一个大于 2 的偶数都是两个素数之和? 这是自然数列本身固有的问题,但直到哥德巴赫,才成为真正的数学难题,如此等等。

　　总之,只有为科学知识的进展,必然提出的问题,才能成为实证研究的科学课题,这才是科学问题。

　　e. 语言的批判功能。相对于语言的表征、交流和描述功能而言,语言的批判功能是迄今为止我们认识到的最高级的理性功能。实证论者实际上仍停留在语言的描述功能上,追求可证明性、经验的可靠性,等等,就是如此。

　　f. "世界3"的出现,是语言高级功能进化的结果。

　　"随着语言的论证功能的进化,批判成为进一步发展的主要工具。(逻辑可以看成是批判的工具)较高级语言功能的自主世界[发展]成为科学世界"。[①]

　　"世界3"即第三世界有广义、狭义之分。广义的"世界3"即语言世界,狭义的"世界3"特指科学知识。可以说,第三世界即科学认识的世界是从日常语言世界发展而来的。近现代科学系数千年前语言进化而来。

　　g. "世界3"是复兴形而上学的哲学论证。

　　"世界3"即第三世界的提出是现代科学主义复兴形而上学的显著标志。爱因斯坦认为,科学没有形而上学是不行的。波普的"世界3"给科学家的这种认识做出了系统的哲学论证。这在很大程度上,纠正了知识发展三段论的(孔德)模式:实证科学并不取消、代替形而上学,而是与形而上学并存、同时存在的。

　　波普指出:"人类语言属于所有三个世界。"(早期斯多葛派)

　　"就语言包含信息而言,就其论说或描写事情或者传达别人可以接受的任何意思或任何有意义的消息、或者同意或反对别人意见这一点而言,它又属于第三世界。理论或命题或陈述是最重要的第三世界的语言实体"。[②]

　　"第三世界就其起源来说是我们的产物,而就其所谓本体论地位来说是自主的"。[③]

---

①　波普:《客观知识》,上海译文出版社,1987 年,129 – 130 页。

②　波普:《客观知识》,上海译文出版社,1987 年,167 页。

③　波普:《客观知识》,上海译文出版社,1987 年,171 页。

第三世界的提出表明,在当代,语言信息、知识爆炸,特别是科学知识连同科学方法空前地飞速发展,要求给予它以本体论的地位和论证。现代科学的革命进展,要求将人类精神的产物和心理意识状态区别开来,取得某种相对独立的地位。语言世界,特别是科学知识已经成为一个特殊的、单独的研究领域。这就重新引起某种形而上学的需要。这也就是波普一再强调的客观知识的本体论地位问题。

3. 第三世界和第三条道路

a. 从"没有意义"的问题到为"实在论关于世界实在性论题而辩护"。①

"我们感兴趣的应是理论、真理、论据"。②

思想	
即是	
名称或语词或概念	陈述或命题或理论
可以被表述成	
词项	断语
它们可能是	
有意义的	真的
并且它们的	
意义	真理
可以借助于	
定义	推理
还原到	
非定义概念	原始命题
的意义	
企图借助于这些方法确定	
(而不是还原)它们的意义	真理性
导致无限倒退	

① 波普:《客观知识》,上海译文出版社,1987 年,第二章,"常识的二重性",35 页。

② 波普:《客观知识》,上海译文出版社,1987 年,132 页。

　　实证主义试图用"意义"问题取消本体论问题,走第三条道路,坚持休谟本体论的怀疑论,从孔德到罗素均如此。

　　波普试图用知识增长问题,即"如何达到真理"来解决或推进休谟问题,重建知识本体论。

　　知识本源问题在实证主义哲学家那里是"潜在"的、有意被掩盖着的。对绝大多数科学家而言,实在论的前提是不言而喻的信念或假定或承诺。这一点,根本不同于实证主义的怀疑论。应当指出的是,本源问题,即知识本体论问题在波普这里是公开的、分层次的、历史进化的。波普并不回避本体论问题。他从"形而上学的实在论者"(科学发现的逻辑)到"常识的批判的实在论"(客观知识),明确表示,自己属于科学的实在论。他认为,本体论无法取消,只能重建。特别是面对某些人本主义哲学家的主观唯心主义倾向(他们都以坚持形而上学自命),波普认为,必须高扬理性主义,"必须试着通过批评来改进我们的哲学",而不是人为地取消本体。"这是我对哲学的继续存在所能提出的唯一辩护"。①

　　b. 思想的客观内容或知识的客观性问题,突出了科学知识在我们生活于其中的现实世界的地位,为解决传统本体论(身心关系)问题提供了新的思路。这就是:从精神产物来研究、理解、把握精神的本性及其与现实世界的关系。精神主体借助于第三世界对第一世界可以起巨大的推动作用。"城池毁灭了,只要图书馆存在,世界就能再次运转"。德国、日本战后的复兴就强有力地证明了哲学家的预见和论点。

　　c. 第三世界与第三条道路的比较。

　　我认为,第三世界即客观知识理论是当代科学哲学中的唯物主义倾向,至少是唯物主义的因素。

　　正视本体论问题,很大程度上克服了不可知论;

　　将知识的相对性归于知识的"进化"即历史性,用"逼真性"代替"绝对真理",一定程度上肯定了客观真理,克服了相对主义;

　　突破了经验主义传统,用否证论代替实证论,突出了理性的批判功能。自觉的批判理性,成为科学认识与常识的教条主义、本能信念的分界。阿米巴与爱因斯坦只有一步之差,但这却是关键性的原则差别。

---

①　波普:《客观知识》,上海译文出版社,1987 年,34 页。

4. 客观知识理论与当代科学哲学(历史学派)

历史学派实际上是隐含了第三世界的前提而发展起来的。从库恩的"范式"到夏佩尔的"信息域",都以知识的增长为主题。它们的特点是明显地向社会历史领域扩展,不再把科学发展归结为理论的更替和单纯逻辑问题。科学方法有其更广阔的社会背景,科学发展是社会历史文化的一部分。

§4. 马克思主义哲学应吸取"第三世界"的合理思想

我认为,马克思主义不应将"第三世界"简单地斥之为"唯心主义"。只取其方法(四段图式),拒绝其本体论(突现进化论)是不可能的。客观知识的论点或知识的客观性本身是唯物主义的思想成分。排斥这一点是一种狭隘的宗派主义。

"第三世界"是现代科学唯物主义思想的一种间接表现形式。正如实证精神是实证主义的合理成分一样,客观知识是批判理性主义的合理成分。我们可以超越它的康德主义传统,却不可能绕过它提出的知识客观性问题。

这特别是指,波普对实证主义和主观唯心主义的批判。从量子论的主观主义解释到释义学(解释学)的主观主义,他在近半个多世纪(30年代至90年代)中,始终坚持对其进行批判,维护科学实在论。波普引证爱因斯坦和丘吉尔对实证主义的批判,是很值得注意的。

爱因斯坦:"在我接受事物即物理对象以及属于它们的时空结构时,我看不出有任何形而上学的危险。"①

丘吉尔:"我们已经独立地证实了太阳的实在性。当我的形而上学朋友对我说,天文学家进行计算的资料最初必定是通过他们的感觉证据获得的时候,我回答说,'不对'。至少在理论上其资料可以通过自动计算机来获得,而计算机是用光照来发动。因此,在任何阶段上都没有混杂人类的感觉……"②

波普认为,爱因斯坦对罗素的批评是完全正确的,而丘吉尔的上述论点是对唯心主义和主观主义最机智的驳斥。这里讲的,都是维护物理对象的客观实在性,即朴素实在论。而科学理论都"蕴含了实在论"。③

还应指出,就"第三世界"而论,这一概念的提出,与邦格的科学唯物主义,都

---

① 转引自波普:《客观知识》,45页;见《爱因斯坦文集》,I,411页。
② 丘吉尔:《我的早年生活》,1930年,转引自波普:《客观知识》,45-46页。
③ 波普:《客观知识》,上海译文出版社,1987年,42页。

是力主"突现论"的。

因此,可以说,第三世界理论完全能够作唯物主义的解释。应该引为马克思主义的同盟者,而不是唯物主义的敌人。尽管,波普对这一理论的表述存在种种混乱,例如,引证柏拉图和黑格尔等等,但基本倾向是验证知识的客观性,这一点是应予以充分肯定的。客观知识的理论,可能是对我称之为"归纳问题"的一种哲学答案。这一点,更值得我们重视。

总之,循着客观知识的思路,我们可能对传统的本体问题、身心关系问题、可知性问题,给出新的答案。从问题的客观性上,将左半脑和右半脑哲学联系在一起。"重要的不是重现而是境况分析"。① 解释学不应只是主观地理解本文,而是客观地分析引起问题的境况。人本主义和科学主义可以在客观方法上一致起来。

"解决问题的方法即猜想与反驳的方法是两种科学②都采用的。它用于恢复一篇破旧不堪的文本,也用于建立一个放射性学说"。③

与邦格相比较,波普侧重于提出问题和新的概念,推进科学实在论,而邦格则侧重于论证体系,公开提倡唯物主义。作为专业的科学哲学家,他们的基本立场是并行的,一致的。

---

① 波普:《客观知识》,上海译文出版社,1987 年,198 页。
② 自然科学和人文科学。
③ 波普:《客观知识》,上海译文出版社,1987 年,196 页。

第六讲

如何正确分析、评价和借鉴现代科学主义的积极成果？

——对"工具论"的一种批判　06/11/1995（原稿为 27/11/1990）

为什么要研究这个问题？

1. 十多年来,随着科学哲学的广泛介绍,一种取消本体论问题的怀疑论思潮被"引进"到哲学领域,把哲学仅仅当作科学预测的工具,要求哲学直接解答具体科学问题成为一种时髦。实质上,这是要把哲学像赶"苍蝇"一样逐出科学研究。这种情况为何出现？它走向哪里？很值得我们研究。

回顾 20 世纪 80 年代初至最近两年的历程,颇多教益。既开阔了眼界,也产生了迷惘。

2. 1989 年第 6 期苏联《哲学科学》杂志的一篇文章:《哲学是不是科学?》（A. Π. 尼基福罗夫）,在苏联引起了广泛的讨论。这种讨论,有助于我们弄清,否定马克思主义哲学的科学性是一种国际性的思潮,不可小视。①

至于近几年来,西方后现代主义哲学被介绍到国内来,按照这种哲学的主张,哲学不仅应从科学中驱逐出去,而且也应从艺术中驱逐出去。这样一来,哲学作为人类文化思想的结晶,真好像是无家可归了。

事实果真如此吗？我们这里仅侧重于科学主义的主张加以考察。

§1. 现代科学究竟证明了什么？
——对科学主义否弃"形而上学"的一点分析

1. 从整体上把握现代科学主义思潮的特点。哲学基本问题的争论,在科学认识领域,突出地在可知论和不可知论即认识论和方法论的争论中表现出来。这是当代与古典时代不同的特点。

---

① 参看:《哲学译丛》,1989 年第 6 期,1990 年第 4 期。

对科学主义思潮,我认为仍应坚持意识形态分析、历史分析和认识论分析的基本方法。因为,它不同于科学理论,而是对现代科学发展的一种哲学解释和观点。它讨论的是哲学的问题,而不是科学理论问题。把科学主义混同于科学理论是借科学来否定唯物主义的一种哲学辩论手段。现代科学发展究竟证明了唯物论还是怀疑论、唯心论? 这就是我们同科学主义的根本分歧。有人认为,唯物论这个词根本不能提了,讲实在论就够了。实际上,西方也有哲学家(例如邦格)还坚持用唯物论的。没有必要迎合一些人的口味而模糊自己的哲学立场。

罗素有一段话讲得很典型。他说:"朴素实在论导致物理学,而物理学如果是正确的,却证明朴素唯物论是错误的。"为什么是错误的呢? 他的论证是:"一位观察者,当他观察一块石头时,如果相信物理学,那么他实际是在观察石头对他的作用。因此,科学似乎在同自己作对:当它很想是客观的时候,却发现同自己的意志相反,陷入了主观性。"①

罗素的这个观点,早就遭到科学家的坚决驳斥。在一定程度上,也被波普、库恩等一些科学哲学家所否弃。但是,从总的情况看,多数科学主义哲学家并没有从根本上放弃罗素这种怀疑论的根本立场。关于科学实在论和反实在论的争论,就带有这样的性质。例如,范·弗拉森的建构经验论,就有这样的味道。有人认为它是"实在论",这是大可讨论的。②

2. 在这里,明确区分科学家的立场和科学哲学家的立场是十分重要的。

所谓"意义问题",在科学家和唯心论、怀疑论哲学家之间是显然不同的。科学家讲的是具体科学问题的意义,如,爱因斯坦统一场论的物理意义,现代规范场的验证、比夸克更深一层的某种物理 – 数学模型的实验验证问题,等等。而哲学家讲的意义问题是泛指认识的客观性和主体性的关系。这正是工具论者极力加以混淆的一个重要论据。有人讲,量子力学是靠实证主义哲学发展起来的,就是这种混淆的典型事例。这种说法,与将相对论归功于马赫哲学是一样的,于理不通。意义问题有着相互区别的两层含义。

以量子力学为例。科学家讲的意义问题与科学认识的客观性是一致的。有的科学家坚持,离开观测手段的选择来谈量子的实在特性是"没有意义"的,这是指没有物理意义,并不等于说量子客体离开主体是不存在的。玻尔、海森堡强调

---

① 《意义和真理的探究》,转引自《爱因斯坦文集》,I,407 页。
② 参看张纲:《自然辩证法通讯》,1992 年第 5 期。

的是经验认识的不确定性,既不与唯物主义的本体论相矛盾,也不是论证认识内容的主观性。

海森堡说:"对于每一个互补的陈述,原子究竟是在左边的或右边的问题是不决定的。但是,'不决定'一词决不等于'不知道'一词。'不知道'将意味着原子'实在是'在左边或右边,只是我们不知道它在哪里而已。但是,'不决定'是指另一种情况,即只能用互补的陈述表示的情况。"①

这里的"不决定",即量子现象的不确定性,这是量子世界的特征。而"不知道"是指主观认识有无客观内容的问题。两者的区分表明,我们不能用日常语言去把握微观客体的特性,为了把握微观实在,需要发展一种新的语言,创造新的概念,以至新的多值逻辑和新的思维方式。如果你固守在经典物理的思维框架内,一定会追问:电子在左边还是在右边,是波还是粒子? 这样的问题是没有物理意义的。但是这里所谓"没有意义",丝毫不等于说微观客体的二象性是人创造出来的,或主观的想象。可见,量子学家讲的"没有意义",根本不是罗素所讲的物理学证明了它的"主观性",而仅仅是如何在语言中表达、描述微观实在的方法论问题。就是说,量子物理学家丝毫不否认本体论层次上微观客体的实在性。

实证主义哲学家所谓的"没有意义的问题",恰恰是本体论层次的客观真理性问题。量子现象是主观的还是客观的? 认为这样的问题没有意义,恰恰是否认了科学理论的客观真理价值。这是休谟怀疑论的现代表述形式。

简言之,科学家有时争论的"意义问题",多半(主要)指的是有限事物的特征;而一些科学哲学家讲的意义问题,指的是普遍认识的客观性,涉及无限世界的本源问题,即本体论问题。科学家的意义问题是从客观对象提出的,而哲学家的意义问题主要是从自己偏爱的哲学传统出发对新提出的科学问题的主观解释。毋庸置疑的是,现代科学的发展,恰恰是推动了唯物主义本体论的深入,而丝毫没有证明本体论的怀疑主义。

§2. 科学能否代替哲学?
——关于哲学与科学"进"与"退"的问题

过去一些年,作为教条主义的"包办论"的对立物,有人公开宣扬哲学无用论。他们从另一极端,制造科学与哲学的对立,好像是两军对垒,"你进我退"。这种论

---

① 海森堡:《物理学和哲学》,科学出版社,1974 年,122 页。

点认为，"哲学不断地从它原来领有的范围中退出，而自然科学一个又一个地进入这些领域"，这是哲学与科学进步的真正标志。例如，"哲学早已从'万物源于水'退出，哲学已经或正在从'宇宙空间有限或无限'退出"，"哲学可能将要从'时空是物质存在的形式'退出"，等等。①

准确地说，只有宗教和科学才存在退与进的关系，这一点，罗素在《宗教与科学》中已经论述过了。哲学与科学则是另一种关系，它们相互补充、相互促进、相互渗透。历史上如此，今天仍是如此。

玻姆指出："形而上学是处理事物第一原理的哲学分支。人们并不知道事物的终极本性，所以许多现代哲学家和科学家都反对形而上学。殊不知，形而上学是任何人都回避不了的。问题是对形而上学应采取一种正确的、开放的态度，应该不时地对旧有形而上学观念进行反思和修正，让更好的形而上学观念取而代之。"②"人们不是常说，人一半是天使，一半是野兽吗？这就表明人本性上是形而上学的（至少一半）。如果人像其他动物那样实证，那么人永远也不会超出一般动物的水平，永远也不会成为人"。"形而上学是人本性的召唤"。③

事实上，科学无论怎样进展，都不能代替哲学，更谈不到从科学的理论思维中取消形而上学的信仰和思辨。因为，科学是对有限事物的研究，永远不可能穷尽对无限的哲学探讨。"万物源于水"从古代的哲学问题变成了现代的科学问题，但本源问题，substance 问题仍然存在。可观测的宇宙总是有限的，宇宙学并没有取消世界的无限性问题。"时空是物质存在的形式"这个哲学命题，今天已经具有更丰富的内涵，科学家甚至在讨论"时间倒流"问题，但时空仅仅是康德所讲的感性直观的形式，还是客观实在的普遍形式？这样的哲学争论依然存在，永远也不会完结。因此，只看到哲学不断地从实证科学问题退出来，看不到它本身的不断深入，看不到它继续引导科学前进，无疑是片面的。

从本质看，所谓哲学从科学"退出论"，不过是实证论（孔德）的知识三段论的观点，其失误就是将科学与哲学对立起来，割裂开来，否认两者在根本上的一致性。应该说，就科学而论，本源问题、本体问题、存在问题，从"万物源于水"到"夸克的奇异性"，始终像科学航船上的罗盘一样，不断引导着科学家们去发现新的大

---

① 参看：《哲学是物理学的工具》，湖南科技出版社，1988 年，91－94 页。
② 《自然辩证法通讯》，1995 年第 4 期，66 页。
③ 朱德生："形而上学的召唤"，《新华文摘》，1995 年第 9 期，24－26 页。

陆。爱因斯坦说,哲学是科学之母。薛定谔认为,形而上学是科学的侦察兵和建筑物的脚手架。这些论点很中肯地说明了科学与哲学的互补性关系。

总之,哲学既不是科学的皇后,也不是科学的奴仆。随着现代科学的发展前进,哲学本身也在发展,从具体的科学问题上退出来,从普遍的哲学问题上更加深入下去。我们必须两面作战,既反对哲学干涉科学,"包办科学",也反对用科学来取消哲学,"代替"哲学。目的是在反对宗教蒙昧主义、迷信和愚昧的共同斗争中,发展和巩固建设性的同盟关系。在这个伟大的事业中,各有各的位置,谁也代替不了谁。

§3. 哲学仅仅是科学的工具吗?

哲学是思维的工具,就此而论,说"哲学是物理学的工具",并没有错。但它不是一般的工具,例如,像数学那样的工具、仪器那样的工具,而是类似科学航船的雷达和探照灯那样的指引航向的思维工具。

将哲学仅仅看作工具是不完全的、不准确的。只要科学不停止思维,它就永远需要从母体(亲)那里吸取力量和智慧。

§4. 关于"哲学近似于艺术"的一点讨论

A. П. 尼基福罗夫认为,哲学近似于艺术。他强调哲学的纯主观、个人的性质,并断言:"哲学中无真理可言"。[①]

就其强调哲学应有鲜明的个性而言,对于批判千人一面的教条主义、形式主义是有意义的。但说哲学无真理,就值得讨论了。难道艺术当中就没有真实不真实的问题存在吗? 何况,完全否认哲学的科学性,否认哲学归根结底仍应以科学为基础,就更值得怀疑了。

让我们看看作者的这样一个论据。他说:"如果在哲学领域里能谈到真理,那么……哲学的发展恐怕也就和具体科学的发展过程完全一样了。然而,……恰恰是在 20 世纪,即在科学取得巨大成就并向人类一切活动领域扩展的时代,五花八门的哲学体系和流派反而急剧增多。这就是说,哲学中无真理可言,起码是没有作经典意义理解的真理。"[②]

---

① 《哲学译丛》,1989 年 6 期,10 页
② 同上。

1. 不与具体科学发展过程完全一样,哲学是否就无真理可言?

2. 科学空前发展了,哲学却五花八门,是否证明哲学就毫无科学性?

不错,哲学有其近似于艺术的一面。也可以说,艺术和科学是哲学猫头鹰赖以起飞的两扇翅膀,缺一不可。赫胥黎说,科学和艺术是"自然这块奖章的正面和反面,它的一面以感情来表达事物永恒的秩序,另一面则以思想表达事物的永恒秩序"。很清楚,就艺术不过是以鲜明的个性、感情来表达"永恒的秩序"而言,它无疑地隐含着真理。就此而言,艺术与科学有着本质上的一致性,两者是对应的、相称的、相通的。两者的区别,只是表达真理的形式不同而已:艺术用形象的形式,科学用数学的形式。

即使在艺术中,怀疑论和独断论、理性主义和非理性主义,等等,这些哲学的普遍争论,也是贯穿、渗透于其中的。哲学不等同于具体科学过程,并不能说明哲学中就没有正确与错误的是非、真假之分;哲学流派的多样性,也不能否定其作为时代精神的精华的统一性。哲学要有个性,并不是说哲学就没有真理。

应该强调,哲学的共性,归根结底依赖于科学的发展。在科学文明高度发展的现代,更是如此。科学不仅有其创造物质财富的实用功能,更重要的是它有其改变人的精神生活、精神面貌、活的灵魂,改进理智的强大革命作用。就此而言,科学也是艺术灵感的不竭之源。科学永远是哲学猫头鹰的左翼,过分强调右翼是不恰当的。

很显然,哲学家的争论与艺术家的不同风格和表现手法是不能划等号的。戏剧、音乐、绘画、文学等等的不同形式,西方的水彩画和中国的山水画、中国的古典音乐(二胡、琵琶等等)和西方的交响乐、京戏和现代话剧等等,不同民族、不同地区,各有所长、各有所持。其中,当然有雅俗、美丑之分,但不存在科学不科学、真假是非之争。但哲学家的各种派别和体系,情况就不同了。其中,虽有个人的偏好、特长、民族文化、传统,不可能像 $E = mc^2$ 那样有全人类的同一性,但它各自反映了什么样的时代精神,是不能没有是非真假之分的。

总之,我们既不能抹煞和忽视哲学近似于艺术的主观的个人特性,也不能否认哲学以科学为基础的客观的全人类共性。一句话,不能以哲学的艺术性否定其科学性的根本。哲学离开艺术就没有生气,离开科学,更无容身之地。

回到本题:如何正确评价、分析和借鉴现代科学主义的积极成果?

一方面,要看到它的优势是跟现代科学前沿跟得比较紧。从波普的《科学发现的逻辑》《客观知识》到库恩的"范式"、夏佩尔的信息域理论和费耶阿本德的无政府主义认识论,等等,在认识论、方法论、本体论上,他们都提出了许多直接与现代科学进展密切相关的理论和观点。我们应认真加以研究和吸取。

另一方面,要看到它与实证主义哲学传统不可分割的关系。因此,我们不要与相对主义、怀疑主义混在一起,盲目跟在各种时髦后面走。

一句话,马克思主义者应自觉以现代科学家的哲学探讨为基础,进行独创性的研究。高举科学和唯物主义的旗帜,勇往直前!

24/11/1995

第七讲

必须认真研究西方马克思主义

14/04/1997(原稿 05/12/1990)

§1. 西方马克思主义是现代西方哲学中相对独立的一个部分

过去讲到西方马克思主义常常把它同西方的"马克思学"混为一谈,笼统地认定它是一种反马克思主义,至少是非马克思主义的资产阶级思潮。这种看法是不正确的。1986 年中央党校出版了一本西方马克思主义译文集,编者在前言中提出,不应该将西方马克思主义"逐出正统的马克思主义的教门"之外。这一论点,引起很大的争论,甚至受到公开的批判。十多年过去了,这种争论并未了结。我认为,现在有必要加以澄清。

西方马克思主义既不同于传统意义上的西方哲学,不是"马克思学",又不同于列宁主义,而是西方发达国家的一种特殊的马克思主义思潮,是同东方马克思主义相对应的一种马克思主义。属于这股思潮的人,大多数自称或被称为马克思主义者。从政治上看,他们当中有工人阶级的革命家,也有资产阶级改良主义者,还有公开的反共作家。从思想理论上看,也有三种情况:马克思主义者、非马克思主义的进步思想家、反马克思主义者。培里·安德森的两本小册子《西方马克思主义探讨》①《当代西方马克思主义》②及上述中央党校的译文集,是我们研究这个问题的重要文献依据。安德森的第二本小册子,原文为《历史唯物主义短论》,中译本译为《当代西方马克思主义》显然是不符合其原意的。这个译法,在一定程度上也反映出传统的马克思主义即东方马克思主义者对马克思主义基本理论的

---

① Consideration on Western Marxism, Verso Books, 1976 年;中译本,人民出版社, 1981 年。

② On the Tracks of Historical Materialism, University of Chicago Press, 1984;中译本,人民出版社, 1986 年。

理解上的一种歧义。事实上,西方马克思主义者对经典马克思主义哲学的理解比东方马克思主义即马克思列宁主义要准确得多。"西方马克思主义"这个名称,最早见于 1955 年梅洛·庞蒂《辩证法的历险》一书,至今已 40 多年。而从历史上考察,以卢卡奇的《历史与阶级意识》一书(1923)为代表,早在列宁在世时即已出现。它标志着与列宁主义不同的对经典马克思主义的一种基本的理解或解释。只有从这个基本的不同点出发,我们才能比较准确地把握西方马克思主义的要义。

一般认定,卢卡奇、葛兰西和柯尔施,是西方马克思主义的奠基人或第一代的代表。他们的重要著作为西方马克思主义的发展打下了基础。其基本立场和观点,是马克思主义的,而绝不是反马克思主义的。

第二种情况,以法兰克福学派最为典型。马尔库塞、哈贝马斯、弗洛姆等人是其著名的代表。他们的著作,可以看作是马克思主义对现代进步思想家有着巨大影响的突出例证。他们中的许多人自称是马克思主义者,但其社会批判理论未超出资产阶级的思想范围,应属于非马克思主义的资产阶级改良主义。

第三种情况,公开的反共作家,实用主义者胡克就是一个代表。

除上述明显的三种情况外,还有各种名目的西方马克思主义,例如,存在主义的(萨特)、实证主义的(沃尔佩、科莱蒂等)、结构主义的马克思主义者,多属于或介于第一、二类之间的情况。他们也很难完全归属于西方传统的人本主义或科学主义思潮。

至于第一种情况,许多理论上的观点,如卢卡奇的主体意识、葛兰西的实践哲学等等,多属于马克思主义思潮内部的争论,更不能划入传统西方资产阶级哲学的范畴。至少,他们提出了一系列马克思主义哲学应当重视研究的问题。

基于以上考虑,我认为把西方马克思主义单独加以研究,有助于开阔我们的理论视野,是完全必要的。

§2. 西方马克思主义是发达国家和比较发达国家马克思主义思潮的特殊形式

西方马克思主义不只是一个地域性的概念,而主要是工人阶级力量强大的发达国家马克思主义思潮的一种表现形式。它关注和提出的问题,不论在理论上还是在实践上,都具有普遍的现实意义,并不只是某种狭隘宗派的观点。

1. 从理论观点的探讨上看,例如,卢卡奇的《历史和阶级意识》一书,将历史唯物主义提到了马克思主义的首位,并且特别关注意识形态问题。他指出,历史唯物主义是无产阶级取得胜利的"最锐利的武器"。"迄今为止,历史唯物主义无疑是极好的武器,但是从科学的观点来看,它只不过是一个纲领"。我们面临着尽力完善和发展它的迫切任务。① 而庸俗的马克思主义者却忽视无产阶级意识形态的课题。②

再如,葛兰西提出,马克思主义哲学是一种实践的哲学,是实践一元论,在马克思的经济学著作中,正是在"这些实践标准和格言中间,蕴含着一种完整的世界观,一种哲学"③。他的这种理解,应该说是抓住了要害,直到今天,即在葛兰西提出他的论证半个多世纪后,才逐渐被东方马克思主义者所理解和接受。他还提出,工人阶级应当争取意识形态和文化上的主导权,提出用"阵地战"的战略取代十月革命"运动战"的战略,这种论点显然具有普遍的现实意义。

2. 从现实斗争的角度上看,安德森在《西方马克思主义探讨》中,归纳了四个问题:取代议会制民主的社会主义民主的制度形式是什么? 民族主义在现代世界中的意义和位置何在? 帝国主义国际体制的结构是什么? 落后国家社会主义革命的进程和规律是什么? 在《当代西方马克思主义》中,他又进一步归纳了历史唯物主义面临的四个研究领域:社会主义民主的政治结构;发达社会主义的经济模式;社会平等的文化模式;社会主义国家的国际关系。这些问题,反映了发达国家马克思主义理论探讨关注的重心。它不仅涉及西方的未来,对于社会主义国家,也有直接的现实意义。因此,它不只是马克思主义面临的局部的地域性问题,也是马克思主义在当代世界的普遍性问题。

应当指出的是,从卢卡奇到安德森所谈的马克思主义是发达国家或比较发达国家工人阶级前途命运的问题,是立足于西方现实的马克思主义的一部分。认真研究这些问题,对于坚持和发展马克思主义,无疑是十分重要的。这特别是因为,只有在工人阶级力量充分发展了的前提下,才能提出这些问题,而在不发达国家,是难以提得出来,甚至难以理解的。所以,从马克思主义的历史发展看,西方马克思主义提出的问题,具有不容忽视的重要性。只有站在历史运动前列的人,才能引导历史前进。相形之下,落后国家的马克思主义者,缺乏这样的客观历史条件。所以,我们更应该珍视西方马克思主义探讨的问题和价值。

---

① 西方马克思主义《译文集》,中央党校出版社,1986 年,39 页。
② 西方马克思主义《译文集》,中央党校出版社,1986 年,26 页。
③ 西方马克思主义《译文集》,中央党校出版社,1986 年,134 页。

§3. 异化问题

如何正确对待马克思的《经济学—哲学手稿》，是现代马克思主义，也是西方马克思主义发展中引起持续争论的理论问题和实践问题。这部手稿自 20 世纪 30 年代发表之后，总的说，西方马克思主义者比较重视，而东方马克思主义者则比较冷淡，甚至予以贬斥。这涉及两方面的问题，理论上，《手稿》、特别是异化概念、人道主义在马克思理论中的地位问题；实践上，如何看待社会主义和异化的关系问题，讲社会主义的异化是否等于所谓自由化问题。

《经济学—哲学手稿》，被认为是西方马克思主义的理论基石。因为，异化概念同卢卡奇《历史和阶级意识》中提出的"物化"概念是一致的。究竟是卢卡奇独立地发现了青年马克思还是青年马克思印证了卢卡奇的理论创建，抑或两者都是？近半个多世纪的历史，应该说是选择了青年马克思和卢卡奇。《手稿》尽管是不成熟的著作，但其核心是将黑格尔思辨的异化概念，批判改造为劳动异化，改造为批判资本主义私有制的思想武器。因而，它与《资本论》是胚胎和婴儿的关系，将两者截然对立起来（例如阿尔都塞和某些东方马克思主义者），或者完全等同起来（例如法兰克福学派），显然是不正确、不科学的。聂锦芳最近写了一篇《青年马克思的自我意识观》的文章，将手稿和成熟时期的理论，既区别开来，又联系起来，这种思路是可取的。

"异化"概念可不可以用来分析社会主义发展中的某些现实问题？我以为是可以的。因为，社会主义公有制的建立，意味着我们从根本上开始消除了"劳动异化"的根源。但社会主义是一个长期发展的历史过程，有多种所有制并存的市场经济的存在，就意味着不可能完全消除异化现象。这是一方面。另一方面，更重要的是，在公有制度内部，如何解决所有权和管理体制的关系，是一个全新的问题。不解决管理体制问题，公有制是一个空的东西，完全可能异化为社会主义的对立面。从这个考虑出发，我以为探讨社会主义条件下产生劳动异化的根源及其克服的现实途径，是有积极意义的。因此，笼统地认为，谈异化就是搞"自由化"是不正确的。问题在于你怎样来谈论异化问题。

就西方马克思主义而言，他们谈异化主要是针对资本主义的。且不说卢卡奇的"物化"理论无可非议，即以马尔库塞的《单向度的人》来说，批判锋芒指向现代资本主义也是很明显的。当然，他们也不回避社会主义的异化现象。但若因此我们就把它扔到反马克思主义阵营中去，那么，我们自己站到什么样的"马克思主义"一边了,就很值得怀疑。阿 Q 总害怕别人说"光头",这是一种鸵鸟心态。如果社会主义没有异化现象,你说它异化了,也决不会成为事实;如果有异化现象,让大家来研究,又有什么不好? 因此,我认为马克思主义者必须采取面对现实的积极态度。只有正视自己弱点的人,才能成为真正的强者。

§4. 马克思主义的多样化和多元化问题

马克思主义的普遍真理和各民族文化传统的结合,历史唯物主义和批判吸取当代西方哲学的合理内容相结合是 20 世纪马克思主义发展的显著特点。西方马克思主义的一个特点就是与各民族文化传统以及西方现代流行的各种哲学思潮的紧密联系,从而使马克思主义的发展呈现多样化的趋势。在这种多样化的过程中,他们有成功,也有失误。研究他们成功和失误的经验教训,特别是他们在文化领域所做的大量工作,对于分清马克思主义与非马克思主义、反马克思主义的界线,对于澄清马克思主义内部的是非争论,对于开阔当代马克思主义的视野,是大有裨益的。

例如,卢卡奇关于工人阶级主体性问题的探讨,他在美学等领域的大量论述;葛兰西关于实践的哲学探讨;阿尔都塞对传统人道主义的批评,等等,他们的观点虽然未必是我们全都能同意的,但他们的论述无疑是马克思主义内部的是非问题,对于促进现代马克思主义的发展无疑是一种贡献。这与否定马克思主义的基本理论,与背离历史唯物主义的多元化倾向,是不能同等看待的。

这里,有两种情况应注意加以区分。

首先,坚持马克思主义的基本观点,采用或吸取西方流行哲学思潮中的某些方法来研究社会现实问题和马克思主义理论问题,从而提出的新观点和新结论。例如,阿尔都塞用结构主义方法对《资本论》的剖析。他认为,《资本论》的"理论结构"或"总命题"原则上与黑格尔的神秘主义辩证法是不同的,即《资本论》的结构"不同于它们在黑格尔那里的结构"。① 这种分析,不能被认为是"结构主义的马克思主义",而宁可称之为马克思主义的结构主义学派。这是属于马克思主义的多样化问题,而不是背离马克思主义的多元化。

其次,把马克思主义与非马克思主义的思想体系"融合"在一起,虽然其中可

---

① 转引自西方马克思主义《译文集》,中央党校出版社,1986 年,8 页;原文见《保卫马克思》,1979 年英文版,94 页。

能包含某些合理的因素,但总体上与马克思主义是不相同的。这是将马克思主义变成非马克思主义的多元化。例如,弗洛伊德的"马克思主义"、存在主义的"马克思主义",等等。虽然,就其强调人性中的非理性因素、人的价值而言,不能一概否定,但从思想体系上看,是用抽象的人性论修改历史唯物主义,显然是背离马克思主义的。因此,我们赞同用马克思主义哲学对西方哲学中某些合理因素进行批判吸收,而不能接受将马克思主义融合为某种非马克思主义体系的多元化主张。

应该强调,将马克思主义民族化、现代化是属于马克思主义发展的内部争论问题,而将马克思主义非马克思主义化则是属于马克思主义与反马克思主义的原则是非。西方马克思主义者在多样性方面所做的创造性工作是对马克思主义宝库的积极贡献,对于建设有中国特色的社会主义是有启发的,在任何意义上都不应盲目排斥。而对他们当中确实存在的非马克思主义的多元化倾向,则应予以抵制,在任何意义上都不应盲目趋从。

总之,我认为,对西方马克思主义的研究成果,我们应充分予以肯定,而绝不可采取宗派主义的态度,非我即敌。这样做,只能使自己孤立于马克思主义的当代发展之外。

第八讲

论社会主义的人道主义

17/04/1997(原稿 26/03/1991)

§1. 社会主义的人道主义是对资产阶级人道主义的批判继承和发展

马克思主义者不能抛弃人道主义这面旗帜,而只能比资产阶级站得更高,看得更远,用现实的人道主义代替资产阶级片面的、虚伪的人道主义。

马克思在揭露资产阶级人道主义的虚伪性时,写过一段很经典的话。他指出,在资本主义条件下,劳动力的买卖"这个领域确实是天赋人权的真正乐园。那里占统治地位的只是自由、平等、所有权和边沁。自由:因为商品例如劳动力的买者和卖者,只取决于自己的自由意志。他们是作为自由的、在法律上平等的人缔结契约的。契约是他们的意志,借以得到共同的法律表现的最后结果。平等:因为他们彼此只作为商品所有者发生关系,用等价物交换等价物。所有权:因为他们都只支配自己的东西。边沁:因为双方都只顾自己。……正因为人人只顾自己,谁也不管别人,所以大家都是在事物的预定的和谐下,或者说,在全能的神的保护下,完成着互惠互利、共同利益、全体有利的事业"。"原来的货币所有者成了资本家,昂首前行;劳动力所有者成了他的工人,尾随其后。一个笑容满面,雄心勃勃;一个战战兢兢,畏缩不前,像在市场上出卖了自己的皮一样,只有一个前途——让人家来鞣。"①

恩格斯在评论费尔巴哈人性论的局限时写道:"真的,在费尔巴哈那里,爱随时随地都是一个创造奇迹的神,可以帮助他克服实际生活中的一切困难,——而且这是在一个分成利益直接对立的阶级的社会里。这样一来,他的哲学……留下的只是一个老调子:彼此相爱吧!不分性别、不分等级的互相拥抱吧,——大家一

---

① 《马恩全集》,23 卷,1972 年,199 – 200 页。

团和气地痛饮!"恩格斯指出:"对抽象的人的崇拜,即费尔巴哈的新宗教的核心,必须由关于现实的人及其历史发展的科学来代替。这个超出费尔巴哈而进一步发展费尔巴哈观点的工作,是由马克思于 1845 年在'神圣家族'中开始的。"①

应该指出,马克思对资产阶级自由、平等、博爱的揭露和恩格斯对费尔巴哈人性论的批评,并不是对人道主义的抛弃,而只是批判地继承和发展,只是对资产阶级人道主义的超越或扬弃。如果认为,马克思和恩格斯的批判或超越就是根本否弃人道主义,正如认为他们批判旧唯物主义就是根本抛弃唯物主义一样,显然是荒谬的。因为,人道主义是中世纪神权主义的对立物,马克思主义显然不可能完全否定它,而只是对资产阶级人道主义不彻底性、抽象性的否定。社会主义的人道主义是一种现实的,比资产阶级人道主义彻底得多、全面得多、丰富得多的人道主义。我以为,阿尔都塞的观点是站不住脚的。

当然,将马克思主义归结为人道主义也是不对的。因为,马克思主义有比人道主义丰富得多的内容。历史唯物主义并不等于人道主义,也是显而易见的。所以,将马克思主义称为所谓"唯人主义",在我看来,也是违背唯物主义的,同样不能成立。这不是个简单的翻译问题,而是两种思想倾向的分界问题,即:马克思主义还是历史唯心主义。例如:生存权和发展权也是基本的人权,人权并不只是西方国家所主张的自由选举,等等。劳动人民的经济权力(地位)就是马克思主义人道主义固有的内容,而这一点正是资产阶级人道主义所不可能达到的,如此等等。

§2. 非传统理性主义是现代西方人本主义的突出特点

传统马克思主义必须面对两个现实的难题,即与传统人道主义和现代非理性主义的相互关系。现代马克思主义既不应抛弃人道主义的旗帜,也不能回避非理性主义的挑战。应该说,西方传统的人道主义 20 世纪以来有很大的发展,这就是从传统的理性主义转向了非理性主义。从叔本华、尼采到弗洛伊德和弗洛姆,西方现代人本主义哲学家着重揭示了人的非理性存在的一面,从而丰富了人性论的内涵,为全面把握人的本质开拓了新的视野。具体地说,现代西方的人道主义有以下几个共同特点:

1. 将人的非理性本能提到首位。在西方现代哲学家看来,人不只是理性的动物(亚里士多德),而且更是一种非理性的存在。人的欲望、感情、意志与理智相

---

① 《马恩全集》,21 卷,1965 年,333 – 334 页。

比,是更为根本的生存因素。人性的解放,不只是将人的理性从神权束缚中提升出来,而且是从传统理性主义的限制中摆脱出来,"上帝不存在,一切都是可能的"。(陀思妥耶夫斯基)①"尊重本能,甚于尊重理性"。② 因此,当我们说到尊重人的价值,人有人的尊严时,理应包含尊重人的非理性需要。

2. 主观唯心主义的倾向。从叔本华的"世界是我的表象"、尼采的"权力意志"到萨特的"人就是自由","我们只是孤零零一个人,无法自解",③都在强调人是自我创造、自我设计的产物,都可以看到贝克莱的某种影子。

3. 反对科学主义。西方现代人本主义者,大多将人性的异化归罪于现代科学技术的发展。从马尔库塞的《单面人》到弗洛姆"人已死了"的悲叹,在抨击现代资本主义的同时,往往用人和物的矛盾来回避人和人的对立。

应该指出,现代非传统理性主义的发展,对科学、哲学、文学艺术等各种社会意识形式,有着广泛的、渗透性的影响。它不是某种传统人道主义(例如费尔巴哈的人本主义)的简单重复,而是含有新的内容的现代非理性主义的人道主义。看不到这一点,停留在批评费尔巴哈抽象人性论的水平,是无力捍卫社会主义的人道主义的。

§3. 现代非传统理性主义给马克思主义提出了什么新的课题

现代非理性主义既是传统人道主义的发展,如何吸取非传统理性主义研究的成果,丰富和发展马克思主义的人道主义,是摆在历史唯物主义面前的新课题。

从科学内容来说,非理性主义着重揭示了人的感性存在的一面,即尼采所谓的酒神精神。因此,传统人道主义将理性绝对化的倾向,显然是片面的。西欧中世纪的神学传统,甚至将理性主义与禁欲主义混为一谈,近代传统的人道主义虽然反对这种禁欲主义,但由于它本身将人性归结为理性,因而也不可能与神学观念彻底划清界线,只是把过去属于神的特性变成了人的理性。人性的异化,理性的异化就是神。然而,从现代观点看,人是理性和非理性的统一体,只有肯定人的非理性存在,才是对人的本性的更加全面的认识,也才是对传统神学观念、对"上帝存在"更彻底的否定。这一点,在萨特的存在主义的人道主义中,看得很清楚。

---

① 参看萨特:《存在主义是一种人道主义》,上海译文出版社,1988 年,12 页。
② 莫诺:《偶然性和必然性》,上海人民出版社,1977 年,19 页。
③ 萨特:《存在主义是一种人道主义》,上海译文出版社,1988 年,12 页。

更早一些,在尼采对基督教道德的抨击中就明显表现出来了。一句话,现代非理性主义既是对人性的更全面的揭示,也是对神性的更彻底的否定。因此,它比起传统的人道主义来,是一种理论上的重大的历史性的进步。应该承认,现代非理性主义哲学家立足于对人性的这种新认识,对现代资本主义社会人性异化的揭露和批判,大多是尖锐的、进步的,马克思主义者理应予以支持,而没有理由加以排斥。

问题在于,非传统理性主义的人性论,仍然是一种抽象的人性论,这种人道主义仍属于历史唯心论。马克思主义与非理性主义哲学家的分歧,不在于要不要讲人道主义,而在于要什么样的人道主义。停留在抽象的自然人的观点,是现代非理性主义和传统理性主义人道主义的共同缺陷。就此而论,萨特、弗洛姆与费尔巴哈并无原则区别。只有站在现实的社会人的立场,才能克服这种局限性。在这里,应注意的是教条主义的马克思主义者将社会的人视为完全脱离自然的人,将阶级性与人类共同性截然对立起来,将人看作是社会关系的抽象的、类似几何学上的点。应该看到,脱离现实的物质生活条件(包括经济人、法律人等等)去讲人的社会存在,同样是一种抽象的人性论。脱离社会存在的地理环境、自然条件去讲人的社会性,无视人的自然需要包括人的尊严、人格平等去讲阶级性,同样是一种历史唯心论。只是在表现形式上与费尔巴哈爱的宗教相反,可以称之为"恨的宗教"吧。其实,无论爱和恨,都不是抽象的,而是具体的。爱和恨的欲望都是自然的本能,都是一定社会历史条件下的产物,都是历史发展的。当人们把这种欲望强调到脱离产生它们的现实的生活条件时,同样都是主观的幻想,也都是人性的异化。

因此,超越抽象的人性论,不是抛弃人道主义,而是必须坚持历史唯物主义。要知道,历史唯物主义本身就包含了现实的人道主义的内容。人要生存和创造,首先必须解决吃穿住行的条件,这既是历史唯物主义的根本,也是现实人道主义的要求。充分吸取现代非传统理性主义人道主义的成果,必须克服教条主义的偏向,站到真正马克思主义的立场。一句话,马克思主义必须包含人道主义,而不是相反。

22/04/1997

下　篇　现代自然哲学探讨

第一讲

哲学的命运

山西大学图书馆约题讲座　09/03/1993

"命运"这个词，按习惯的用法即"预定如此"的意思。这是宿命论的看法。照现代科学，世界上没有什么命该如此、必定那样的事情。在现时和未来的联系中，只有可能这样，可能那样的问题。这就是通常讲的机遇和选择的关系。机遇是客观的，一定程度上是作为外在的强制力（必然性）提供给人或强加于人的，而选择是有机体的主观意愿和行为，严格讲，是有意识的人类特有的能力。主观客观两方面合在一起，在未来世界中创造出新的可能性，或使现实可能性成为实际存在的事物，这就是我了解的"命运"的含义。

哲学现在面临着如何选择自己的命运的问题。客观上，现代科学的迅猛发展，社会生活的急剧变革给哲学发展提供了极为丰富的机遇。另一方面，过去很长时间哲学是靠给老太太（如贾府的贾母）当丫头过日子，没有自己的独立"法人"地位；在与科学发展的关系上，往往还奢望当婆婆，总想指手画脚。当然，结果都不好。就是说，机遇是客观存在的，问题是如何选择？无论是当奴婢、当婆婆，老路肯定走不通了，必须改弦更张。我以为，哲学只有以科学为师，以科学为友，与科学结盟，才是正当的出路。

谈一点个人的认识经历和感受。近40年前，我在大学念哲学课时，教材是苏联的本子。当时就觉得讲的内容与科学发展实际脱节得厉害，很不理解。爱因斯坦逝世(1955)，李政道、杨振宁因提出宇称不守恒思想而得诺贝尔奖(1957)，这些都给年轻的心灵很大冲击。哲学怎么办？当时就引起我深深的思考，甚至还有点忧郁。这促使我到物理系、数学系去选修理论物理和高等数学。1958年大跃进，这个计划只得半途而废了。

往后，自己当教师，苦恼更深了。自己觉得没意思的东西还要再给学生讲，实在不是滋味。"文革"中，断断续续念点现代科学家著作：《物理学的进化》《生命是什么？》等等。十一届三中全会以后，选择的余地增大了，这才下决心一边讲别的课（马克思主义哲学原著、欧哲史等），一边集中主要注意力啃科学家的哲学著作。师友们的鼓励也给了我很大支持。1979年11月和洪谦先生谈到读薛定谔的《生命是什么？》时，他担心我是否读得懂？因为，在科学上，基因突变、遗传机制等等是难以弄懂的。科学家尚如此，像我这样连理科本科毕业都不够的水平行吗？但是，不论如何困难，有一点我越来越明确，就是发现：现代唯物论思想，并不在哲学教科书中，甚至也主要不在哲学家们的专门著作中，而首先是在科学家的哲学著作中。他们站在前沿，他们也最清楚真正的哲学困难在哪里。例如，薛定谔的《决定论和自由意志》，篇幅很短，问题非常集中、突出。沿着这条思路走下去，使我得出一个结论：只有从科学家那里吸取丰富的营养，才是哲学，特别是唯物论哲学改变自己命运的唯一出路。

哲学如果只依附于某一狭隘的社会利益集团才能生存，迟早都逃不出婢女的命运。哲学只有忠实于科学才能使自己立于不败之地。任何王朝的兴衰都不足以改变哲学的命运；因为，它结结实实地站在科学理性的大陆上，任何风吹浪打，它尽可以无动于衷。为科学论证，为科学开路，为科学服务，给科学作后盾，这是当代哲学的最大职责和义务。除此，没有新的选择，也不会有天上掉下来的好运气。

与科学结盟，为科学服务，从根本上讲，就是为社会进步服务，为现实服务。问题是对"为现实服务"应有一个科学的理解。为现实服务，并不是当时装推销员，更不是为丑恶现象辩护，而是要表达社会进步的意向和心声，表达最广大人民群众的利益和愿望。我不赞成"凡是现实的都是合理的"，果真如此，社会就没有发展了。显然，这是庸人的论点。哲学的现实职责恰在于论证"凡合理的都是现实的"的命题。而什么是"合理的"呢？解决合理性问题，例如，生态社会学、生态经济学，等等，经济建设只能靠科学，而不能靠善良愿望和长官意志。

在社会转型期，人们往往有一种"失重"的感觉，怎样才能使自己在精神生活的激流中有必需的安全感、是非感、责任感和明确的目标意识呢？只有靠科学和唯物论。

1. 实用主义只是利用科学,而不是尊重科学。

2. 新儒家仍是贬低科学,所谓提高"人生境界"与科学无关。把科学视为"雕虫小技",同样是误国误民的。

真理不是倾向哪一个,而是第三条路:既反对贬损科学的新儒家传统,也批评单纯利用科学的实用主义,而是以现代科学思想为基础,发扬和坚持科学的唯物主义精神。不唯上,不唯书,只唯实! 哲学既不要赶浪头赶时髦,也不要只管"修身养性"那一套,而要与科学同呼吸,共命运,在精神生活的海洋中,给人的灵魂以支撑、慰藉和解脱、拯救。依靠科学,拯救灵魂,这就是哲学对自己命运的明智选择。

"朱熹最早提出'星云说'"①据说,朱夫子是星云说的真正提倡者,比康德早五六百年! 这样地宣扬"民族文化传统"实在可笑。祭孔热等类似的例子还不少。一种文化只有随着科学发展,逐渐剔除其非科学、反科学的成分才能站住脚,否则是不可能发扬民族优秀文化遗产的。

哲学的庙堂亦如科学庙堂,好进难出。所谓好进,指的是大批的人是来观光的,看热闹的;或者,烧香拜佛,祈求功名利禄。真正献身科学,自甘寂寞的人并不多。而恰恰只有这少数人中的更少数,才可能在哲学上和科学上,做出自己的贡献,得到命运之神的关照。绝大部分没献身精神的人,迟早是要被上帝的使徒赶出庙堂的。所以,要从哲学庙堂里领到一张合格通行证出来,是很难的。尽管如此,我们仍祝愿并且相信,我们年轻的一代,经过艰苦的努力,是有希望在当代中国、当代世界的科学和哲学庙堂里,争得一席之地,走出庙堂踏进新的征途,而不是被上帝赶出门外的。祝大家好运!

有人说,现在哲学被挤到了旮旯里,命运不好,没有出路,甚至人心惶惶的,我不这么看。仅就教师的物质生活待遇、工作条件说,这种说法可能有点道理。但从哲学面临的发展机遇说,前景是很广阔的。关键是看我们有没有决心和勇气跨出这一步:到现代科学革命的大海中去游泳。我主张不仅研究科技哲学的,而且研究人文哲学的(例如非传统理性主义)都要下海,下科学之海,而不是经济之海。只要这么做,我认为哲学还是大有希望的。

---

① 《新华文摘》,1993 年第 1 期,148 页,原载 1992 年 11 月 26 日《社会科学报》。

第二讲

科学的前沿就是哲学的前沿

——现代科技和马克思主义专题讲座　25/11/1995

（1995级理科博士生授课要点）

我认为科学不仅是创造物质财富的手段，更重要的是它可以净化人的灵魂，改进人的理智，决定和推动哲学的发展，提高人类精神生活的质量。一句话，科学是精神文明建设的深层基础。遗憾的是，今天人们对这一点缺乏足够的重视和清醒的意识。

当然，我这里指的主要是理论自然科学或自然科学基础理论的革新对人们的世界观和伦理道德价值观所起的决定和推动作用。例如，$E = mc^2$，既可以向下转化为核电站和氢弹，也可以向上改变人们的物质观、时空观，乃至间接影响人们的日常生活价值观念。据说爱因斯坦曾向不懂相对论的人们解释过，同时性的相对性意味着（就好像）你总是觉得同爱人相对而视的时间太短暂，而同话不投机的人在一起又觉得时间太长。无疑，这种解释并不是严格的科学论证，只是用日常语言对相对论效应的不准确的翻译。但它却足可说明，理论自然科学的革命进展对人们精神生活的影响是多么广泛而深远。

测不准关系也有类似的情况。DNA的发现，既可转化为基因工程，也可改变人们的生命观、自然观（偶然性），乃至伦理道德观念（如试管婴儿等等）。

精神文明建设的根本是提高人们的科学素养。任何现实的社会理想都离不开自然科学这个知识大厦的基础。因此，十一届三中全会后，当我们有较好的精神环境进行理论教学和科研工作时，我为自己选定的位置就是为科学辩护，为现代科学家勇敢而大开眼界的哲学探索鸣锣开道。我觉得，只有这样，马克思主义哲学才有可能与现代科学沟通，哲学工作者和科学工作者才有可能建立"相互补偿"的正常思想交流和工作关系。从另一方面说，我们背的历史包袱太沉重了，东方马克思主义的，中国传统文化的。若放不下这些沉重的思想包袱，就谈不到跟踪科学前沿，自立于当代世界哲学之林。一句话，不彻底清除独断论、自我封闭的影响,就谈不到在思想理论上面向当代世界、面向未来。

一、为现代科学家的理性实在论辩护

1. 我认为,理性实在论是现代科学家哲学思想的根本特征,是一种明确无误、坚定不移的唯物主义本体论信念。

所谓理性实在论,是与朴素实在论相对而言的。从理论上讲,就是要纠正半个多世纪以来,一些人用所谓"自发性"来否认、贬低现代科学家哲学贡献的偏见,什么"物理学的"唯心主义、什么"伟大科学家、渺小哲学家",等等。这些人没有认真研究、比较现代科学家,例如爱因斯坦、玻尔、薛定谔、海森堡、沃森、克里克、莫诺、艾尔克斯、斯佩里、维纳、普利高津等等,与19世纪的科学家,例如赫姆霍茨、达尔文、海克尔等等,他们这些人在哲学信念上的划时代的革命进展,从而错误地搬用了《唯物主义与经验批判主义》中认为自然科学家的唯物主义永远不可能改变的,只不过是一种自发的、本能的、摇摆不定的唯物主义的过时的概念;并且,把它当作一顶哲学帽子,到处乱扣在现代科学家的头上。例如,1990-1992年《中国社会科学》杂志先后发表了八篇有关量子力学测量过程中是否必须有"主观介入"的争鸣文章,其中有一派的文章认为,B. d' Espagnat(巴黎大学物理学教授兼奥赛理论物理和基本粒子实验室主任)的《量子论和实在论》有"主观唯心主义"倾向,就是最近的一个实例。

德斯派纳的结论是:"可分隔性的破坏似乎意味着,在某种意义上讲,所有这些物体构成了一个不可分割的整体。在这种世界里,独立存在的实在的概念或许能保有某种意义,但它是另一种意义,一种和日常经验相距甚远的意义。"而实验证明(贝尔不等式),"大多数通常被当作孤立物体的粒子或粒子集合,在过去的某个时间已经和其他的物体发生了相互作用"①。作者尽管不同意爱因斯坦的定域实在论,但却没有放弃(怀疑)理性实在论的根本立场。他只不过坚持,这种实在论有着"和日常经验相距甚远的意义"而已。这与主观唯心主义有什么相关呢?相反,他表明,现代量子物理学家的实在论,与朴素实在论即从日常经验得来的经典科学实在论不仅有历史时代的区别,而且,这是以现代科学认识为基础的一种自觉的唯物主义本体论信念,是一种比自发唯物主义更高层次的理性的(而不再是朴素的)实在论信念。

---

① 《科学》,1980年3期,77页。

至于什么"物理学的"唯心主义,本来就是带引号的提法。从本质上讲,自然科学与唯物主义的前提(或"形而上学"信念)是不可分离的。说到某种"自然科学的唯心主义"这种概念,正如说"圆的方形"或"方的圆形"一样,是一种语词矛盾,是一种逻辑矛盾,一种思维混乱的表现。

现代理论自然科学的基本概念,现代科学实验所面对的经验事实,即现代科学家所讲的(指称)"实在",远离人们的日常经验,科学家如果没有坚定不移的、经过理智思考的实在论信念,既不可能进行科学实验,更不可能进行理论思维。在实验上没有证实"夸克"存在的时候,海森堡曾认为,夸克猜想是一个数学结构。即便如此,他也没有怀疑过量子实在是一种客观实在,而绝不是纯主观的幻觉。这就足以说明,现代科学家的理性实在论不再是一种本能的、朴素的信念,而是一种明确无误的理性(智)的、自觉的唯物主义本体论信念。否则,他就不可能为科学共同体所容纳。或者,至少他就不再是一个可信赖的科学家,例如,个别为心灵学作"实验"论证的无头脑的末流学者、糊涂的实验家。

我所以强调理性实在论是现代科学家哲学思想的根本特征,为的是论证它在现代哲学中应有的地位,驳斥所谓"渺小哲学家"的偏见。

2. 唯理论型和经验论型

如何看待现代理论科学家之间的认识论争论,是一个重大的原则问题。许多哲学家对科学家这种争论的误解、歪曲以及由此产生的混乱,都与这个问题有关。我的观点是,将经验论型的科学家视为实证论者、主观唯心论者是没有根据的。

科学家的认识论争论,往往是围绕理论和实在、理性和经验的相互关系问题进行的。就这种争论本身而言,应区分为两个方面:其一,理论能否把握实在? 其二,理论如何把握实在?

在问题的第一个方面,科学家之间不存在根本立场的分歧。前已指出,他们都是理性实在论者。必然地,他们也都一致肯定(深信),理论可以把握实在。这也可说是从他们的本体论信念出发必然得出的一种推论。

因此,他们的争论焦点,主要是在问题的第二个方面,即我们的科学理论思维如何把握实在? 在这里,由于每个科学家的科学实践经验(基础)不同,思维气质、文化背景各异,可以大致分为唯理论型和经验论型两种不同的认识论倾向。

唯理论型者如爱因斯坦、薛定谔、莫诺、维纳、克里克等人,经验论型如玻尔、玻恩、海森堡、惠勒等人。

前者倾向于从永恒秩序的观点看待世界,强调理论不是来自直接的经验。思辨、直觉想象力是科学创造的源泉。用爱因斯坦的话说就是："实在"不是经验事实的简单陈述，而应被看作理论物理学的纲领；在公理体系和直接经验之间没有逻辑的通道，理论不是从经验中"归纳"出来的。所以，他既在本体论的意义上，也在思辨的意义上，认定哲学是科学之母。也就是在双重意义上强调，科学思维不能没有形而上学。

玻尔的互补哲学是另一种类型，他更强调理论须以经验观测为基础，离开经验实在来谈抽象的本质是没有物理意义的。当然，他也不是经验归纳论者，而是强调，"既当演员，又当观众"的理性实在论者。从测不准原理到互补哲学也是一种思维的量子跃进。

正因为强调理论依赖于经验，所以玻尔在哲学上遭到比爱因斯坦更多的非难、攻击和误解。爱因斯坦不满于玻尔的"实证论"倾向就是一例。其实，不仅玻尔本人坚决否认实证论者对他的捧场，（据说，有一次实证论哲学家集会欢迎玻尔演讲，玻尔讲过后对人说：他们根本没听懂我讲的是什么！）而且，玻恩也对爱因斯坦的责难提出了充分的反驳。他明确地讲，他讲的（《因果和机遇》）只是决定论（即流行解释和古典因果性）问题，而不是量子有无客观实在性问题。作为理论物理学家，他从不怀疑"主观现象后面的客观实在"。① 至于海森堡，他晚年更倾心于亚里士多德关于潜能和现实的论点，有人因此指责他是个柏拉图主义者。

别人的责难和误解是一回事，玻尔、玻恩、海森堡作为量子正统学派的认识论创见是又一回事。在我看来，互补哲学正是玻尔作为一个经验论型的理性实在论者为综合现代科学思想成果和东方文化传统所进行的一种成功的理论探索。互补哲学和他的原子模型一起，是人类在 20 世纪的一个里程碑性的认识论贡献。

对经验实在论的长期哲学误解和偏见，只能说是对现代科学的哲学思想、对量子论带来的新观念缺乏应有的理解和宽容。归根结底，是对现代科学新提出的哲学问题缺乏马克思主义者应有的哲学敏感。

遗憾的是，这样的例子即使在今天也不少见。

例如，有人讲，维纳关于"信息就是信息"的理论概括，只不过是随便说的一句话而已，这真可以说是荒唐。说这种话的人，其哲学认识水平，跟一个大学本科生差不多。更可悲的是，竟然有许多人跟着这种自称为马克思主义哲学的行

---

① M. 玻恩：《我的一生和我的观点》，商务印书馆，1979 年，18 页、95 页。

家走。①

类似的情况,还有对惠勒"参与者的宇宙"概念、"存在就是信息"的非议,等等。

总之,在如何把握实在的问题上,唯理论型和经验论型两派的科学家的哲学争论属于现代理性实在论者内部的争论,他们各有所长,相互补充,我们不可以偏向一方,更不能全盘否定,似乎他们不过是"自发唯物论者",没有什么哲学贡献。

3. 现代西方科学家的唯物主义和科学哲学家的唯物主义

提到"唯物主义",一些人认为这个词早已过时,把它和机械唯物主义视为同义语。这是一种哲学偏见,一种跟风跑而没有主见的表现。

首先,应该肯定,理性实在论就是现代科学家的唯物论。尽管现代西方多数科学家宁愿称自己为某种实在论者而不是自称唯物主义者;这只能从特定的社会历史文化背景来理解,并不改变问题的性质。何况,也有不少科学家并不回避"唯物主义"这个称呼。例如,当代著名的脑科学家克里克就是一例。他在《意识问题》一文中指出:"大多数神经科学家现在认为,精神的所有方面,包括其最不可思议的属性——意识或觉察,很可能用一种较为唯物主义的方式得到解释,就是把精神活动的所有方面看成是相互作用的神经元的一些巨大组合的活动。"②国内的一些科学哲学工作者,竟然拒绝用"唯物主义"这个词,真是怪事!

其次,西方科学家的唯物论与科学哲学家的唯物论或者唯物主义倾向是有原则区别的。前者不一定有什么体系(包括玻尔的互补哲学也没有什么体系,更不要说别的科学家的哲学思想了),而后者指的是专业的哲学家,例如,邦格的《科学的唯物主义》、波普的《客观知识》等等。

更主要的区别是,科学家的唯物主义受制于科学,而科学哲学家的体系总是更多地受制于某种西方哲学传统。例如,波普受康德批判哲学的影响,邦格受西方近代传统唯物论(机械论甚至庸俗唯物论)的影响,更多的科学哲学家则受实证主义传统的影响,等等。

科学家在从事他的哲学探讨时,虽然也受传统哲学的影响,但起主导作用的是他的科学实践和理论创造。例如,爱因斯坦曾受斯宾诺莎、休谟、马赫的影响;玻尔曾受克尔凯戈尔的影响和中国古代太极图的影响;薛定谔晚年受到印度哲学

① 参看《维纳问题的哲学辨析》,《晋阳学刊》,1994 年 3 期,25—29 页。
② 《科学》,1983 年 1 期,84 页。

的影响;海森堡受柏拉图、亚里士多德影响;玻恩受康德影响;维纳受莱布尼茨和罗素的影响;莫诺和普利高津受柏格森的影响,等等,等等。但决定他们各自哲学思想主流的是他们自己的理论自然科学创造。这一点与科学哲学家的体系、派别、理论、观点等等是有原则的区别的。

区别上述两种情况,有助于我们将主要注意力放在科学家本人的哲学思想研究上,避免走舍本逐末的弯路。因为,一般地说,西方科学哲学家的理论只是科学家哲学思想的再加工。例如,波普的批判理性主义、库恩的范式对爱因斯坦、玻尔的科学哲学创造就是如此。

而我们所要求的是,从科学家哲学思想的第一手材料出发,进行马克思主义的独创性研究,类似西方马克思主义者马尔库塞对弗洛伊德理论的研究那样。否则,我们只能永远跟在别人后面走!

二、结论

1. 历史唯物主义是马克思主义哲学的根本特点和真正优势。希望大家读懂恩格斯的《费尔巴哈论》,特别是其中的最后一部分。

2. 读点现代科学家的哲学著作,提高理论思维水平。书目可参看拙著《哲学与科学》所附主要参考书目。

总之,在一个科学文化高度发展的时代,一个民族要想站在哲学的高峰,就一刻也不能没有科学思维。也就是说,只有立足于科学的前沿,才可能站到哲学的高峰。这一点,同恩格斯一百多年前批判狭隘经验主义时候的情况正好是相反的。我认为,马克思主义者无论现在还是将来都必须高举科学和唯物主义的旗帜,密切注视科学前沿的进展,使自己有可能站到时代的高峰,哲学和科学的高峰。

29/11/1995   15:00 – 17:00 讲授

第三讲

现代自然哲学的对象和研究方法

05/01/1999

1. 自然哲学是科学思想的胚芽和母体，而科学则是现代精神文明的基础，是中华民族复兴的希望。因此，研究自然哲学，特别是现代自然哲学，对于深入理解现代科学文明的底蕴，把握时代精神的脉搏，具有极为重要的意义。

2. 可以从两个不同的视角来定义自然哲学的对象。其一是考察它在哲学诸学科中的地位和作用；其二是它与自然科学的相互关系。前者要确定自然哲学与哲学各分支学科，尤其是在当代它与科学哲学的相互关系；后者要表明它与基础理论自然科学相互渗透、彼此推动的密切关系。

3. 自然哲学是一门最古老的哲学学科。哲学史有多久，自然哲学就有多久。古希腊最早的哲学家泰勒士就是公认的第一位自然哲学家。中国的古代自然哲学源头，至少可追溯到《易经》和阴阳五行学说出现的年代，比《道德经》《论语》都要早。

在几千年的历史发展中，自然哲学出现了两次大的转折。一次是 15 世纪中叶后，近代自然科学脱离古代自然哲学而独立兴起；另一次是 20 世纪下半叶现代科学哲学的出现，从而使近代自然科学进入到现当代的发展阶段。因为有了现代科学和科学哲学，才有了真正现代意义上的现代自然哲学。这就是我们要着重研究的对象。（中国的自然哲学始终停留在古代的水平，例如中医哲学。）

4. 自然哲学是哲学诸学科的基础。按古希腊斯多葛学派的看法，在哲学的各部门中，逻辑学有如田园的篱笆，自然哲学有如土壤和果树，伦理学则是果实。这一形象的比喻，正好说明自然哲学在哲学各学科中所处的基础地位。以近现代哲学而论，自然哲学既是社会历史哲学和伦理道德哲学的基础，更是科学技术哲学的直接前提。在现代多种多样的哲学分支门类中，它始终处在探究"第一原理"即形而上学的地位。

这一点特别在它和科学哲学的区分中表现出来。科学哲学是关于科学认识论问题的研究,而现代自然哲学则可以说是关于自然科学的形而上学问题即本体论问题的探讨。例如,物理实在性问题、决定论和非决定论问题、偶然性和必然性问题、信息世界的本体论地位问题,等等。这些都涉及到各基础理论自然科学的更深层根据的探讨,即我们通常所说的本体论问题或形而上学问题。

波普:"我把认识论看成是关于科学知识的理论。"①

5. 现代自然哲学是现代科学的自然观。它包含三方面的内容:(1)关于大自然或天然自然本质的思辨。例如,黑格尔将自然视为"精神的异在",叔本华则将自然过程视为隐藏着的意志的具体表现,而柏格森的生命哲学认为,自然界的本质是一种生命力的冲动,如此等等。究竟自然界是像自然科学所揭示的仅仅服从自然规律的种种自然过程? 还是受某种精神、意志支配的对象? 看来,科学的自然观与泛灵论的自然观的哲学分歧远不会因为科学的发展和巨大成就而终结。(2)关于科学的自然图景。例如,19 世纪中叶即已描绘的"四大起源"(天体、地球、生命、人类)层次演化的图景。这种图景需要根据科学的实际进展,不断加以新的综合,永远是变动不居的。特别是 20 世纪中叶横断学科出现后,自然图景需从根本上重新构绘。例如,波普的三个世界的演化图景或第五起源,在自然演化中的地位问题,等等。(3)人和自然的关系问题。人是自然的一部分,又反作用于自然。这一点人们早就认识到了。然而,人和自然规律究竟处在、或者应该处在什么样的相互关系中,始终是文明人类思虑的一个关系到自身存在(生存和发展)的基本问题。亚里士多德在《物理学》(即《自然哲学》)中就专门提出了自发性问题,探讨了目的性和机械性的相互关系问题。但是,直到两千多年后的今天,人类活动的后果遭致种种生态破坏的灾难,这说明,不仅是在哲理的认识上,还是在实践的行动中,人类远没有学会怎样处理好人和大自然的相互关系。

以上内容,在不同的时代,不同的哲学体系中,虽各有侧重,但都是不可回避、或缺的。

6. 人的智力是随着人如何学会改变自然界而不断发展的。② 地球是人类的故乡,大自然是人类精神生活的家园。了解我们的故乡,爱护我们的家园也就是按照自然规律重新塑造自我,安生立命之本。

---

① 波普:《客观知识》,上海译文社,1987 年,116 页。
② 《马克思恩格斯全集》,20 卷,1971 年,574 页。

从这个观点来看,石里克断言:"自然哲学的任务就是解释自然哲学命题的意义。"①显然是不充分、不全面的。重要的是将人和自然联系起来,对大自然本身进行解释,从而正确处理人和自然的关系。

玻恩:"物理学家通过对实验的解释构成他们的观念。这个方法可以确切地称之为自然哲学。"②

7. 研究的方法。充分依据自然科学的最新成果,反思和分析、综合和实证并用。

在近代自然哲学的发展中,有两种对立的研究方法或态度,即黑格尔的思辨虚构方法和孔德的完全摒弃形而上学的实证主义方法。前者是在自然科学之外或之上来阐述其自然哲学体系;后者实际上主张用科学的实证方法代替哲学的反思,实际上是取消哲学。现代自然哲学不赞成这两种极端的主张,同时又吸取它们各自合理的成分,将哲学的反思和综合方法与科学的实证和分析方法熔于一炉。反思和综合只有渗透于科学的实证知识和成果之中,才能避免虚构和独断,保持哲学的生气和活力。

方法服从于目的。现代自然哲学追求的不是体系和建构,而是问题的深入分析。例如,盖尔曼的《夸克和美洲豹》分析简单性和复杂性问题;霍金的《时间简史》分析的时间起源问题,等等。

8. 科学的前沿就是哲学的前沿。维纳指出,在科学上可能取得最大收获的是各门科学之间的边缘地带,是科学地图上的无人区。这个论点用于当代自然哲学的研究就是指,哲学要密切注视科学研究的进展,着重探讨科学前沿提出的问题。只有如此,哲学才可能实现其对科学的预见和启发的功能。

石里克讲:"所有过去的哲学进步都是来自科学的知识和科学问题的研究。"③。自然科学具有的普遍性和精确性使得它成为现代自然哲学研究的牢固基础。

现代自然哲学的飞速发展使得构建包罗万象的自然体系几乎是不可能的,也是没有必要的。因此,自然哲学研究的重点由一般的综合图景转向科学问题的提出和应答。玻恩的《因果和机遇》、莫诺的《偶然性和必然性》等等,就是这种现代

---

① 石里克:《自然哲学》,商务印书馆,1984 年,6 页。
② M. 玻恩:《因果和机遇》,商务印书馆,1964 年,7 页。
③ 石里克:《自然哲学》,商务印书馆,1984 年,7 页。

科学问题的哲学代表作。这种科学问题的哲学研究,不仅为科学开辟道路,也是当代哲学发展的必然趋势和必由之路。这种研究不仅开阔人们的思想视野,而且有助于提高人们的精神境界。

因此,关注科学的前沿问题应当是最根本的研究方法。

9. 小结:为什么要研究现代自然哲学?

首先是因为自然哲学是自然科学的母体;同时,它是促进现代科学发展的一个积极的思想因素。它还提供现代科学发展的类似"语境"那样的思维坐标和框架。

马克思说,人体解剖是猴体解剖的一把钥匙。① 对于现代哲学和科学问题的研究来说,这也是一种重要的研究方法。这就是由今及古的方法。

---

① 《马恩全集》,12 卷,1962 年,756 页。

第四讲

自然哲学是西方哲学的传统优势

14/09/1999

亚里士多德《物理学》的贡献——近代自然科学从古代自然哲学分化出来的历史进步——黑格尔《自然哲学》的理论遗产——现代自然哲学与科学哲学分化的积极影响——小结,印证伽达默尔的论点。

1. 亚里士多德的《物理学》是西方古代自然哲学集大成的著作,无论它的天才猜测还是它的错误臆断,都对后世发生了深远的影响。

《物理学》的积极贡献是:①确立了一系列自然哲学的基本概念。如,实体、运动(和存在)的原因、时间、空间、自发性,等等。②总结了一套逻辑思维的方法,归纳法和三段论,等等,促进了后来科学思想的发展。《物理学》以及《形而上学》中培育的那种"打破砂锅问到底"的勇于探索的精神气质影响了后世哲学和科学的发展。

Metaphycis 的"Meta",应译为"超",而不是"后"或"无",这才符合"本体"(substance)的原意。善于分析是亚里士多德的特点。例如,在讨论形而上学对象之前,他将其分析为 15 个小问题,一一进行探讨。其中,包括:哲学能否知道一切万物的原因? 是否存在与可感对象相分离的东西? 关于个体的知识为何可能?等等。

李政道、杨振宁发现宇称不守恒原理之前,查阅了所有有关资料,仔细进行分析,就是这种亚氏以来的科学分析精神。没有正确的思维方法,不进行分析,就不可能有任何科学创造。

当然,亚氏自然哲学中一些错误的概念,也曾长期被中世纪经院哲学所利用,阻碍了后来哲学和科学的发展。影响最大的,如地球中心说的世界图景,目的论的思想。关于"力"或运动的错误观念(作用力是速度的原因),等等。

《物理学》作为古代的自然哲学的最高成就,是西方近现代自然哲学的源头,也是近代理论自然科学的胚胎。

2. 近代自然科学从古代自然哲学分化出来,开辟了哲学和科学发展的新时代。分析和探讨近代科学何以能够从古代哲学中独立出来的思想文化方面的原因和条件,对观察和思考信息时代科学和哲学发展的特点和趋势,将有"温故而知新"的作用。

爱因斯坦提出,近代科学产生得益于两个条件:①古代流传下来的推理方法(欧几里得);②文艺复兴以来兴起的实验观察。这两条,可以说是科学发展的内在原因。其中,第一条直接与古代自然哲学的传统有关。泛而言之,没有亚里士多德及欧几里得的方法,就没有近代科学。

另一方面,近代科学是在血与火的刀光剑影中诞生的,它不是古代自然哲学的简单继承。相反,近代科学是在激烈批判古代自然哲学的教条,特别是批判中世纪经院哲学中被神化了的对亚里士多德的迷信中,艰难创立起来的。布鲁诺、塞尔维特、伽利略等人曾为它付出了鲜血和生命。这里所谓对古代自然哲学教条的批判,包括亚氏所支持的地心说,天上运动和地上运动的截然区分,以及被经院哲学滥用了的亚氏确立的三段论,等等。没有对盲目崇拜权威的批判,就既不会有哥白尼的日心说,也不会有伽利略及牛顿的重力加速度、万有引力的概念。一句话,没有对古代自然哲学的认真清理,就不会有近代自然科学。

信息时代是一个知识加速创新的时代。从近代科学产生的历史经验看,我们更应坚持批判继承和勇于创新(以科学实验为基础)的科学精神传统。

3. 东西方科学文化发展中的时间差问题。对比而言,中国古代既没有像《物理学》那样完整的自然哲学胚胎,而在近现代又没有对古代自然哲学资料(例如,阴阳五行学说)的认真清理和批判,这是我国与西方发达国家科学发展呈现巨大差距的一个重要历史和文化原因。在这里,存在一个思想补课问题。没有对我国古代科学文化、自然哲学的正确认识和评价,就不可能顺利吸取西方先进的科学文化成果。

冯天瑜认为,东方智慧提供的是克服现代病的一种暗喻,而不是某种现成答案。例如,"天人合一""民胞物与"的观念,对于克服人与自然两分对立的近代意识虽富于启迪,但它本身"是讲人处天地间的超越态度,并不是正面探讨人如何在操作层面上实现与自然的和谐;同时,……因理念本身的缺点和工具理性不发达",更未能在实践上解决保护生态问题。①

---

① 《"可持续发展"的哲理之源》,选自《新华文摘》,1998 年 11 期,33 页。

西方发达国家是在工具理性充分发展的条件下来谈论持续发展问题,而我们则是在工具理性很不发达的情况下来面对环境保护问题的,这就是中西文化的时间差。西方的现代病是吃饱得过头了才引起的,而我们面临的却是尚不够完全温饱,首先应解决脱贫问题。就科学文化、自然哲学的发展说,我们欠缺的是近代自然科学发展这一段,因而决不能陷入颂古非今的歧途。

鉴于此,我很赞成肖巍的文章:"'温和的'工具理性批判"。他说,"后现代"对工具理性的批判"只有在科学主义'发'过了头的地方才有针对性(至少迄今为止的中国不在此列)。……所以,我主张对工具理性的批判应避免偏激之论,……尤其在时下中国的'语境'(context)中"。①

4. 关于黑格尔《自然哲学》的理论遗产。它是马克思主义自然哲学的直接理论前驱,是高度思辨和综合的产物。它留给现代自然哲学的经验教训是很深刻、很丰富的。

黑格尔《自然哲学》处在近代古典自然哲学到现代科学哲学过渡的关键地位。一方面,它标志着近代自然科学与自然哲学的彻底分离;另一方面,它又为现代科学哲学从自然哲学中独立出来埋下了伏笔。照石里克的看法:"从西方思想的最初时期开始一直到牛顿,甚至到康德的时代,人们从未对自然哲学与自然科学作过区别。"②的确如此,牛顿的《自然哲学的数学原理》、康德的《宇宙发展史概论》(即"自然通史和天体演化理论"),均未将两者作过明确的区分。但在黑格尔的《自然哲学》中,那种纯思辨的自然体系,已经与独立门户的物理学、化学、地质学、生物学等等,完全分离了。这种脱离自然科学,凌驾和强加在科学头上的"理性物理学"(黑格尔),是孔德实证哲学兴起的思想背景,是遭致大批科学家反对自然哲学思辨的直接原因,也是20世纪中叶以后,促使现代科学哲学兴起的重要历史原因。物极必反,抽象的思辨发展到极端必然引起实证主义思潮对它的反对。然而,从当代看,这种否定一切形而上学的实证主义也逐渐被抛弃了。这就是现代科学哲学,例如,波普的批判理性主义,重又喊出"复兴形而上学"的原因。总之,从孔德摒弃形而上学到波普复兴形而上学,现代科学哲学从近代自然哲学独立出来,其出发点均可直接追溯到黑格尔《自然哲学》。它对现当代哲学和科学思想的影响,无论是正面的还是负面的,均不可忽视,或简单地置之不理(如孔德或费尔

---

① 《自然辩证法通讯》,1999年4期,4页。

② 石里克:《自然哲学》,商务印书馆,1964年,第5页。

巴哈那样)。黑格尔《自然哲学》对于现代科学和哲学,正如亚里士多德《物理学》对于西方中世纪和近代的影响一样,同样不可低估。

现代科学哲学产生后,自然哲学是否就退出舞台了呢? 这是我们要着重探讨的课题。在论述这个问题之前,我们还是先对黑格尔《自然哲学》的现代遗产,略加分析。

5. 从本体论上看,黑格尔《自然哲学》有两个互相缠绕的重要思想(命题),即:自然界是精神的异化(外化)和自然界是有机的整体。前者曾遭到激烈的批判,而后者则受到某些现代作家(例如贝塔朗菲等等)的高度赞许。对此,应如何看待呢?

诚然,"自然界是精神的外化"是一个地地道道的唯心论命题。它与自然科学不言而喻的实在论前提是正相对立的。但是,如果将它等同于创世说的神学命题,就过分简单化了。相反,应该注意的是,包含在"精神外化"这一命题中的逻辑泛神论,刚好是费尔巴哈"神是人的本质的异化"的无神论思想的直接理论前提。从"精神异化"到"人的异化",可以说只有一步之遥,近在咫尺。关键是打破和抛弃其思辨独断论的体系,拯救其泛神论的合理思想。

关于《自然哲学》包含的有机整体论思想,并不是可以现成地拿来证明现代系统论的工具。因为,这种有机整体的自然体系恰恰是思辨地虚构的,强加在当时自然科学头上的,是逻辑地完成的(建构的),而不是从实证科学成果中引申出来的。恩格斯曾着重指出过这一点。① 所以,有机整体论思想至多是一种天才的猜想,而不是科学的论证。两者是不可混为一谈的。

应该指出的,《自然哲学》所体现和发挥的高度思辨的能力,对于科学思维的发展和训练来讲,是必不可少的。石里克认为,"思辨方法原来是一种骗人的东西,它走的是一条死胡同"②。这种看法,是缺乏分析,走极端的。石里克没有将思辨方法和思辨(即抽象思维)能力加以区分。难道现代物理学关于多维时空的概念不是比黑格尔还要思辨得多的想象力的产物吗? 如果撇开思辨能力的发展,任何科学,特别是现代科学思维就是根本不可能的了。

还须注意,高度思辨和高度(精密)实证是相对而言,相伴而生的。现代科学的高度分化和高度综合就证明了这一点。就此而言,黑格尔《自然哲学》在培育西

---

① 恩格斯:《费尔巴哈》第四章及其他等处。
② 石里克:《自然哲学》,商务印书馆,1964 年,第 5 页。

方人特别是德国人的高度思辨能力方面,是功不可没的。

6. 从认识论上看,黑格尔《自然哲学》对经验主义的全盘否定是得不偿失的。

经验主义是近代科学思维的基础。没有培根的经验方法就没有近代科学思维方法。黑格尔是从极端唯理论来批评经验论的。他贬损经验分析方法,认为它不够哲学思维的层次(资格)。他刻薄地宣称,如果经验分析也称哲学思维,那么动物也可称为伟大的形而上学家了。因为,它面对食物,也要撕裂它,吞食它。这位极端理性主义者显然是搞错了:没有分析就没有综合,动物如不分析(解)食物,就不能消化它。吞食、消化的前提是撕裂和分析。黑格尔在这里恰好违背了他自己的辩证法。因此,他的《自然哲学》受到大多数科学家的唾弃。

狭隘经验论的错误不在于它坚持认识的经验来源,而在于它"跟着感觉走"的那种随波逐流的处世态度。对经验主义方法的贡献和局限如何看?至今仍是一个争论不休和值得探讨的问题。克里克之否定"自我"即有片面夸大实验方法的嫌疑。22/09/1999

7. 经验思维包括分析方法是科学思维发展的必经历史阶段。无论就个人心理发展,还是就群体(部落、思维等等)意识的特征都是如此。

过去,仅把经验分析看作科学思维的一个要素和成分,显然是不够的。近代科学思维首先是一种分析的思想方法。没有对自然现象的分门别类的深入研究,就没有近代科学。不经过分析方法的充分发展,就没有现代科学的新的综合。东方文化的现代发展,恰恰缺少这样一个必经的思维发展阶段,因而与现代科学思维呈现巨大的历史差距(裂缝),处处显出童稚的天真。

8. 黑格尔的极端唯理论对马克思主义自然哲学曾造成严重的负面影响。例如,掌握辩证思维方法必须以经验研究为基础,而不能不适当地强调所谓"自觉的"道路。事实证明,即使在马克思主义产生之后,自然科学家复归辩证思维仍只能从科学发展本身而来,而不可能从外部强加给科学家。只能说,因为现代科学本身是辩证发展的,所以科学家不得不掌握辩证的思维方法。任何哲学的说教("灌输")都不能代替科学家从科学实践的体验中接受辩证法。应该承认,某些教条的马克思主义者所以陷入独断论、唯意志论的泥潭,不能不说黑格尔《自然哲学》的极端唯理论,特别是他对经验主义的过头批判的影响,是其重要原因。认真消除这种消极影响,仍然是今天我们研究现代自然哲学面临的问题(困难)之一。

9. 黑格尔《自然哲学》最宝贵的理论遗产在于它所坚持的自由思想和科学启蒙精神。这一点,突出地表现在他对各种科学争论的宽容态度和兼收并蓄的解决方法上。《自然哲学》涉及大量科学争论问题，然而，这位伟大的思想家从未片面地支持一方反对一方，而是尽可能将争论双方中的合理意见综合在一起。流行的看法认为，《自然哲学》充当了科学的裁判官，这实在是对黑格尔的极大误解和歪曲。相反，大量例证说明，黑格尔《自然哲学》是充分尊重自由思想和热情鼓励各种科学争论的。应该说，在这方面他表现出最少独断论气息而体现出最高（大）的辩证思维智慧。这样的例子很多，例如，当时地质学中关于水成岩和火成岩，突变论和渐变论的争论；生物学中关于动物分类的争论；物理学关于光学（颜色理论）的争论，等等。这些科学争论是促进科学发展的强大动力，也是启蒙时代倡导的自由思想的一个重要内容。黑格尔在这里，是坚定明确地站在启蒙思想一边，坚决支持自由思想和学术自由的。

遗憾的是，《自然哲学》在这方面的宝贵遗产长期未被人们注意。经验主义的科学家因不满黑格尔的极端唯理论而掩蔽了自己的视线，一些理性主义的哲学家则因本身对启蒙思想不感兴趣而有意回避（冷淡）了它。应当说，这些都是不公正的。黑格尔支持歌德的颜色理论曾被认为是他干涉科学的一个典型案例。然而，一个多世纪之后，海森堡却表明，歌德理论（比牛顿）更接近真理。这说明，科学的是非只能由科学的发展来裁决，而不能因人废言。对《自然哲学》充当了科学裁判官的指责，理应得到澄清。

10. 科学精神和自由思想是不可分割的。没有充分的思想自由就不可能有成功的、创造性的科学探讨。如果伽利略不冲破亚里士多德关于"力"的错误臆断，怎么可能有重力加速度的发现呢？同样，牛顿若不怀疑"天上运动"和"地上运动"的古代观念，就不可能创立他的引力理论。爱因斯坦如不批判牛顿的绝对时空观，更不可能建立相对论，如此等等。当我们研究从亚里士多德的《物理学》到黑格尔的《自然哲学》这一漫长的历史过程是如何可能兴起（产生）时，首先应该注意到的就是古希腊曾有过的自由思想的古代传统，借助于文艺复兴运动，不仅重又恢复，而且大大向前发展了。从蒙台涅到休谟，从笛卡尔到黑格尔，不论经验论还是唯理论的哲学家都为西方近代自由思想的成长和发扬光大，作出了各自的贡献。就此而言，近代哲学家和科学家是相伴而行的。

应当说，大胆的自由思想和勇敢的科学探讨（创新）精神就是西方古典自然哲学留给我们的最宝贵的思想遗产。

附带说一句，科学精神是民主思想的根本基础。文艺复兴以来几百年的历史以及五四以来的中国现代史，都充分说明了这一点。没有科学的"民主"只能是假民主,因为,愚昧是不可能导致民主的。因此,赛先生和德先生是相辅相成的,但从逻辑上讲,两者的先后位置是不能颠倒的。在现实生活中,往往出现两相倒置的情况是应予理顺的。

11. 科学哲学从自然哲学中分化出来是现代自然哲学的基本特点。分化有助于进步,分化就是发展。

科学哲学是关于科学的认识论和方法论的研究,主要包括科学理论的产生和发展,理论的筛选和鉴别,科学理论的结构,科学语言的分析,语义的阐释,语境的转换,等等。虽然有人将孔德的实证哲学视为现代科学哲学的开端,但从孔德主义、马赫主义直到逻辑实证主义,科学哲学与自然哲学并未真正分开。石里克就是一个例子。在他的《自然哲学》(1936 年最后讲稿,1947 年出版)中,关于科学认识论的论述还占有很大的篇幅。包括"描述与说明""理论的结构""理论与图像式模型""论空间测量的意义"等等,与"图像式世界观及其限度"等传统自然哲学问题并列在一起,几乎占 1/2 的篇幅。这说明,直到 20 世纪中叶,科学哲学与自然哲学还是混结在一起的,科学哲学在哲学诸学科中并未独立门户。

然而,随着逻辑实证主义的衰落,特别是二次大战后横断学科群的兴起,科学与哲学分化趋势的大踏步加深和前进,以科学本身为研究对象的哲学学科,科学认识论研究的日益强劲的发展,科学哲学成为独立的哲学学科,就不可避免了。波普的批判理性主义及随后的历史学派(库恩)和新历史学派(夏佩尔、费耶阿本德等),就是科学哲学从自然哲学中分化出来的标志。

两者的分化既加强了科学认识论的研究,又推动了自然哲学向现当代形态的转变,使自然哲学的研究更加深入了。这突出表现在一系列专门自然哲学问题著作的出现,使得现代科学的自然观,在广阔的知识边界上,得以迅速扩展和推进。

因此,科学哲学的独立出现,应该视为现代科学和哲学急迅发展的重大转变和新的机遇。

12. 西方自然哲学的优势,一方面表现在它有悠久的历史传统,从亚里士多德到黑格尔都很注重自然哲学的研究,这一点在前面已简约地提到了。另一方面更重要的是,随着现代科学的发展,它以新的面貌呈现在世人面前。在广阔的科学前沿地带,从宇宙的起源到自我和大脑的奥秘等一系列问题上,它担负着科学前哨的侦察兵和后卫掩护的重任。正如薛定谔所说,形而上学是科学的前哨和后卫。

与历史上的自然哲学(包括石里克,或以石里克为最后一位代表)不同,当代自然哲学将主要注意力放在前沿的专门问题研究上。这里,没有泛泛而论的自然图景描述和概观,而大多是以专门科学深入研究为基础的多种多样哲学问题的综合论述。这可以从下列极不完全的现代自然哲学著作目录中看出来。

(1)物理学

《时间简史》(霍金)、《夸克和美洲豹》(副题:简单性和复杂性,盖尔曼)、《整体性和隐序》(玻姆,英文版)、《量子力学和质朴性》(惠勒)、《因果和机遇》(副题:现代物理学的自然哲学,玻恩)、《物理学和哲学》(海森堡),以及爱因斯坦和玻尔的大量有关哲学的论文。

(2)生物学

《偶然性和必然性》(副题:现代生物学的自然哲学,莫诺)、《生命是什么?》(薛定谔)。

(3)脑科学

《自我及其大脑》(艾克尔斯、波普)、《精神的优先权》(斯佩里,英文版)、《惊人的假说》(1994,克里克)。

(4)横断学科

《控制论》、《人有人的用处》(维纳)、《从混沌到有序》、《从存在到演化》(普利戈津)、《一般系统论》(贝塔朗菲),等等,等等。

以上远非完备的文献索引,但仅此也可窥豹一斑了。丰富多彩的现代自然哲学,将为有兴趣的读者打开极其广阔的哲学和科学新天地。

13. 今天,实证主义否定一切形而上学的迷雾已在科学界不再像19世纪中叶到20世纪中叶那样有影响了。处在新世纪之交的多数理论自然科学家大都赞同爱因斯坦,以及薛定谔和玻姆的看法:科学没有形而上学是不行的。

但是,这绝不意味着形而上学是从外面强加给科学的,也不是像某些独断论的马克思主义者主张的要将哲学"灌输"给科学家。相反,形而上学是根植于科学沃土之中的。正如伽达默尔谈到黑格尔《自然哲学》的历史教训时所指出的:"哲学不能够被硬加在科学研究工作之上,相反地,只有当科学制止了哲学的补充和思辨独断对它的限制时,哲学才真正地发挥作用。"①

---

① 伽达默尔:《科学时代的理性》,国际文化出版公司,1988 年,第 9 页。

第五讲

决定性和非决定性问题

01/03/1999

1. 现代物理学提出的一个重要问题是决定性和非决定性的相互关系问题。用爱因斯坦的话来说，就是"上帝掷不掷骰子?"以爱因斯坦、薛定谔、玻姆等为代表的一批现代科学家倾向于否认上帝会掷骰子，而以玻尔、玻恩、海森堡为代表的大批量子力学家则坚持认为，上帝有时也会掷骰子。前者坚持完全的决定性，后者倾向于非决定性也是自然规律的一个方面(部分)。

爱因斯坦说："我相信客观存在的世界是完全受着规律支配的，它也就是我在胡猜乱想中所要把握的东西。""我绝对相信，人们终将达到一种理论，其中，由规律联系起来的事物不是几率，而是可以想象的事实。"①

玻恩的回答是："如果我们想要研究原子系列的话，我们这些凡人就不得不多少玩玩骰子。"②

据我看，争论的焦点不在有没有客观规律，而在有什么样的规律? 能否把自然规律等同于完全的(或严格的、经典的、机械的)决定性? 几率、随机性、非决定性是量子世界的本性还是人们认识的一种缺陷或局限性? 过去，我曾为爱因斯坦和玻尔的科学实在论辩护③；现在，我更看重大多数量子力学家所强调的非决定性。因为，这种论点大大丰富了我们对自然规律的认识。现实世界中没有绝对的、完全的决定性，只有相对的、近似的、可变的决定性。非决定性不只是主观认识的局限，还是世界本性的一部分。就是说，自然界本身就存在着非决定性的事物，它并不是人们强加给现实世界的。

---

① 玻恩:《因果和机遇的自然哲学》，商务印书馆，1964年，125-126页。
② 同上。
③ 参看《哲学与科学》，山西人民出版社，1991年，第一、二、三章等处。

2. 当代物理学家怎样看待爱因斯坦关于量子力学"不完备(全)性"诘难?

1935 年,爱因斯坦和两位年青助手(EPR)提出"完备性"(completeness)原理向量子力学的几率性特征发起挑战。按他的设想,"如果用某种测量方法,可以确定地预言某一特殊量 P 的值,而且如果用另一种完全不同的方法,可以确定地预言另一个量 R 的值,那么,按完备性概念,人们可以同时赋予两个量 R 和 P 精确的值"。

盖尔曼解释道:"一次测量在一给定时间里可以赋予量子精确位置,另一次测量在相同的时间里可以精确地给出动量,在量子力学里,这两个测量之间的实际关系是怎样的呢?"这两个测量实际发生在两个不同的历史分支上,就像在两次赛马中,一匹马在一次比赛中获胜,而在另一次比赛中则是另一匹马获胜一样,两者是不能同时相加的。而"爱因斯坦的条件相当于说,两个可供选择的分支的结果必须共同接受。这显然是要我们放弃量子力学"①。

盖尔曼的这种分析,代表了当代物理学家的回答。这就是,两个可选择的历史分支是不能相加的。"完备性"要求违背了量子客体的实在本性。

3. "隐变量"并不能消除量子不确定性。

玻姆提出"隐变量"概念,试图维护爱因斯坦的完全决定性观点。然而,事实上,EPRB 实验并不能消除量子世界的不确性。

玻姆认为,"在'量子'领域中,可直接感觉到的每一方面中的序都应被看作是从更丰富的隐序中产生出来的"②。

照盖尔曼解释,这些"隐变量"可以想象成是一些看不见的苍蝇,在宇宙各处嗡嗡地飞来飞去,近乎随机地与基本粒子相互作用,并影响基本粒子的行为。只要这些苍蝇不能被探察到,理论物理学家们能作出的预言,最多也只是对苍蝇的运动作出平均的统计。但这些看不见的苍蝇可以引起无法预言的涨落,而这些涨落又造成了不确定性。③ 就是说,即使引入"隐变量"概念,仍不可能消除实验观测所证实的量子的不确定性特征。

4. 量子世界的非决定性特征可用一个放射性原子核的所谓"半衰期"来说明。

---

① M. 盖尔曼:《夸克与美洲豹》,湖南科技出版社,1998 年,166 - 167 页。

② 《整体性与隐序》,Wholeness and Implicate Order,1980,转引自《通讯》,1998 年 5 月,18 页。

③ M. 盖尔曼:《夸克与美洲豹》,167 页。

"例如,钚的半衰期是 25000 年,这就是说一个今天还存在的^{239}Pu 还能生存 25000 年的机会是 50%;生存 50000 年的机会是 25%;生存 75000 年的机会是 12.5%,等等。量子力学告诉我们,对于一个给定的 ^{239}Pu 核,我们所能知道的信息就是它将会衰变,但我们不能预言它衰变的精确时刻,而只能知道一个对时间的概率曲线。"这也就是说,"在发生辐射时,我们对衰变不能作出精确的预言,衰变的方向更是完全不能预言。假定核处于静止状态,并将分裂成两个带电的碎片,一个比另一个大得多,而且向相反的方向运动,我们没有办法说明碎片将向哪个方向运动。"①

简言之,对于个别原子的行为,我们只能预言它发生的概率,而不可能断定它在某个时刻是否一定会发生,这表明,自然界存在着无可置疑的非决定性事件。

5. 非决定性事件,不仅存在于微观领域,而且存在于我们观察所及的整个宇宙。20 世纪 40 年代,玻恩在《因果和机遇》中就已指出,在经典力学领域,气体分子运动,统计力学和一般的分子运动中,机遇(概率)就是普遍适用的概念。例如,布朗运动就是一个典型的证明。现在,根据量子宇宙论的观点,概率的观念已深入到宇宙学研究的领域。

例如,"多世界"理论,"多世界的真正意思应该是'多种宇宙可选择的历史'"。此外,这些多世界被认为是"完全相等的真实",事实上应解释为"所有的历史从理论上都是相同的,但它们仍有不同的概率"。就是说,从量子力学来解释宇宙的存在和演化,无非是说,"一个给定的系统可以有不同的历史,每一种历史都有他自己(存在)的概率"②。因而,我们生活于其中的现实的宇宙,照维纳的用语,也可以认为是一种偶然性的存在。

总之,几率的观点今天不仅是我们解释量子现象的基本概念,也是我们解释宏观和宇观事件的不可缺少的基本概念。半个多世纪前,玻恩写道:"机遇变成了原始的观念,力学是它定量规律的表示,而因果性及其全部属性在日常经验领域里压倒的根据,都可从大多数统计率中得到满意的说明。"③

半个世纪后的今天(1994),盖尔曼继续声称:

"我们在描述大自然时,机遇起了一种基本的作用。"④

---

① M. 盖尔曼:《夸克与美洲豹》,132－133 页。

② 同上,138 页。

③ M. 玻恩:《因果和机遇》,商务印书馆,1964 年,125 页。

④ 《夸克与美洲豹》,134 页。

应该强调,非决定性、随机性、机遇(几率)是自然界固有的一种特性,是自然本性不可忽视的一个方面。量子力学只不过是对这种实在特性的一种理论概括。现代物理学不支持爱因斯坦要求的那种完全决定论观点。

6. 当然,这不是说爱因斯坦对量子力学"不完备性"的批评,在科学思想发展史上是毫无积极意义的争论。应该说,在科学家之间就不同的理论观点进行讨论,本身就是促进科学进步的不可缺少的条件。如果没有争论,理论就必然会停顿不前了。

应该说,爱因斯坦强调"实在是物理学的一种纲领"①。他反复讲:"物理学必须表示空间时间中的实在,而不是带有远处的幽灵在作用着。"②这对于物理学研究本身,特别是对那些歪曲物理学成果来为某种错误的哲学观点(例如实证主义),甚至是超自然信仰辩护的人来说,无疑是一种尖锐的驳斥。在这一点上,他的原则立场是代表所有现代科学家,包括量子力学家的。因为,在维护科学的客观性原则问题上,认真说来,他同包括玻恩在内的量子力学家是没有根本分歧的。

然而,确实存在这样的情况,不仅在爱因斯坦生前,而且在他逝世多年以后,种种歪曲量子力学成果的做法,可以说是屡见不鲜的。例如,爱丁顿就曾声称,也许上帝是个疯狂的赌徒。③ 显然,这种对爱因斯坦"上帝不掷骰子"论点的反对是不值一驳的。因为,量子力学所维护的几率性特征只是有条件的,而不是绝对的。统计解释本身并不是绝对的非决定性,而仍然是一种规律性的表征。只不过这不是爱因斯坦要求的完全决定性而已。

直到 20 世纪七八十年代以后,随着贝尔不等式的验证,有人又曾为此大做文章,鼓吹"超光速""超自然的"通灵(psychic individuals)预言,等等。正如盖尔曼指出的那样:"无需多说,这些现象会扰乱量子力学,正像它曾扰乱过经典物理学一样。如果说得坦率一点,这些人实际上想如我们所知那样,将自然界的定律作一次彻底的修改。"④

如果上帝是一个疯狂的赌徒(掷骰子等),那还有什么自然规律可言呢?所以,量子力学至今没有,今后也不可能支持这样极端的非决定性观点,当然,更不是通灵论、传心术者的论据。就此而言,爱因斯坦生前对量子力学的批评,不能说

---

① 《爱因斯坦文集》,第一卷,470 页。
② 转引自 M. 玻恩:《因果和机遇》,126 页。
③ 参看玻恩对这位天文学家的批评,转引自《爱因斯坦文集》,第一卷,I,414 页。
④ M. 盖尔曼:《夸克与美洲豹》,171 页。

是没有价值的。这样的争论应该是有益于科学健康发展的。

7.问题在于,从总体上讲,由于量子力学非决定性特征的确立,人们对自然规律的认识今天已经有了怎样的进步和改变。

决定性和非决定性与自然规律不是同一个层次的概念。现在,我们必须确认,规律既包含决定性,也包含非决定性。因为,客观世界中,这两种情况都存在,我们不可以只顾其一端。既不能将规律与机械决定论完全等同起来,更无理由将规律归结为非决定性特征,只能说,统计律也是一种决定论,即概率决定论。我们虽不能预言个别原子的行为,例如 ^{239}Pu 核衰变的准确时间和方向,但我们根据量子力学仍可准确(决定地)预言它发生的概率。就是说,在给定的条件下,我们仍可确定地预言,衰变一定会发生。这本身就是一种规律。所以,将非决定性完全排除在可重复观测到的,带有一定必然性的规律之外,是不符合现代科学实际的。

还应指出,决定性不等于因果性,非决定性也不等于随机性(几率)。在决定性现象中,既包含因果,也包含非因果的关联。例如,贝尔所说的伯特曼(Bertlmann)的短袜。这位数学家"经常一只脚穿粉红色短袜,而另一只脚穿绿色短袜。如果你只看到他的一只脚,穿的绿色短袜,那你应该知道他的另一只脚穿的是粉红色短袜"①。这时,你的猜测只是一种关联而非因果关系。在非决定性现象中,除了随机性而外,现在还发现一种混沌现象。例如,所谓蝴蝶效应,等等。也许,你在北京打一个喷嚏会在南极某地引发一场暴风雪。这当然也是一种非决定性现象,但却没有确定的概率可循。

由上,自然规律是分层次的,从最高层逐级直到较低层。如图所示:②

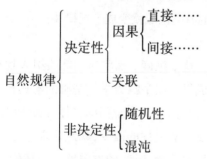

从概率论观点看,自然规律所包含的、表征的决定性只能无限地趋近于 1,即百分之百的确定性;而它所包含的非决定性也只能无限地趋近于 0。各种不同层

---

① M. 盖尔曼:《夸克与美洲豹》,170 页。

② 参看关洪、成素梅:"规律性、因果性",《自然辩证法通讯》,1998 年 4 月,74 页。

次的自然律,按其预言的准确性来划分,处在概率为 0 - 1 之间各种不同程度的决定性和非决定性之间。如果这样来看待自然规律,那么,就应该说,自然规律总是近似的,而不是绝对的。

从日常经验看,地球绕太阳公转的周期好像是恒定的;但是,应该记住:我们每天看到的太阳都是新的。不能忽视,我们根据牛顿力学所确定的地球轨道也只是近似的;只不过在日常生活范围内,地球轨道的偏差几乎趋近于零,因而可以忽略不计而已。

既然,自然规律包括牛顿力学所确定的天体运行规律都是近似的,那么,我们就没有理由将非决定性排除在规律性之外。

8. 反思现代物理学家关于决定性和非决定性相互关系问题的讨论,人们关于自然界客观规律性的重新认识,可得到如下几点共识:(1)客观性;(2)多样性和层次性;(3)历史性。

关于第一点即客观性,在自然科学家之间是不存在原则分歧和争论的;至于在哲学家之间,情况就有所不同了,需要具体分析。

关于第二点,即规律性的多样性和层次性,科学家往往存在各种争论,这是科学探索中必然会产生的;科学的发展必定使人们的认识越来越明确和丰富起来。

关于第三点,即规律的历史性,是有待深入讨论的问题。

9. 就规律的历史性而言,需要考虑下列三点:

i 将时间箭头引入物理学定律。

ii 规律性源于"被冻结了的偶然事件"(froged accidents)①;

"被冻结的偶然事件的累积,在严格的时空区域就变成了规律性"。②

iii 宇宙演化的历史分枝理论。

10. 经典物理学的定律排除"时间性"这个维度。而将时间箭头引入物理学定律则是当代物理学的一个重大的理论成果。以牛顿力学为基础的经典自然哲学缺乏"时间性"这个概念。黑格尔就认为自然界只有空间的多样性而无时间上的发展。相对论和量子力学在这方面也没有实质性的改变;就此而言,我们亦可将其归入古典自然哲学的范围。爱因斯坦也认为,时间的方向性只是某种幻觉,对于物理实在并无本质上的重要性。他说:"对于我们有信仰的物理学家来说,过

---

① 参看 M. 盖尔曼:《夸克与美洲豹》,湖南科技出版社,1998 年,133、222、291、366 等处。

② 同上,225 页。

去、现在和未来之间的分别只不过有一种幻觉的意义而已,尽管这幻觉很顽强。"①在量子力学中,时间符号的改变并不影响方程的形式。就是说,量子力学方程"对未来和过去是对称的"②。然而,就时间的方向性来说,过去和未来是不对称、不能置换的。20 世纪上半叶,柏格森、怀特海突出地从哲学上阐述了时间的方向性概念;20 世纪下半叶,维纳、霍金、普利高津则成功地从科学上将时间性概念引入了各自的研究领域。控制论、量子宇宙学、耗散结构理论都是以时间箭头的引入为前提的。

就当代物理学来说,霍金阐明的时间箭头观念是影响最为深远的。参看他的《时间简史》。在他看来,时间是个历史性概念,时间是有起源的。根据他的量子宇宙学,"时间单向性的基本原因是在 10^{10} – 1.5×10^{10} 年以前,宇宙处于一种非常特殊的状态"。在几乎不可思议的未来,宇宙将再次坍缩成致密的状态。然而,"当再坍缩时,宇宙不会按膨胀的逆方向运动。宇宙膨胀和收缩彼此对称的观念,被霍金认为是他的'最大的错误'(greatest mistake)"③。

重要的是,按照盖尔曼的解释,"物理学的因果关系可以直接追溯到宇宙的一个简单的初始条件的存在"④。简言之,一切物理定律都与时间箭头有关。从量子宇宙学看,"时间性"这个维度是我们观察和解释一切物理定律(其中最根本的是因果律)所不可缺少的。这里,没有宿命论的论据,"却有相当多的证据反对宿命论"⑤。因为,过去有记录为证(例如辐射的记录),而未来则只是各种可能态的总和,多少是不完全确定的。

为什么时间是有箭头的,而因果律的时间序列不能倒转? 盖尔曼继续解释道:"时间之箭从宇宙那里传递从银河到恒星到行星的信息。在地球上,它传递的信息是从地球生命的起源到它进化到各种有生命物体的诞生和衰老。实际上,所有宇宙中有序的情况都是由过去的有序性和初始条件引起的。这就是为什么……在任何地方都由过去走向未来,而不会有别的可能。"⑥

11. 规律性源于"被冻结的偶然事件"。这是一个崭新的观点。过去,人们往

---

① 转引自吴国盛:《20 世纪的自然哲学和科学哲学:突现时间性》,《自然辩证法通讯》,1999
　　年 1 月,2 页。
② M. 盖尔曼:《夸克与美洲豹》,湖南科技出版社,1998 年,130 页。
③ M. 盖尔曼:《夸克与美洲豹》,湖南科技出版社,1998 年,210 页。
④ 同上,211 页。
⑤ 同上,212 页。
⑥ 同上,215 页。

往将规律性等同于可重复性和不变性,以致黑格尔有所谓"绝对观念"的提出。按照当代科学的看法,规律性也是一个历史的、可变的概念。就是说,没有所谓永恒的规律,只有历史的规律。因而,一切所谓"天不变,道亦不变","理在事先"等等的僵死概念,就不能继续存在下去了。

规律所表示的事物的相对稳定性,或者说规律性本身是从哪里来的? 按照盖尔曼的看法,它来源于被冻结的偶然事件,根源于偶然事件的积累。他指出:"世界的规律性来源于简单基本定律与偶然性作用的结合,后者能导致被冻结的偶然事件。""随着时间的推移,越来越多被冻结的偶然事件同基本定律一同发挥作用,并产生出规律性。"①"一切都说明被冻结的偶然事件的积累,在严格的时空区域就变成了规律性。"②盖尔曼在"量子宇宙中的简单性和随机性"以及"时间之箭"两章的结尾处,着重解释了"被冻结的偶然事件"这个概念。他认为,从宇宙的演化到个人的存在,无不受到偶然事件的很大影响。正是一些由量子力学来确定的偶然结果,才帮助我们确定了我们的宇宙,包括银河系、太阳系和地球的特殊性质,确定了"地球上生命以及我们行星上一些进化的特殊物种的性质",确定了"我们人类自身的性质,以及人类历史事件和我们个人生活的性质"。③ 他认为,正是从"冻结的偶然事件"中才引出了大量不同层次的规律性。

以地球上生命的出现及其规律为例。A、C、G、T 四个核苷酸生成了地球上所有生命体的 DNA。根据理论上的分析,有几千种可能选择的 A、C、G、T 组合,而事实上地球上存在的仅仅是我们所熟知的唯一一种 A、C、G、T 组合。这就是所有还存活的生命的祖先的一种被冻结了的特性。正是这些偶然事件的结果,形成了生命进化的共同规则,即生命活动的规律性。

12. 关于宇宙演化的历史分枝理论。

"量子力学用历史进行表述"被认为是"量子力学的当代观"的特点。④ 按照这种观点,概率不是被当作同时并列的各种可能性,而是历史所经历的不同选择。这样,"历史本身就成为一个真正的概率"⑤。

具体地说,宇宙演化的历史"可想象为一种树状结构"。"这种结构恰好在宇

---

① M. 盖尔曼:《夸克与美洲豹》,湖南科技出版社,1998 年,365、366 页。

② 同上,225 页。

③ 同上,133 页。

④ 同上,138 页。

⑤ 同上,146 页。

宙膨胀开始之时(或之后)作第一次分岔,进入可替换的可能性中。……每一次分枝,对可供选择的历史都有定义好了的概率。"①而"在宇宙可供选择历史的分枝树上,一次分枝的结果可能深刻影响后继分枝的概率,甚至可以影响到后继分枝中可供选择历史的性质"②。

应当注意的是,宇宙可供选择的历史的树状结构,"不同于人类语言或生物物种之类的进化树"。前者是单一的,其分枝是互相排斥的;而后者却可以是并列的,即"所有的分枝都出现在同样的历史记录之中"。因此,"宇宙的历史分枝是唯一的"。例如,物质冷凝为火星可能取决于几十亿年以前的一个量子偶然事件,"而在此之后","在那些不会让大量出现的分枝中,进一步的分枝就会明显地与那些使火星不会出现的可供选择的命运有关。"就是说,在宇宙演化的历史分枝中,"只有一枝可以被观察者看到"。即使在艾弗雷特的多世界理论中,在多个分岔的世界中,可以观察到的也仅仅是一个真实的世界。人类语言或生物进化树则不同。例如,属于拉丁语系的语言,虽然早先都源于一种母语,但今天一直在说的语言,包括法语、西班牙语、葡萄牙语、意大利语、卡特兰语等等,与现在已经灭绝了的语言,如南斯拉夫西南部的 Dalnatia 语,都同样存在于历史的记录中。多种已灭绝的生物化石也是如此。一句话,这种多分枝的树状结构是一种真实的多分枝历史结构;而使火星不会出现的宇宙历史分枝,却永远不可能被观察到,也不可能留在历史的记录中。③

13. 小结。

现在,我们可以回到物理世界的决定性和非决定性的关系上来。按照量子力学的历史观,决定性和非决定性都是规律性的表现。两者不是简单地并列在一起,而且,应当说决定性规律是以非决定性规律为基础才得以成立(出现)的。今天,人们终究理解到,"日常经验中准经典领域(即决定性规律适用的经典力学领域——引注)是大自然更深层的量子力学特性的结果"④。在早期量子力学的传统中,人们常常不自觉地认为,除了量子力学之外还有一个经典的领域,因此,基本物理的理论除了量子力学的非决定性(定律)以外,有时还需要经典的(决定性)定律。而现在,这种方案就显得不必要了,甚至是奇怪的了。量子力学的非决

---

① M. 盖尔曼:《夸克与美洲豹》,湖南科技出版社,1998 年,149 页。
② 同上,159 页。
③ 同上,150 页。
④ 同上,136 页。

定性定律似乎(理应?)可以包括经典的决定性规律。因为,"经典物理学只是一种近似,而量子力学现在看来才是精确正确的"①。行星为什么能沿着决定性的经典轨道运动? 因为它的质量足够大,量子效应可以忽略不计。因此,从根本上说,决定性的物理定律只是一种近似,而不可能是完全的、绝对的。而量子力学的几率性,非决定性特征才是物理定律更广泛、更深层的基础。

从量子宇宙学的观点看,我们生存于其中的这个现实的宇宙,也并不是必然如此或完全决定的。我们只能合理地追问:"这个特定的而不是另一个宇宙历史出现的概率是什么?"或者:"断定了过去和现在,那么会成为真实未来的那些陈述的概率到底是什么?"②因此对于未来,我们总是能够有所期待而不是无所作为的。应当说,这是量子力学规律性的根本态度(理解),也可以说是一种"有关量子力学的思维方式"③。就是说,我们不是宿命论者,而是在一定程度(限度)上可以掌握自己命运的生物。"能够在一定程度上掌握自己命运的生物",这就是继"人是理性的生物"(亚里士多德),"人是深思熟虑的生物"(海德格尔)之后,我们从现代物理学的观点给人类重新下的一个定义。

---

① M. 盖尔曼:《夸克与美洲豹》,湖南科技出版社,1998 年,136 页。
② 同上,141 页。
③ 同上,123 页。

信息的本体论地位和客观知识世界

12/04/1999

1. 为什么要讨论这个问题?

自维纳在半个世纪前(1947)提出"信息就是信息,既不是物质,也不是能量"以来,及至惠勒在 20 世纪 90 年代声言"存在就是信息"(1994)的命题至今,围绕"信息是什么?"即信息的本体论(存在论)地位问题,科学界和哲学界展开了长期的争论,一直没有定论。科学家和哲学家从各种不同的角度提出关于信息的定义,多达数十种;除了实用技术的各种定义(占数十种定义的大多数)外,从哲学层面看,主要是在庸俗唯物论和活力论(唯心论、意志论)两种极端的解释倾向之间摇摆,而很少正面回答(描述)信息世界的本体论含义,特别是信息世界的发现对推动现代唯物论发展的重要意义。

应该说,从"信息就是信息"到"存在就是信息",标志着人们对信息世界认识的逐步深化,也意味着我们对客观世界和人自身相互关系认识的巨大飞跃。为了说明这一点,必须深入讨论下列三个问题:(1)信息是一种自然资源;(2)信息就是负熵。在特定的意义上,吸取信息对人来说是一种主动的选择;(3)信息是一种客观知识。

2. 近十年前,我曾将信息理解为:它既是关于客体功能状态的表征,又是一种知识。① 现在,我更认为,要弄清信息世界的本体论地位,必须明确区分信息的这两重含义。必须从信源和信宿的相互关系,尤其是人和客观世界的相互作用来了解信息世界在我们生活于其中的现实世界中的位置。从科学上看,离开可控过程来孤立地谈论"信息是什么"是没有意义的。就是说,在不存在可控作用的情况下,谈论信息的传输与变换,谈论信息的存在是没有意义的。例如,离开亲代和子

---

① 参看《哲学与科学》,山西人民出版社,1991 年,131 页。

代的相互作用来谈遗传信息,或者谈论人和某种超自然的神灵之间可以互通信息,等等,都是违反科学的。因为,信源和信宿,例如父亲和儿子,大自然和人类,都是现实存在的某物,而虚无缥缈的神灵,既不可能是信源,也不可能是信宿,人和神灵两者之间当然不可能有什么现实的信息交换存在。一句话,只有现实存在的事物之间,有相互作用的两个系统之间才可能谈到信息的存在。不论信源还是信宿,都不是超自然的存在。信息相互作用,信息世界是客观现实世界的一个侧面,一种存在方式。这主要是从信源和信宿的客观现实性来说的。

另一方面,就人作为信宿来说,获取信息意味着对客观事物的某种认知,就是说,信息是一种知识,是一种生存的要素。人一生下来就生活在信息的海洋中。起初,婴儿必须学会辨别和吸取对自己有用的生物学信息;随着儿童学会语言和人的逐步成长,他必须学会选择各种社会信息和文化信息,以备其进一步发展之需。人的一生,就是在不断选择和利用信息中度过的。在这个意义上,信息之如水和空气一样,是人须臾不能离开的。当然,同一个客观的信息,对于不同的信宿来说,可以具有不同的含义。正所谓同一个哈姆雷特,对于一千个不同的观众来说,却有一千个不同的哈姆雷特。同一部《红楼梦》,儒学家看起来是"淫",出家人看起来是"无",而道教徒看起来却可以是"仙",如此等等。所以,信息作为知识,无可否认,又具有主观的含义。

以上说的是,当我们探讨信息的存在论含义时,应该区分信源和信宿,客体和主体,系统的表征和关于对象的知识,这样两个互相关联的视角和含义。

3."信息"一词,不论从科学和哲学的层面,还是从日常生活的含义上,今天已是使用频率很高的一个词汇。然而,信息到底是什么?处在从原子时代向"比特"时代转变,过渡中的现代人类,究竟何以自处?我们怎样才能从关于信息的庸俗论和神秘论的摇摆中脱身出来?这对于当代唯物论的生存和发展,是一个生死存亡、命运攸关的大问题。维纳曾经高瞻远瞩地指出:信息不同于物质和能量,不承认这一点的唯物论,今天就不能存在下去。遗憾的是,庸俗论者至今拒绝认真思考这一问题,他们甚至认为,"信息就是信息"这一论断不过是一种同语反复,没有什么积极的内容和意义。他们总是这样那样地将信息和物质实体等同看待,否认信息是现代科学的伟大发现,否认信息世界是现代人类刚刚开始认识到的一种前所未闻的新的客观实在。

另一方面,随着"信息"这一概念的广泛使用,一些神秘论者则极力将其归结为某种"精神—意志"一类的东西,将"存在就是信息"的命题颠倒过来,滥用"信息"的概念,似乎世界到处都充满着神意,信息就好像幽灵的替身。

针对上述种种看法,应该明确地认定,信息既不是"平平常常的物质运动"即物质实体,也不是某种精神力量,而只是现实事物之间的一种关系,是信源和信宿之间的相互作用或可控作用。换言之,信息是信宿从信源那里相互交换得来的东西。

4. 庸俗论和神秘论的一种最新说法是:信息是一种虚物,即所谓"辩证虚物论"。作者主张"以'实物与虚物'范畴取代'物质与精神'范畴","从而确认信息现象的本体论归属"。作者声称:"不能否认信息和精神是'物'(但是虚物而不是实物),否则世界还怎么统一于物质性呢?""信息时代的唯物论……应该是一种'虚物主义'的(即虚物型的)本体论,……我们暂且把这种唯物论称之为'辩证虚物论'。""信息属于(信源与信宿之间的)'共振虚物'"①,等等,等等。

什么是"共振虚物"? 何谓"虚物主义"? 信息能否归结为"虚物"? 作者宣称:"虚物……是一种无形的存在",是"无形的无穷的无限的力量";又说"人的精神现象是一种观念虚物",而"客观规律"则是"现象的内质虚物",等等。这样一来,精神和信息都被归结为"虚物"。但是,"虚物"或"无形的存在"到底指什么,人们还是不得而知。作者解释道:"自然虚物包括电磁波、声波、生物波、引力波等波性物以及物息等信息",总之,精神现象、电磁波、客观规律一类的东西,即所谓"虚物",与将思想视为胆汁一类的东西,如出一辙。原来,试图以"实物与虚物"的划分代替物质与精神的区别,只不过是将唯物论极端庸俗化的一种翻版,了无新意。姑且不论,将精神等同于电磁波,又将电磁波视为"虚物",在科学上与现代物理学和心理学的常识,多么格格不入,荒诞透顶! 至于信息作为"无形的存在",究竟是精神,还是电磁波,则是无法交代清楚的。将电磁波等等作为无形的"虚物",显然已倒退到近代初期的机械论水平。

应当指出的是,庸俗论和神秘论是两极相连,互相支撑的。庸俗唯物论贯彻到底,必然走向唯意志论。将信息与精神混为一谈,将信息归结为某种虚无的存在,为无限夸大精神的力量,大开了方便之门;从庸俗唯物论得出唯意志论(即维纳称为活力论的陈旧的唯心论)的结论是不以人们意志为转移的逻辑的必然。这就是作者宣称的(精神和信息都是)一种所谓"无形的无穷的无限的力量"。须知,任何物质的力量总是有穷有限的,唯有神秘的天意才可能被视为无穷的无限

---

① "虚物主导性……探讨",《新华文摘》,1999 年 1 期,51 - 52 页。

的。"上帝""作为一种观念的虚物",经过"信息 = 虚物"的桥梁,已经不请自来了。让我们拥抱"虚物",拥抱"上帝",投入"上帝"的怀抱吧! 这就是:"虚物""主导和支配自己的对象性实物",虚物 = 上帝,"不仅是客观存在而且是第一存在"。可见,任何想把精神现象解释为"某物"的企图,终归不能逃脱上帝是"第一存在"即万物主宰的厄运。

总之,信息既不是"虚无",也不是"某物",而只是一种实实在在的自然资源。但这需作进一步的讨论和解释。

5. 前已指出,信源和信宿,不论天然物还是人工物(例如计算机),总是某物,而信息就是特定的两个或多个某物之间相互交换的东西。为什么说这种某物之间相互交换的东西(信息)是一种实实在在的自然资源呢? 这包含如下几层含义:

(1)信息是与物资和能量并列的一种特殊的自然资源,是自然界所固有的,不是超自然的力量,"存在就是信息";

(2)信息包括人类的精神文化产品,即知识。须以物质和能量为载体才能存在,但它不是"主导和支配实物"的幽灵;

(3)信息(包括自然信息和社会文化信息)的提取、利用和开发,信息的自行增殖,是全人类共同的财富。就是说,信息只能普遍分享,而不能人为地封锁和独占,这是"信息就是信息"的一种自然属性。

6. 信息作为一种自然资源,是自然界或大自然的一种存在方式。它与物质和能量一样,是一种实实在在的存在的东西;它是自然界本身固有的,而不是超自然的。正是在这个意义上,我赞成惠勒关于"存在就是信息"的论断。这意味着,除非我们获取了各种有关自然的信息,我们就无法把握大自然的客观存在,无法确认现实世界的客观实在性。例如,天体物理。我们利用天体望远镜从宇宙深处获得的某种物理信息(温度、质量、能量等等),不仅可以确知宇宙的范围、大小和年龄,而且可以把它当作一个天然的高能物理实验室,弄清某些元素的特征,从而为研制新材料、开发新能源提供科学依据。又如,基因工程。根据我们对各种生物遗传信息的研究,可以人为地改变某些动植物的特性,从而为人类创造出更好、更优、更多样的食物和生活消费材料,如此等等。可见,从大自然中提取和开发各种自然信息,是人类的生存和发展,是科学和文化创造的不尽源泉;也是物质文明和精神文明不断进步的前提和保证。大自然提供给我们的各种信息是物质生产和精神创造的基础。尽管,今天被认为科学文化已经得到高度的发展,但就其对自然信息的开发和获取来说,还仅仅是开始。取之不尽、用之不竭的丰富的自然信息资源还有待于我们去继续开发、获取和利用。可以肯定的是,随着科学文化的发展,人类认识和获取自然信息资源的能力将大大增强,对自然信息资源的开发和利用将加速增长。

7.17/11/1999 人类对自然资源的开发和利用可以分为三个阶段。从历史上看,人类最先认识和利用的自然资源是物质材料资源。从原始人类以采摘自然植物果实和狩猎为生到农耕时代,生活资料的来源主要是天然的和人工的养殖的动植物。在数万年漫长的历史时期,人类所开发和利用的,主要是自然界现成的物资资料。虽然在远古时代,人类就发现了火,开始认识和利用热能来烧烤食物,随后在农业社会也开发了机械能,如发明了风车、水磨等等。但是,真正大规模地开发和利用能源,应该从瓦特发明蒸汽机开始,至今仅二百多年。在一定意义上也可以说,只有到了工业社会,人类才比较充分地认识到能源对于文明发展的重要性。粗略地说,工业时代是以普遍开发和利用能源为标志的。煤炭的机械挖掘,石油的开采,电力的利用,原子能电站的建造等等,成为工业化和现代化的重大成果。

现在我们面临着一个新时代的到来。这就是人类对信息资源的普遍利用和开发。信息论的创立和信息科学的发展仅仅半个世纪的时间,然而信息产业的发展,已使社会面貌大为改观。不仅发达国家对信息的开发和利用使社会生活发生了深刻的变化,而且发展中国家因信息产业的发展,也使社会生活在加速改变。经济全球化、政治和文化多元化的世界趋势很大程度上因信息产业的发展而得到强大的推动。因此,人们把未来的社会称为信息社会或信息时代不是没有道理的。这意味着,继认识物资材料资源和能源之后,人类开始发现开发信息资源,成为当代文明进展的主要标志。

8. 信息离不开一定的物质和能量载体。信息作为一种自然资源,既渗透在物质资源中,也渗透在精神文化资源中。不仅某种信息是以一定的物质资源形式出现(例如,一个天体,一种矿石,一段 DNA 所携带的物理、化学和生物学信息,等等),还是以一定的精神文化资源的形式出现(例如一本书籍、一个光盘、一幅绘画、一件文物等等)都必须以一定的物质能量为载体。就是说,信息虽不是物质和能量,但却总离不开物质和能量。因此,信息在任何意义上都不是虚无或幽灵一类的东西,而是人类生存和发展的一种实实在在的要素。

应该指出,不论自然信息还是人工社会信息总是与某种有形实物联系在一起,隐含在某种有形实物之中的。无论天体、人脑还是电脑都是有形实体。离开一定的物质载体,信息不可能孤立地存在。但这绝不可解释为信息是"主导和支配实物"的幽灵,而只能理解为:我们不可能离开有形事物去凭空把握和获取信息。例如,宗教信仰者常说的"上帝在我心中"这句话所传达的信息只是信徒的一种主观的虚幻意识和精神状态,而不可能是现(真)实存在什么上帝。

可见,信息作为自然资源,不能与精神混为一谈。诚然信息不是精神,但精神却可以转化为信息。在后面关于客观知识的讨论中,我们再详细解释这一点。

9.信息作为一种自然资源,是全人类共同的财富。信息资源的提取和开发,信息在传播(输)过程中的积累和自行增殖,只能是全人类普遍分享,而不可能长久被人为地加以封锁、垄断和消耗。这是"信息既不是物质,也不是能量。信息就是信息"的一种天然特征。

地球上的物资资源和能源储量是有限的。人类对现成物质和能源的消耗不可能再生。然而,信息的传输和消费与物质和能量的消耗不同,信息在运行过程中可以自行积累和增殖。科学对自然奥秘的探讨是没有止境的。我们从自然界提取的信息愈多,对自然界的解密愈多,意味着人类活动的自由度愈大。就是说,信息的增长是没有限度的。自然界作为信源,人类群体作为信宿,其信息量的增长是永不穷竭的。信息传播过程中因噪音干扰损失的信息远小于信宿增多而自行增殖的信息。正因为如此,任何社会群体,没有必要像抢占食物或能源一样,将某种信息永远据为己有。尽管,在现实生活中,有各种保密规定,有所谓知识产权的争讼,等等。但从理论上说,信息作为一种与物质和能源不同的特殊的自然资源,没有可能被某些群体所垄断占有,而只能为人类所共享。因为,信息的全部价值就在于传播和增殖。信息因分享而自行增殖,因垄断(保密)而无谓耗损;可分享性正是信息资源不同于物质能量财富(资源)的最大特性。物质和能源愈用愈少,而信息则愈用愈多。

从这个意义上看,信息社会、信息时代要求人们改变文明社会数千年来习以为常的思维定势和生活方式。自然资源,首先是信息资源的共同开发和共同享用,就是这种新的生活方式的显著标志。当代人类必须面对这一现实。

10.以上5-9着重讨论了信息不是精神,不是虚无的含义。下面将着重讨论信息不是某物,只是某种系统组织性,有序程度的表征。即,信息就是负熵的含义。这包含:(1)信息和信息量,负熵和熵;(2)获取信息,意味着减少无知;(3)生命赖负熵为生,吸取负熵是一种主动的行为选择。

11.信息和信息量是有区别的。按照信息论的奠基人克·香农(Claude Shannon)的研究,"信息主要涉及从被选物中作出抉择"。而信息量则是关于种种选择的可能性的一种量度。①"例如,假如你得知抛硬币的结果是反面而不是正面,那么你就获得了(关于抛掷硬币这件事的——引注)一个比特的信息。如果你获悉三次连续抛币的结果是正面、反面和正面,那说明你已经获得三个比特的信息。"②

换言之,信息是关于某系统(事物)确定性的认知,而信息量则是关于系统变化的某种可能性的一种量度。正如维纳所解释的:"熵是组织解体的量度,信息集合所具有的信息则是该集合的组织性的量度。事实上,一个消息所具有的信息本质上可以解释作该消息的负熵,解释作该消息的几率的负对数。这也就是说,愈是可几的信息,提供的信息就愈少。例如,陈词滥调的意义就不如伟大的诗篇。"③

在一个封闭的系统中,"秩序是最小可几的,混沌是最大可几的"④。

应当说明的是,在信息论的创立和信息科学发展的过程中,人们往往更多地注意信息量的研究,较少地在信息的内容和含义上取得共识。科学家和工程师们知道"比特"的确切用法却往往暗于信息是什么的含义。仅从定量或量度的角度看,信息的量度值和熵的值是相等的,但其符号不同,即它们表征的系统的演化方向不同。信息是负熵,也就是说信息是关于某系统组织化程度、有序程度、确定性程度的表征;而熵则是关于某系统混乱程度、无序程度的量度。

因此,从质的规定性看,我们可以将信息视为某系统(维纳所说的"消息的集合"),与熵对立的一种演化趋势,即反熵的趋势,自组织有序化趋势的表征。所以,可能性愈大的预言,信息量愈小。例如,"明天可能下雨也可能不下雨"这样的议论,虽然讲各种可能性都包容了,但却没有提供我们任何有意义的信息,即信息总量等于0。只有"明天肯定天晴"这样的气象预报,虽然可能性只有1/2,但却带给了我们肯定的信息。

简言之,信息所表征的是有关事物或系统的与熵相反的一种演化趋势,因此,它不是"某物",不能等同于物。而信息量所表示的只是关于这种演化趋势的可能性大小的量度。它同样也不能等同于某物,而只是一种几率。我认为,这样理解

---

① 转引自《夸克与美洲豹》,37页。
② 同上。
③ 维纳:《人有人的用处》,商务印书馆,1978年,12页。
④ 维纳:《人有人的用处》,商务印书馆,1978年,6页。

信息和信息量,就同将信息视为"某物"的庸俗化观点划清了界线。而这种庸俗化观点,只不过是将信息归属于实体的一种回响,是类似苏联"普遍属性论"的一种余音。

12. 获取信息,意味着减少无知。

盖尔曼将熵解释为无知。他说:"熵和信息有紧密的关系。事实上,熵可以看作是一种无知的度量","详细的阐述相应于有序,而无知则相应于无序"。"这样,熵可以认为是一个宏观态内对微观态无知的平均,加上对宏观态自身的无知。"①

"粗略地讲,一个给定宏观态的系统的熵是信息的总量"。例如,"20 比特相当于需要区别 1048676 个不同的信息,即有 2^{20} 种可能的选择方案。同样,3 比特为 8 种可能性,因为 $8=2^3$;4 比特为 16 种可能性;5 比特为 32 种可能性,等等"。"这样,如果宏观态中微观态的数量是 32,那么这个宏观系统的熵是 5 个单位,如果微观态数为 16,则熵是 4 个单位,等等。"②

"正因为熵在闭合系统中有自发增加的趋势,所以信息也就有自发降低的趋势;正因为熵是无秩序的量度,所以信息是秩序的量度"。③

就是说,对于一个给定的系统,我们获得的信息愈多,则其确定性愈多,也就是熵愈小;反之亦然。因此,获取有关某系统的信息,意味着减少对它的无知。即增加其确定性,减少其或然性。

例如,有一种"20 个问题"的游戏。这个游戏"在或然性相同或或然性近乎相同的一连串两种选择中,提供了一个表示各种极不相同的信息的极好例子。游戏由两个人来玩,第一个人构思一个东西,然后第二个人要在被告知它是动物、蔬菜还是无机物之后,用 20 个或不到 20 个问题来猜出这个东西。问题的答案只能是'是'或'否';每次回答都是一次两种选择。对第二个人来说,他提出的问题要尽可能在两个或然性接近相同的被选物之间作出选择,这将会对自己最有利。比方,在知道该东西是无机物时,提问者不应该直截了当地问它是不是霍普(Hope)钻石。他可以问,"它是天然的而不是人工制造或改造的对吗?"这里,肯定回答和否定回答的概率大致上是相等的。如果回答是"否",那么下一个问题可以问:"它

---

① M. 盖尔曼:《夸克与美洲豹》,湖南科技出版社,1998 年,214 页。
② 同上。
③ 同上,93 页。

是一个特殊的物体而非一类物体,对吗?"当回答"是"与"否"的概率相等时,每个问题将引出一个比特的信息。(这是一个问题所能引出的最多的信息。)①

科学家对自然规律的探索,相当于同自然界猜谜,"就是把自然界的自身的秘密译解出来,而这就是科学家的本分"②。正如爱因斯坦所言:"上帝精明,但无恶意。"③自然界是光明正大的,它不会有意识地欺骗我们。但自然界总是隐藏自己,抗拒人们对它的解密。因此,虽然我们是跟诚实的上帝打交道,我们仍然得善于向它"提出自己的(适当的——引注)问题"④。并且,迫使它做出回答。这样,我们也就从自然界获取了越来越多的信息,从而减少了我们自己的无知。事实上,全部人类文明史,特别是科学史的记录,都昭示着人类在同自然界打交道的过程中,是在从自己以外的世界中不断地吸取信息,以促进自己的生存和发展。

13. 吸取信息是一种主动的行为选择。

早在信息论创立之前,薛定谔在《生命是什么?》的名著中,就提出了"生命赖负熵为生"的论点。随着信息论的产生和信息科学的发展,现在我们愈来愈清楚地看到,吸取信息,事实上是人们一种主动的行为选择。这种选择,不只有生物学的意义,更具有社会学的价值。

维纳指出:"我们,人,不是孤立系统。我们从外界取得食物以产生能量,因而我们都是那个把我们生命力的种种源泉包括在内的更大世界的组成部分。但更加重要的事实是:我们是以自己的感官来取得信息并根据所取得的信息来行动的。"他还指出:"社会学家直到最近都有这样的倾向,故意忽视社会通讯是社会这个建筑物得以粘合在一起的混凝土。"⑤

"人是束缚在他自己的感官所能知觉到的世界中的。"因此,"接收信息和使用信息的过程就是我们对外界环境中的种种偶然性进行调节并在该环境中有效生活着的过程"⑥。

需要说明的是,人作为一种有思想的生物,不仅是束缚在自己感官知觉的世界中,而且是束缚在自己现成(或传统)观念世界中的。因此,他必须突破种种传

① M. 盖尔曼:《夸克与美洲豹》,湖南科技出版社,1998 年,37 – 38 页。
② 同上,100 页。
③ 转引自维纳:《人有人的用处》,155 页。
④ 转引自维纳:《人有人的用处》,156 页。
⑤ 转引自维纳:《人有人的用处》,17 – 18 页。
⑥ 转引自维纳:《人有人的用处》,9 页。

统的,既定的观念束缚,才能够不断创造出新的生活。善于从外界环境中,吸取对自己有用的有关实物和有关观念的信息,调节自己的行动,正是人超出于一般高级动物(例如猿类)的特质。以前述的"问题游戏"为例,每一次提问都可以获得一些新的信息。在这里,获取信息的过程,也就是一个不断地进行行动选择的过程。

14. 以上 11－13 主要说明了信息不能等同于某物,即实体,也不是"平平常常的物质运动"。就信源而言,信息只是一种演化趋势(有序、组织性)的表征;从信宿来看,信息则意味着关于客体的某种知识。对认知主体来说,有序、确定性也就是知识。接下来,我们将着重讨论信息是一种客观知识的问题。

15. 信息与知识。信息包含知识但不等同于知识。例如,生物遗传信息对子代来说就不能说是知识。只有当信宿是特指人类主体时,才可将信息视为某种知识。因此,我们赞成"知识包含于信息","知识是信息的子集"的提法。"知识不是一般的信息,而是能在信息运用中改进人的行为的特殊信息"。[1]

然而,按波普的看法,知识可分为主观的和客观的两类,前者属于第二世界(或世界2),后者属于第三世界(世界3)。从本体论上看,信息究竟属于哪个世界? 在自然界的演化中应处于何种地位呢? 或者,对人类社会的发展来说,信息世界处在何种地位呢?

我认为,波普关于客观知识的论述,事实上是对信息世界本体论地位的一种探讨和贡献。客观知识是对知识的一种本体论论述,在决定的、至关重要的意义上,也就是对信息本体论的一种回答。

什么是客观知识? 按波普的论述,有广义和狭义之分。在广义上说,客观知识泛指从语言、文字产生后,人类所创造的一切文化成果,是物化在一切人工产品中的知识,如工具、书籍、绘画、磁带等等。从狭义上说,客观知识可特指科学理论和知识。因此客观知识也就是经过人力加工过的信息,是一切主观知识的物化,是一种客观化了的知识。简言之,客观知识可以说是浓缩了的信息世界。所以通过研究和分析客观知识,我们就能够科学地确定和解释信息在宇宙演化中的地位。

16. 据我看,波普是第一个对信息时代的来临,信息世界的出现作出了哲学概括的现代哲学家。波普的一生是在哲学上从事无穷探索的一生。他总是力图从

---

① 参看"信息、知识、经济及相关问题",载《新华文摘》,1999 年 2 期,60、62 页。

科学的重大进展和发现中得出应有的哲学结论。这一点非常难能可贵,值得后人借鉴。早年,波普从爱因斯坦相对论的创造中,总结出了科学发现的逻辑,这就是"问题——猜想——反驳——新的问题……"即:"P1——TT——EE——P2"的四段论式。这种科学发现的逻辑,经过 20 世纪 30 年代到 50 年代,已得到广泛的传播,成为科学界的共识。

自 20 世纪 60 年代以降,随着信息论的诞生和信息科学的迅速发展,世人特别关注所谓"知识爆炸"的问题。波普通过他的深入研究,于 1967 年在"第三届逻辑方法论和科学哲学国际会议"(阿姆斯特丹)上,公开发表了关于第三世界("没有认识主体的认识论")即客观知识世界的理论。在这次影响深远的演讲中,他重申了 1962 年即已提出的一个著名的思想实验:"我们所有机器和工具,连同我们所有的主观知识,包括我们关于机器和工具以及怎样使用它们的主观知识都被毁坏了;然而,图书馆和我们从中学习的能力依然存在。显然,在遭受重大损失之后,我们的世界会再次运转。"但若是"所有的图书馆也都被毁坏了",那么,在这种情况下,"我们的文明在几千年内不会重新出现"。①

波普强调,传统的认识论只是注重主观意义上的知识,即我知道,我信仰,我赞成等等的主观意向上的知识,事实上,这是属于主观意识状态即"第二世界"的知识。而对人类的生存和发展来说,真正重要的,却是属于"第三世界"即客观意义上的知识,特别是科学知识,"它包括问题、理论和论据等等"。②

为什么要特别突出第三世界的地位? 这是因为只有外化或物化了的客观知识,才能够保存、积累和传播。在这里,信息才会自行增殖成为推动社会前进、文明发展的无穷资源和财富。只要图书馆存在,我们的世界即使受到重大损失,再次运转起来也是不难的。二次大战后的历史,特别是西德和日本的复兴有力地证明了这一点。这也再次说明了前面已经说过的一个道理:信息作为自然资源属于全人类的财富,而只有转化为客观知识的信息才能真正为全人类所共享。

17. "第五起源问题"探讨。波普提出的第三世界理论,不只是个知识论的根本问题,首先是个本体论的新问题。它为我们正确回答信息的本体论地位问题,提供了基本框架。按波普的看法,宇宙的演化是分层次的,首先是物理世界(第一世界),其次是意识或精神状态世界(第二世界),最后才是客观知识世界,即第三

---

① 波普:《客观知识》,上海译文出版社,1987 年,116 页。

② 同上,117 页。

世界。就是说,客观知识世界处在宇宙演化的最高层次。

我们可以将第三世界同自然界的起源问题加以比较。据董光璧的说法,当代科学的走向特征之一就是:走向极端和本原,即宇宙的起源、生命的起源和智力的起源。① 在这里,智力的起源被认为是三大起源之一,而客观知识应该说是智力起源的核心部分。

按近代科学的传统看法,我把第三世界即客观知识的起源问题,看作是继宇宙、地球、生命、人类四大起源之后的"第五起源问题",这样似能得到更普遍的认同。事实上,第三世界的出现,应该视为宇宙演化中继人类起源之后的一个最大进展和奇迹。特别是当代,在人类即将迈入信息时代大门口的时候,客观知识世界对人类社会的现实生活和持续发展来说,其重要性可以说比物质和能量的世界,更加突出起来。所谓"第五起源",即客观知识世界的起源问题,从纯理论即哲学本体论的层面看,是一个极其重要而全新的问题。当代哲学,特别是以维护科学文化为己任的唯物论哲学,更是不能回避这个重大的理论和实践问题。

"人类知识现象无疑是我们宇宙中最伟大的奇迹"。②

18."第五起源问题"至少包含下列几个子问题(系统):

(1)语言、文字的起源。只有产生了语言,特别是发明了文字以后,主观知识才有被客观化的条件。而语言、文字的运用又是解释主观精神世界即第二世界的特征和本质的前提条件。任何自我意识总是和语言分不开的。

语言究竟如何起源? 至今仍是一个进化史上的哑谜。恩格斯在"劳动从猿到人转变过程中的作用"一文中,曾指出,语言同原始人类的劳动分工的需要分不开。据最新的研究指出:"语言也许不是从我们祖先的发声能力进化而来的,而是从手势进化而来的。"③据研究,"黑猩猩很容易地就能够学会数百个美国手语的手势,并且依照'挠挠我'或者'给香蕉'这样的结构把这些手势组合成它们以前不曾见过的句子"。以聋哑人为例,"在社会环境中手势沟通和口语是一样自然的"。从人类祖先的声道化石看,语言顶多是在 15 万年前产生的。然而有文字记载的文明史大约只有 5000 年。科学家指出,出现在文字中的语法这样复杂的东西,竟然只有这么短的时间是令人不可思议的。然而,如果设想我们的祖先在手

---

① "科学与我们的时代",《新华文摘》,1999 年 4 期,167 页。
② 波普:《客观知识》,上海译文出版社,1987 年,前言。
③ 新西兰奥克兰大学认知神经学家迈克尔·柯巴利斯语。

势语言时就即已发明了语法,那么,文字语法的产生也就不再是难以解释的奇迹了。①

真正能够将知识客观化的是文字的记载。不论汉语的形声字还是西文的拼音字,都有一个漫长的发明和演化过程,详细研究和阐明文字的起源和发展,是语言专家的事。但从知识信息的保存和传播来说,文字的出现则是一次大飞跃。从此,人类社会才进入了文明时代。

(2)科学文化的起源。在客观知识世界中,科学的起源和发展,特别是近现代科学的产生和发展,处在核心的地位,是整个人类文明的基础和脊梁。科学史的详细研究和阐释,将为客观知识的产生和发展,给出明确的答案。

(3)精神、智力、智慧、知识增长的规律是怎样的? 波普指出,第三世界与第二世界和第一世界存在着相互作用。我们更感兴趣的是第三世界和第二世界的相互作用,特别是第三世界对第二世界即客观知识对意识和精神状态的反作用。正因为有这种反作用存在,我们才可以通过对第三世界的研究来剖析和推测第二世界发展的本质和规律。就是说,通过对客观知识的研究,来揭示和阐明意识精神状态的特征和发展规律。也可以说,客观知识世界是我们窥探精神现象奥秘的可靠途径和窗口。这比通过神经解剖来了解和把握精神活动的奥秘甚至更为重要和可靠。我们不能将思想还原为神经元中的电、化学活动,大脑中的夸克和原子并不是思想。但我们却有可能通过对精神产品即客观知识的分析来揭示精神活动、思维过程的深层奥秘。正如我们可以通过古文物的阐释来了解古人的生产和生活方式,通过生物化石来了解古生物(例如恐龙)的生活习性一样。总之一句话,我们可以通过第三世界去了解第二世界,从而解除和驱散笼罩在精神世界之上的重重神秘的迷雾。果能如此,将是科学和唯物论哲学的伟大胜利。

波普指出:"我认为,有朝一日我们将不得不让心理学来一场革命,办法是将人的精神看成是与第三世界的客体相互作用的器官,是理解这些客体,作用于这些客体,参与这些客体之中并使之对第一世界发生影响的器官。"②

"研究第三世界的客观主义认识论会有助于很好地阐明主观意识的第二世界,尤其有助于阐明科学家的主观思想过程;但反之则不然。"③

① 以上见美国《新闻周刊》1999 年 3 月 15 日一期文字:"从手语到语言"。转引自《参考》1999 年 4 月 14 日。

② 波普:《客观知识》,上海译文出版社,1987 年,166 页。

③ 波普:《客观知识》,上海译文出版社,1987 年,120 页。

19. 小结:如何学会在信息海洋中游泳?

从幼儿学会语言开始,我们每个人都生活在第三世界之中,也就是生活在知识信息的海洋之中。辨认和选择信息、运用信息与我们的生存和发展密切相关。当今时代,科技的发展一日千里,"信息爆炸",广播、电视、因特网等等急剧膨胀。甚至有人已经在谈论:破坏信息秩序理性的"比特弹"的威胁。① 我们如何在信息爆炸的环境中生活? 如何在信息海洋中学会游泳? 这是人类面临的一种新的机遇和挑战。理智地回答这种挑战,冷静地面对这种挑战,就是我们探讨信息的本体论地位问题的初衷。

21/04/1999　11:30

① 《新华文摘》,1999 年 4 月,166 页。

第七讲

决定论和自由意志

21/04/1999

1. 自然哲学研究的根本目的在于求得人和自然的一致,即人和自然的和谐共处。换个说法,在于求得人的自由。

然而,自由并非想象中的脱离或超越自然的特立独行,而是在把握自然规律基础上实现人的行动的相对自由。恩格斯在《反杜林论》中对自由与必然的这种相互关系曾做过很明确的论述。

大致说来,在哲学史,特别是近现代哲学史上,对自由和必然即所谓自由意志与决定论的相互关系有三种较为普遍的解决办法,即机械论、唯意志论和二元论(调和论)的态度。而"认识必然就是自由"的主张,从斯宾诺莎、黑格尔到马克思乃至弗洛姆(《逃避自由》)则得到了更多的阐释。

17/12/1999 笛卡尔说过:"错误是从哪里产生的呢? 这只是由于意志比理智广阔得多,我没有把意志纳入同样的限度之内,而把它扩张到我所不了解的东西上去了。"①

21/09/2000 洛克:"抱任何主张时不会有超出这主张依据的证明所能保证的自信。"②

本节将把重点放在现代科学界对这个问题的探讨和看法上。他们依次是:薛定谔、克里克和盖尔曼;另外,还要介绍一下罗素的看法,因为他的论点在现代科学家中颇有影响。

最后,我们将回到在现实生活中要避免机械论和批判唯意志论的倾向问题上来,作为本讲座、专题研究的结论。

① 《形而上学的沉思》,原著选,上,379 页。
② 《人类理解论》"论热忱",参见罗素:《西方哲学史》,下卷,137 页。

2. 薛定谔:"决定论与自由意志"(1944)

"在一个生物的肉体里,同它的心灵活动相对应的,以及同它的自觉活动或任何其他活动相对应的时空事件,如果不是严格地决定的,无论如何也是统计地决定的。"

"我们能否从下面两个前提中引出正确的、不矛盾的结论来:

(1)我的肉体作为一架纯粹的机器,是遵循自然界的定律而起作用的。

(2)然而,根据无可置辩的直接经验,我知道,我总是在指导着肉体的运动,并且能预见其结果,这些结果可能是决定一切的和十分重要的,在那种情况下,我感到要对运动负起全部责任。"

"我认为,从这两个事实得出的唯一可能的结论是,我——最广义上的我,就是说,凡是说过'我'或者感觉到'我'的每一个有意识的心灵——总是按照自然界的定律在控制着'原子运动'的人,如果有这样的人的话。"①

3. 弗·克里克:"关于'自由意志'的跋"(1994)

1986 年以后,"我个人关于'自由意志'已有了一种理论……

"我的第一个假设是:人脑的某个部分与制定进一步行动的计划有关,但不一定执行它。我也假定人可以意识到这个计划,即,至少可以直接回忆起来。

"我的第二个假设是:人不能意识到这部分脑所执行的'计算'过程,而只知道它做出的最终'决定',也就是计划。当然,这些计算将依赖于这一部分大脑的结构(部分由于进化,部分由于过去的经验),也取决于来自脑其他部分的当时输入。

"我的第三个假定是:执行这个计划或那个计划的决定受到同样的限制。换句话说,人可以直接回忆起决定是什么,但不知道做出这个决定的计算过程,即使可能知道一个计划在进行中。[奥迪弗雷迪(Odifreddi)教授对我指出,应当假定,决策与相应行为之间应当有某种一致性。]

"于是,如果这种机器能像人一样决定自己的行为,即有一个'自身'(自我?——引注)的映象,那么这种机器看来是具有'自由意志'了。"②

"我想知道'自由意志'可能位于脑的哪个部位。"③

---

①　薛定谔:《生命是什么?》,湖南科技出版社,2003 年,85、86 页。

②　弗·克里克:《惊人的假说》,湖南科技出版社,1998 年,272 页。

③　同上,273 页。

"自由意志"位于或靠近大脑的前扣带裂上,这一想法可能有点新意。① 实际上,事情可能会更复杂。脑前区的其他部位也可能与其有关联。需要的是更多的动物实验……和有关病例的仔细研究,其中首要的是,对视觉意识的神经生物学有更多的了解,并由此增加对其他形式的意识行为的了解。②

看来,克里克将"自由意志"了解为人脑的自主决策能力,并力求弄清它的神经解剖学基础。

从薛定谔到克里克,整整半个世纪,科学界对这个问题的研究已大大前进了一步。

4. M. 盖尔曼:"自我意识和自由意志"(1994)

"神经生物学家们曾经发现,前额突出的部分似乎与自我意识、目的和动机有关,而人类的前额有特别充分的发展。"③

"意识或注意似乎涉及一个序列的过程,一种聚光灯似的东西可以把一种想法或敏感输入,迅速而又连串地转变为另一种。……那些有类似过程的各部分,它们对意识的可接近性彼此不同,因此人类某些行为的根源,埋在思想的夹层里,很难成为自觉的意识。"④

"尽管如此,我们还是说:意见和行动在相当程度上是在意识的控制之下,我们的陈述反映的不仅是承认意识的聚光灯,而且也反映出强烈地信任我们有一定的自由意志。"⑤

"什么样的客观现象可以引起主观上自由意志的效果呢? 我们说自由地作出一个决定,意味着这个决定并不是严格根据以前发生过的事作出的。这种明显的不确定性的根源是什么?"⑥

"有一种解释试图认为,根源在于基本的不确定性。大概是这些量子力学的不确定性被经典现象(如混沌)放大了。……但有人会奇怪,人类大脑皮层的什么

————————

① F. 克里克:《惊人的假说》,湖南科技出版社,1998 年,275 页。约翰·艾克尔斯爵士先前提出《脑的进化:自我的创造》,1989 年,靠近 24 区(运动附区)可能是"自由意志"的所在。

② F. 克里克:《惊人的假说》,湖南科技出版社,1998 年,275 页。

③ M. 盖尔曼:《夸克与美洲豹》,湖南科技出版社,1998 年,156 页。

④ M. 盖尔曼:《夸克与美洲豹》,湖南科技出版社,1998 年,156 - 157 页。

⑤ M. 盖尔曼:《夸克与美洲豹》,湖南科技出版社,1998 年,157 页。

⑥ M. 盖尔曼:《夸克与美洲豹》,湖南科技出版社,1998 年,157 页。

特性对量子涨落和混沌有影响吗?"①

"我们不仅仅求助于那些简单明白的物理效应,也可以考虑那些更直接与脑和心有关的过程。……换句话说,人类的行动更多地是起因于一种隐藏的动机,而并非一种内部随机或伪随机的数字发送器的结果。"②

在盖尔曼看来,(1)自由意志是和自我意识密切联系在一起的;(2)意志的自由至少要受到量子不确定性的限制,就是说,自由不能超越于自然规律之外。可见,他的意见与薛定谔是一脉相承的。与薛定谔不同的是,他认为量子不确定性可以作为意志自由的一个论据,而薛定谔则否认这一点,更强调决定论。

5. 26/04/1999 罗素的不可知论观点:决定论和自由意志"这两种学说完全是形而上学的,它们超出了科学所能证实的范围"③。他用量子力学去驳斥完全的或机械的决定论,同时也不赞成传统宗教的自由意志论。他说:"就心理学和生理学与自由意志的问题有关方面而言,这两门学科倾向于使自由意志成为不大可能。"④在他的论述中,总是把决定论同因果性完全等同起来。同时,他也以赞许的态度引述了爱丁顿试图将自由意志论和量子论结合在一起的假设。爱丁顿认为,人的自由意志可能与大脑中的原子运动的不稳定性有关。"爱丁顿猜测,这种不稳定性可以存在于有生命的物质之中,尤其是脑髓之中。"⑤罗素本人,认为决定论和自由意志的争论是由"逻辑上互不相容的激情的冲突引起的"。⑥ 说到底,也就是说科学和宗教的冲突引起的。他既不赞成原子的变化的非决定性,也不赞成"以教条主义的态度维护自由意志的那些人",主张"面对这两种对立的教条主义,科学应当保持其纯经验性"。⑦

罗素这种调和论的立场,很难令人赞同。

前述薛定谔、克里克和盖尔曼等人的看法是,不但科学是维护决定论的,而且自由意志也是现当代科学特别是脑科学可以探讨的问题。承认意志自由并不一定就是赞成传统宗教教条。应当说,所谓自由意志问题已经正在变成科学问题,就是说,精神的自由问题并非宗教永恒的世袭领地。这才是科学的唯物主义的

---

① M. 盖尔曼:《夸克与美洲豹》,湖南科技出版社,1998 年,157 页。
② M. 盖尔曼:《夸克与美洲豹》,湖南科技出版社,1998 年,157 页。
③ 罗素:《宗教与科学》,商务印书馆,1982 年,87 页。
④ 罗素:《宗教与科学》,商务印书馆,1982 年,85 页。
⑤ 罗素:《宗教与科学》,商务印书馆,1982 年,84 页。
⑥ 罗素:《宗教与科学》,商务印书馆,1982 年,88 页。
⑦ 罗素:《宗教与科学》,商务印书馆,1982 年,88 页。

态度。

6. 在现实生活中,我们经常受到机械决定论和唯意志论两种倾向的侵扰。而这两种极端又往往是两极相通的。

人们总是追求自由,而自由又总是要受到自然规律的限制。因此,我们不能将自由和决定论截然对立和分割开来。所谓"认识必然就是自由"是有一定道理的。

也许,中国道家所倡导的"道法自然"的态度,是对追求自由的一种实践上可行的表述。听其自然,就是一种自由。而不顾自然规律的主观任意行为,则是一种与神权主义没有本质区别的唯意志论,即唯心论。其结果,只能在客观规律性面前,碰得头破血流。这一点历史反复证明了的教训,值得人们认真吸取。

只有尊重自然规律,依靠科学,人类才能逐步获得自由!

现代意识形态的科学性问题

29/08/2000

本科四年级(1997级)专题讲座(提要)

马克思:"理论只要说服人,就能掌握群众;而理论只要彻底,就能说服人。所谓彻底,就是抓住了事物的根本。"①

这里讲的"事物的根本",我理解为,也就是事物的客观本质,简言之,即事物的客观规律。所谓理论的彻底性也就是它(理论)的客观性。对于一种理论的生命力、说服力而言,理论的客观性是第一位的。这也就是指理论的科学性。

正如马克思在另一处说的:"哲学是问:什么是真理? 而不是问:什么被看作②真理? 它所关心的是大家的真理,而不是某几个人的真理。"

恩格斯:工人阶级的理论兴趣,"没有对地位、利益的任何顾虑,没有追求上司庇护的念头。反之,科学愈是毫无顾忌和大公无私,它就愈加符合于工人的利益和愿望"。③

从根本上讲,工人阶级的利益和愿望,它的阶级性和革命性与其理论的客观性和科学性是完全一致的。离开科学性来谈革命性是对工人阶级意志的扭曲。任何失去或偏离科学客观性的理论决不是工人阶级的革命理论,也不容许冒充为马克思主义的科学理论。

简言之,理论的科学性就是它的客观性。

一、为什么要谈这个问题?

吸取苏东失败的教训,争取实现社会主义理想、信念的主导功能。

二、意识形态的特殊规律是什么?

---

① 《黑格尔法哲学批判导言》,《马恩全集》1卷,人民出版社,1972年,460页。
② 《第179号"科隆日报"社论》,《马恩全集》1卷,人民出版社,1972年,116页。
③ 《费尔巴哈论》,《马恩全集》21卷,1965年,353页。

宽容原则是支配精神生活的根本法则。

三、科学和无神论是社会主义意识形态的根本特征。

理想、信念的科学性是价值观的基础和核心。政治信念必须以科学为基础，这是马克思主义价值观区别于迷信的、金钱的即封建的、资产阶级的价值观的主要特征。

归结起来是："实还是不实"决定信与不信？如何能信？科学还是迷信？在意识形态的挑战面前，我们只能采取"实则信"的科学态度。

以上的论述，只是为了说明一个道理，即社会主义的意识形态有其深层的科学基础。两者的依存关系，可以简略地说明如下：作为经济基础的上层建筑，意识形态固然同所有制和生产关系密切相关，而同时，它总是受到同时代科学的自然观和世界观的制约。只有反映了一定时代自然科学理论成果的世界观，才会对社会进步起到应有的推动作用。否则，就只会反过来对它所赖以形成的经济基础起破坏和瓦解作用，从而阻碍社会的发展。（如图示）

意识形态：哲学、宗教及道德、政治、法律观念

这里需要说明的是，一定科学发展阶段的自然观和世界观与生产关系之间的相互作用是间接的，用虚线表示。一方面，在一定经济基础上形成的意识形态需要用一般的自然观来为自己的合理性作出解释和论证。例如，前资本主义用天地人的严格等级秩序为君主（奴隶制和农奴制统治）的绝对权力作辩解，所谓君主是"替天行道"，圣人代天立言等等；资本主义则把个人看作是彼此孤立的原子，为自由市场经济作辩护，所谓民主、法制是人们相互间的契约关系，等等。另方面，一定的自然观又直接渗透于意识形态构成其观念形态的深层基础。这个基础使意识形态具有无上的权威性，似乎某种政治、法律制度，乃至一般的道德观念不是源于社会物质关系，而是直接"取法于天"的，因而"天不变，道亦不变"。例如，西欧中世纪的地球中心说，上帝造人的观念，近代西方的所谓"天赋人权"理论，等等。

应该强调的是,相对于社会的经济、政治、法律制度的改变,自然观具有较长期的相对稳固的作用,即一般的自然观对作为观念形态体系的意识形态的基础决定作用。这种决定作用,既不是任意的,也不是可有可无的,特别是近现代科学兴起以来,更是如此。例如,哥白尼的日心说、达尔文的进化论、现代物理学的时空相对论和量子不确定性观念,对近现代哲学乃至政治法律观念都具有渗透性影响,这种影响尽管是间接的,但并非是不重要的。强调源于科学发展的一般自然观对意识形态的基础决定作用与社会存在决定社会意识的基本理论并不矛盾,它只是肯定科学作为精神的生产力的同时,也是推动社会发展的一个实在因素。理论自然科学既通过应用技术而转化为物质生产力,从而决定生产关系;也通过自然观制约一般的意识形态的发展。

后　记

　　奉献在读者面前的这本书,是笔者退休之前最后一些年上课的讲稿。它记录了笔者为十余个班级学生授课的历程,凝结了笔者40余年的思考心得,特别是改革开放以后20多年来自我反思、独立思考的结果。在书中,笔者试图从哲学与科学彼此依存、相互促进的视角,重新解读西方哲学历史,尤其是现代西方人本主义和科学主义的要义。立足于当今世界科学技术的发展去观察、审视、分析现代西方哲学的特点和趋势,是一个极其艰难却又引人入胜的宏大课题。进行这样的探讨,需要有深厚的自然科学素养功底,而这恰恰是笔者知识结构中的弱项。聊以自慰的是,笔者还是坚定不移地选择了这条自讨苦吃的道路,做出了自己应尽的努力。我希望并且确信,年青一代的学人,将会有更多的同仁,在这条艰难的道路上继续坚定地走下去。

　　为了保持授课笔记的原貌,每一部分都注明了备课与写作时间。讲课时临时补充和发挥的内容,均用不同字体排出。

　　朱康有教授和吴文新教授对笔者整理、出版书稿大力支持鼓励,提出了许多非常有价值的意见建议。李小博博士利用业余时间帮助笔者将授课讲稿打印成文。全赖朱康有教授鼎力帮助,书稿出版工作最终得以落实。

　　笔者谨识。

21/04/2017